Gestão
da tecnologia
e inovação

2ª edição – rev. e atual.

Danielle Denes dos Santos
Edson Fonseca

Gestão da tecnologia e inovação

inter
saberes

Rua Clara Vendramin, 58 . Mossunguê . CEP 81200-170
Curitiba . PR . Brasil . Fone: (41) 2106-4170
www.intersaberes.com . editora@intersaberes.com

Conselho editorial	Dr. Alexandre Coutinho Pagliarini
	Drª Elena Godoy
	Dr. Neri dos Santos
	Mª Maria Lúcia Prado Sabatella
Editora-chefe	Lindsay Azambuja
Gerente editorial	Ariadne Nunes Wenger
Assistente editorial	Daniela Viroli Pereira Pinto
Edição de texto	Natasha Saboredo
Capa	Charles L. da Silva (*design*)
	Plasteed, Ground Picture, franz12 e DigitalPen/Shutterstock (imagens)
Projeto gráfico	Charles L. da Silva
Diagramação	Carolina Perazzoli
Designer responsável	Sílvio Gabriel Spannenberg
Iconografia	Regina Claudia Cruz Prestes

1ª edição, 2019.
2ª edição – rev. e atual., 2025.
Foi feito o depósito legal.

Informamos que é de inteira responsabilidade dos autores a emissão de conceitos.

Nenhuma parte desta publicação poderá ser reproduzida por qualquer meio ou forma sem a prévia autorização da Editora InterSaberes.

A violação dos direitos autorais é crime estabelecido na Lei n. 9.610/1998 e punido pelo art. 184 do Código Penal.

Dados Internacionais de Catalogação na Publicação (CIP)
(Câmara Brasileira do Livro, SP, Brasil)

Santos, Danielle Denes dos
    Gestão da tecnologia e inovação / Danielle Denes dos Santos, Edson Fonseca. -- 2. ed. -- Curitiba, PR : InterSaberes, 2025.

    Bibliografia.
    ISBN 978-85-227-1599-2

    1. Administração de empresas 2. Inovações tecnológicas I. Fonseca, Edson. II. Título.

24-222099   CDD-658.514

Índices para catálogo sistemático:
1. Inovações tecnológicas : Administração de empresas   658.514

Cibele Maria Dias – Bibliotecária – CRB-8/9427

Sumário

Apresentação	9
Como aproveitar ao máximo este livro	12

CAPÍTULO 01
Introdução à gestão da tecnologia e inovação 15
   Princípios da gestão da tecnologia e inovação 17
   O que é tecnologia e inovação? 19
   Como surgem as inovações? 20
   Por que as inovações são importantes? 23
   Propósitos da gestão da tecnologia e inovação 26
   Tipos e níveis de inovação 30
   O que são organizações ambidestras? 46

CAPÍTULO 02
Formação de empresa inovadora 55
   Líderes gerindo pessoas e conhecimentos 58
   Exploitation × *exploration* 63

Estratégias no contexto das inovações 68
Desenvolvimento de estratégia tecnológica 74
Aprendizado tecnológico 77
Barreiras organizacionais à inovação 81
Formação de cultura para inovação 87

CAPÍTULO 03
Tomada de decisão para inovação 97
Papel da empresa na inovação 101
Novas capacitações e prioridades 103
Estrutura organizacional para inovação tecnológica 105
Funil de incerteza 112
Indicadores de inovação 114
Tomada de decisão para adoção de inovações 121
Gestão da tecnologia e inovação na empresa 124

CAPÍTULO 04
Análise ambiental da inovação 135
Análise ambiental: micro e macroambiente 137
Criação de valor pela inovação 144
Propriedade intelectual e patente de inovação 149
Joint ventures e alianças para inovação 153
Sistema Nacional de Inovação 157
Políticas de ciência, tecnologia e inovação no Brasil 161
Retrato da atividade de inovação no Brasil 165

CAPÍTULO 05
Processo de planejamento da inovação 173
Tendências de consumo e de comportamento
e fontes de inovação 176
Visão geral do processo de inovação 182
Portfólio de projetos de tecnologia 188
Aquisição e transferência de tecnologia 191

Projetos globais, de risco e de melhoria de processos	195
Hora da verdade: quando a inovação entra no mercado	197
Obsolescência tecnológica	199

CAPÍTULO 06
Desenvolvimento de produtos e de serviços inovadores   207

O papel das pessoas no processo de inovação	210
Equipes com alto envolvimento	214
Características da atividade de pesquisa e desenvolvimento	216
Regime de propriedade intelectual	220
Registros e patentes tecnológicas	222
Transferência de conhecimento e de tecnologia	224
Tendências e perspectivas sobre inovação	230

Considerações finais	241
Referências	243
Respostas	251
Sobre os autores	257

Apresentação

A HISTÓRIA DA administração é marcada por empresas inovadoras que modificaram a maneira como as pessoas consomem, utilizam e se relacionam com a tecnologia. Desde o uso de máquinas de escrever até os mais avançados recursos de inteligência artificial e robôs da chamada *indústria 4.0*, as transformações trouxeram não apenas aceleração no desenvolvimento tecnológico, mas também uma verdadeira inovação disruptiva na prática de gestão dentro das empresas.

Neste livro, buscamos apresentar o essencial sobre um tema vasto, fascinante e atemporal: a gestão da tecnologia e inovação. Combinando uma linguagem clara com associações entre conhecimento teórico e exemplos práticos do cotidiano, nosso objetivo é aproximá-lo, leitor, de uma realidade impostergável: nenhuma organização sobrevive ou sobreviverá caso não empreenda esforços para inovar.

Na busca de vantagem competitiva e de liderança de mercado em um ambiente de concorrência intensa, em que tecnologias das mais variadas se multiplicam rapidamente, cada vez mais é exigida uma percepção aguçada por parte dos gestores. Estes precisam se cercar de informações e de conhecimentos mediante o trabalho entre equipes integradas e multidisciplinares, cujas pesquisas e desenvolvimento de bens e de serviços, em todas as instâncias da organização, devem atingir os resultados esperados. Esses resultados geralmente consistem na geração de valor financeiro para a empresa, que renovará seu ciclo de investimentos em outras inovações, bem como valor alcançado pelo produto, na medida em que seja percebido como diferenciado pelos clientes consumidores.

No Capítulo 1, abordamos os princípios da gestão da inovação e tecnologia, como surgem as inovações, por que as inovações são importantes, os propósitos da gestão da tecnologia e inovação, os tipos de inovação, bem como o que são organizações ambidestras.

O Capítulo 2 aborda o papel do líder ao gerir pessoas e conhecimentos, os conceitos de *exploitation* e *exploration* e a sua importância no processo de inovação da empresa, bem como as estratégias no contexto das inovações. Adicionalmente, esse capítulo trata do aprendizado tecnológico, das barreiras organizacionais à inovação e da formação da cultura para a inovação.

No Capítulo 3, identificamos o papel da empresa na inovação, suas capacidades e prioridades, bem como a estrutura organizacional que favorece o processo de inovação tecnológica. Além disso, serão apresentados o funil da incerteza, os indicadores de inovação e o processo de tomada de decisão para a adoção da inovação.

O Capítulo 4 aborda a análise ambiental da inovação, abrangendo o micro e o macroambiente, com a apresentação da proposta de criação de valor pela inovação, a propriedade intelectual, a patente da inovação, o conceito de *joint-venture* e as alianças para a inovação. Além disso, esse capítulo apresenta o sistema nacional de inovação no Brasil, as políticas de ciência, tecnologia e inovação e o retrato da atividade de inovação no país.

No Capítulo 5, apresentamos as tendências de consumo e de comportamento como fontes de inovação, trazendo uma visão geral desse processo, o portfólio de projetos de tecnologia, bem como processos de aquisição e transferência de tecnologia nas empresas. Por fim, o capítulo expõe uma visão de projetos globais, de risco e de melhoria de processos.

O Capítulo 6 trata do papel das pessoas no processo de inovação, destacando as características de equipes de alto desempenho e da atividade de pesquisa e desenvolvimento. O capítulo ainda apresenta o regime de propriedade intelectual, o processo de transferência de conhecimento e de tecnologia, bem como tendências e perspectivas sobre inovações, com uma apresentação sobre a Indústria 4.0.

A todo momento estabeleceremos diálogos, faremos perguntas, instigaremos conclusões pessoais. Logo, embora a elaboração deste livro tenha contado com o precioso contributo de expoentes da temática, cada qual com seu ponto de vista, entendemos ser essencial assimilar os conteúdos e os enriquecer com suas próprias percepções e pesquisas. Por conseguinte, não se contente apenas com o conteúdo que oferecemos; busque aprofundamento, vá além – as referências bibliográficas o auxiliarão.

Agradecemos por poder fazer parte de sua caminhada e desejamos bons estudos!

Como aproveitar ao máximo este livro

Empregamos nesta obra recursos que visam enriquecer seu aprendizado, facilitar a compreensão dos conteúdos e tornar a leitura mais dinâmica. Conheça a seguir cada uma dessas ferramentas e saiba como estão distribuídas no decorrer deste livro para bem aproveitá-las.

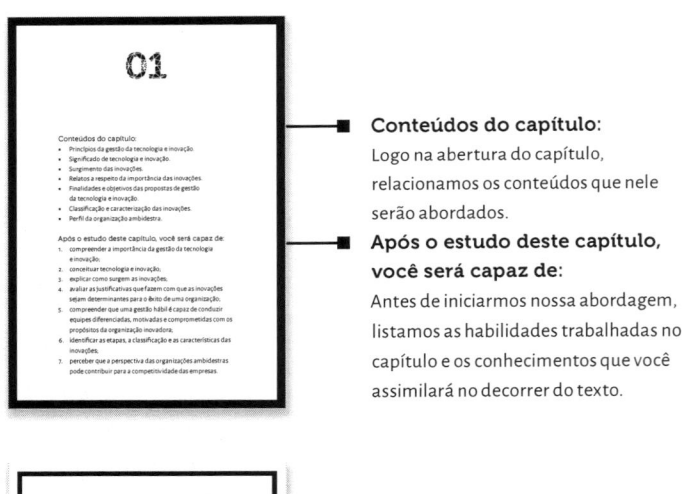

Conteúdos do capítulo:
Logo na abertura do capítulo, relacionamos os conteúdos que nele serão abordados.

Após o estudo deste capítulo, você será capaz de:
Antes de iniciarmos nossa abordagem, listamos as habilidades trabalhadas no capítulo e os conhecimentos que você assimilará no decorrer do texto.

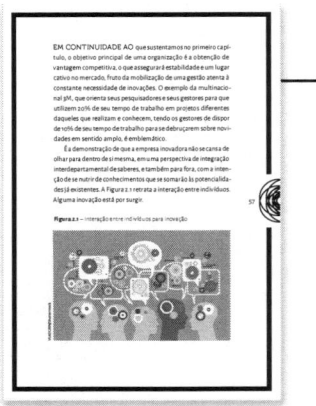

Introdução do capítulo
Logo na abertura do capítulo, informamos os temas de estudo e os objetivos de aprendizagem que serão nele abrangidos, fazendo considerações preliminares sobre as temáticas em foco.

Estudo de caso

Nesta seção, relatamos situações reais ou fictícias que articulam a perspectiva teórica e o contexto prático da área de conhecimento ou do campo profissional em foco com o propósito de levá-lo a analisar tais problemáticas e a buscar soluções.

Síntese

Ao final de cada capítulo, relacionamos as principais informações nele abordadas a fim de que você avalie as conclusões a que chegou, confirmando-as ou redefinindo-as.

Questões para revisão

Ao realizar estas atividades, você poderá rever os principais conceitos analisados. Ao final do livro, disponibilizamos as respostas às questões para a verificação de sua aprendizagem.

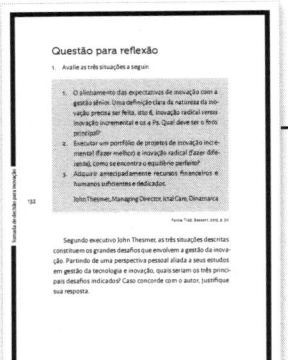

■ **Questões para reflexão**
Ao propor estas questões, pretendemos estimular sua reflexão crítica sobre temas que ampliam a discussão dos conteúdos tratados no capítulo, contemplando ideias e experiências que podem ser compartilhadas com seus pares.

■ 14

■ **Para saber mais**
Sugerimos a leitura de diferentes conteúdos digitais e impressos para que você aprofunde sua aprendizagem e siga buscando conhecimento.

01

INTRODUÇÃO À GESTÃO DA TECNOLOGIA E INOVAÇÃO

Conteúdos do capítulo:
- Princípios da gestão da tecnologia e inovação.
- Significado de tecnologia e inovação.
- Surgimento das inovações.
- Relatos a respeito da importância das inovações.
- Finalidades e objetivos das propostas de gestão da tecnologia e inovação.
- Classificação e caracterização das inovações.
- Perfil da organização ambidestra.

Após o estudo deste capítulo, você será capaz de:
1. compreender a importância da gestão da tecnologia e inovação;
2. conceituar tecnologia e inovação;
3. explicar como surgem as inovações;
4. avaliar as justificativas que fazem com que as inovações sejam determinantes para o êxito de uma organização;
5. compreender que uma gestão hábil é capaz de conduzir equipes diferenciadas, motivadas e comprometidas com os propósitos da organização inovadora;
6. identificar as etapas, a classificação e as características das inovações;
7. perceber que a perspectiva das organizações ambidestras pode contribuir para a competitividade das empresas.

É POSSÍVEL QUE você já tenha percebido a presença da tecnologia em sua vida desde a hora em que seu *smartphone* toca o despertador pela manhã até o momento que você retorna para casa após um dia intenso de trabalho. Durante esse período, após levantar-se da cama, muitos ligam a cafeteira, tomam um delicioso banho, vão de carro para o trabalho conectados no *bluetooth*, sentam-se à frente de um computador e, quando se dão conta, mais um dia se passou.

Segundo a inevitável lógica da evolução, a inovação e a tecnologia são elementos propulsores da humanidade, frutos de habilidades fundamentais e que estão intrinsecamente ligados a nossa existência; não sobreviveríamos a tantos milênios se não tivéssemos capacidade criativa e a convertêssemos em inovações para o cotidiano. Não existe inovação sem tecnologia e ambas se complementam. Inovação é mudança e avanço tecnológico.

Princípios da gestão da tecnologia e inovação

Tendo como fundamento a obra de Tidd, Bessant e Pavitt (2008), elencaremos, primeiramente, os princípios e os pontos de partida que consideramos fundamentais para a compreensão da gestão da tecnologia e inovação.

A gestão da tecnologia e inovação compreende:

- liderar estratégica e corajosamente, com atenção aos sinais internos (da organização) e externos (múltiplos, não apenas de outras organizações);
- perceber que inovar é algo difícil, mas indispensável, para que seja mantida a sustentabilidade da empresa em longo prazo;

- entender que o emprego das inovações tecnológicas precisa ser traduzido em valor, no sentido financeiro, ao propiciar fortalecimento e estabilidade para a organização, bem como não financeiro, quanto à percepção e à satisfação do cliente/consumidor;
- efetuar gestão de diferentes tipos de conhecimentos e seus agentes, em um contexto cada vez mais integrado devido às tecnologias de informação e comunicação (TIC) existentes;
- criar uma cultura organizacional que incentive internamente ações empreendedoras, inovativas e colaborativas, fomentando o compartilhamento de ideias e recursos;
- mudar modelos de negócio tanto quanto de produto, buscando sempre um novo público-alvo;
- aceitar os riscos e as incertezas afeitos aos processos de inovação tecnológica, considerando que a organização deverá provisionar recursos para esse fim, seja para inovações contínuas, seja para inovações descontínuas;
- obter vantagem competitiva e defender a posição estratégica da organização no mercado por meio da criação de produtos e de serviços inovadores que ofereçam uma proposta diferenciada e tragam mais valor percebido para o consumidor.

Gerir processos de inovação tecnológica é administrar conhecimentos com vistas a reduzir as incertezas que fazem parte do jogo (Tidd; Bessant; Pavitt, 2008). Aí reside o aspecto mais singular do desafio: o equilíbrio obtido mediante recursos, investimentos e gestão hábil, ou seja, entre o que é tecnologicamente atraente para o mercado e financeiramente viável para a organização.

O que é tecnologia e inovação?

Inovar pode ser criar algo totalmente novo, como no clássico exemplo da roda, que precisou de determinada tecnologia para dar formato arredondado a um bloco de pedra, algo inédito à época. A partir daí, muito tempo depois, alguém teve a ideia de transformar um trenó em um veículo com rodas, por exemplo. Perceba: o trenó já havia sido criado e foi aperfeiçoado com a inserção das rodas, uma inovação, uma modificação potencial àquele aparato, mediante o emprego de técnicas, processos e meios que proporcionaram um aprimoramento do produto de acordo com a tecnologia empregada. O mesmo aconteceu com os livros físicos, que passaram a ter versões digitais, as quais, com o passar do tempo, têm sido cada vez mais incorporadas à nossa rotina.

Embora a criação de algo totalmente novo seja rara, inovações como a máquina a vapor, a lâmpada e a energia nuclear são genuínas e se constituem como autênticos divisores de águas que transformaram setores inteiros. São acontecimentos famosos que determinam um "antes" e um "depois" e definem novos paradigmas. Nesse sentido, é essencial tratar do tema de maneira contextualizada e segundo a ótica da gestão contemporânea, levando em consideração os dias da era da informação e da inteligência artificial em que vivemos e, naturalmente, a visão de mercado (econômica), que dita relações de importância, utilidade e aplicação de tais tecnologias, questões amplamente discutidas por autores como Tidd e Bessant (2021).

Quando nos referimos à inovação, apesar de trazer imediatamente a ideia de algo novo, não significa que estamos nos referindo a algo criado totalmente do zero. Uma inovação, na maioria das vezes, parte de uma ideia já desenvolvida e aplicada a um contexto, sendo, de alguma maneira, aprimorada ou adaptada para um novo uso. E isso vale para quase tudo, do cardápio de seu restaurante favorito que passou a ser digital até o uso da inteligência artificial para resolver situações do cotidiano. Trabalhar com novas tecnologias, conforme Tidd, Bessant e Pavitt (2008), é se deparar com modelos preestabelecidos, com famílias de produtos e de serviços que são renovados e reinventados inicial e incansavelmente em mesas de reunião repletas de ideias e, posteriormente, em laboratórios de pesquisa que colocam as ideias em prática.

Veremos adiante, com mais profundidade, que inovações tendem a acontecer a partir de algo conhecido e que vai ser aprimorado por meio de uma gama de conhecimentos orientados conforme determinada configuração ou processo tecnológico. Inovar tecnologicamente significa realizar um intenso trabalho de pesquisa que, invariavelmente, será imbuído de incertezas quanto ao êxito dos esforços empreendidos.

No ambiente organizacional, em grandes ou pequenas empresas, *inovar* é, sobretudo, não se acomodar nunca, sob pena de sofrer as consequências mercadológicas da obsolescência e da falta de resultados positivos.

Como surgem as inovações?

Não há como pensarmos no surgimento de inovações sem que haja um propósito, uma finalidade para que se empreendam esforços a fim de que elas se materializem e, é claro, cumpram sua função. Por mais simples e genérica que pareça essa observação, seria equivocado pensarmos diferente. Nesse sentido, gostaríamos de avançar um pouco mais e fazer a seguinte pergunta: De onde surgem as inovações? Até o final do século XIX, uma inovação era algo misterioso, como um lampejo de um gênio.

Inovações surgem a qualquer momento em mentes criativas, nos mais diversos lugares, por necessidade ou por acaso. Podem surgir por uma estratégia deliberada ou por acidente mediante as ricas trocas entre pessoas com habilidades e ideias diferentes. A Figura 1.1 é bastante ilustrativa quanto ao ponto em que queremos chegar.

Figura 1.1 – Surgimento de inovações

Além disso, a inovação pode surgir dentro de uma empresa que estimula a criatividade entre seus pesquisadores, podendo ser circunscrita a apenas uma empresa ou, como modernamente vem acontecendo, pelo intercâmbio entre várias empresas, em que as ideias fluem de uma para outra, ou por meio da compra de patentes. Ela também pode surgir como resultado de uma pesquisa encomendada por determinada empresa, organização governamental ou universidade. Logo, são vastas as origens das inovações, que invariavelmente poderão ser criativas, fortuitas e, em grande medida, experimentais – baseadas em pesquisa e desenvolvimento (P&D) ou na própria experiência da empresa.

Nesse sentido, Tidd, Bessant e Pavitt (2008) propõem quatro fases estruturadas para guiar os esforços em novos empreendimentos e explorar práticas com maior amplitude e riscos:

1. **Pesquisas de cenários internos**: enfatiza-se o desenvolvimento interno enquanto se mantém a atenção no ambiente externo. Identificar tendências em outros setores, mesmo que sejam diferentes do seu foco atual, é essencial. Isso implica "pensar fora da caixa" e considerar tecnologias inovadoras para produtos completamente novos.
2. **Seleção estratégica de ações que tenham maior potencial de mercado**: são priorizadas as ações com maior probabilidade de sucesso comercial.
3. **Alocação de recursos**: os recursos necessários para o projeto selecionado são disponibilizados por meio de P&D interno ou pela aquisição de tecnologias externas.
4. **Implementação da inovação**: deve ser executada passo a passo, desde a ideia original até a concepção final para o mercado.

Enfim, é necessário refletir sobre todas as fases anteriores para se chegar a conclusões úteis acerca erros e de acertos sobre os processos visando ao aperfeiçoamento das futuras ações em uma perspectiva de análise de resultados e de aprendizado.

Por que as inovações são importantes?

As inovações no âmbito das organizações têm um objetivo elementar: gerar vantagem competitiva. Aproximadamente 5% da receita de uma empresa de alta tecnologia usualmente são aplicados em inovações tecnológicas (Burgelman; Christensen; Wheelwright, 2012). O mercado acena sempre com bons olhos para empresas que lançam novos produtos, havendo uma relação direta entre bom desempenho mercadológico e investimento continuado em novas tecnologias, fato comprovado constantemente por pesquisas empíricas.

As empresas que investem em pesquisas com o objetivo de explorar novas ideias e obter novas criações, notadamente impulsionadas pela altíssima concorrência de outras que atuam no mesmo ramo, visam, sem sombra de dúvidas, atribuir valor a seu produto. Isso pode gerar um efeito contagiante no cliente, usuário ou consumidor, que se sentirá valorizado, uma vez que o produto foi desenvolvido mediante tecnologia de ponta: é diferenciado, bonito, prático, descolado, personalizado, entre tantos adjetivos que podem qualificar novidades. O cliente pagará por esse novo produto o que o mercado determinar.

Agora pense em algo que o agrade muito, que você já tem ou deseja ter, algo emblemático para os dias atuais, que seja inovador, com recursos tecnológicos singulares e uma proposta de valor diferenciada. Não estranharíamos se aquilo em que você pensou pertencesse a uma famosa empresa cujo símbolo e nome (em inglês) fosse o mesmo que o do selo fonográfico que cuida da obra dos Beatles ou tivesse o mesmo nome (também em inglês) daquela fruta que fez a Branca de Neve cair em sono profundo após a primeira e única mordida.

Queremos chamar atenção para o fato de que, para uma empresa ou marca se manter sólida e sustentável, é necessário inovar constantemente, avançar tecnologicamente e, em muitos casos, tornar-se um verdadeiro objeto de desejo dos consumidores e uma referência dentro de seu segmento. Todavia, o caminho a seguir pode ser algo completamente imprevisível por conta de uma série de fatores, como as questões de aceitação do produto no mercado, a viabilidade econômica da inovação e o impacto dela como negócio no portfólio de produtos da empresa. É a essa conclusão que chegamos quando afirmamos que inovar pode acabar sendo um dilema necessário, nada fácil, mas indispensável (Christensen, 2012).

Reforçamos que a obtenção de vantagem competitiva é a principal justificativa para investimentos em inovações tecnológicas, quase sempre com alto grau de risco. Assim, algumas perguntas que invariavelmente rondarão a cabeça de um gestor envolvem **como**, **quando** e **por que** trazer inovações para o mercado. Ter uma visão além do alcance é um elemento fundamental para que uma grande organização não incorra em erros históricos como os da IBM, da HP[1] e da Kodak – esta última que, a despeito de ter sido uma referência mundial em produção de câmeras, de filme e de revelação de fotografias, recusou-se a investir em tecnologia digital quando as primeiras concepções a respeito surgiram (Lucas; Goh, 2009).

Empresas inovam para conseguir obter vantagem estratégica perante o mercado no qual atuam, uma vez que novos produtos e serviços possibilitam crescimento, estabilidade e geração de maiores lucros em um movimento espiral contínuo. Lucra-se para manter-se no topo, investindo constantemente em pesquisas e desenvolvimento de novos produtos e serviços para, além de se consolidar perante os consumidores fiéis, conseguir conquistar novos clientes.

Além disso, as inovações têm uma grande importância social, uma vez que podem gerar empregos e aumento de renda para os colaboradores e, consequentemente, estimular a economia e proporcionar aumento na qualidade de vida das pessoas. Tudo isso associado à crescente preocupação de evoluir tecnologicamente em bases sustentáveis, preservando ao máximo o meio ambiente (Stadler; Maioli, 2012).

---

[1] Com belas ideias e um protótipo inédito de computador pessoal, Stevie Jobs e Stevie Wozniak bateram à porta de gigantes como a IBM e a HP a fim de que produzissem em larga escala seu marcante computador, porém os jovens não foram levados em consideração. O ponto-chave do exemplo é o fato de o novo invento estar voltado para um público diferente daquele para os quais as gigantes mencionadas estavam habituadas a produzir. O fim da história desses dois gênios todo mundo conhece: houve a ruptura e surgiu outra gigante não só do segmento de computadores, mas também de diversos itens de uso pessoal, como *notebooks*, *smartphones*, *players* de áudio e vídeo, entre outros muitíssimo desejados.

Propósitos da gestão da tecnologia e inovação

Inovar é importante, mas saber gerir processos integrados de produção, além de desafiador, é vital para o êxito de uma organização. Um gestor hábil é capaz de conduzir equipes diferenciadas, motivadas e comprometidas com os propósitos da organização, envolvendo-as de tal modo no processo de inovação que interajam positivamente entre si, o que não é algo fácil de se conseguir.

A gestão integrada e o emprego da expressão *gestão*, embora no singular, têm sentido plural, pois o termo é amplo e se refere a gestores e a seus departamentos. É o ponto-chave em processos dos quais muitos indivíduos fazem parte, nos quais há diversas etapas e prazos normalmente enxutos e, sobretudo, um objetivo principal: a busca do **melhor resultado** possível.

Desafios da gestão da tecnologia e inovação

A gestão da tecnologia e inovação envolve o intercâmbio de equipes com conhecimentos multidisciplinares e diferentes. Mas que diferenças são essas e em relação a que? Trata-se de equipes com foco no desenvolvimento de **produto** e em pesquisa mediante ideia selecionada; **processo** ou desenvolvimento, propriamente; **posição** em relação à finalidade e ao direcionamento do bem ou do serviço desenvolvido; e **paradigma** quanto ao impacto do produto no mercado, conforme perspectiva dos 4 Ps da inovação, sobre o que veremos mais à frente. Caso você não conheça o termo, não se preocupe, aprofundaremos seu significado mais à frente; o que importa é sabermos que tais fases contemplam a atuação de equipes em diversas atividades, desde as laboratoriais até as de *marketing*.

Redes conectadas de trabalho

Você já ouviu falar em redes conectadas de trabalho? É uma realidade em termos de operações e gestão, bastante atual e desafiadora (Figura 1.2). É como muitas multinacionais operam, mediante células em diferentes partes do Globo, o que permite atingir expedientes de 24 horas por dia graças às diferenças de fuso horário das localidades onde seus funcionários trabalham, em contexto de integração. Tal modelo se deve ao grande avanço no terreno das TICs, do *big data* e da inteligência artificial, que provocou uma revolução na maneira como as empresas criam, pesquisam, desenvolvem, atuam e lançam novos produtos no mercado, uma vez que possibilitou a redução das distâncias e a integração de inteligências dentro e fora das empresas.

Figura 1.2 – Redes conectadas de trabalho

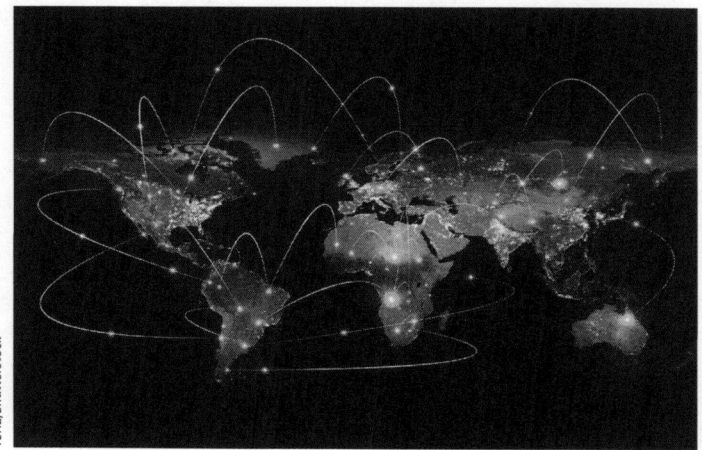

Empresas de todos os portes utilizam a internet (mídias sociais, *softwares* e outras plataformas digitais) para desenvolver seus projetos e os comercializar, bem como para ter acesso a novas ideias e tecnologias. Entretanto, nem sempre o alcance ilimitado proporcionado pela internet, somado a inúmeras possibilidades advindas de tecnologias da informação, pode significar garantia de êxito ou mesmo de competitividade no dramático campo dos avanços em inovações e tecnologia (Tidd; Bessant; Pavitt, 2008).

Além disso, é importante salientarmos que a cultura das redes conectadas de trabalho, naturalmente, não se restringe às grandes empresas, adequando-se bastante à realidade de pequenas empresas que investem na qualidade de seus produtos mediante trocas obtidas por meio de redes estabelecidas com outras empresas e pessoas dos mais variados segmentos, que agregam valor por intermédio da conectividade e da interdisciplinaridade.

Rotinas na gestão da inovação

A existência de rotinas quanto a processos produtivos no âmbito de uma empresa está relacionada com a maneira como as coisas são feitas, conforme entendimento de Tidd e Bessant (2015). Os autores trazem um importante contributo no que diz respeito ao assunto:

> *No contexto da gestão da inovação, pode-se perceber no desenvolvimento de competências o mesmo relacionamento hierárquico que existe ao se aprender a dirigir. Competências centrais são comportamentos associados a habilidades como planejamento, gerenciamento de projetos ou avaliação de necessidades do consumidor. Essas rotinas simples precisam ser integradas com habilidades mais amplas que, juntas, constituem a capacidade da organização de gerenciar a inovação.*
> (Tidd; Bessant, 2015, p. 78)

Logo, não se trata de falar de rotinas no sentido de que são inalteráveis ou estáticas, e sim modificáveis e evolutivas. Como um exemplo bastante instrutivo, podemos citar o indivíduo que é orientado e aprende a dirigir; com o passar do tempo, ele adquire prática e se torna mais hábil ao conduzir seu veículo e a lidar com o trânsito. Assim, rotinas são mais do que mera repetição quando vistas como a maneira de se fazer as coisas; trata-se de aprendizado e de aperfeiçoamento contínuos, alinhados com o propósito da organização inovadora.

Figura 1.3 – Gerindo e aperfeiçoando rotinas de trabalho para inovar com eficiência

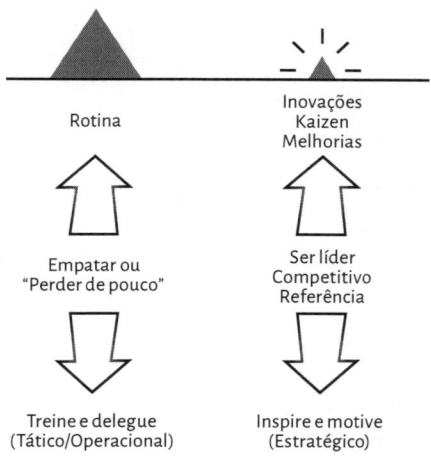

Um importante aspecto que envolve a atividade de gestão da tecnologia e inovação é a obtenção de bons mecanismos de identificação de sinais relevantes que surjam em diversas oportunidades a serem incorporados às rotinas das equipes. Por fim, desafios como a criação de uma cultura voltada para processos inovadores na empresa, bem como a formação de equipes com profissionais qualificados, comprometidos e habilitados para analisar tendências de mercado, hábitos e comportamentos dos potenciais consumidores, de forma a criarem inovações que sejam economicamente viáveis e mercadologicamente competitivas, serão assuntos abordados com profundidade nos próximos capítulos deste livro, em função de sua importância.

Tipos e níveis de inovação

Afinal, quais são os diferentes tipos de inovações? Neste tópico, abordaremos esse assunto iniciando pelos chamados 4 Ps da inovação, com base na proposta de Tidd, Bessant e Pavitt (2008): produto, processo, posição e paradigma.

Figura 1.4 – 4 Ps da inovação

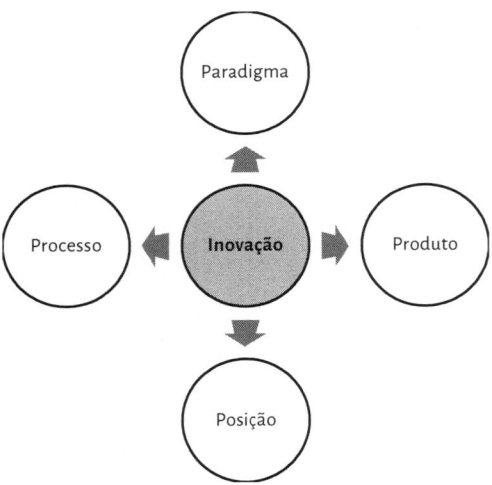

Fonte: Elaborado com base em Tidd; Bessant, 2015.

A Figura 1.4 indica um círculo central como espaço para a inovação, em torno da qual se encontram os 4 Ps. No entanto, pedimos toda atenção para os demais tipos que virão na sequência, pois o que explicaremos a respeito deles tem relação direta com o que propõe os 4 Ps, sobretudo ampliando o campo de visão a respeito do assunto.

Inovação de produto

Em sentido literal, diz respeito às modificações relativas ao objeto, ao bem, ao produto ou ao serviço que é desenvolvido por determinada empresa. Pense um pouco sobre isso e talvez você conclua que são inúmeros os produtos que passam por modificações e melhorias. Por exemplo, um novo modelo de telefone celular que substitui o anterior, cujas funções principais são mantidas; o lançamento de um novo sabor de chocolate, cuja marca já está consolidada há muito tempo no mercado; ou, ainda, a atualização periódica de um *software* em sistemas operacionais, como o iOS da Apple, que introduz novas funcionalidades, mantendo a familiaridade para os usuários.

Inovação de processo

A inovação de processo visa alterar os meios, a maneira de se elaborar um produto e oferecê-lo ao cliente ou consumidor. Internamente, melhora-se o modo, as fases de concepção do bem e também o modo de administrar a produção. Pelo fato de as inovações atingirem tanto bens quanto serviços, é importante mencionarmos que pode haver situações nas quais exista uma combinação, uma complementação entre os dois tipos de inovação (produto e processo), em que ambas ocorram para fins de

obtenção do resultado almejado. Por exemplo, um novo plano de saúde pode conter ambas as inovações.

Inovação de posição

Novamente, utilizaremos a literalidade para abordar a inovação de posição. Nesse caso, significa retirar determinado bem ou produto de um lugar e colocá-lo ou disponibilizá-lo ao cliente ou consumidor em outro. É dar a ele uma finalidade distinta daquela para a qual foi inicialmente criado. Mais uma vez instigamos você a pensar um pouco e a tentar enxergar algo que nasceu com um propósito e acabou servindo para outra finalidade.

Um emblemático exemplo de inovação de posição é nada mais, nada menos, do que um dos refrigerantes mais populares do mundo. Não precisamos dizer qual é a marca, não é? Originalmente concebido para fins medicinais como remédio para dor de cabeça, tornou-se um fenômeno mundial a partir do momento em que o Dr. John Pemberton resolveu dar uma nova destinação a ele, que passou a ser uma bebida refrescante[2].

Inovação de paradigma

A inovação de paradigma é algo mais profundo, mais abrangente e que tende a envolver fatores relativos à realidade da organização no que diz respeito a seus produtos, processos e posição

---

2   Caso você queira saber um pouco mais sobre isso, visite: DW. **1886**: inventada a Coca-Cola. Disponível em: <http://www.dw.com/pt-br/1886-inventada-a-coca-cola/a-833976>. Acesso em: 20 jun. 2018; THE COCA-COLA COMPANY. **Crônicas da Coca-Cola**: nasce uma ideia refrescante. 31 dez. 2011. Disponível em: <http://www.cocacolabrasil.com.br/historias/cronicas-da-coca-cola-nasce-uma-ideia-refrescante>. Acesso em: 20 jun. 2018.

(modelo "mental" da empresa) e também à sociedade, que sentirá o impacto desse desenvolvimento. É praticamente uma revolução quanto aos efeitos que gera, alterando a realidade antes existente, elevando-a a outro nível.

Um paradigma é um modelo, um referencial, um padrão seguido em sentido amplo quanto à vida. Logo, uma alteração de paradigma causada pelos efeitos de uma inovação tecnológica implica repensar um modelo e também a maneira como enxergamos as coisas que acontecem ao nosso redor.

Um exemplo prático de inovação de paradigma é a introdução da internet no cotidiano das pessoas. Antes disso, a comunicação, o comércio e a obtenção de informações eram limitados e locais. A internet revolucionou a maneira como trabalhamos, nos comunicamos e consumimos, mudando radicalmente a sociedade e os negócios em um nível global.

Outro exemplo é a invenção da energia elétrica, que permitiu o desenvolvimento de novas tecnologias e serviços, como a iluminação elétrica, os eletrodomésticos e a automação industrial. Antes da eletricidade, a iluminação, o transporte e a produção industrial eram muito limitados.

Por fim, podemos citar como exemplo a criação dos *smartphones*. Antes do surgimento dessa tecnologia, os telefones móveis eram usados principalmente para chamadas e mensagens de texto. Com a introdução dos *smartphones*, houve uma mudança de paradigma na maneira como nos comunicamos, acessamos informações e executamos tarefas diárias, atualmente com múltiplas funcionalidades em um único dispositivo. Isso transformou a indústria de telecomunicações, de entretenimento, de saúde e até mesmo os serviços financeiros.

Inovação incremental, contínua e descontínua

Seria ótimo se nosso empreendimento, de acordo com o modelo de negócio, permanecesse sólido, estável e lucrativo, de preferência para sempre. Assim, asseguraríamos nosso lugar no mercado e, naturalmente, conforme o propósito de nossa organização, buscaríamos a manutenção da solidez sem necessariamente crescermos (no caso de uma pequena e pouco ambiciosa empresa) ou almejaríamos crescer ganhando mais clientes ou consumidores.

Sentimos informar que essa visão estará ultrapassada caso não leve em consideração que as inovações incrementais, contínuas e descontínuas, são inevitáveis e que as mudanças certamente acontecerão e mudarão a forma como consumimos, compramos e nos relacionamos com diferentes produtos e serviços. Se a empresa não tiver uma visão clara e proativa em direção a esse processo de mudança, não haverá vantagem competitiva para o negócio.

Essa é mais uma situação de mesmice do que exatamente de estabilidade, conforme o real propósito das inovações. É impensável manter um negócio estático, um produto pouco inalterado e ao mesmo tempo de sucesso e com estabilidade, tendo em vista a atual dinâmica de mercado. Queremos afirmar, com isso, que inovação é sobretudo aperfeiçoamento, melhoria contínua e planejamento tanto de produtos quanto de processos e de posições. Nesse caso, as inovações são incrementais na maioria absoluta dos casos e em todos os setores da economia.

As principais características da inovação **incremental** são:

- ocorrer por meio de regras claramente entendidas;
- poder ocorrer em processos, produção, produtos e serviços;
- continuar melhorando, acrescer;

- ter inovação incremental e contínua ligadas;
- pode seguir caminhos diversos e incertos, superando a ideia inicial de aperfeiçoamento e remodelamento apenas – diante desse quadro poderá surgir ou iniciar a descontinuidade.

A inovação **contínua**, que confere estabilidade envolvendo os 4 Ps, está relacionada ao que Tidd, Bessant e Pavitt (2008) conceituam como fazer melhor o que já se sabe fazer. Tal afirmação alude a ideia de uma continuidade com certo grau de certeza, com senso de previdência ou de precaução quanto aos riscos que a organização pode correr, mas não deseja correr. Logo, podemos concluir que a empresa que tem esse perfil deve ser pouco afeita aos indicativos de mercado, assim como aos movimentos necessários em relação aos processos de inovação tecnológica, que, inobservados interna e externamente, podem ser causadores de sua própria ruína.

Consequentemente, para um bem ou serviço se manter estável no mercado, em condições de competitividade e sustentabilidade dele próprio e da organização na qual é desenvolvido, sofrerá atualizações, melhorias, diferenciação, customização, entre outros ajustes. As inovações pelas quais poderá passar serão incrementais, contínuas e até mesmo descontínuas. A Figura 1.5 remete à ideia de trajetória para esses tipos de inovação.

Figura 1.5 – Trajetória das inovações: incremental por natureza, contínua e descontínua

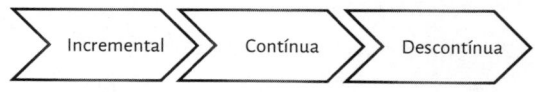

Algumas características das inovações **descontínuas**, segundo Tidd, Bessant e Pavitt (2008), são:

- surgimento de um bem completamente novo ou de conclusões provenientes de condições profundamente alteradas de pesquisa;
- possibilidade de alterar todas as regras do jogo;
- motivação pelo desejo de a organização fazer algo diferente;
- possibilidade de incorrer na chamada "destruição criativa" em busca de novas condições e processos na procura por novos mercados.

Isso tudo mesmo que haja incerteza quanto à eficácia da inovação e ao resultado almejado.

Você conhece um dos ancestrais da caneta moderna? A pena, cuja ponta era mergulhada em tinta para depois deslizar sobre o papel, dava forma a uma escrita que era quase uma obra de arte. Ao fim, passava-se o mata-borrão para o devido acabamento; caso contrário, o papel ficava todo manchado. Devido a diversas inovações de continuidade, esse artefato evoluiu para a caneta esferográfica dos dias atuais e, mesmo tendo esse estilo, formato e funcionamento há décadas, continuará sofrendo alterações, seja quanto à composição de sua tinta, seja quanto à sua tampa, à espessura da escrita ou ao material de que é fabricada[3]. Talvez você se lembre de que a ponta da tampa da caneta mais conhecida de todas há cerca de duas décadas não era aberta, e sim fechada.

No momento em que alguém teve a ideia de criar um novo utensílio que fosse uma evolução da pena e que, após pesquisas e desenvolvimento, tornou-se a caneta esferográfica, houve uma mudança considerável na maneira como estávamos habituados a comprar e utilizar esse objeto. A noção de continuidade tomou um novo rumo, um direcionamento diverso daquele mais previsível

---

3   Inovações que alcançam componentes de um produto ou serviço são chamadas de *arquiteturais*.

e que consistia apenas em atualizar e fazer melhorias. É aí que reside a descontinuidade, em uma espécie de lacuna entre o velho e o novo: um desafio que pode ou não dar certo, que ultrapassa a fronteira de um procedimento conhecido em termos de avanço no desenvolvimento do produto. Transformar a pena em caneta, à época, significou inovar em alto nível, descontinuando o processo anterior, partindo para outro totalmente novo, ao passo que a finalidade do produto continuou sendo a mesma: escrever e fixar a escrita no papel com tinta, o que trouxe mobilidade e flexibilidade para essa atividade.

Inovações contínuas e descontínuas podem coexistir, pois a descontinuidade pode ser ocasional e eventualmente surgir entre uma lacuna e outra dentro do processo de inovação contínua. Por outro lado, a descontinuidade também pode ser fruto da análise dos sinais de mercado e do consequente investimento em uma nova forma de melhoria do produto mediante um processo que se desconhece em parte ou no todo, mas que se espera que dê certo e consiga atingir os resultados almejados (Tidd; Bessant, 2020).

Assim, é preciso apostar nas possibilidades que provêm das lacunas, dos indicativos da concorrência, de novas ideias, procurando desenvolvê-las por meio de novas tecnologias. É o novo parecido com o velho que surge, mas com novas e até inéditas funcionalidades, ganhando mais mercado e, ao mesmo tempo, forçando o velho a se renovar, sob pena de arcar com as consequências da não ousadia.

Velha é a organização que não consegue ultrapassar a fronteira da mesmice, da repetição, que não assume maiores riscos para além do limite preestabelecido, que não tenta desconstruir seus processos por meio de tecnologias e processos diferentes ou mesmo em função de ideias próprias que foram engavetadas e que também não levam em consideração a necessidade de uma gestão inovadora, conforme a lógica da descontinuidade. Assim, uma organização normalmente afeita apenas aos processos de inovação contínua, após se sentir ameaçada ou mesmo sob necessidade premente de dar maior grau de inovação a seus bens e serviços, pode partir para a imitação de seus concorrentes ou efetuar tentativas desesperadas de fazer uso das tecnologias daqueles que trouxeram uma proposta de inovação descontínua. Mesmo assim, ficar para trás será inevitável. A curva de aprendizagem é mais generosa com quem investe tempo e dinheiro em pesquisas e novos resultados, está atento aos sinais adjacentes e ousa estando ciente dos riscos e também dos ganhos que podem ser obtidos.

Essa passagem não se trata de uma crítica às organizações mais afeitas às inovações contínuas se comparadas às empresas que adotam uma gestão mais voltada para as inovações descontínuas, pois muitas delas são estáveis no mercado. Nossa intenção é fazer comparações e demonstrar os desdobramentos tanto de uma quanto de outra escolha, até porque optar pela descontinuidade é também buscar estabilidade em meio ao mundo corporativo, no qual a competitividade e a busca por novos mercados são incansáveis.

Até aqui podemos perceber os seguintes aspectos:

- a esmagadora maioria das inovações é incremental;
- a descontinuidade pode ser decorrência de uma alteração que acontece durante um processo de inovação contínua;
- tal descontinuidade pode ocorrer em função da devida atenção que a organização dá aos sinais internos e especialmente externos quanto ao surgimento de novas tecnologias;
- é preciso provisionar recursos para investimentos em novas tecnologias, inclusive descontínuas, com a devida ciência dos riscos e das incertezas inerentes;
- "sair da caixa" é necessário para se manter vivo no voraz e extremamente competitivo mercado.

A abordagem dos tipos de inovação, segundo Tidd, Bessant e Pavitt (2008), traz subdivisões nem sempre trabalhadas por outros autores da área. Há autores que dividem as inovações apenas em incrementais e radicais e aqueles que trabalham com três categorias: incrementais, disruptivas e radicais. A seguir, de acordo com os autores indicados, trataremos das demais categorias de inovações.

Inovação arquitetural, radical e disruptiva

Você já parou para pensar em como os diferentes tipos de inovação impactam nossa vida ou na variedade de inovações que os estudos organizacionais nos apresentam e que devem fazer parte das rotinas das empresas inovadoras? Pois bem, continuaremos nossas abordagens tratando das inovações arquitetural, radical e disruptiva.

Arquitetural

A inovação arquitetural envolve o aprimoramento de determinados mecanismos que compõem estruturalmente um bem ou produto. Para que se concretize, necessita de indivíduos com competências diferentes e bem delineadas, que sabem que o produto objeto de aprimoramento funciona mediante ações integradas entre seus componentes. Pesquisas de desenvolvimento para esse fim precisam levar em consideração que uma eventual desarmonia entre os componentes que são melhorados tecnologicamente pode afetar a arquitetura geral do produto ou do serviço.

Um exemplo desse tipo de inovação pode ser encontrado nos *smartphones*. Inicialmente, eles tinham câmeras de baixa resolução, mas, com o passar do tempo, as fabricantes integraram câmeras de alta resolução com múltiplas lentes e sensores avançados. Essa evolução apenas aprimorou a qualidade das fotos e também exigiu melhorias na capacidade de processamento, armazenamento e *design* de bateria. Trata-se de um exemplo que ilustra uma inovação incremental arquitetural. A harmonização desses componentes foi crucial para o funcionamento eficiente do produto final.

Uma inovação de arquitetura pode envolver também o funcionamento de todos os equipamentos que atuem de modo combinado mediante um comando centralizado. Trata-se de inovação de sistema – de um sistema que opera os equipamentos que funcionam em conjunto. Tal inovação é considerada algo complexo porque envolve aspectos diversos relacionados aos produtos. Como exemplo, podemos pensar em uma sala inteligente em casa, onde tudo funcione de maneira integrada. Chegamos, e com um simples comando de voz, ligamos a luz e regulamos sua intensidade; ligamos a TV e colocamos em nosso canal favorito; e, por fim, solicitamos que o aparelho de ar-condicionado seja acionado e ajustado para a temperatura pré-programada no sistema.

Para que haja um harmônico e perfeito funcionamento dos componentes dessa sala, são necessários uma tecnologia que os acione e um *software* ligado a um computador programado e controlado pelo dono, por exemplo. Nesse caso, quando pensamos no sistema que gerencia o funcionamento dos componentes de luz, TV e ar-condicionado, estamos falando de **inovação de sistema**.

Radical

Inovação radical é aquela em que empresas investem com o intento de propor a criação de um produto totalmente diferente, seja dos que já estava afeita a desenvolver e notabilizou, seja em função de seu desejo por lançar algo totalmente novo no mercado. Há casos de empresas que surgiram se voltando para a produção de determinado tipo de produto e mercado, mas que se afastaram totalmente de suas origens a partir do momento em que apostaram em inovações radicais e, por conseguinte, em produtos totalmente diferentes, visando à conquista de outros mercados.

Optar pela inovação radical envolve aceitar os riscos de transformações profundas na organização, que podem abrir portas para novos mercados. Vale lembrar que essa escolha também pode remodelar setores inteiros, resultando na descontinuação de produtos e na intensificação de esforços para produzir novos bens completamente diferentes dos atuais.

Pensemos no seguinte exemplo de inovação radical: uma tradicional empresa de fotografia que, originalmente, produzia filmes e câmeras analógicas, ao perceber a ascensão da fotografia digital, decidiu se reinventar completamente e passou a desenvolver tecnologia digital, incluindo câmeras digitais, impressoras e outros equipamentos. Essa mudança radical permitiu que a organização se mantivesse relevante no mercado, mas também significou o fim da produção de filmes e câmeras analógicas.

Disruptiva

Quanto à inovação disruptiva ou de ruptura, como a designa Christensen (2012), trata-se de como uma organização utiliza a tecnologia em seu necessário processo de mudança para se manter estável – mais do que isso, procurando atender a públicos para além daqueles que já conquistou. Muitas vezes, a liderança é perdida não apenas pela concorrência, mas pela dificuldade de enxergar **em que** e **como** devem ser empregados esforços em termos de inovações, a fim de ampliar o espectro de atuação da empresa.

Como já dissemos, é preciso elaborar estudos, conhecer os interesses de clientes variados, não apenas os que a organização já tem, aceitar ideias, desenvolvê-las e, mediante incertezas inerentes ao processo, buscar atingir resultados. Inovações disruptivas tendem a render resultados não muito expressivos imediatamente, o que tem pertinência com seu aspecto experimental e, sobretudo, que visa alcançar um público diferente. É um trabalho empírico, de paciência e de observação, mas absolutamente necessário.

A pedra de toque da inovação disruptiva é a busca de mercados com necessidades diversas e diferentes expectativas, levando em consideração o fato de que, muitas vezes, um bem ou serviço podem acabar superando em muito a expectativa do usuário em termos de funcionalidades. Logo, de que valeria entregar para o consumidor algo que tem um enorme número de funções se ele fosse incapaz ou não precisasse utilizá-las em sua totalidade? Esse é um dos questionamentos que envolvem esse tipo de inovação. Então, menor custo em termos de produção e processos, gerando um produto mais simples e satisfatório para novos ou mesmo para públicos conhecidos, tem uma ligação direta com a proposta de inovação disruptiva. É mais um desafio que se apresenta no universo vertiginoso das inovações como solução possível (Christensen, 2012).

Para fixarmos o entendimento a respeito disso, vamos a um exemplo bem simples, mas altamente válido. Uma empresa que fabricava e ainda continua fabricando talheres, copos e pratos plásticos para festas infantis, ao se deparar com um mercado saturado de concorrentes, concluiu que havia necessidade de ampliar seu espectro de clientes. Diante desse quadro, resolveu fazer algo bem simples e prático, entendendo que haveria mercado para isso. O produto desenvolvido seria, na prática, um derivado dos produtos que já eram desenvolvidos. Se você pensou naqueles mexedores de plástico ou colheres bem pequenas para mexer o cafezinho, acertou.

Atenta a novos mercados até mesmo por uma questão de sobrevivência, a empresa utilizou a tecnologia de que dispunha para buscar um novo público, com algo simples, viável e de baixo custo em termos de investimento, mas que trouxe um novo horizonte de possibilidade de negócios e mercados. O Quadro 1.1 sintetiza as principais informações a respeito dos tipos de inovação que abordamos.

Quadro 1.1 – Quadro geral das inovações incremental, contínua, descontínua, de arquitetura, radical e disruptiva

Incremental	Inovações são incrementais por natureza, pois geram aperfeiçoamentos.
Contínua	Inovar é um movimento contínuo.
Descontínua	Momento em que há mudança de rumos em relação ao planejado, seja em função de imprevistos, seja por ação deliberada.
Arquitetural	Inovação de componente integrante de determinado produto que compõe, com outros, uma estrutura.
Radical	Pode decorrer de uma descontinuidade ou nascer "do zero", mostrando-se totalmente nova.
Disruptiva	Fruto de descontinuidade, visa à obtenção de lucro a menor custo com produtos mais simples, normalmente derivados de outros mais complexos.

Inovação aberta e fechada

Todos os tipos de inovações dos quais falamos têm ligação direta com a proposta de inovação aberta ou fechada. Falar delas é o mesmo que pensar em uma via de mão dupla: é imaginar tecnologia que parte "de dentro para fora" ou "de fora para dentro" das organizações, respectivamente. Trata-se de algo bem simples, conforme percebemos e Chesbrough (2012) nos inspira nas linhas que seguem.

Começaremos pela inovação fechada, que é decorrente da pesquisa e do desenvolvimento que ocorrem (ou ocorriam)

essencialmente no interior da organização. Trata-se de um procedimento clássico, antigo, se pensarmos nos dias de hoje, oriundo de um período em que pequenas ou grandes empresas tinham ideias e inventos muito próprios, inovando conforme a capacidade de gerir e conceber bens e serviços, atuando isoladamente ou por meio da compra de patentes e tendo todo o mérito decorrente de sua capacidade para inovar. Tal modelo exigia altos investimentos em equipe e em equipamentos, muita confiança no talento da organização e forte crença no dito popular: "Se quer benfeito, faça você mesmo".

O modelo de inovação fechada se tornou insustentável em função da onda de avanços – não apenas tecnológicos, mas também de funcionamento e de comportamento de empresas e de pesquisadores – que sacudiu o mundo no final do século XX, especialmente no fim dos anos de 1970 em diante. Em decorrência dessa mudança de perspectiva em relação aos 4 Ps é que a inovação aberta passou a tomar corpo.

Gradualmente, inovações baseadas em descobertas provenientes de pesquisas desenvolvidas por outras empresas foram sendo levadas em consideração e barreiras começaram a ser transpostas. Cada vez mais as organizações passaram a procurar informações externas a respeito de novas tecnologias e de produtos que pudessem propiciar vantagem competitiva. Nesse sentido, tornava-se necessário inovar em bens, em produtos e também no modelo de negócio, abrindo-se para novas possibilidades. O intercâmbio de informações e de conhecimentos passou a ser indispensável para o desenvolvimento de inovações e de adaptações de tecnologias já existentes.

A contratação de manutenção de pesquisadores de alta envergadura passou a ser difícil e cara. Tecnologias e pesquisas anteriormente engavetadas passaram a acompanhar seus pesquisadores, que as levavam consigo para serem desenvolvidas em outras empresas. Foi nesse momento que surgiram as *startups*[4], que ganharam notoriedade a partir do fim dos anos 1990 e, atualmente, representam grande parte das empresas inovadoras do mundo.

Em muitos casos, mesmo com poucos recursos, pesquisadores conseguiram desenvolver produtos e tecnologias por meio de experiências na garagem de casa ou em pequenas empresas. O número de *startups* aumentou consideravelmente e o conhecimento provindo de tais modelos de negócio passou a ser compartilhado e até mesmo procurado pelas grandes organizações. Diante desse quadro, o modelo de inovação fechada se tornou, se não totalmente esvaziado, incompatível com a modernidade. A equação demonstrada na Figura 1.6 remete a esse contexto.

Figura 1.6 – Junção das inovações fechada e aberta

Inovação fechada + Inovação aberta = Empresa inovando para "fora da caixa"

Em função disso, a gestão da inovação passou a ter amplos contornos, tendo de administrar conhecimentos interdisciplinares, inteligências de áreas diferentes, entre indivíduos atuantes em conjunto ou separadamente, mediante constituição de redes cada vez mais unidas pela tecnologia e ligadas essencialmente pela internet, em um moderno, complexo e integrado processo.

---

4   *Startup* é a união de pessoas trabalhando com ideias diferentes, inovadoras e com perspectiva de grande crescimento, apesar do alto de grau de incerteza em relação ao sucesso dos produtos que se pretende desenvolver, essencialmente radicais ou disruptivos.

Trata-se de uma lógica irreversível, pela qual especialmente as grandes organizações têm de passar para se manter competitivas e atribuir valor a seus produtos. O "radar" tem de estar sempre ligado e o bom gestor tem de estar atento a tudo o que pode ser uma boa oportunidade para seu negócio.

O que são organizações ambidestras?

Em uma perspectiva geral, podemos afirmar que gerir uma organização ambidestra e conseguir mantê-la estável conforme essa ótica é o maior desafio que um gestor pode assumir. Conforme propusemos em outros momentos, agora convidamos você a pensar um pouco e a tentar concluir, antes de passar para as próximas linhas, o que significa afirmar que uma organização é ambidestra.

Se você pensou em algo bem simples, como um jogador de futebol que tem habilidade para chutar e fazer gols tanto com a perna direita quanto com a esquerda, já iniciamos bem este tópico. Seria algo próximo disso. Uma organização ambidestra é aquela que consegue conferir equilíbrio a seus processos de inovação, combinando inovações continuada e descontinuada.

Lembramos que continuada é a inovação incremental por excelência, a qual tem por objetivo proporcionar a estabilidade da empresa no mercado a menor custo. Quanto à inovação descontínua, segundo nos ensinam Tidd, Bessant e Pavitt (2008), pode se tornar uma novidade em resposta a situações completamente alteradas, em alusão direta ao alto grau de incerteza pelo qual a empresa também tem de passar para conquistar estabilidade no mercado, sendo disruptiva ou mesmo radical[5].

Gerir uma organização ambidestra é um desafio complexo. Significa afirmar que uma empresa que oferece com solidez variada uma gama de bens e serviços, ao mesmo tempo que precisa se desdobrar para continuar mantendo seu posto com inovações incrementais em seus produtos tradicionais, que podem ser o carro-chefe da marca, por exemplo, não pode esquecer que precisa mobilizar recursos internos (capital de risco) em novos e diferentes projetos ou produtos[6]. Um bom exemplo é a empresa Amazon, que continua a aprimorar e expandir sua plataforma de *e-commerce*, seu principal produto, ao mesmo tempo que também investe em novos e diferentes projetos e serviços, como o Amazon Prime Video e os dispositivos Kindle. Essa habilidade de equilibrar inovações incrementais em seu *core business* com investimentos em áreas novas para ampliação do portfólio de serviços é um exemplo claro de uma organização ambidestra.

A Figura 1.7 representa uma organização que congrega processos que envolvem tanto continuidade quanto descontinuidade em inovações.

---

5   Pode parecer haver um paradoxo nessa informação, mas não há. Esses dois tipos de inovação propõem o mesmo, mas a inovação contínua obviamente é bem menos complexa que a descontínua pelo fato de esta conter alto grau de incerteza quanto a ser aceita ou não pelo mercado.

6   Conforme a constituição variada de capital de uma empresa, segundo a lógica de mercado e afeita à perspectiva de inovação aberta, poderá haver investidores até mesmo movimentando-se para esse fim, fomentando e ao mesmo tempo ditando novos rumos em termos de inovações.

Figura 1.7 – Elementos da organização ambidestra

```
        Organização
         ambidestra
         /        \
        ↓          ↓
   Inovação      Inovação
descontínua/radical  contínua/incremental
   e disruptiva
```

Ser uma organização ambidestra significa, sobretudo, lidar com duas realidades, sendo conservadora e eficaz no que já produz, mas sempre buscando algo completamente novo e obtendo êxito mediante constante atenção aos sinais do mercado e consequente investimento em novos produtos e modelos de negócio; ciente dos riscos, mas consciente de que não sobreviverá sem promover tais inovações.

Síntese

Neste capítulo, apresentamos sete elementos que consideramos essenciais para seu aprendizado. Iniciamos com princípios fundamentais que reforçam a iniciativa inovadora como movimento que se traduz em valor para a empresa, passando a abordar o significado e as situações que contemplam o surgimento das inovações tecnológicas. Explicitamos que as inovações são importantes na geração de vantagem competitiva para empresa, indicando que os propósitos da gestão da tecnologia e inovação são desafiadores no sentido da criação da cultura inovadora e da formação de equipes com profissionais habilitados para analisar tendências de mercado, hábitos e comportamentos dos potenciais consumidores.

Por fim, tratamos das questões relativas aos tipos e aos níveis de inovação, destacando que a maioria das empresas opta pela inovação contínua ou incremental, apesar de ser indispensável inovar de maneira descontínua, radical e disruptiva. Finalizamos o capítulo tratando das organizações ambidestras, que têm como característica a capacidade de gestão tanto de projetos de inovação contínua quanto descontínua. Salientamos que essas temáticas serão retomadas em capítulos posteriores, em função de sua abrangência e importância.

Antes de continuar, leia isto: não existe resposta certa ou errada; existe resposta que, partindo de um esforço para ser desenvolvida, por si só tem valor. Obviamente, esperamos que suas conclusões sejam acertadas, mas o fato de se esforçar para acompanhá-las já é digno de reconhecimento.

Questões para revisão

1. Qual é a principal justificativa para investimentos constantes em inovações e tecnologia?
   a) Empreender esforços inovativos, desprezando riscos e incertezas.
   b) O caráter social do implemento das inovações.
   c) Obtenção de vantagem competitiva.
   d) Trilhar caminhos previsíveis e seguros com o intuito de manter a estabilidade da empresa.
   e) A manutenção da proposta de valor da empresa.

2. Considerando que as redes conectadas de trabalho são uma realidade mundial e naturalmente estão inseridas no contexto da inovação e tecnologia, assinale V para as afirmativas verdadeiras e F para as falsas.

( ) As redes conectadas de trabalho potencializam o resultado da empresa ao permitir um expediente estendido graças ao fuso horário de diferentes localizações do mundo.
( ) Redes de trabalho internacionais favorecem a troca de experiências e promovem a diversidade cultural nas equipes, o que facilita o processo de inovação.
( ) As redes conectadas de trabalho se restringem às grandes empresas, que conseguem conectar seus funcionários de diversas regiões do mundo.
( ) O uso de redes de trabalho pode proporcionar inúmeras vantagens e garante o sucesso das inovações tecnológicas.
( ) As TICs (tecnologias da informação e comunicação) trazem um novo olhar sobre a maneira como as empresas desenvolvem, pesquisam e lançam novos produtos no mercado, sendo frequentemente um facilitador deste processo.

Agora, marque a alternativa com a sequência correta.

a) F, V, V, F, F.
b) V, V, V, V, F.
c) F, F, V, F, F.
d) F, V, F, V, F.
e) V, V, F, F, V.

3. A respeito dos tipos de inovações, marque a alternativa **incorreta**.
   a) Inovação arquitetural envolve o aprimoramento de determinados mecanismos que compõem estruturalmente um produto.

b) Inovação radical é aquela em que empresas investem com a intenção de propor a criação de um bem ou serviço totalmente diferente daquele a que estava afeita a desenvolver.

c) Inovações disruptivas tendem a render resultados expressivos imediatamente.

d) Cada vez mais, as organizações procuram informações externas a respeito de novas tecnologias e produtos capazes de propiciar vantagem competitiva, e isso é uma característica da inovação aberta.

e) Inovação contínua ou incremental é aquela que tem por objetivo proporcionar a estabilidade da empresa no mercado a menor custo.

4. Entre os aspectos relativos aos princípios de gestão da tecnologia e inovação, quais você destacaria?

5. Inovar tecnologicamente significa realizar um intenso trabalho de pesquisa, que invariavelmente será imbuído de incertezas quanto ao êxito dos esforços que se empreende. Se o grau de incerteza é tão presente no ambiente corporativo que precisa inovar, qual seriam as principais razões para se manter esforços contínuos e investimentos em inovações?

Questão para reflexão

"As empresas obtêm vantagem competitiva por meio de ações inovadoras. Elas abordam a inovação em seu sentido mais amplo, incluindo tanto novas tecnologias quanto novas maneiras de fazer as coisas." (PORTER, M. **The Competitive Advantage of Nations**. London: Macmillan, 1990).

Fonte: Tidd; Bessant, 2015, p. 19.

1. Com base na passagem de Porter (1990), desenvolva um pequeno texto indicando o que pode ser considerado, no âmbito da empresa, um comportamento pró-inovação e um comportamento anti-inovação.

■ ─────────────────── **Para saber mais**

Para que você obtenha mais conhecimentos a respeito dos temas abordados no primeiro capítulo, fazemos as seguintes recomendações:

Filmes

A REDE social. Direção: David Fincher. EUA: Sony Pictures, 2010. 120 min.

O CÉU de outubro. Direção: Joe Johnston. EUA, 1999. 107 min.

STEVE Jobs. Direção: Danny Boyle. EUA: Universal Pictures, 2015. 122 min.

Livros

AMATO NETO, J. (Org.). **Redes entre organizações**: domínio do conhecimento e da eficácia operacional. São Paulo: Atlas, 2005.

CLEGG, S.; KORNBERGER, M.; PITSIS, T. **Administração e organizações**: uma introdução à teoria e à prática. Tradução de Patrícia Lessa Flores da Cunha et al. 2. ed. Porto Alegre: Bookman, 2011.

CORAL, E.; OGLIARI, A.; ABREU, A. F. de (Org.). **Gestão integrada da inovação**: estratégia, organização e desenvolvimento de produtos. São Paulo: Altas, 2008. p. 1-13.

DRUCKER, P. **Administrando em tempos de grandes mudanças**. Tradução de Nivaldo Montingelli Jr. São Paulo: Pioneira, 1999. p. 19-24.

DRUCKER, P. **Inovação e espírito empreendedor (entrepreneurship)**: prática e princípios. Tradução de Carlos Malferrari. São Paulo: Cengage Learning, 1986. p. 137-185.

Vídeos

3M. **Como surgiu o post it?** c2018. Disponível em: <http://www.3minovacao.com.br/aprenda/cursos/como-surgiu-o-post-it>. Acesso em: 30 jun. 2018.

DISRUPTIVE Innovation. **QUT IFB101**, 25 mar. 2015. 4 min. Disponível em: <https://www.youtube.com/watch?v=Cu6J6taqOSg>. Acesso em: 16 ago. 2024.

* JOHNSON, S. **Where Good Ideas come from?** = De onde vêm as boas ideias? Disponível em: <https://www.youtube.com/watch?v=0afooUcTO-c>. Acesso em: 30 jun. 2018.

02

FORMAÇÃO DE EMPRESA INOVADORA

02

Conteúdos do capítulo:
- Função do líder e prevalência da gestão de pessoas.
- Perspectivas de *exploitation* e *exploration*.
- Importância das estratégias.
- Desenvolvimento de estratégias tecnológicas.
- Papel determinante do aprendizado sobre as inovações.
- Obstáculos organizacionais às propostas inovadoras.
- Estabelecimento de cultura inovadora.

Após o estudo deste capítulo, você será capaz de:
1. entender que a gestão de pessoas é um diferencial diante dos desafios que constituem as inovações;
2. estabelecer um quadro comparativo entre as perspectivas de *exploitation* e de *exploration*;
3. tecer considerações a respeito das estratégias no contexto das inovações, com ênfase nos tipos racionalista e incrementalista;
4. identificar que o desenvolvimento da estratégia inovadora se dá mediante ações práticas;
5. reconhecer que o aprendizado tecnológico é fator fundamental para o sucesso das inovações;
6. compreender que há barreiras organizacionais à inovação;
7. concluir que é preciso empreender esforços para criar uma cultura de inovação em uma empresa.

EM CONTINUIDADE AO que sustentamos no primeiro capítulo, o objetivo principal de uma organização é a obtenção de vantagem competitiva, o que assegurará estabilidade e um lugar cativo no mercado, fruto da mobilização de uma gestão atenta à constante necessidade de inovações. O exemplo da multinacional 3M, que orienta seus pesquisadores e seus gestores para que utilizem 20% de seu tempo de trabalho em projetos diferentes daqueles que realizam e conhecem, tendo os gestores de dispor de 10% de seu tempo de trabalho para se debruçarem sobre novidades em sentido amplo, é emblemático.

É a demonstração de que a empresa inovadora não se cansa de olhar para dentro de si mesma, em uma perspectiva de integração interdepartamental de saberes, e também para fora, com a intenção de se nutrir de conhecimentos que se somarão às potencialidades já existentes. A Figura 2.1 retrata a interação entre indivíduos. Alguma inovação está por surgir.

Figura 2.1 – Interação entre indivíduos para inovação

Assim, a construção de um empreendimento inovador necessita de inquietação e de capacidade de gestão de múltiplos conhecimentos que, naturalmente, não decorrem apenas de tecnologias mas também de pessoas e de como estas agem na prática.

Líderes gerindo pessoas e conhecimentos

A maioria das organizações mantém o foco em competências centrais e torna-se especializada em certos tipos de habilidades, cujos conhecimentos já detém. Assim, a onda de inovação, em regra, é essencialmente incremental quanto a processos, produtos e sistemas. Essa abordagem visa à manutenção da estabilidade já conquistada e à busca por segurança em território já conhecido (Tidd; Bessant, 2015).

Porém, há certa artificialidade nessa estabilidade, haja vista que a composição de uma empresa inovadora passou, especialmente a partir do fim do século XX, a necessitar de esforços cada vez maiores no sentido de ter de se dedicar a competências e negócios novos além dos centrais. A partir daí, a gestão de pessoas surgiu como um elemento-chave, pois gerir pessoas é gerir os conhecimentos que delas provêm, o que é fundamental para a organização que precisa ir além; e não se irá a lugar algum sem que haja líderes em potencial com destreza para extrair o melhor de seus subordinados.

Um gestor com pronunciadas habilidades comunicacionais e inter-relacionais constrói, com seus colaboradores, um ambiente acolhedor e inclusivo, estimulando a criatividade e sempre procurando criar um espírito de equipe. Esse é o quadro ideal quando se trata de gestão de pessoas. Nessas condições, haverá clima organizacional propício ao fomento de uma cultura de estímulo a novas ideias e, consequentemente, inovações, tanto incrementais (ou contínuas) quanto descontínuas – estas verdadeiramente desafiadoras tanto para a equipe quanto para o gestor.

Um importante aspecto a respeito da liderança são o poder agregador e a capacidade de gerar confiança em projetos de pesquisa, conforme representa a Figura 2.2. Um líder é uma espécie de catalisador, um indivíduo que reúne equipes em torno de si **e faz que elas acreditem na pesquisa**, o que é imprescindível que seja feito, especialmente no começo dela. A desconfiança no potencial de um projeto, logo de início, pode significar descrença e baixo envolvimento nas fases posteriores.

Figura 2.2 – O papel do líder perante a inovação

A perspectiva de uma liderança eficaz é preferível em situações de incerteza. Nos casos em que a pesquisa envereda pelas sendas da descontinuidade, a atuação do líder que motiva, incentiva e inspira é indispensável para atenuar os efeitos da natural incerteza que é característica de tais projetos.

Desafios da gestão de equipes

A gestão de equipes é desafiadora no sentido de que necessita harmonizar condições de **complexidade** – de projetos de pesquisa e de grupos de pessoas – e de **flexibilidade**, pois precisa propiciar um clima e condições adequadas para que as inovações aconteçam (Tidd; Bessant, 2015). Nesse sentido, a gestão de equipes envolve:

- "ajuste" em relação à estrutura organizacional sempre que necessário;
- seleção de pessoas-chave para encabeçar um projeto, exercitando diferentes papéis;
- envolvimento de membros da equipe que oferecerão sugestões de inovação e por isso precisam ter voz, apesar de não serem pessoas-chave;
- investimento em treinamento de componentes em variadas habilidades;
- incentivo para os trabalhadores se auto-organizarem e predefinirem suas tarefas;
- trabalho eficaz em equipe, que resultará no desenvolvimento de produtos, melhorias de processos, sistemas e afins, além de originar situações em que será necessário harmonizar a equipe em casos de conflitos internos ou interdepartamentais.

Figura 2.3 – Equipes, integração e conhecimentos em movimento cíclico

Rawpixel.com/Shutterstock

Ademais, para além dos aspectos mencionados, frisamos que a gestão de equipes multifuncionais precisa ser constituída mediante estabelecimento de critérios rigorosos quanto à definição das equipes e de seus membros; à definição de papéis e de tarefas; ao estímulo aos integrantes para que solucionem os próprios problemas; à diversidade de conhecimentos, gerando melhores desempenhos em termos de inovações. Entretanto, em função do estabelecimento de um clima organizacional em que tantos sujeitos detêm autonomia criativa e incentivos para terem ideias inovadoras, a gestão deve ser clara e objetiva, devendo o entendimento acerca de propostas, projetos e pesquisas de inovação ser comum a todos os integrantes. Logo, a gestão de pessoas, embora flexível e inovadora em seus processos, estipula limites, atuando conforme critérios bem estabelecidos (Tidd; Bessant, 2015).

É importante entender que esse tipo de gestão implica na mudança de uma cultura organizacional muitas vezes comum, mas ultrapassada, que ainda privilegia o contributo de alguns em detrimento de outros, gerando competições predatórias que não favorecem o clima empresarial. Nesse contexto, deve haver uma transformação para implementar práticas participativas e colaborativas, imbuídas de espírito de cooperação, estabelecendo-se uma cultura participativa. Como afirma Schein (2017), a cultura organizacional não é apenas um fenômeno superficial, mas um sistema de crenças e valores compartilhados que influencia profundamente o modo como as pessoas trabalham juntas.

Além de incentivar a criatividade, o comprometimento, o envolvimento e o espírito de equipe, é essencial reconhecer os esforços e as ações inovadoras. Mesmo que uma ideia tenha origem em um único membro e ele receba destaque pela conquista, o resultado deve ser sempre coletivo, fruto do trabalho de todos, inclusive multidisciplinar. Por isso, o gestor deve promover e valorizar atitudes cooperativas.

Assim, concluímos que a formação de uma empresa inovadora envolve muito mais do que apenas a utilização de tecnologias, que nos dias atuais existem em grande número, além de serem alcançadas mediante os mais diversos tipos de redes de inteligências constituídas tanto no interior de uma empresa quanto de fora para dentro dela – segundo a perspectiva da inovação aberta. O cerne da questão reside na gestão das pessoas e de seus conhecimentos mediante incentivo à criatividade e à gestão participativa.

Construir uma empresa inovadora depende de múltiplos esforços, os quais precisam ser coordenados ao máximo por uma gestão precisa e atenta a talentos humanos. Mas outros elementos se somam a estes, conforme veremos a seguir.

Exploitation × exploration

O significado dessas duas expressões de origem estrangeira, conforme podemos deduzir sem precisarmos recorrer a um bom dicionário, alude a ideia de exploração no sentido de busca, de procura de novos meios para obtenção de inovações mediante pesquisa e desenvolvimento. Naturalmente, há uma relação direta com o que trabalhamos no primeiro capítulo, especialmente no que diz respeito aos tipos de inovações, aos perfis das organizações e a seus modelos de gestão.

Ambas são fontes de inovações, percursos, rumos que podem ser seguidos conforme a lógica das inovações incrementais (ou contínuas) e descontínuas – radicais ou disruptivas –, considerando o fato de que as organizações poderão seguir o horizonte das inovações fechadas ou abertas.

Antes, porém, é preciso salientarmos que não devem ser vistas como forças contrárias no âmbito da organização, e sim complementares. Forças que unidas se aliam à proposta de gestão ambidestra.

Exploitation

A *exploitation* está ligada à proposta de inovação incremental ou contínua. Trata-se de refinamento dos bens produzidos, dos processos e das rotinas das organizações, que são costumeiramente praticados e constantemente aperfeiçoados. Por essa razão é que afirmamos haver ligação com a inovação incremental, pois seu pressuposto é a continuidade (Popadiuk, 2010).

Quando nos referimos a refinamento, queremos dizer que a empresa se especializa em produtos e processos conhecidos, contínuos e que considera seguros, movida por uma percepção de estabilidade adquirida por meio dos bens e dos serviços que oferece no mercado. Isso implica investimentos contínuos em desenvolvimento de tecnologias para manter o posto que já foi atingido, que são constantes e até mesmo previsíveis. É uma preocupação em melhorar o que já é bom, oferecendo sempre "mais do mesmo", mas com superior qualidade a cada novo modelo.

Um exemplo são as melhorias contínuas em *smartphones*. As empresas frequentemente coletam *feedback* dos usuários sobre aspectos como: "O que gostaria que fosse melhorado neste produto?"; "O que não gosta nele?"; "Quais funcionalidades adicionais você gostaria de ver?". Essas perguntas fornecem dados valiosos para os departamentos de *marketing* e desenvolvimento, responsáveis por implementar melhorias incrementais nos modelos futuros, sem necessariamente introduzir inovações revolucionárias.

Diante do quadro exposto, podemos concluir que essa mentalidade não é garantia de competitividade estratégica, tampouco de estabilidade absoluta em um ambiente tão mutável e carente de novidades (e novos públicos que aguardam) como o mercado dos dias atuas. Investimentos constantes, conforme a ótica da *exploitation*, não impedem que um negócio que hoje é sucesso perca sua força amanhã. E com base nessa observação fazemos uma ponte com os aspectos da *exploration*.

Exploration

Se até aqui deduzimos que *exploration* é o oposto de *exploitation*, até mesmo porque utilizamos propositadamente a expressão *versus* no título, acertamos. Outra coisa a se pensar é que, se uma empresa **também** trilha caminhos com base em estratégias norteadas pela *exploration*, isso quer dizer que ela é afeita às inovações descontínuas, radicais ou disruptivas.

Mais uma vez, fazemos referência à necessidade de uma organização "sair da caixa", procurando explorar novas possibilidades, processos, bens e serviços, sobretudo fazendo uso das mais variadas ferramentas e mecanismos de buscas, que não se restringirão apenas aos inúmeros tipos de tecnologia existentes (tecnologia de informação, internet, *softwares*, redes sociais e inteligência artificial).

Afirmamos com isso que a trajetória baseada em exploração (*exploration*) em busca de inovações descontínuas é profundamente desafiadora, pois a organização precisa se antecipar a cenários que não são conhecidos, projetar-se no futuro, constituir redes cada vez mais ricas de possibilidades. Isso tudo no âmbito da empresa que estimula a troca de ideias e de conhecimentos entre indivíduos de variadas áreas ou conforme a lógica cada vez mais comum da inovação aberta, buscando fora o máximo de informações úteis tanto quanto seja possível e das mais diversas fontes e áreas de conhecimento.

Antes de prosseguirmos, contudo, gostaríamos de saber se você percebeu o porquê de termos deixado a palavra **também**, no início da abordagem sobre *exploration*, em destaque. O objetivo, como sistematicamente estamos fazendo neste livro, é gerar provocações e estímulos. Em se tratando de gestão, o objetivo era antecipar que o ideal é trilhar os dois caminhos, tanto o da *exploitation* quanto o da *exploration*. A lógica é haver equilíbrio entre as duas fontes de inovação, o que é justificado pelo fato de que é preciso ao mesmo tempo ser sustentável com base no que já se faz, e muito bem feito, mas sem perder de vista o fato de que novos mercados, muitas vezes totalmente diferentes daqueles que já foram conquistados, precisam ser alcançados, mesmo que aos poucos.

Para reforçarmos nosso aprendizado, pensemos em uma marca de *notebooks* bastante conhecida e sólida no mercado, algo bastante meritório. A despeito disso, é preciso avançar melhorando o produto e adicionando a ele uma nova câmera que proporcionará imagens em altíssima resolução, a qual se juntará ao teclado e ao *mouse*, além de outras funcionalidades comuns. Contudo, ciente da necessidade de avançar além do campo da inovação incremental, utilizando-se da perspectiva da *exploration*, imaginemos que essa marca já vem desenvolvendo pesquisas e elaborando protótipos do que possivelmente será um *tablet*. Nesse caso, usaremos de abstração e imaginaremos que *tablets* ainda não existem.

Além de melhorar o modelo de *notebook* de maneira incremental, a empresa já está tentando explorar o "lado de fora da caixa", envidando esforços em pesquisas e no desenvolvimento de algo muito inovador, incluindo os mais avançados recursos de processamento de dados e de inteligência artificial em seu produto. Logo, há uma perspectiva de equilíbrio entre manter a marca estável e alcançar novos públicos com um trabalho integrado, fundamentado em novas ideias, informações, pesquisas, testes e avanço em protótipo, que oportunamente será lançado no mercado conforme a perspectiva da descontinuidade, baseada em *exploration*.

Nesse sentido, reforçamos: a gestão considerada ideal é aquela que harmoniza perspectivas tanto de *exploitation* quanto de *exploration*, equilibrando-as. Em outras palavras, atua inovando de maneira incremental (ou contínua) e descontínua. Embora ideal, todavia, essa prática é profundamente desafiadora. Dessa maneira, retomamos o entendimento acerca das organizações ambidestras, que procuram atuar conforme essa indispensável lógica com a finalidade de se manterem sempre competitivas no mercado.

Quadro 2.1 – Quadro geral das perspectivas de *exploitation* e *exploration*

Exploitation e exploration	O *exploitation* se ajusta à proposta de inovação incremental (contínua) e o *exploration*, à descontínua (radical e disruptiva).
Gestão	Em termos de gestão, a perspectiva de equilíbrio entre ambas é considerada ideal.
Conhecimento	A gestão do conhecimento (humano) continua sendo um ponto-chave a respeito de ambas as práticas.
Diferenças	Não precisam ser vistas como forças antagônicas, e sim complementares; forças aliadas à ótica da gestão ambidestra.
Técnicas	Técnicas de *exploration* se constituem em redes que avaliam milhares de novas tecnologias de empresas ao redor do mundo.

Estabilidade e competitividade estratégica perante o mercado, conforme contornos que a era da informação e a desenfreada onda tecnológica propõem, podem e devem ser obtidas com base em esforços contínuos, alcançados pela gestão de organizações ambidestras. Em linhas gerais, poucas são as empresas que conseguem atuar conforme essa ótica, com o devido destaque para as empresas multinacionais de grande porte, que movimentam milhares de cifras em torno de novos conhecimentos, pesquisas, práticas e tecnologias, procurando sempre ir além dos mercados já dominados, o que não significa que empresas de pequeno porte não devam procurar trilhar tal caminho também, de acordo com as possibilidades.

Estratégias no contexto das inovações

No contexto das inovações, para ser considerada eficaz, uma estratégia precisa levar em consideração a diversidade de cenários que dizem respeito aos avanços tecnológicos. Queremos dizer com isso que provavelmente a melhor das estratégias seja aquela que não se ocupa apenas da concorrência, mas também de diversos outros elementos e situações que compõem, combinados ou não, o complexo ambiente das inovações em tecnologia. Essa complexidade advém tanto de alguns cenários previsíveis quanto de outros imprevisíveis. As empresas que desejam permanecer competitivas devem estar atentas não apenas às mudanças no mercado, mas também às inovações tecnológicas que podem surgir de modo inesperado e modificar o mercado (Christensen et al., 2015).

A complexidade a que nos referimos é composta de fatores como concorrência, consumidores, reguladores, entre outros; e também de fatores pouco ou nada previsíveis, como mudanças técnicas, econômicas, sociais e políticas. Harmonizar tais situações quando da definição de uma estratégia significa equilibrar tomadas de decisão e práticas convencionais ou formais, como as que dizem respeito às **estratégias racionais**, e tomadas de decisão e práticas mais modernas, mais adeptas da perspectiva do aprendizado mediante a experimentação, como é o caso das **estratégias incrementalistas** (Tidd; Bessant, 2015).

Passado esse momento inicial, podemos avançar na busca por uma melhor compreensão a respeito do tema, conforme perceberemos a seguir.

Estratégia inovativa

O desenvolvimento de uma estratégia é um processo contínuo, inconcluso. Desejamos informar que se trata de um processo modificável, especialmente no que diz respeito ao contexto das inovações. Você por estar se perguntando: "Como assim, inconcluso?". Uma estratégia é uma tática, um plano, e envolve metas, objetivos, enfim, trata-se de um conjunto de medidas predeterminadas e planejadas, não é? Sim, e devemos sempre nos manter inquietos quando qualquer questão suscitar dúvidas.

Todavia, precisamos considerar que o universo das inovações, inevitavelmente impulsionado pela competitividade entre empresas concorrentes, não é estático. As estratégias das concorrentes devem ser, sempre que possível, conhecidas pela organização que vem estabelecendo as próprias estratégias. Fora isso, é preciso considerar as demais situações de complexidade, que exigem um processo de mudança e adaptação cíclico e em espiral. É possível que uma estratégia pronta e aplicada em desenvolvimentos de pesquisas possa e deva ser alterada no desenrolar de um projeto, normalmente influenciada por ações de organizações concorrentes, das respostas do mercado ou de outras situações, até daquelas que não possam ser antevistas.

Nesse sentido, podemos reafirmar que uma estratégia se trata de um plano que antecede ações almejadas; mas é pouco dizermos que se trata apenas de um plano. Adotar uma estratégia significa utilizar perspectivas estabelecidas e previamente alinhadas entre gestor e equipes de trabalho e que podem sofrer variações conforme a natureza e o andamento dos projetos desenvolvidos (Tidd; Bessant, 2015).

Essencialmente, há dois aspectos muitos importantes que atribuem sentido a uma estratégia: trata-se de uma tomada de decisão que deve ser consciente e, ao mesmo, tempo, deliberada, que, como já dito, antecede as ações desejadas. Assim, a eficácia de uma estratégia está associada a sua capacidade de gerar competitividade, o que se coaduna perfeitamente com a lógica de diferenciação da gestão de inovações.

Agora passaremos para abordagem das estratégias racionalista e incrementalista, conforme enunciamos anteriormente.

Estratégia racionalista

A estratégia racionalista, estratégia formal ou planejamento estratégico formal, é caracterizada por um interesse lógico, por uma tomada de decisão cartesiana, com a finalidade de traçar caminhos seguros ao máximo para o desenvolvimento de um projeto. É analítica e descritiva quanto às possibilidades consideradas e pesa contra ela, muitas vezes, o fato de se colocar distante da realidade, que não pode ser desprezada (Tidd; Bessant, 2015).

Trata-se de proposta estratégica conservadora, próxima ao estilo militar, na qual o plano deve prever todas as situações possíveis. É bastante difundida no âmbito acadêmico e considerada na prática das empresas, mas as certezas da estratégia racional tendem a ficar enfraquecidas diante de situações de complexidade, entre elas a velocidade de mudança pela qual passam as novas tecnologias e as profundas modificações no ambiente de negócios. Nesse sentido, precisamos reforçar que toda estratégia, racional ou não, se for baseada necessariamente em experiências já vivenciadas no sentido de práticas organizacionais de gestão estratégica, poderá falhar diante de situações imprevistas, incertas, complexas, o que é bastante usual na dinâmica do mercado.

Ademais, é importante ter uma visão global sobre o sentido de uma estratégia, pois, no âmbito da organização, ela poderá dizer respeito ao modelo de negócio, aos produtos, aos processos, à posição ou aos sistemas. Não estará circunscrita a somente uma fase ou processo no âmbito da organização, tampouco será única. Logo, a estratégia é pensar em *estratégias*, no plural.

A utilização de um pensamento lógico, no caso isolado de situações reais de implantação e desenvolvimento de projetos, é alvo de críticas por simplesmente desconsiderar o aprendizado que pode dar robustez a uma estratégia – o que implica em mudanças ao longo do caminho. Outra crítica a essa abordagem é referente à sua predisposição ao combate da concorrência, cujo foco está na competição e na crença de que concorrentes são "inimigos". Nesse aspecto em especial reside a lógica militar da qual falamos. Em se tratando de gestão da tecnologia e inovação, encarar o concorrente como "inimigo" pode não ser a melhor abordagem. É muito mais apropriado conhecer as "armas" com as quais ele "luta" e tornar a "batalha" mais equilibrada, até que ele possa ser "derrotado".

Conhecimentos e informações novas são elementos que se somam à aprendizagem estratégica dos integrantes das organizações, algo que a visão racionalista não consegue enxergar por se fechar demais nas próprias fronteiras. Todavia o aprendizado, além de ser alcançado por meio de experiências externas à organização, pode provir de um olhar mais atento para o interior da empresa, com base em suas próprias especialidades, competências e virtudes.

Por exemplo, a empresa Apple, ao desenvolver o iPhone, não analisou somente a concorrência, mas também se fundamentou nas próprias competências e inovações internas para criar um produto disruptivo. A inovação disruptiva, além de aprimorar um produto ou serviço de maneiras inesperadas, cria um novo mercado e redes de valor cuja abordagem vai além da estratégia racionalista, incorporando uma perspectiva mais ampla e flexível.

Não se trata de contraindicar a estratégia racionalista, mas de trazer uma abordagem crítica, a fim de demonstrar sua provável ineficácia diante de situações de complexidade. Nosso entendimento, conforme dito, é de que haja equilíbrio entre as proposições racionalista e incrementalista, de modo a promover harmonização entre uma perspectiva e outra. Aliás, esse foi nosso tom quando discutimos a abordagem das inovações incremental e descontínua e, sobretudo, quanto à implementação de organizações ambidestras como modelo ideal de empresa.

Então, antes de abordarmos a estratégia incrementalista, reforçamos que a estratégia racionalista é importante e válida. Mas para quais tipos de empreendimentos ou negócios? Será a mais adequada para negócios que envolvam projetos de inovação tecnológica? É preciso ter isso em mente. Não se trata de jogar fora a água do banho do bebê com ele junto. A perspectiva é de harmonização entre o que é válido conforme a estratégia racionalista e, sobretudo, o que tem a nos oferecer a estratégia incrementalista.

Estratégia incrementalista

Como é possível supor pela nomenclatura, a estratégia *incrementalista* carrega uma ligação com a proposta de inovação incremental, mas é certo que avança para além do contexto desta, pois tende a considerar situações que implicam em aprendizado na medida em que projetos de pesquisa caminham para a fase de desenvolvimento e tenham necessariamente de lidar com situações indeterminadas.

Em uma perspectiva comparativa, se por um lado a estratégia racionalista falha pela exagerada crença em sua lógica – muitas vezes, mais presunção do que lógica –, a estratégia incrementalista tem suas bases em uma perspectiva que tende a considerar cenários complexos. Isso implica dizer que a lógica incrementalista deve considerar todos os elementos que orbitam ao seu redor (já informados), como concorrência, consumidores, reguladores, legislação, além de alterações técnicas, econômicas, sociais, políticas, entre outras (Tidd; Bessant, 2015).

A perspectiva é de mobilidade e mudança, na medida em que os cenários se alteram. Por mais que haja tentativas de "prever o futuro" e esforços para estar atento às mais diversas situações, há de se considerar os riscos e lidar com as incertezas naturais do processo de inovação. A capacidade de adaptação, ausente na visão racionalista, é indispensável para a elaboração da estratégia incrementalista. Embora exista uma estratégia inicial, ela pode ser alterada em razão da rapidez das mudanças tecnológicas, exigindo que as equipes se adaptem, ajustem e rediscutam projetos, revisem conceitos e repensem a estratégia, a fim de decidir os próximos passos. Nessa perspectiva, o aprendizado por meio da experiência é a principal marca da estratégia incrementalista (Tidd; Bessant, 2015).

Uma organização inclinada à lógica da estratégia incrementalista, via de regra, procurará desenvolver diversos tipos de negócios – logo, trabalhará com variadas estratégias; não se prenderá a uma ou a outra apenas. Uma característica da visão incrementalista é justamente avaliar o que o mercado tem oferecido e que tem gerado concorrência, seja aquilo que é emergente, modismo ou febre, seja algo que pode ser explorado, mesmo com alto grau de incerteza. É como uma empresa já constituída que deseja renovar seu portfólio e que busca novos processos, produtos, sistemas e afins por meio da alteração puramente em *design*, a fim de atender as preferências de seus clientes, modificando a oferta, procurando desenvolver bens diferentes do que produz e oferece (Tidd; Bessant, 2015).

Quadro 2.2 – Quadro geral das estratégias

Estratégias e inovações	Consideram cenários complexos, como concorrência, consumidores e reguladores, e também situações pouco ou nada previsíveis, como mudanças técnicas, econômicas, sociais e políticas.
Em sentido amplo	Tática, plano, metas e medidas predeterminadas.
Racionalista	Analítica e descritiva, visa estabelecer um plano preciso, no estilo militar; embora relevante academicamente, pesa contra ela o fato de se colocar distante da mutável realidade.
Incrementalista	Perfil de mobilidade e mudança em situações de complexidade; incorpora-se à perspectiva de aprender para fazer, adaptando-se conforme os rumos do desenvolvimento da inovação.

A busca pela liderança e pela capacidade de acompanhar inovações é constantemente impulsionada pela entrada de novas empresas no mercado, o que tende a agitar ainda mais o já dinâmico ambiente de tecnologias inovadoras. A diferença entre uma nova empresa e uma que já está estabelecida no mercado é que a primeira frequentemente materializa a estratégia incrementalista, especialmente se sua inovação for radical, disruptiva ou trouxer avanços significativos a um bem ou serviço existente. Dessa maneira, um ciclo de adaptação e aprendizado se estabelece, geralmente das pequenas para as grandes empresas ou das novas para as antigas, por meio de estratégias incrementalistas.

Desenvolvimento de estratégia tecnológica

O desenvolvimento da estratégia tecnológica se dá mediante ações práticas. Nesse sentido, a materialização da estratégia é fruto das capacitações técnicas, das competências da organização e da experiência adquirida, sem que nos esqueçamos que a estratégia não será circunscrita a uma equipe ou outra; inevitavelmente alcançará todas, em uma perspectiva global no âmbito da empresa.

Para reforçar essa informação, transcrevemos o posicionamento de grandes especialistas a respeito do assunto:

> A estratégia tecnológica constrói-se sobre competências e capacitações técnicas, e é temperada pela experiência. Estes três conceitos principais — competências e capacitações técnicas, estratégia e experiência — estão, na realidade, intimamente integrados. As competências e capacitações técnicas dão à estratégia tecnológica sua força; a estratégia tecnológica aplicada cria a experiência que modifica as competências e capacitações técnicas. Central a esta ideia é a noção de que a realidade de uma estratégia reside em sua aplicação, e não naqueles pronunciamentos que aparecem para afirmá-la. Em outras palavras, o conteúdo da estratégia tecnológica pode ser revelado pela aplicação dos vários modos pelos quais a tecnologia é adquirida e implantada — contratação, desenvolvimento e atividades de suporte. (Burgelman; Christensen; Wheelwright, 2012, p. 102)

Alguns elementos adicionais são acrescentados a essa perspectiva, conforme entendimento de Tidd e Bessant (2015), os quais estabelecem indicadores a respeito do desenvolvimento de estratégias tecnológicas:

- estratégia calcada na especialidade, nas potencialidades da organização;
- capacidade de adaptação, de mudança e de enfrentamento de incertezas decorrentes da competição mercadológica;
- gestão voltada para o gerenciamento de situações de oposição entre equipes, divergências e posturas extremas até mesmo entre departamentos distintos.

Nesse contexto de possibilidades diversificadas é que se desenvolvem estratégias inovadoras. Naturalmente, deverá se levar em consideração o fato de determinada organização ter a seu favor a experiência e a capacitação já existentes, o que irá favorecê-la quando o desenvolvimento de determinados produtos estiver próximo de seu espectro de tecnologias e de sua *expertise*. Soma-se a isso a capacidade de adaptação a mudanças, com as quais se deparará constantemente.

Uma empresa que produz processadores e placas de vídeo e os fornece para outras grandes marcas, por exemplo, poderá se lançar à produção de *notebooks*, pois as tecnologias e os processos necessários para a produção desse tipo de bem lhes são próximas. Assim, por mais que a estratégia desenvolvida conte com as incertezas da complexidade, existe um grau de certeza quanto à tomada de decisão no sentido de entrar no mercado de *notebooks*. Nesse caso, o maior desafio serão os diferenciais, como emprego de nova tecnologia para o produto, qualidade, desempenho e melhor preço. Caso o novo produto caia nas graças do público e gere valor, a estratégia terá dado certo.

O exemplo citado é um tanto básico, mas quisemos demonstrar que alguns requisitos, como os diferenciais, o ótimo desempenho e o preço competitivo, podem ser considerados uma estratégia viável, especialmente pelo fato de termos de considerar que uma empresa que produzia peças de computadores e que passa a fabricar computadores, por ser nova no ramo, pode gerar desconfianças. Sua estratégia tem de ser efetiva no sentido de tentar alcançar novos púbicos que precisam acreditar nela. Assim como os itens mencionados em termos de estratégias, há outros relativos a processos de produção e *marketing*, mas toda a cadeia tem de considerar a estratégia principal: diferenciais do bem, ótimo desempenho e preço abaixo da média para o consumidor final.

O exemplo trata de inovação radical, já que surgiu um produto totalmente novo, contrariando a tendência natural da empresa que até então produzia peças para *notebooks*. Houve uma margem de incerteza que norteou a estratégia para tal tipo de inovação, com algumas complexidades, como demonstração de experimentação do bem; campanhas de *marketing*; reações do usuário (a visão dele sobre o novo produto); aceitação/reação do mercado; e, conforme essa cadeia, o aprendizado da organização e da gestão e as novas decisões (estratégias) no sentido de avançar com o projeto, melhorá-lo conforme o desenvolvimento ou até suspendê-lo.

O olhar estratégico e a compreensão de cenários existentes e em constante ebulição, somados a situações de difícil entrada ou a nichos ainda não explorados, são, e sempre serão, um fator-chave para o desenvolvimento da melhor estratégia. Não há atalhos. O desafio é pleno em termos de gestão, pois envolve o máximo de inteligências internas e externas à organização, o que é totalmente necessário para empresas que desejam conquistar ou manter seu lugar no mercado.

Aprendizado tecnológico

Estudos organizacionais apontam que o aprendizado tecnológico é fundamental para o sucesso de um produto. Via de regra, o sucesso decorre de tentativas e de erros até que os acertos sejam alcançados (Figura 2.4). Logo, há aprendizado pela insistência e pela perícia em gerenciar situações complexas internas e externas.

Figura 2.4 – Ciclo em que o aprendizado se inicia no "tente" e prossegue até o "sucesso"

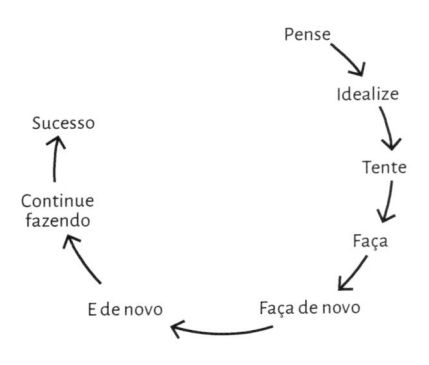

```
                    Pense
                      ↘
                      Idealize
      Sucesso           ↓
        ↑             Tente
     Continue           ↓
      fazendo          Faça
        ↖              ↙
          E de novo ← Faça de novo
```

As inovações não garantem sucesso, mas proporcionam um saber essencial para a consolidação de conhecimentos que podem guiar um possível recomeço no aprendizado tecnológico. Diversas tentativas e erros podem ser didáticos e valiosos para o sucesso de certos produtos, que, muitas vezes, demoram a se estabelecer no mercado após o lançamento. Por outro lado, lançamentos iniciais que obtiveram sucesso rápido também podem levar a experiências complicadas (Tidd; Bessant, 2015).

Como assim? Há casos de inovações que rapidamente dão certo no mercado, mas que se tornam mais difíceis de serem aperfeiçoadas em versões posteriores por não terem gerado conhecimento suficiente quando de sua produção inicial, enquanto aquelas que custaram mais tempo para se firmar, que necessitaram de maiores informações e conhecimentos durante a fase de desenvolvimento, maior experimentação e modificações variadas, mostraram-se mais robustas em função do maior aprendizado adquirido em condições de mudanças e imprevistos, tendo seu aperfeiçoamento facilitado. Como mencionamos anteriormente, esse relato se trata de curiosidade acerca da importância de aprendizados adquiridos no desenvolvimento de produtos, e não é uma regra que pode ser aplicada em todas as situações.

Uma questão importante é o fato de que não devemos perder de vista aspectos de gestão de projetos, melhoria de processos, sistemas e *marketing* para que o aprendizado se consolide e a resposta esperada (o sucesso) seja obtida. Há algumas condições benéficas à inovação que são consideradas promissoras, com base em cenários tidos como ideais, mas que naturalmente não são alheios a situações imprevistas ou desconhecidas:

- Desenvolvimento de produto alinhado à necessidade dos clientes ou consumidores reconhecida pela equipe de pesquisa e desenvolvimento (P&D).
- Estratégia clara, objetiva, realizável no menor espaço de tempo possível, pioneira, enxuta e com menor previsibilidade de oscilações de investimento.
- Inovação concebida mediante previsão de margem de lucro alta para a empresa.
- Produzida mediante ação conjunta de indivíduos com habilidades diferentes, em uma perspectiva de integração.
- Manutenção de membros originais da equipe ao máximo experientes, em situações de menores mudanças tanto quanto seja possível, com cronograma enxuto.
- Utilização de competências bem desenvolvidas de *marketing*, agilizando o processo de divulgação das inovações, evitando esforços de divulgação a partir do zero.
- Desenvolvimento de projetos compatíveis, de maneira geral, com as competências centrais da empresa.
- Lançamento de produto antes do concorrente, para permanecer à frente o tempo que for possível.
- Apoio amplo da alta gestão.
- Detenção de tecnologia de ponta, o que dificulta a imitação por parte da concorrência, notadamente para inovações radicais.

Esse rol de situações, fruto de experiências bem-sucedidas em torno de inovações, especialmente de empresas de alta tecnologia que entendemos estarem conectadas a aprendizados, não podem nem precisam ser vistas como fórmulas de sucesso. São apenas indicativos e relatos de caminhos que deram certo em algumas situações. Lembre-se: quando se trata de mercado, não existe "receita de bolo".

Até aqui, nossa compreensão parece um pouco fixada demais na ideia de que o aprendizado tecnológico só é valorizado quando o sucesso surge com base em inúmeras tentativas e erros; quando constatada a necessidade do usuário ou do cliente e se trabalha exaustivamente para atendê-la; ou quando se obtêm os lucros esperados, muitas vezes à custa de pesados investimentos e anos de espera. Mas qual é a consequência quando um projeto de inovação radical supera todas as fases subsequentes e, após lançado, acaba falhando miseravelmente em seu propósito, sendo até mesmo abandonado?

Se você concluiu que houve aprendizado significativo nesse caso, ótimo! Se esse aprendizado consistiu em melhorias técnicas no desenvolvimento das equipes de trabalho, em avanços no conhecimento de tecnologias direcionadas à empresa e em ampliação da capacidade de conhecimento do mercado, melhor ainda! Isso se somará ao conjunto de conhecimentos que a empresa já detém, traduzindo-se em desenvolvimento organizacional. Nunca será de todo ruim, especialmente se a organização que falhou em dado projeto for detentora de competências centrais bem definidas – ou seja, que tem fôlego para prosseguir.

Ademais, estudos organizacionais indicam que uma tecnologia empregada em uma inovação que tenha sido abandonada devido ao fracasso comercial, em alguns casos, acaba sendo aproveitada para o desenvolvimento de outros bens ou produtos da própria empresa. Para a organização, o fracasso de hoje pode se transformar em sucesso amanhã, e o aprendizado tecnológico se dará mediante ciclos que se comuniquem e acabam ultrapassando as fronteiras do que é preestabelecido. Por exemplo, a Amazon não teve sucesso com o Fire Phone, mas aproveitou o aprendizado para melhorar a integração de tecnologia de voz e inteligência artificial em seus produtos, resultando no sucesso dos dispositivos Echo e da assistente virtual Alexa.

Barreiras organizacionais à inovação

Apesar de todas a considerações positivas acerca da importância e até mesmo da urgência de práticas de gestão voltadas para a inovação, não podemos afirmar que tais concepções sejam unânimes no âmbito das organizações. Por essa razão, abordaremos situações em que a inovação descontínua e até a incremental encontram obstáculos.

Obstáculos relativos ao clima organizacional

Há momentos em que se cria um ambiente pouco propício às inovações e o rol é extenso. Com base nas concepções de Tidd e Bessant (2015), selecionamos as mais comuns, que falam por elas mesmas, dispensando explicações mais elaboradas:

- Liderança e atividade de inovação sem foco, sem objetivos claros e compartilhados entre as equipes e seus membros.
- Processo de comunicação deficitário entre o gestor e os demais integrantes das equipes.

- Lideranças desequilibradas, propensas a exagerado entusiasmo ou afeitas a cobranças e pressões desmedidas, obcecadas pelo cumprimento de metas, sendo que ambas as situações poderiam ser "temperadas", equilibradas com coerência e equidade.
- Gestão verticalizada e rigidamente hierarquizada.
- Definição de regras, papéis e funções imutáveis.
- Equipes "fechadas" apenas em sua especialidade, o que é um limitador à criatividade.
- Gestão restritiva, pouco afeita a *feedbacks*, que não promove abertura nem espaço para intercâmbio de opiniões ou ideias.
- Gestão ditatorial, que diz exatamente como o trabalho deve ser realizado.
- Equipamentos e recursos escassos, com limitações tecnológicas.
- Cultura de desvalorização das próprias práticas, superestimando inovações externas à empresa.
- Exercícios contábeis que desconsideram a necessidade de investimento em inovações.

Essa lista diz respeito especialmente ao clima organizacional, que, como percebemos, não é nada favorável. Essas ocorrências podem desembocar em situações de apatia, descrença e indiferença entre indivíduos e equipes e até mesmo gerar conflitos.

Obstáculos relativos à cultura organizacional

Barreiras organizacionais afeitas à cultura de determinada organização também são facilmente diagnosticadas, o que pode ser constatado em empresas que optam por dar prioridade às inovações incrementais, com vistas a satisfazer os clientes que já dão rentabilidade, com isso não atentando a novos clientes em potencial. Por conta disso, nessas empresas há pouca ou nenhuma afeição à prática de inovações descontínuas, radicais e disruptivas, situação em que continuarão a desenvolver os mesmos produtos, bens ou serviços que poderão, com o tempo, deixar de satisfazer muitos de seus usuários, sem contar aqueles que nem serão alcançados.

O uso indevido de ferramentas financeiras, com investimentos inadequados quando houver projetos de inovação radical e disruptiva, desejando-se sucesso em curto prazo, e não em médio ou longo prazos, pode ser um erro estratégico. Investir em inovações desses tipos implica considerar que a chance de lucro em curto e médio prazos é baixa. A intensão de obter lucro em curto prazo por meio de investimento do tipo mencionado normalmente decorre de pressões para que haja valorização (alta) das ações da empresa, fruto de cobranças de acionistas sobre os gestores da organização. Destacamos que isso dificilmente ocorre se o produto em fase de desenvolvimento for proveniente de uma inovação radical ou disruptiva. Essa concorrência pode gerar uma autofagia na organização, um prejuízo em decorrência de eventuais posturas antagônicas entre acionistas e gestores (Burgelman; Christensen; Wheelwright, 2012).

A utilização indevida do fluxo de caixa no sentido de acreditar que a empresa "vai muito bem, obrigado" e por isso não precisa recorrer à disrupção e à radicalidade em um primeiro momento poderá parecer uma decisão acertada, mas é preciso ter cuidado. Essa lógica é afetada pelo comportamento de organizações ambidestras, que, munidas de bens e de serviços obtidos conforme as perspectivas incremental e disruptiva radical, acirrarão a concorrência com melhores ofertas, preços e qualidade de novos produtos, impactando até mesmo o mercado de ações, preocupando os acionistas de organizações que não mobilizaram recursos quando deveriam.

O que você pensa sobre isso? Inova-se ou não?

Não há dúvida de que sim, é preciso inovar, de preferência nos dois sentidos, ajustando-se à disrupção e à radicalidade, aguardando resultados em longo prazo. É preciso apostar e estipular uma periodicidade quanto aos investimentos, pois a incerteza em relação ao êxito dos resultados é certa, mas a mobilização é indispensável. Se sua empresa não ousar, pode ter certeza de que as outras irão, e, consequentemente, dentro de algum tempo – o que varia muito de acordo com a situação econômica de cada país – ela entrará em declínio caso o estágio seja de total letargia.

Descontinuidade e imprevisibilidade

Novas capacitações, decorrentes de situações imprevisíveis, em função de inovações descontínuas que aparecem "no futuro", gerarão maiores custos não facilmente mensuráveis quando da definição e do investimento no projeto, justamente por ser algo que está por acontecer. Por mais inadequado que pareça, a maioria das organizações mobiliza recursos para fins de investimento em projetos de pesquisa e desenvolvimento de inovações disruptivas, tomando por base projetos de inovações incrementais já conhecidos e concebidos. Diante de tudo o que vimos até aqui, isso até parece inaceitável, mas há estudos que comprovam as tomadas de decisão desse tipo (Tidd; Bessant, 2015).

A perspectiva de incerteza de tais projetos necessita de provisões periódicas, uma espécie de caixa que a empresa precisa ter para dar continuidade ao desenvolvimento da inovação conforme suas nuances, algo que não pode ser previsto com determinado grau de certeza. Recursos baseados em inovações incrementais anteriormente realizadas certamente serão insuficientes para dar conta do que ainda é indeterminado. Custos fixos, como salários de pesquisadores e manutenção de laboratórios, até podem ser mensurados, mas e os custos variáveis? Contratações de funcionários extraordinários, compra de matéria-prima, obtenção de tecnologia, entre outros elementos, também podem ser necessários (Tidd; Bessant, 2015).

Esse é um ponto-chave que acrescenta uma dose de dificuldade para o gestor administrar todo o processo, podendo ser uma barreira à continuidade da atividade caso não haja mais aporte de investimentos, o que coloca a saúde financeira da organização em risco. Mais uma vez, alertamos a respeito da gestão atenta aos sinais da concorrência, econômicos e conforme os perfis dos consumidores. A gestão baseada em inovação disruptiva precisa ter um olhar atento às alternativas "mais certas" quanto possível – *certas* no sentido de serem atrativas em termos de novidades. Logo, projetos inovadores não podem tomar como base os investimentos antigos.

Comumente, prioriza-se o projeto ao invés da estratégia. No entanto, essa lógica pode e deve ser invertida, sob pena de se tornar mais um obstáculo ao atingimento de uma inovação. Uma opção é pensar em uma estratégia que leve em consideração outra estratégia. Que outra? Estamos nos referindo à estratégia desenvolvida, por exemplo, por uma pequena empresa que, em comparação com uma organização de grande porte, vem obtendo êxito em suas inovações de natureza disruptiva. Nesse caso, se uma organização tradicional tem se deparado com dificuldades em inovar, mesmo tendo estrutura e recursos muito maiores do que uma nova empresa, ela precisa avançar para além da inovação incremental propriamente – necessita obter conhecimentos acerca das estratégias utilizadas pela pequena empresa, "correr atrás de informações".

Relembramos que uma das características da inovação disruptiva é a produção de bens e serviços a menor custo para a empresa, com mais simplicidade e visando alcançar públicos até então não atingidos (Christensen, 2012). Se uma pequena e nova empresa consegue ser competitiva conforme essa perspectiva, imaginamos que uma grande organização, que deseja se tornar ambidestra, deve se municiar de conhecimentos a respeito das estratégias que a pequena concorrente vem utilizando.

Ficou claro? Esperamos que sim. Dessa maneira, a organização pode mensurar em boa medida o tamanho de seu investimento, iniciando pela estratégia para, em seguida, partir para o projeto de pesquisa e desenvolvimento (P&D). Por fim, indicamos mais três situações que constituem barreiras à organização que deseja inovar:

1. Veto às inovações disruptivas, priorizando as incrementais.
2. Falta de ação ou de mecanismos de aferimento do desempenho mercadológico de outras companhias que estão inovando, desenvolvendo novas estratégias (Chesbrough, 2012).
3. Utilização de ferramentas financeiras que acabam por distorcer o valor do investimento e a consequente viabilidade do projeto (Burgelman; Christensen; Wheelwright, 2012).

Após ressaltarmos diversos aspectos negativos acerca de uma cultura que entendemos não ser a mais adequada em termos de inovações, falaremos do lado bom, favorável à cultura de inovação.

Formação de cultura para inovação

A abordagem a respeito da inovação tecnológica parece algo abstrato e até repetitivo, o que é compreensível. Como já afirmamos diversas vezes, inovar é imprescindível, caso contrário a existência de uma empresa seria colocada em xeque. Contudo, para muitas empresas, pelo fato de preponderar uma cultura organizacional rígida, inovar não é uma coisa muito fácil – e não é mesmo. É complexo, denso e difícil, pois sua incidência no âmbito da organização precisa ser ampla, procurando abranger todos os níveis de gestão: do mais alto ao mais popular, do topo ao chamado *chão de fábrica*. Aí reside o desafio.

Antes de discorrermos a respeito do que os estudos organizacionais entendem como práticas favoráveis ao implemento do que seria uma cultura favorável a ações inovadoras, traremos algumas abordagens a respeito da temática da cultura organizacional.

Elementos de cultura organizacional

Classicamente, a cultura de uma empresa remete a suas feições, a seu jeito de ser e de fazer as coisas. As características de uma organização normalmente têm ligação direta com a filosofia de seu fundador (Robbins, 2006). Logo, a cultura de determinada empresa pode ter raízes bastantes profundas acerca de práticas muito comuns e já consolidadas, o que tende a ser problemático se entre suas tradições não tiverem sido estimulados comportamentos propensos à necessidade de adaptabilidade ante as a mudanças ou, em termos de alta gestão, a empresa não tenha mudado como deveria.

Muito embora nossos estudos girem em torno de empresas cujo perfil inovador na grande maioria dos casos envolve uso de tecnologia desde suas origens, é importante levarmos em consideração o fato de que uma cultura muito forte, se não estiver disposta a lidar com mudanças e ser flexível, estará descontextualizada e sofrerá as consequências desse comportamento. Provavelmente você já ouviu ou leu algo como: "Essa é a maneira como as coisas são feitas por aqui". Essa expressão simplista resume bem o significado de cultura organizacional em sentido clássico. Além disso, cultura pode ser enxergada também como o direcionamento que a empresa segue, mas é sabido que essa visão precisa ser revista e ampliada.

Relacionamos, então, o que entendemos serem alguns traços típicos da cultura de uma empresa, bem ao estilo tradicional, conforme cenário proposto para visualizarmos comportamentos comuns a partir de concepções de Robbins (2006):

- preocupação com o bom comportamento dos funcionários;
- cuidados com as instalações;
- definição de objetivos e regras do jogo;
- padrões determinados;
- sistemas de valores compartilhados por todos os membros da organização;
- interesses da empresa em primeiro plano;
- funcionário como reflexo da imagem da organização;
- uniformidade e previsibilidade;
- estabilidade e coesão;
- cultura de colaboração e compartilhamento de conhecimentos;
- institucionalização de perspectivas e percepções mantidas pelos componentes da organização.

Existem ainda diversas outras características culturais que não mencionamos aqui, mas que também formam uma parte importante do processo de tomada de decisão da empresa. Esses aspectos anteriormente destacados constituem um rol interessante de elementos que podem fazer parte da cultura de uma organização. Propositalmente não incluímos aspectos que dizem respeito à capacidade de adaptação e de mudança, pois se relacionam diretamente com a proposta de cultura para inovação, conforme veremos a seguir.

Cultura para inovação

As modernas organizações afeitas a inovações tecnológicas precisam atuar de maneira condizente com a realidade, é o dinamismo é uma de suas principais características em termos de gestão. Nesse sentido, torna-se inevitável e, ao mesmo tempo, difícil haver um alinhamento entre uma cultura preexistente, que muitas vezes carrega os aspectos mencionados, e a necessidade de adaptação e de mudança. O desafio em termos de gestão é harmonizar práticas tradicionais muito arraigadas com a necessidade de adaptação que a realidade impõe. Em outras palavras, é necessário ajustar situações internas de uma cultura forte e tradicional com a realidade de um mercado que exige flexibilidade e capacidade de mudança constante, justamente devido à velocidade com que as transformações acontecem na seara tecnológica.

Novas e pequenas empresas de tecnologia que surgem na atualidade talvez não vivenciem esses problemas, pois sua cultura é fruto da realidade da sociedade da informação e da tecnologia da qual emergem. Em contrapartida, grandes empresas, mesmo de tecnologia, tendem a ter dificuldades para lidar com esses impositivos, apesar de todo seu poderio e tradição. Não é por outra razão que sempre estão de olho em *startups* e fazendo aquisições, o que pode ser problemático quando duas grandes empresas se unem, mas suas culturas organizacionais divergem – principalmente quando as equipes não se acertam.

Então, como aspectos favoráveis listaremos alguns elementos condizentes com uma cultura voltada para a inovação, segundo Tidd e Bessant (2015):

- capacidade de adaptação a mudanças;
- ciência, por parte de todos os membros da corporação, de que é necessário lidar com incertezas;
- posturas favoráveis à flexibilidade e à adaptabilidade;
- trabalho entre equipes multidisciplinares, intercâmbio de conhecimentos e de ações entre membros de departamentos diferentes;
- estímulo à autonomia, à liberdade e à criatividade constantes;
- definição de regras de socialização e respeito ao próximo no ambiente de trabalho;
- estabelecimento de uma cultura organizacional ética, na qual a postura dos líderes sirva de exemplo e de incentivo;
- valorização do aprendizado por:
  - tentativas, erros e acertos em projetos de pesquisa;
  - opinião de clientes, por meio de estudos em que apontem necessidades, incluindo-os nas pesquisas;
  - assimilação de ideias de outras empresas, imitação de outros produtos e aperfeiçoamento para desenvolver melhores;
  - cultivo incansável de novas ideias;
- desenvolvimento de sistemas de reconhecimento e recompensas;

- contratação de indivíduos que demonstrem alinhamento com os valores, as visões, as metas e os objetivos da organização, algo a ser observado durante o processo de seleção.

Naturalmente, não se trata de um rol taxativo, e sim de um apanhado de aspectos favoráveis, alguns deles já vistos em tópicos anteriores. Poderíamos listar empresas de sucesso e destacar as características de suas culturas de implementação de inovações. Os estudos organizacionais a respeito do assunto não cansam de mencionar nomes de gigantes como 3M, Google, Apple, Embraer e outras cujas culturas contemplam tanto os referenciais de uma empresa tradicional quanto de uma empresa muito inovadora. As palavras de ordem, nesse caso, sempre serão *aliar* tradição a modernidade, **harmonizar** tradicional e novo e *buscar* a mudança mantendo um traço, um aspecto central que dá notoriedade e ressalta os valores de uma organização.

Porém, entendemos que o mais importante para o estabelecimento de uma cultura favorável à inovação é a reunião de pessoas em torno de objetivos comuns muito bem determinados, sendo o trabalho inspirador e motivante, praticamente espiritual, não no sentido religioso, mas como realização pessoal e não somente profissional. Mais do que prescrição de valores, empresas que lidam com inovação – e que, por essa razão, necessitam constantemente "tirar coelhos de cartolas" – precisam, por meio de seus gestores, estimular ações criativas a todo momento, contando histórias, motivando, estimulando, avaliando e alinhado propósitos e ações com vistas a atingir os melhores resultados possíveis – tudo com muito foco.

Não é uma jornada simples, mas uma gestão eficaz e atenta a mudanças, desde que imbuída de autoridade, flexibilidade, dinamismo e liderança, consegue atingir os resultados esperados pela corporação.

Síntese

Neste segundo capítulo, apresentamos sete itens importantíssimos e, ao mesmo tempo, bastante densos que entendemos constituírem linhas mestras a respeito da criação de uma empresa inovadora, a qual depende de múltiplos esforços que envolvem gestão e liderança de equipes que fomentem ações criativas mediante ações cooperativas. Traçamos paralelos entre as perspectivas de *exploitation* e *exploration*, que não são forças contrárias, e sim complementares em sentido inovador.

Ressaltamos que a definição de estratégias é imprescindível e abordamos as estratégias racionalista e incrementalista. O contexto do aprendizado tecnológico, que necessariamente impõe o desenvolvimento por meio de tentativas e de erros para obtenção de acertos, foi tratado, assim como as situações caracterizadas como barreiras organizacionais à inovação. Por fim, avaliamos os aspectos relativos e favoráveis à formação de uma cultura propícia à inovação no âmbito da empresa inovadora.

Questões para revisão

1. Quanto à gestão de equipes, indique qual das situações a seguir **não** está alinhada com as condições de complexidade e de flexibilidade propensas a gerar um clima adequado para que as inovações aconteçam.
    a) "Ajuste" em relação à estrutura organizacional sempre que necessário.
    b) Seleção de pessoas-chave para encabeçar um projeto, desempenhando diferentes papéis.
    c) Envolvimento de membros da equipe que oferecerão sugestões de inovação, apesar de não serem pessoas-chave.

d) Investimento em treinamento de componentes em variadas habilidades.

e) Desnecessidade de incentivo para os trabalhadores se auto-organizarem e predefinirem suas tarefas.

2. As perspectivas de *exploitation* e *exploration* são duas faces complementares e fundamentais do processo inovativo de uma empresa. Sobre estes dois conceitos assinale V para as afirmativas verdadeiras e F para as falsas.

( ) A dimensão de *exploitation* está ligada à continuidade, ao refinamento de processos e rotinas da empresa para o desenvolvimento de inovações.

( ) Quando a empresa adota a estratégia de *exploitation*, está proporcionando uma ruptura de mercado, em uma proposta de inovação que quebra paradigmas existentes.

( ) O equilíbrio entre *exploitation* e *exploration* é fundamental no processo de inovação da empresa e pode trazer uma vantagem competitiva a longo prazo.

( ) A perspectiva de *exploitation* faz com que a empresa fique impossibilitada de realizar inovações radicais, uma vez que a empresa se estabelece com inovações incrementais.

( ) Uma organização ambidestra é aquela que consegue conferir equilíbrio a seus processos de inovação, combinando inovações continuada e descontinuada.

Agora, marque a alternativa com a sequência correta.

a) F, F, V, F, V.
b) V, V, V, V, F.
c) V, F, V, F, V.
d) F, F, V, F, F.
e) V, V, F, F, V.

3. As chamadas *barreiras organizacionais* à inovação apresentam situações não propícias ao cultivo de um clima e de uma cultura de inovação em uma empresa. Entre os itens apresentados a seguir, qual não indica uma barreira organizacional?
   a) Gestão verticalizada e rigidamente hierarquizada.
   b) Definição de regras, de papéis e de funções imutáveis.
   c) Equipamentos e recursos escassos, com limitações tecnológicas.
   d) Ciência, por parte de todos os membros da corporação, de que é necessário lidar com incertezas.
   e) Processo de comunicação deficitário entre gestor e demais integrantes de equipes.

4. Quais são os principais aspectos das estratégias racionalista e incrementalista?

5. Quais aspectos da gestão e liderança de pessoas (e de conhecimentos) são determinantes para a formação de uma empresa inovadora?

Questões para reflexão

Avalie a seguinte passagem do texto:

> A utilização indevida de fluxo do caixa no sentido de acreditar que a empresa "vai muito bem, obrigado" e por isso não precisa recorrer à disrupção e à radicalidade em um primeiro momento poderá parecer uma decisão acertada, mas não passa de equívoco.

1. Que fatores contribuem para que determinada empresa tenha esse tipo de postura, embora indicadores como análise da concorrência e visão dos clientes, por exemplo, sinalizem que o implemento de uma cultura favorável a inovação é necessário?

2. Em termos de gestão, a realidade da empresa em que você trabalha se assemelha à passagem do texto? Em que medida? O que pode ser feito para ser iniciado um processo de fomento a uma cultura propensa a práticas inovadoras em produtos, processos ou serviços, sistemas e afins?

Para saber mais

Para que você obtenha mais conhecimentos a respeito dos temas abordados no primeiro capítulo, fazemos as seguintes recomendações:

Filme

STEVE Jobs. Direção: Danny Boyle. EUA: Universal Pictures, 2015. 122 min.

Livros

DRUCKER, P. **Inovação e espírito empreendedor (entrepreneurship)**: prática e princípios. Tradução de Carlos Malferrari. São Paulo: Cengage Learning, 1986. p. 39-47, 49-75, 187-196.

HESSELBEIN, F.; GOLDSMITH, M.; SOMERVILLE, I. **Liderança para o século XXI**. Tradução de Cynthia Azevedo. São Paulo: Futura, 2000. p. 209-227.

KOTTER, J. P. **Liderando mudança**. Rio de Janeiro: Campus; Elsevier, 1997.

PORTER, M. E. **Estratégia competitiva**: técnicas para a análise de indústrias e da concorrência. Tradução de Elizabeth Maria de Pinho Braga. Rio de Janeiro: Elsevier, 2004. p. 162-195.

03

TOMADA DE DECISÃO PARA INOVAÇÃO

03

Conteúdos do capítulo:
- Atuação da organização inovadora.
- Diversificação de capacitações e determinação de prioridades.
- Estruturação e organização para inovação tecnológica.
- Conceituação do funil de incerteza.
- Abordagens sobre indicadores de inovação.
- Aspectos da tomada de decisões para adoção de inovações.
- Dinamismo e perspicácia ante a gestão da tecnologia e inovação.

Após o estudo deste capítulo, você será capaz de:
1. avaliar o comportamento da empresa ante o impositivo da inovação;
2. considerar que novas capacitações e prioridades podem ser um passo determinante para o surgimento de inovações descontínuas;
3. entender a estrutura organizacional para inovação tecnológica;
4. constatar que o funil de incerteza é um instrumento de verificação de etapas;
5. perceber os indicadores de inovação na condição de mecanismos de avaliação;
6. identificar que a tomada de decisão pode ser fulcral quanto ao fracasso ou ao êxito da inovação;
7. concluir que a existência de recursos e de capacidade de gestão são elementos fundamentais para o gerenciamento e o implemento de inovações.

A TOMADA DE decisões é um momento delicado para uma empresa que deseja e precisa inovar, pelo fato de ter de avançar para além da costumeira produção de bens e de serviços a que está afeita. Isso implica dizer que ela precisa desenvolver inovações tanto contínuas quanto descontínuas, sendo estas de maneira ainda mais intensa, pois não é suficiente apenas melhorar. No momento da tomada de decisão, avaliam-se riscos, prosseguem-se investimentos em projetos já existentes, mas também embarca-se em descontinuidade pela via da disrupção e da radicalidade em inovações, o que redunda em incertezas, normalmente de grandes proporções.

Nesse sentido, quanto mais consistentes forem as informações e os estudos a respeito da natureza dos projetos em termos de projeções, por mais envoltos em obscuridades que estejam, mais os estudos trarão elementos favoráveis à tomada de decisões. Assim, a obtenção de conhecimentos prévios é um fator decisivo. Contudo, não podemos nos esquecer de que inovações disruptivas e radicais exigem paciência, muito trabalho e resultados normalmente obtidos em longo prazo, sem a segurança de que serão efetivamente positivos. Além disso, por mais que se busque de antemão o máximo de conhecimentos prévios acerca dos rumos da pesquisa e do desenvolvimento, é preciso considerarmos que muito se aprenderá (descobrirá) ao longo da evolução do projeto.

Quando nos referimos a "consistentes informações a respeito da natureza dos projetos", fizemos alusão à estratégia racionalista. Por mais incertos que sejam os rumos da pesquisa, é necessário buscarmos antever situações inerentes a ela e, na medida em que situações imprevistas apareçam, partir para o enfrentamento em uma perspectiva de desenvolvimento e aprendizado concomitantes. Por essa razão, informamos naquela passagem sobre as estratégias que o ideal é harmonizar as estratégias racionalista e incrementalista.

Após esse rápido *feedback*, retornamos para o atual assunto, salientando o fato de que tanto a gestão de projetos inovadores quanto a tomada de decisões realizam-se mediante controle dos recursos destinados e verificação de estágios de viabilidade de projetos, os chamados *portões* (*gates*), que ora se fecham ora se abrem para as inovações. Trata-se de etapas em sequência, em que se opta pela continuidade ou não do andamento de determinado projeto. Por isso a menção aos "portões", que podem continuar sendo abertos para que se avance ao estágio posterior ou ser fechados de vez, quando do abandono da pesquisa. Os portões indicam uma sequência, iniciada pela ideia e continuada na fase de desenvolvimento, conforme demonstra o Quadro 3.1.

Quadro 3.1 – Estágios de viabilidade de inovações ("portões")

Portão 1	Portão 2	Portão 3	Portão 4	Portão 5
Ideia	Conceito, ainda em formulação	Desenvolvimento do produto	Teste de *marketing*	*Marketing*

Fonte: Elaborado com base em Tidd; Bessant, 2015.

Além disso, um projeto de inovação singular (que embasará uma tomada de decisão) necessitará da observação de pelo menos quatro itens considerados indispensáveis: 1) desenvolvimento de tecnologia específica; 2) pesquisa de mercado; 3) verificação da concorrência; e 4) identificação de situações favoráveis, sempre que possível. A esses itens somam-se também a concepção das coalizões e das parcerias como perspectiva compartilhada para a tomada de uma decisão. Todavia, continuará sendo incerta a busca de sucesso pela via da radicalidade ou da disrupção. Mesmo assim, recomendamos a observação dos itens mencionados. Falaremos mais profundamente sobre as etapas para o desenvolvimento de projetos de inovação mais adiante.

Também é importante considerarmos eventuais situações de descontinuidade no decorrer de determinado projeto, as quais implicarão em redefinições no planejamento. Inovar quase sempre envolve um processo de redefinição, seja na perspectiva incremental, seja na perspectiva disruptiva. Isso acontece em virtude da necessidade de reenquadramento da empresa e, por conseguinte, de seu modelo de negócio, bens e serviços.

Papel da empresa na inovação

Como uma empresa deve se comportar perante o impositivo da inovação? Uma resposta possível para essa pergunta – e que já vimos em parte anteriormente – advém de estudos que apontam para a criação de um clima favorável dentro da empresa, decorrente de uma gestão imbuída de senso de liderança, estrutura apropriada (propensa a ajustes devido às constantes mudanças na seara tecnológica), indivíduos-chave e trabalho eficiente de equipe. Comunicação, reconhecimento e recompensa, somados aos requisitos que acabamos de indicar, reforçam uma postura que se mostra bastante adequada no sentido de impulsionar indivíduos e equipes que trabalham sob situação de clara incerteza.

Em um primeiro momento, esse processo envolve o gerenciamento de equipes criativas e proativas, capazes de assimilar o propósito da organização em inovar, tendo por objetivo um alto desempenho. Essa conclusão parte da conhecida lógica de que o maior patrimônio de uma empresa são seus funcionários, que precisam ser liderados mediante gestão comprometida, com energia, entusiasmo e visão compartilhada, em relações não apenas verticais, no sentido tradicional da expressão de "cima para baixo", mas em todas as direções, desde que isso signifique envolvimento efetivo de todos e dê indícios de que propostas viáveis possam ser valorizadas e implementadas.

Em um segundo momento, cabe identificarmos sinais externos de novas tecnologias e processos, decodificá-los e trazê-los para dentro da empresa ajustados às particularidades desta. Na contramão disso, compartilhamos um conhecido exemplo a respeito do mundo corporativo. A General Motors (GM), no passado, não conseguia entender como os carros japoneses ganharam mercados nos Estados Unidos (EUA). Acreditava que havia políticas internas injustas favorecendo as marcas japonesas, ao contrário do que realmente estava acontecendo: a não constatação de que processos enxutos tornaram viável a entrada de tais carros nos EUA, alcançando mercados que a GM antes detinha. À época, uma identificação mais acertada poderia ter proporcionado uma leitura propensa a gerar entendimentos e, quem sabe, mudanças na estratégia da GM quanto a seus processos e a seu modelo de negócio.

Além disso, um papel nada desejável à empresa que deseja inovar é a não valorização de ideias que destoem de sua competência central, que rejeitadas podem partir com seus idealizadores em decorrência de uma cultura organizacional muito rígida. A acomodação propiciada pela estabilidade e o incrementalismo podem ocasionar tal dissabor. Para cumprir seu papel, uma empresa que deseja inovar precisa ser capaz de mudar sua mentalidade a partir do ponto mais alto, envolvendo os mais diversos segmentos de gestão. A título de exemplo, essa visão, mais do que missão e valores, encaixa-se perfeitamente com as propostas de novas empresas e *startups*, cujo êxito não é tão simples de ser assimilado por grandes e consolidadas empresas, cuja flexibilidade e tomada de decisões pode levar mais tempo e envolver um processo mais complexo.

É compreensível que uma organização bem estabelecida tenha receio de sair de sua zona de conforto, mas se acomodar não é o papel que se espera de uma empresa que precisa inovar. Logo, a mudança de mentalidade a que nos referimos está associada à necessidade de investimentos em projetos cujos resultados positivos também sejam obtidos em longo prazo, alterando-se a lógica reinante de investimentos em projetos cujo lucro seja obtido em curto prazo, algo que não se obterá com inovações radicais e até mesmos disruptivas.

Novas capacitações e prioridades

O êxito de uma inovação pode ser determinado pelo alinhamento de múltiplas ações no âmbito da organização, o que implica em alinhamento de novos projetos e processos devidamente compatibilizados, bem como na definição do que será prioritário. Nesse sentido, é recomendável criar capacitações a partir de novos processos e modelos de negócios. Isso significa não permitir que a perspectiva de estabilidade adquirida impeça ou engavete novos projetos provenientes de descontinuidades, distanciando a empresa da armadilha que é aplicar processos conhecidos a projetos realmente inovadores, no caso dos radicais ou disruptivos. Por conseguinte, essa visão contrariará a lógica de que, quanto maior a especialização de uma empresa em relação a suas capacidades, seus bens e seus serviços em potencial, maior será a tendência de serem rejeitadas novas oportunidades de realmente inovar.

Uma constatação a respeito das capacitações é o fato de costumarem migrar de um lugar para outro dentro da organização. Quando concentrada no pessoal, significa que é mais fácil implementar mudanças. Porém, quando centrada em processos e modelos de negócio especialmente rentáveis, torna-se difícil alterar o quadro e a consequência natural é o distanciamento de propostas de gestão ambidestra. Resta que a capacitação é essencialmente voltada para a manutenção de processos sustentadores, ao passo que investimentos em tecnologia tendem a seguir o mesmo padrão, assim como os modelos de negócio. Essa é a prioridade para a maioria das empresas. Assim, somente uma mudança bem engendrada de mentalidade organizacional é capaz de transformar tal quadro.

Por fim, pequenas e novas empresas, como as já mencionadas *startups*, levam vantagem, pois tendem a agir mais por intuição. Seus processos são facilitados e alinhados com o modelo de negócio, que busca novos mercados essencialmente pela via da radicalidade ou da disrupção. O papel delas é propriamente inovador, com menos receio e maior ousadia, avançando em mercados antes detidos por grandes empresas, em ciclos que se repetirão sempre na medida em que novas empresas se lancem na mesma empreitada.

Assim, caberá às grandes lidar com o "incômodo" e procurar alternativas a fim de renovar suas capacitações e suas prioridades e até mesmo, por influência dessa concorrência, comprar patentes de novos produtos, investir em desenvolvimento de projetos de P&D, realizar parcerias com outras empresas para desenvolver um novo portfólio, partir para a imitação, enfim, reagir de alguma maneira.

Estrutura organizacional para inovação tecnológica

Com base em Tidd e Bessant (2015), podemos afirmar que a estruturação organizacional para a inovação tecnológica transcorre em função da escolha das pessoas certas, que serão capazes de mobilizar e realizar inovações e estabelecerão conexões entre a imaginação (o que é puramente conceitual) e a realidade. Nesse caso, o desafio é ter ideias inovadoras e viáveis que possam gerar valor para a empresa.

A sustentação de um projeto de P&D, por exemplo, ocorre se for vislumbrado um valor comercial para ele. Trata-se da proposição a respeito da qual já nos manifestamos quanto à geração de valor. Um bem deve ser capaz de gerar valor para a organização, fortalecendo sua reputação e sua marca perante o mercado, sendo potencialmente capaz de propiciar lucro e também, quando exitoso, cair nas graças do cliente, o qual se sentirá valorizado ao adquirir um produto de comprovado valor mercadológico. Há um efeito psicológico que ultrapassa as fronteiras da companhia quando se fala em geração de valor, que acaba sendo transferido para quem adquire o bem.

Assim, abordaremos questões relativas às composições e que propiciem condições adequadas de estruturação para inovações que contam com recursos pessoais e materiais.

Estruturação propícia à criatividade e à geração de valor

Um passo importante para a empresa que precisa inovar, mas que necessita se estruturar, é buscar internamente o desenvolvimento de um ambiente favorável para a inovação. Estamos nos referindo à difusão de práticas de incentivo a ideias inovadoras. Significa, em termos de gestão, difundir uma consciência do quão indispensável é criar novos bens, modelos e processos e, por conseguinte, gerar valor, algo que não se dará de fora para dentro. Trata-se de uma cultura fomentada internamente, difundida e praticada mediante autoestruturação, essencialmente a partir de novas ideias.

Assim, uma organização tende a se estruturar na medida em que vai aprendendo, conhecendo novos processos, métodos, sistemas e modelos. Mas podemos afirmar que um aprendizado efetivo, para além desses que acabamos de mencionar, acontece por meio da comercialização dos produtos e pela participação do cliente ou consumidor, uma vez estabelecida a comunicação entre ele e a empresa. Dessa maneira, pode haver refinamento do bem comercializado ou testado e informações claras da parte do cliente para fins de aprimoramento de modelos posteriores. Então, uma boa estruturação no sentido de se manter conectado com o cliente é um passo importante para uma inovação eficaz, e geralmente realizar essa tarefa cabe ao Departamento de *Marketing*, o que pode ser executado por meio de pesquisas de mercado e de opinião.

Estudos apontam que o ímpeto criativo e a consequente necessidade de geração de valor tendem a refrear a medida que uma organização amadurece. Inicialmente, a busca por vantagem competitiva é desenfreada (Tidd; Bessant, 2015), mas, uma vez conquistada e obtida a estabilidade, a tendência é que a empresa opte por inovações incrementais, deixando um tanto relegadas aquelas de natureza disruptiva e radical. Ironicamente, empresas que iniciaram suas jornadas vislumbrando a obtenção de mercados mediante inovações disruptivas ou radicais e se estruturando para isso, após notabilizarem-se por gerar valor a seus produtos e sua marca, quase automaticamente optam pela perspectiva da inovação incremental, desacelerando sua criatividade, mesmo que isso tenha sido a origem de seu fortalecimento. Para contrariar essa lógica, estudos em gestão apontam para uma estrutura organizacional que equilibre tanto perspectivas incrementais quanto radicais ou disruptivas – sempre na perspectiva do equilíbrio e da harmonia, como bem sabemos.

Para esse fim, há casos de empresas que criam departamentos, setores ou núcleos de criatividade cuja equipe é constituída de sujeitos que pensam diferente, para além do que que a empresa vem realizando formalmente. A lógica por trás dessa iniciativa é a busca do que se denomina *mercado interno* (dentro da empresa) para o desenvolvimento de bens, os quais precisam ser avaliados e, quem sabe, aprovados como ideias viáveis para fins de desenvolvimento. Conforme essa proposta, necessariamente haverá mudanças em processos, produtos, tecnologias e abordagens de negócio. O que se busca é também o rejuvenescimento da empresa, sem prejudicar o valor já adquirido, mas com vistas a ampliar o conceito de geração de valor dentro da organização. A Figura 3.1 está inserida nesse contexto.

Figura 3.1 – Mercado interno: busca de opções entre membros da organização

Não existe uma receita pronta e prescritiva para a estrutura de uma empresa inovadora, mas alguns elementos favorecem esse processo, como a utilização de estruturas organizacionais mais horizontais, com capacidade de adaptação rápida a novos projetos, valorizando mais os profissionais e seu escopo de responsabilidade do que as relações hierárquicas dos chefes e de chefes dos chefes. Além disso, o investimento em equipes com formações complementares, as chamadas *equipes multidisciplinares*, também favorece o processo de inovação, pois cria um ambiente de aprendizagem mútuo. A IBM, que tem uma cultura de inovação madura e consolidada, organiza sua estrutura com o objetivo de facilitar o processo de criação de novos produtos e de trocas de informações, o que resulta na criação de muitos projetos e auxiliou o registro de mais de uma patente por dia no ano de 2016, consolidando-a como uma das empresas que mais registra patentes no mundo.

Outro caminho em termos de estruturação é o estabelecimento de parcerias, com a empresa se abrindo para inovar, como detalharemos a seguir.

(Re)estruturação por meio de parcerias

Uma parceria é uma competência fundamental para a obtenção de inovações, de sustentação e até de salvação de uma organização. Em condições normais, ocorre no âmbito da organização, entre os indivíduos que compõem equipes, mas também pode acontecer entre empresas e outros sujeitos, conforme a finalidade que se busca por meio delas. Classicamente, parcerias ocorrem entre empresas que produzem partes diferentes de um produto e que juntas compõem a estrutura, a arquitetura, algo muito comum sem o qual a maioria esmagadora das empresas, especialmente as de tecnologia, não existiria. É impossível imaginar empresas que fabricam carros e computadores produzindo sozinhas todas as peças que compõem seus produtos.

Uma empresa que estabelece boas parcerias, dentro ou além das fronteiras da organização, pode migrar para o desenvolvimento de bens e de serviços diferentes daqueles com os quais está familiarizada, fazer novas escolhas, repensar estratégias, inovar mediante novas experiências e aprendizados. Nesse caso, parcerias podem ocorrer de diferentes maneiras:

- mediante testes com clientes e fornecedores;
- na área de tecnologia de informática, com o desenvolvimento colaborativo que é obtido com *softwares* de código aberto, como Linux;
- com terceirização – há empresas que fornecem ideias sob demanda de empresas que as contratam, o que constitui um tipo de "ideação";
- com a criação de uma diretoria de inovação;
- por intermédio das chamadas *incubadoras*, mediante envolvimento de equipe de capital de risco (executivos de diferentes áreas, como tecnológica, *marketing*, operações), e indivíduos externos (clientes e fornecedores).

Há empresas que optam por criar um setor separado dos demais para que se dedique exclusivamente a inovações radicais, cuja lógica se coaduna com a proposta de uma organização ambidestra – separando os inovadores incrementais dos radicais. Tal proposta de isolamento tem o objetivo de dar liberdade criativa a um ambiente quase externo à empresa, muito embora pertença a ela. A justificativa para tal estruturação é a "não contaminação" dos membros da equipe que tem a finalidade de criar produtos totalmente novos.

A opção pela criação de uma equipe autônoma, que supostamente desenvolverá "anticorpos organizacionais" a fim de que não seja contagiada por uma cultura organizacional preexistente e possivelmente desfavorável ao surgimento de ideias inéditas, embora praticada por grandes empresas, precisa ser acompanhada atentamente. Para tanto, é necessário gerenciar situações de eventuais conflitos que possam surgir com outras equipes que não gozem da mesma liberdade e dos mesmos privilégios. Entretanto, em alguma medida haverá integração, a não ser que efetivamente a separação origine uma nova empresa a partir de outra, caso essa estratégia se demonstre viável (D'Avila; Epstein; Shelton, 2009).

Uma empresa que se estrutura nesses moldes tende a contrariar a lógica da máxima integração entre equipes e entre departamentos com funções diferentes. Já demos ênfase à importância da integração de equipes para geração e compartilhamento de ideias. Porém, há entendimento no sentido oposto, quando indivíduos e setores não correspondem à perspectiva da busca de inovações constantes. Nesse caso, a empresa determinará estrategicamente quais equipes e setores se adequarão à lógica da busca por inovações – afinal, abrir espaço para a criatividade não quer dizer que todos sejam obrigados a criar e a ter ideias.

Quanto ao estabelecimento de plataformas e de redes de inovação, que pode se dar até mesmo entre empresas, o objetivo principal é a obtenção de valor (em sentido amplo) a custo menor de produção. Para tanto, há o que podemos chamar de *convergência entre processos, operações e inovações*. Significa manter unidades de negócios que se comuniquem, em que as plataformas e as redes de pessoas servem para atender a mais de um tipo ou processo de inovação ou modelo de negócio (D'Avila; Epstein; Shelton, 2009). É claramente uma proposta de otimização de recursos por meio de estrutura compartilhada, conforme a Figura 3.2.

Figura 3.2 – Estrutura compartilhada

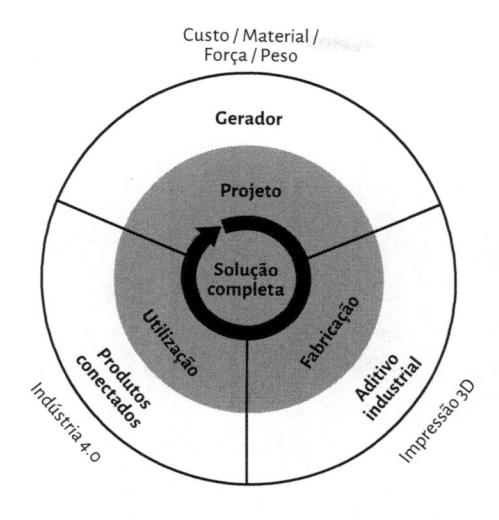

Custo / Material /
Força / Peso

Gerador

Projeto

Solução completa

Utilização

Fabricação

Produtos conectados

Aditivo industrial

Indústria 4.0

Impressão 3D

Por fim, quanto às parcerias, em geral, quando definidas entre empresas de um mesmo ramo, há que se estabelecer acordos, regras bem claras acerca do que se deseja. Queremos dizer com isso que, se uma empresa tem uma ideia inovadora e tem a intenção de protegê-la, provavelmente sua parceria visará a uma troca de experiência no sentido de obter aprendizado tecnológico e sobre processos que deseja conhecer, e não necessariamente significará "entregar de bandeja" a receita do bolo. A troca de conhecimentos visará favorecer ambas. Isso deve ser entendido como parceria.

Caso contrário, se não houver regras acerca das bases da parceria protegidas juridicamente, uma eventualmente poderá agir em detrimento da outra. Entretanto, a depender do que for acordado, poderá haver compartilhamento de operações, de processos e até mesmo de inovações, superando fronteiras mediante cadeias de suprimentos, *cluster* industrial (concentração de empresas semelhantes que colaboram entre si), clubes de aprendizagem ou consórcios de desenvolvimento e fusão de tecnologias, para ficarmos nesses exemplos.

Falaremos mais sobre os modelos de parcerias, *joint ventures*, alianças e terceirização em projetos de inovação mais adiante.

Funil de incerteza

Ao tratarmos de funil de incertezas, inevitavelmente pensamos em um objeto doméstico cuja função é conhecida. A concepção do funil (caseiro), na prática, aplica-se ao tradicional processo de coagem do café, manualmente ou na cafeteira. Onde desejamos chegar com isso? A uma conclusão certa: da coagem do café obtemos o café líquido. O pó do café, que não nos interessa, fica no coador (funil) e é descartado.

Assim, o funil de incerteza é um processo de filtragem, de verificação de etapas durante o desenvolvimento de um projeto inovador, no qual a obtenção de conhecimentos tende a diminuir o grau de incertezas iniciais, transformando-as em riscos calculados. A medida que as perspectivas acerca da inovação vão ficando mais e mais determinadas, etapa a etapa, é possível tomar decisões mais adequadas quanto ao comprometimento de recursos necessários para o prosseguimento das operações (D'Avila; Epstein; Shelton, 2009; Tidd; Bessant, 2015). Trata-se de um tipo de indicador.

Figura 3.3 – Funil de incerteza

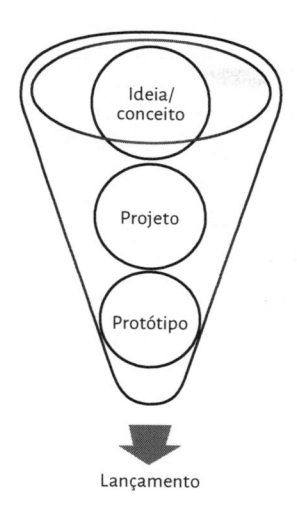

```
         ╱‾‾‾‾‾‾‾‾‾╲
        │  Ideia/   │
        │  conceito │
         ╲         ╱
          │       │
          │Projeto│
           ╲     ╱
            │Protótipo│
             ╲     ╱
              ╲   ╱
               ▼
           Lançamento
```

Fonte: Elaborado com base em Tidd; Bessant, 2015.

Essencialmente, o funil de incerteza, também conhecido como *funil da inovação*, está associado à tomada de decisões no sentido de procurar determinar quanto é necessário gastar com determinado projeto na medida em que ele se torna conhecido e determinável; uma maneira de fortalecê-lo, legitimá-lo perante a organização, garantindo-lhe um prosseguimento sustentável. Porém, se a perspectiva de obscuridade quanto ao projeto e o alto grau de incerteza envolvido se mantiverem, etapa a etapa, ele poderá ser suspenso ou abandonado. O gestor terá de tentar acertar em sua aposta, conforme o prisma do funil da incerteza.

É importante mencionarmos que o desenvolvimento da pesquisa, como já é de nosso conhecimento, precisa levar em consideração iniciativas como o desenvolvimento de tecnologias, a pesquisa de mercado, a análise da concorrência, a verificação de tendências e afins. Esses itens "entram" no funil da inovação, determinando a tomada decisões, as quais precisam se alinhar ao máximo possível com a perspectiva do comprometimento de recursos.

Quando se tratar de inovação incremental, naturalmente haverá conhecimentos prévios e uma possibilidade maior de se visualizar os resultados, lidando melhor com os riscos. Todavia, quando se tratar de inovações disruptivas e principalmente radicais, por mais que haja conhecimentos prévios, o grau de incerteza (não de riscos) é alto. Logo, transformá-los em riscos calculados exigirá máximo cuidado e esforços criativos no sentido de serem obtidos conhecimentos suficientes e que justifiquem a tomada de decisões no sentido do comprometimento de recursos materiais e financeiros.

Indicadores de inovação

Indicadores são ferramentas essenciais cuja finalidade é desenvolver bases informacionais para a gestão de projetos inovadores. Com eles buscam-se avaliações mediante conclusões dotadas de certa precisão quanto ao investimento de recursos materiais, tecnológicos e financeiros para fins de desenvolvimento e de alcance de resultados almejados (D'Avila; Epstein; Shelton, 2009).

Normalmente, privilegiam-se os indicadores financeiros de determinado projeto, os quais são obtidos na fase de implementação da inovação. Estudos organizacionais sinalizam que as medições podem e até devem ocorrer por meio de perspectivas que não apenas a financeira. Assim, uma empresa cuja estratégia é inovar por meio de portfólio, de um conjunto de ideias convertidas em projetos, por exemplo, ao invés de investir em apenas um ou poucos, terá como indicador a possibilidade de lucrar mais (Tidd; Bessant, 2015).

Indicadores precisam ser lógicos e com objetivos bem definidos. Sendo assim, uma pergunta fundamental deve ser feita: "O que esperar da atividade de inovação conforme a estratégia determinada?". A gestão eficiente de projetos incrementais, disruptivos e especialmente radicais precisará perseguir essa resposta. Nesse caso, os indicadores serão um passo determinante para obtê-las.

Porém, indicadores não trarão respostas milagrosas. Sua finalidade é servir de mecanismo de auxílio em avaliações que podem alcançar questões relativas a desempenho e à comunicação do que se deseja obter com a inovação, além de gerar motivação e maior envolvimento entre as equipes e prenunciar lucros em uma perspectiva de causa e consequência. Entretanto, por mais depurados que sejam, há estudos organizacionais que classificam os indicadores apontando diversos tipos. Entendemos que a avaliação prévia das necessidades dos clientes, mediante estudos dirigidos pelo Departamento de *Marketing* com pesquisas e consultas é um singular indicador. Perguntar, procurar saber o que o cliente deseja ou pensa sobre os bens e os serviços produzidos é um indicador elementar e fundamental.

Em outra direção, mas prosseguindo com a abordagem dos indicadores, um mecanismo de aferição de desempenho para obtenção de resultados criado por Robert Kaplan e David Norton (2006), chamado *Balanced Scorecard* (BSC), apregoa que o acompanhamento dos indicadores não deve se prender apenas aos aspectos financeiros (o que já sabemos), que são considerados primordiais, mas também alinhar-se a outros elementos, como processos de aprendizagem, sinergia mediante portfólio diversificado de produtos inovadores, técnicas de exploração de conhecimentos (*exploration*) e visão dos clientes, ações perpassadas pela lógica de causa e efeito.

No Brasil, os professores Felipe Scherer e Maximiliano Carlomagno (2009), baseados em estudos provenientes da técnica do BSC, propuseram a utilização de um mecanismo denominado *Innovation Scorecard* (ISC), cujo escopo é avaliar indicadores de projetos inovadores pela verificação de resultados, de estratégia, de processos e do contexto em que se realizam. Nesse caso, os **resultados** dizem respeito à receita obtida; a **estratégia** corresponde à escolha dos tipos de bens e do modelo de negócio; os **processos** aludem às avaliações em termos de eficácia e geração de valor; e o **contexto** aduz ao ambiente de realização e a sua necessária adequação para obtenção dos resultados esperados.

Medindo inovações

As consagradas orientações propostas pelo BSC, bem como pelo ISC no Brasil, são direcionamentos lógicos e passíveis de utilização. Todavia, são modelos, propostas capazes de traduzir resultados, não regras absolutas a serem seguidas pelas empresas. O que mais importa quando da escolha de indicadores é a precisão (qualidade) deles. Para isso, é preciso alinhar critérios e focar a utilidade das informações que provirão dos indicativos.

O ditado "o que é medido é executado" é famoso. Medições e indicações em demasia podem ser prejudiciais para a obtenção dos resultados conforme a estratégia planejada. Por isso, o foco vale também no caso de definição de indicadores, pois eles são vitais para a checagem de informações que, espera-se, viabilizarão um projeto inovador.

Para auxiliar a gestão de projetos em inovações tecnológicas, conforme a visão de D'Avila, Epstein e Shelton (2009), um gestor poderá utilizar um sistema de avaliação constituído por três elementos:

1. **Plano**, cuja função é definir e comunicar a estratégia, tornando-a explícita para todos os envolvidos.
2. **Monitoração** dos avanços, que é o acompanhamento da execução dos projetos, possivelmente o mais conhecido e importante dos indicadores.
3. **Aprendizado**, a partir de mudanças que possam ocorrer e das soluções encontradas, propiciando mesmo assim o resultado almejado, normalmente envolvendo o uso de novas tecnologias e o compartilhamento de ideias.

Muito embora não seja um modelo absoluto, quando pensamos em critérios de avaliação, o BSC é muito utilizado no mundo inteiro e inevitavelmente se alia à proposta de gestão de inovações. Nesse caso, quanto mais se sabe a respeito dos processos de inovação em uma organização, mais concreto se torna o sistema de avaliação, o que demonstra que o modelo de negócio é acertado. A definição de indicadores para inovação depende das particularidades da empresa e podem envolver desde a quantidade de patentes registradas em determinado período até a quantidade de marcas, de inovações, passando pelos investimentos em P&D e pela quantidade de parceiros envolvidos por projeto. Trata-se de uma lógica integrada, um encadeamento: os processos de inovação são realmente entendidos, o que fortalece o modelo de negócio e é demonstrado pelos indicadores.

A definição de um modelo de negócio inovador é criteriosa e exige esforços inovativos e conclusões claras acerca do que supostamente os executivos entendem como indicadores. Conforme a ótica do BSC, pode-se partir do modelo de negócios para a inovação, que segue uma linha de abordagem caracterizada por uma estrutura que alia insumos, processos, produtos e resultados (D'Avila; Epstein; Shelton, 2009).

- **Insumos** dividem-se em tangíveis e intangíveis. Capital, tempo e estrutura são recursos tangíveis, ao passo que talento, conhecimento e motivação da equipe são intangíveis, por exemplo. Contemplam aspectos estruturais associados a grupos interessados e capital de risco, estratégias de inovação, redes internas e externas de apoio e sistemas de inovação.
- **Processos** dizem respeito a criatividade, execução de projeto (preferencialmente integrada) e portfólio de inovação, que conferem mais amplitude conforme a quantidade de inovações que a empresa deseja desenvolver.
- **Produtos** são bens físicos ou serviços, frutos de liderança tecnológica e de conclusão de projetos de pesquisa, consequência de ideias totalmente novas (radicais) e de aperfeiçoamento de processos de negócio visando à liderança de mercado.
- **Resultados** são a soma de todos os esforços positivos.

Outros indicadores

Por meio dos indicadores podemos compreender os mercados, os recursos tecnológicos, as estimativas financeiras, a avaliação de riscos e de incertezas, os mercados possíveis e, o mais importante, a demonstração de viabilidade e utilidade da inovação. Tudo isso para propiciar credibilidade ao plano de negócios, pois haverá demonstração de que o produto ou serviço tem potencial e será desejado pelo cliente ou consumidor. Para tanto, as demonstrações provindas dos indicadores precisam ser claras, compreendidas e capazes de gerar convencimento aos investidores.

Métodos de previsão

Os métodos de previsão são indicadores de tendências recheados de variações e possibilidades, como **pesquisas de opinião** com consumidores, **brainstorm** mediante reunião de diversos especialistas, **visão de especialistas externos** à organização (método Delphi) para decisões que envolvam projetos de longo prazo de consecução, mediante perguntas específicas visando alcançar situações futuras – nesse caso, haverá repetições da pesquisa a fim de que a depuração propicie mais clareza em termos de conclusões e se obtenha consensos em relação às respostas, o que não quer dizer que opiniões divergentes sejam descartadas –, **criação de cenários** baseados em dados e em análises quantitativas e qualitativas, referenciadas essencialmente por hipóteses bem demonstradas e discutidas, com a finalidade de tentar antever tanto as melhores quanto as piores condições possíveis, adequando-se a propostas de projetos de longo prazo e alto investimento e incerteza (radicais) (Tidd; Bessant, 2015).

Pesquisas de difusão para adoção de inovações consideram fatores advindos do *marketing*, da antropologia, da sociologia e até mesmo da psicologia, em uma junção entre passado e presente para realizar previsões. Além disso, há a utilização de canais de comunicação pelo quais a inovação é apresentada ao público com o intuito de avaliar o alcance do produto ou da ideia. Entretanto, sabemos que não existe uma fórmula mágica para identificar novos nichos de mercado.

Por essa razão é que especialistas no assunto defendem que o público-alvo de inovações radicais tem de ser educado para compreender e assimilar o que uma novidade oferece, o que exige muitos esforços da empresa desenvolvedora do produto. Esse esforço, por vezes, acaba mitigando a validade das pesquisas de opinião em casos de radicalidade. Apesar disso, como é característica das inovações desde sua gênese, a utilização de indicadores envolve perspectivas de tentativa, de erro e de aprendizado, sobretudo para acertar o alvo.

Fases de pré-difusão e difusão

Estudos indicam uma fase denominada *pré-difusão* (entre consumidores potenciais), que tende a ser bastante longa e pode durar até 10 anos. Por conseguinte, é afeita a inovações radicais. Relatos na área organizacional apontam que em torno de 50% das inovações radicais não prosperam em função do desequilíbrio entre investimento e despesa para a implementação dessa modalidade. É preciso ter bastantes recursos financeiros, persistir e passar um bom tempo sem lucrar para, uma vez consolidada a proposta, colher seus frutos (Tidd; Bessant, 2015).

Uma curiosidade no que diz respeito aos indicadores – e que tem ligação direta com a questão da **difusão** de determinada inovação – é a imitação. Muitas vezes ela é praticada por empresas estáveis não exatamente pela vontade de lucrar, mas para constatar se realmente "dará certo", se terá potencial e demandará mobilização para que se invista nela de fato no futuro. Ainda, o próprio bem ou serviço, na medida em que vai sendo difundido entre seu provável público-alvo, torna-se um indicador (ou não) de sua viabilidade, ensejando descobertas, comprovações, desenvolvimento ou reavaliação, redesenvolvimento e até mesmo abandono do projeto. Nesse caso, atuarão em seu favor as características e as vantagens visualizadas em termos de atributos que o diferenciem de versões anteriores ou o alto grau de novidade, se for radical ou disruptivo.

Critérios como coerência em relação às funcionalidade e grau de complexidade também são considerados no que se refere ao manuseio: é de simples ou de difícil compreensão e utilização? A visibilidade na fase de difusão está atingindo o máximo de pessoas (modelo epidêmico)? Foram consideradas as características dos adotantes iniciais (pessoas, consumidores em potencial) e do ambiente? Esses questionamentos são importantes e antecedem a fase de difusão (Tidd; Bessant, 2015).

Por fim, não nos esqueçamos de que bons indicadores podem decorrer do famoso "boca a boca" – o que é praticamente o mesmo que: "todos estão sabendo?" – via mídias sociais, por meio do *marketing* tradicional e de publicidade e propaganda. Concluímos o tema com três considerações que realçam o grau de importância e também de dificuldade com que se depara a gestão que necessita de bases e de indicadores capazes de dar sustentação a um produto (bem ou serviço) fruto de inovação incremental, mas principalmente disruptiva ou radical:

1. Quaisquer métodos de interação (com público-alvo), quando são realizadas pesquisas ou entra-se na fase de difusão, são eficazes.
2. O comportamento do usuário é um diferencial, uma fonte relevante de indicadores.
3. Pode haver diferenças entre o comportamento dos adotantes iniciais (pré-difusão e difusão) e o futuro mercado principal, que não são muito fáceis de reconhecer.

Tomada de decisão para adoção de inovações

Retomaremos a questão dos indicadores, pois são referenciais que legitimam a tomada de decisões para a adoção de inovações. De início, desejamos reforçar três aspectos marcantes que envolvem diretamente a temática:

1. Adotar decisões carece de compartilhamento de riscos e de responsabilidades de todos os envolvidos.

2. É preciso levar em consideração que métodos tradicionais de avaliação financeira podem não funcionar bem em investimentos de tecnologia, altamente mutáveis e imprevisíveis.
3. Identificar fontes de incerteza de tecnologia e de mercado antes de tomar decisões sobre o tamanho do investimento é fulcral, o que não é tarefa fácil.

Podemos notar, pelo caráter das proposições, que elas têm maior proximidade com a perspectiva das inovações radicais e até mesmo disruptivas. Caso estivessem alinhadas com a proposta de inovações incrementais – "fazer o que já fazemos, mas melhor", jargão bastante conhecido no âmbito dos estudos organizacionais relativos ao tema –, não seriam tão prescritivas (inspirando cuidados) como se demonstram. Faz sentido. Inovar exige cuidados e definições criteriosas, conforme exploramos ao longo de praticamente todo este capítulo.

A tomada de decisão para adotar inovações incrementais é relativamente simples e os riscos que a envolvem são mais facilmente calculáveis. Melhorias contínuas contam com informações preexistentes e avaliações mais concretas, sendo que o planejamento para a mudança é desenvolvido mediante comparação do produto anterior (bem ou serviço) com as condições atuais de tecnologias e de mercado. Em linhas gerais, decidir pela inovação significa concordar com argumentos e fundamentações visualizadas em uma ideia ou em um projeto considerado convincente. A obtenção do reconhecimento da alta gestão de uma empresa quanto ao potencial do que originalmente era apenas um conceito deve ser traduzido com base em algo muito bem definido.

Obviamente, é necessário poder de convencimento por parte dos proponentes de um novo projeto, especialmente pelo fato de a empresa ter de "abrir seu caixa" para desenvolvê-lo. Nesse sentido, quanto mais radical se demonstrarem a pesquisa e o desenvolvimento, maior deverá ser o poder de convencimento da equipe de criação, em função dos riscos envolvidos e do maior investimento. Simulações, protótipos e coalizões entre indivíduos (grupos diversos) e até mesmo com *stakeholders* (usuários, fornecedores e demais interessados) são bem-vindos para dar mais solidez ao projeto inovador, podendo redundar na criação de um portfólio pela quantidade de envolvidos. Não podemos desconsiderar o fato de que o convencimento a ser obtido da alta gestão é influenciado por questões subjetivas e políticas, o que demanda esforços extras. Logo, há de se trabalhar com o máximo de habilidades que gerem credibilidade.

Naturalmente, essa passagem se refere à realidade de uma empresa já estabelecida, que se depara com uma proposta inovadora, precisando decidir ou não por ela. Se fosse uma *startup*, a tomada de decisão necessitaria de convencimento, estratégia e um plano de negócio, mas, dada a natureza inovadora que lhe é típica, proviria de análises menos robustas e subjetivas. Uma *startup* atua em um nível superior de compreensão e confronto com riscos e incerteza – sua atividade é de risco e de incerteza naturais.

A despeito de existirem estruturas capazes de avaliar e medir o grau de potencialidade de inovações – e os indicadores são ferramentas muito propensas a isso –, a experimentação por meio de testes e a execução em termos de desenvolvimento também são norteadores de decisões, conforme já observamos. Decidir é essencialmente selecionar, seja apenas aperfeiçoando, seja com a análise de ideias preliminares "do zero", seja entre os potenciais inventos de um portfólio. Entretanto, por maiores que sejam os esforços no sentido de buscar sustentação de projetos inovadores, à exceção dos incrementais, invariavelmente haverá situação de incertezas e de imprevisibilidades, muitas vezes em função de movimentos de descontinuidade que surjam no decorrer de um projeto – o que pode acontecer.

No momento que houver descontinuidade, implicará em ajuste, em reenquadramento e em novas decisões. Essa situação é crítica para empresas tradicionais e baseadas em processos de produção em massa ao máximo simplificados que desejam inovar "para fora da caixa", pois é preciso haver uma mudança de mentalidade dentro da organização, especialmente partindo da alta gestão. Diante de tudo que observamos, há variados aparatos propensos a orientar decisões conforme o direcionamento definido pela empresa. Entretanto, em se tratando de profunda inovação, decisões envolverão incertezas e será preciso lidar com elas tanto em condições de estabilidade da empresa, o que é mais fácil, quanto em situações-limite.

Gestão da tecnologia e inovação na empresa

Gerir inovações que envolvem uso de tecnologia pressupõe, além de conhecimento acadêmico e prático, comportamento perspicaz e dinâmico por parte do gestor. Como já dissemos, estar à frente de tais projetos significa lidar com mudanças constantes, o que é bastante desafiador. Além disso, é preciso imbuir-se de um espírito de liderança capaz de gerir e gerar uma cultura de inovação na empresa, de preferência em uma perspectiva de integração entre equipes.

Gerenciar a inovação significa considerar três fatores-chave: a criação de ideias novas, a seleção das melhores ideias e a implementação das melhores ideias (Bessant; Tidd, 2009). Damos o devido destaque ao aspecto de seleção de ideias, pois escolhas equivocadas podem determinar fracassos. Mesmo assim, vale lembrar que vitórias e derrotas fazem parte do jogo da inovação.

Gerenciamento e implementação de inovações

Convidamos você agora a ponderar com bastante simplicidade a respeito do que é necessário para que uma inovação se concretize. O que é preciso? De que a organização precisa? Lembre-se: essas propostas são um incentivo para que você considere o conhecimento que já possui. Esperamos que sua resposta tenha proximidade com a nossa, mas não se trata de acertar ou errar. Não existe resposta errada: existe resposta. E toda iniciativa no sentido de enriquecer nosso aprendizado é válida.

Aonde gostaríamos que você chegasse? Em dois elementos: **recursos** e **capacidade de gestão da organização**. Recursos podem ser materiais, quando se referem a pessoas, equipamentos e estrutura física, e imateriais, quando se trata de dinheiro, de conhecimentos, de ideias e de comprometimento. A capacidade de gestão da organização, por meio da qual a inovação acontece, é o aspecto mais desafiador. Por essa razão, afirmamos no início que um bom gestor precisa deter conhecimento acadêmico e prático, atuando de modo dinâmico. De que adianta ter boa estrutura, recursos financeiros, modelo de negócio, estratégias, indicadores, equipe criativa, mas não ter uma liderança perspicaz e agregadora?

Para ressaltar a importância da capacidade de gestão de uma organização, lembremos do Titanic. Foi a maior inovação tecnológica em termos de navegação para transporte de pessoas à época, mas tragicamente naufragou na viagem inaugural. Teria sido imprudência do comandante e de sua equipe? Fatalidade? O fato é que seu capitão, dias antes, afirmou publicamente o seguinte: "Não posso imaginar nenhum desastre sério que possa vir a acontecer com essa embarcação.".

Em gestão, costuma-se afirmar que, se há previsão de que algo de errado possa acontecer, invariavelmente acontecerá. Logo, a escolha acertada e a identificação prévia de situações-problema (quando possível) são essenciais, constituindo-se em diferencial. O exemplo do Titanic é bom para refletirmos. Deduzir que não haveria um *iceberg* no meio do caminho seria uma escolha acertada? Não responderemos a pergunta, apenas refletiremos a respeito.

Estudos organizacionais apontam que empresas de pequeno e de grande portes necessitam de experiência, a qual advém da prática e redunda em aprendizado. Tanto o sucesso quanto o fracasso geram aprendizado. Em se tratando de gestão, é preciso saber **onde, como** e **por que** se deve inovar. O processo inicial é o de seleção de ideias, como já dito, mas não de qualquer ideia, e sim aquelas baseadas em modelos mentais bem definidos, pois deve-se considerar o fato de que recursos financeiros para investimento em inovações são finitos, e isso independe do tamanho da empresa (Bessant; Tidd, 2009). Aliás, a gestão precisa considerar não apenas o aspecto financeiro, mas também outros tipos de recursos, como tempo, energia, ideias, novas tecnologias, estrutura etc. Em suma, é necessário ter uma ideia ímpar, desenvolver um modelo de negócio apropriado, criar a melhor estratégia possível e se balizar nos indicadores. A concretização ou não dos objetivos quando da implementação de inovações estará diretamente relacionada com a seleção das melhores ideias, mediante atuação focada e perspicaz do gestor.

Em termos de gestão, devemos considerar também que o dinamismo das tecnologias, das relações e das interações, de maneira geral, dentro e fora da organização, impõe mudanças na própria forma de enxergar e gerir os negócios na empresa. Torna-se necessário, então, inovar também o modo de gerir e organizar a gestão, por isso a importância de uma visão atenta e dinâmica. É necessário inovar quanto à forma de pensar os processos – e de maneira geral os 4 Ps (paradigma, processo, produto e posição). O terreno das inovações é constituído de riscos e incertezas, de complexidade e desafios, mas também de motivação e vontade de transformar ideias em realizações concretas e vencedoras. Essa meta deve estar sempre em mente ou, melhor, em todas a mentes da organização, a começar pelos gestores.

Gerenciar tecnologia e inovações significa remodelar modelos mentais a todo momento, abrindo-se a um sem número de possibilidades, especialmente no contexto em que vivemos. Por exemplo, se o objetivo de Thomas Edison fosse inovar inventando bens com base em ideias próprias ou de membros de sua equipe apenas, em termos de totais novidades (radicais) ou de aperfeiçoamento (incrementais), seus portfólios provavelmente seriam muito menores. Esse notável cientista, no trânsito entre os séculos XIX e XX, patenteou e financiou uma infinidade de invenções, tendo registrado mais de mil patentes ao longo de sua vida (Tidd; Bessant, 2015). Além de um cientista, foi um gestor de inovações, tendo fundado a famosa empresa General Eletric (GE).

Com base no exemplo de um dos maiores gênios da humanidade, concluímos que a capacidade de gerenciar projetos inovadores necessita de certa sagacidade, inquietação e movimentação no sentido de obtenção do máximo de informações e de conhecimentos, que devem ser distribuídos, avaliados e selecionados entre as equipes. Assim, diversas possibilidades surgem por meio de portfólio, por exemplo.

Vamos a mais um exemplo de gestão muito bem-sucedida e mundialmente conhecida: a Walt Disney Company. Se o genial Walt Diney se contentasse apenas com os desenhos animados surgidos com base em Mickey, Donald e Pateta, se não desejasse investir em longas-metragens de animação além de *Branca de Neve e os sete anões*, possivelmente sua empresa seria muito pequena ou teria fechado as portas. Porém, seu gênio indomável e sua sede por criar um universo de fantasia tornaram uma pequena empresa de animação em um universo sem limites. Talvez você não saiba, mas o nível de exigência e criatividade dele era tão descomunal que, na medida em que o grupo foi expandindo, chegou a encomendar contêineres de livros de fábulas e de histórias, especialmente infantis, da Europa para os Estados Unidos. Como hábil e perspicaz gestor, exigia que todos os membros de sua equipe de criação estudassem dedicadamente todas as histórias e, mediante constante ampliação de conhecimentos, desenvolvessem novas histórias e personagens, as quais permeiam o imaginário de gerações ao redor do mundo.

Como você deve saber, as ambições do grupo e a constante busca de inovações não cessam. Apenas para finalizarmos esse exemplo, em meados de 1980, a Disney adquiriu, da Lucasfilm (Star Wars), a divisão de criação de efeitos especiais chamada *Pixar*. Se hoje nos divertimos com os clássicos *Procurando Nemo*, *Toy Story* e *Frozen: uma aventura gelada*, devemos agradecer à capacidade de inovar "para fora da caixa" de Walt Disney e de seus sucessores. Esse exemplo é emblemático por se tratar de uma demonstração clara de capacidade dinâmica de gestão que partiu de ideias iniciais transformadas em portfólios, mediante estratégias claras e bem direcionadas. O modelo de negócio, altamente lucrativo, voltado para entretenimento ampliou-se infinitamente na medida em que diversos tipos de ideias foram aos poucos se convertendo em outros modelos de negócio, muito conhecidos por todos e de extremo sucesso: desenhos (primeiras animações), histórias em quadrinhos, longas-metragens, parques temáticos, estúdios de cinema e produtora.

Praticamente todas as propostas de inovação que vimos até aqui se encontram difundidas nas organizações Disney: incrementais, radicais, disruptivas, fechadas, abertas. Tudo isso devido a uma gestão dinâmica e atenta ao infinito de possibilidades que pessoas e seus conhecimentos, somados a tecnologias, permitiram que fossem geradas.

Síntese

Neste capítulo, abordamos temas variados e completamente integrados à proposta de gestão da tecnologia e inovação, iniciando pela delicada questão de decidir pela inovação, especialmente a radical e a disruptiva. Em seguida, avaliamos o papel da empresa ante a inovação, a qual necessita mudar sua mentalidade do maior ao menor nível de gestão, o que necessariamente implica em novas capacitações e definições de prioridades.

Além disso, sinalizamos que a estrutura organizacional para inovação precisa criar um ambiente favorável à recepção de novas ideias, bem como estabelecer sólidas parcerias. Iniciamos nossa abordagem sobre os indicadores de inovação pelo chamado *funil de incerteza*, passando para os indicadores propriamente ditos, destacando que a avalição prévia das necessidades dos clientes é um indicador primordial. Finalizamos o capítulo retomando a questão da tomada de decisões, cuja pedra de toque é a escolha da melhor ideia a ser desenvolvida, ao passo que a gestão da tecnologia e inovação na empresa ocorre mediante observação de três requisitos elementares: criação de ideias, seleção das melhores ideias e desenvolvimento e implementação dessas ideias.

Questões para revisão

1. A tomada de decisão é um momento delicado para a empresa que precisa inovar, e isso se deve aos riscos e às incertezas a que estará afeita. A esse respeito marque a alterbativa incorreta.
   a) A empresa deve empreender esforços no sentido de ter inovações incrementais e disruptivas.
   b) A tomada de decisão para inovar implica necessariamente uma postura conservadora por parte do gestor.
   c) Quanto mais consistentes as informações e estudos a respeito da natureza dos projetos em desenvolvimento, por mais envoltos em obscuridades que estejam, mais os estudos trarão elementos favoráveis à tomada de decisões.
   d) Inovações disruptivas e radicais exigem paciência, muito trabalho e resultados normalmente obtidos a longo prazo
   e) Tanto a gestão de projetos inovadores quanto a tomada de decisões realizam-se por meio de controle dos recursos destinados e da verificação de estágios de viabilidade de projetos.

2. Considerando seus estudos neste capítulo, assinale a afirmativa correta.
   a) No que diz respeito à estruturação propícia à criatividade e à geração de valor no âmbito da empresa, estudos apontam que somente o ímpeto criativo tende a ser suficiente.
   b) O funil de incerteza é um mecanismo de filtragem e de verificação de etapas para fins de desenvolvimento de uma inovação.
   c) A obtenção de novas capacitações com base em novos processos e modelos de negócios independe de uma mudança de mentalidade organizacional em se tratando de gestão.

d) Novas empresas, como as *startups*, agem mais por intuição, evitando, por exemplo, o desenvolvimento de inovações radicais.

e) Um passo importante para a empresa que precisa inovar, mas que para isso necessita estruturar-se, é buscar experiências e tecnologias externas ao seu ambiente, o que significa não contar com a colaboração da sua própria equipe.

3. Indicadores são ferramentas de avaliação capazes de gerar informações precisas quanto aos investimentos em recursos para geração de inovações. Qual das afirmações a seguir **não** condiz com esse propósito?

   a) Inovar mediante constituição de portfólio denota possibilidade de redução de lucro.
   b) A avaliação prévia das necessidades dos clientes é um indicador fundamental.
   c) O *Balanced Scorecard* (BSC) é um mecanismo de aferição de desempenho para obtenção de resultados.
   d) O plano, a monitoração e o aprendizado são considerados sistemas de avaliação.
   e) Métodos de previsão, fases de pré-difusão e difusão são considerados indicadores.

4. No que diz respeito à estruturação propícia à criatividade e geração de valor no âmbito da empresa, há estudos que mostram que o impulso criativo e a necessidade de geração de valor tendem a se retrair à medida que a empresa evolui. Por que razão isso acontece?

5. No que diz respeito à gestão da tecnologia e inovação na empresa, por que há uma preocupação especial com a questão da seleção da melhor ideia nova?

Questão para reflexão

1. Avalie as três situações a seguir:

> 1. O alinhamento das expectativas de inovação com a gestão sênior. Uma definição clara da natureza da inovação precisa ser feita, isto é, inovação radical *versus* inovação incremental e os 4 Ps. Qual deve ser o foco principal?
> 2. Executar um portfólio de projetos de inovação incremental (fazer melhor) e inovação radical (fazer diferente), como se encontra o equilíbrio perfeito?
> 3. Adquirir antecipadamente recursos financeiros e humanos suficientes e dedicados.
>
> John Thesmer, Managing Director, Ictal Care, Dinamarca

Fonte: Tidd; Bessant, 2015, p. 50.

Segundo executivo John Thesmer, as três situações descritas constituem os grandes desafios que envolvem a gestão da inovação. Partindo de uma perspectiva pessoal aliada a seus estudos em gestão da tecnologia e inovação, quais seriam os três principais desafios indicados? Caso concorde com o autor, justifique sua resposta.

Para saber mais

Para que você obtenha mais conhecimentos a respeito dos temas abordados no primeiro capítulo, fazemos as seguintes recomendações:

Livros

CAPODAGLI, B.; JACKSON, L. **Pixar**: lições do playground corporativo mais criativo do mundo. Tradução de Maria Amália Bernardo Caccuri. São Paulo: Saraiva, 2010.

CORAL, E.; OGLIARI, A.; ABREU, A. F. de (Org.). **Gestão integrada da inovação**: estratégia, organização e desenvolvimento de produtos. São Paulo: Altas, 2008. p. 45-82.

DRUCKER, P. **Administrando em tempos de grandes mudanças**. Tradução de Nivaldo Montingelli Jr. São Paulo: Pioneira, 1999. p. 91-95.

DRUCKER, P. **Inovação e espírito empreendedor (entrepreneurship)**: prática e princípios. Tradução de Carlos Malferrari. São Paulo: Cengage Learning, 1986. p. 181-185.

KOTTER, J. P. **Liderando mudança**. Rio de Janeiro: Campus; Elsevier, 1997. p. 51-66.

04

ANÁLISE AMBIENTAL
DA INOVAÇÃO

04

Conteúdos do capítulo:
- Análise ambiental da inovação: micro e macroambiente.
- Criação de valor pela inovação.
- Propriedade intelectual e patente da inovação.
- *Joint ventures* e alianças para a inovação.
- Sistema Nacional de Inovação.
- Políticas de ciência, tecnologia e inovação no Brasil.
- Retrato da atividade de inovação no Brasil.

Após o estudo deste capítulo, você será capaz de:
1. diferenciar micro e macroambiente da inovação;
2. esclarecer a importância da criação de valor pela inovação;
3. identificar o processo de propriedade intelectual e a criação de patente da inovação;
4. entender a contribuição de *joint ventures* e de alianças para o processo inovativo;
5. indicar as políticas nacionais para fomento de inovação e tecnologia no Brasil;
6. estabelecer o atual *status* da atividade de inovação no Brasil.

SERÁ QUE OS produtos de minha empresa são atuais? Eles oferecem uma proposta de valor diferenciada no mercado? Em termos de tecnologia, posso dizer que minha empresa utiliza o que existe de mais avançado? Essas e outras reflexões fazem parte das inquietudes do gestor no momento de definir seu planejamento estratégico.

A análise ambiental oferece informações relevantes para a empresa tomar decisões, tendo em vista sua competitividade e sua sustentabilidade no mercado. Por isso, tanto fatores internos, como a capacidade da equipe em inovar, a adoção de tecnologias dentro da organização, a propensão a investimentos em inovações e o processo de aprendizagem da empresa, quanto fatores externos, como a proposta de valor dos concorrentes, as inovações tecnológicas ofertadas no mercado, o potencial para a consolidação de parcerias e *joint ventures* para inovar, devem ser levados em conta.

Análise ambiental: micro e macroambiente

Ao tomar uma decisão de desenvolvimento de novo produto ou de modificação de um produto já existente no portfólio da empresa, deve-se realizar uma análise ambiental completa, que envolve um diagnóstico das variáveis internas e externas que podem impactar no projeto, relacionadas no Quadro 4.1.

Quadro 4.1 – Análise ambiental para o planejamento da inovação

	Fatores essenciais no planejamento para inovação
Ambiente externo	• Quantos e quais são os diferenciais dos produtos concorrentes que estão disponíveis no mercado? • O que é mais valorizado pelo perfil do consumidor desse tipo de produto? • Quais são os diferenciais competitivos que esse novo produto oferecerá em relação aos produtos e aos serviços já disponíveis no mercado? • Qual é o potencial de mercado para a inovação? • Quais são as tendências em termos de hábitos e de comportamento de consumo nesse mercado? • Quais são os riscos e as ameaças que podem influenciar na trajetória dessa inovação? • Existe alguma restrição ou exigência legal ou regulatória para o lançamento desse produto no mercado? • Existe uma perspectiva de aprendizado por meio do desenvolvimento de parcerias ou da colaboração entre empresas?
Ambiente interno	• Qual é a capacidade da empresa para atender a essa inovação? • Existe a necessidade de contratação de novos profissionais? • Os atuais profissionais da empresa estão capacitados para atuar nessa inovação? • Existe a necessidade de aquisição de novas máquinas ou novos equipamentos? • Quais são os recursos necessários para a implementação da inovação? • Quais são os impactos que a inovação trará na operação interna da empresa? • Qual é a necessidade de investimento de recursos (financeiros, humanos e temporais) que esse projeto de inovação demanda da empresa? • Quanto tempo será necessário para a consolidação das vendas do novo produto no mercado? • Existe o risco de o novo produto concorrer com os atuais produtos do portfólio da empresa? • Os atuais fornecedores conseguem atender às demandas dessa inovação? • Qual é a disponibilidade de matéria-prima para o desenvolvimento dessa inovação?

Essas variáveis são essenciais para que a empresa consiga realizar um bom diagnóstico ambiental e, a partir das informações levantadas, tomar decisões estratégicas no planejamento para a inovação.

Análise do macroambiente da inovação

A partir da elaboração e da seleção das ideias, inicia-se o processo de análise ambiental, esta especialmente relacionada às dimensões do macroambiente. Mas o que significa *macroambiente*? O **macroambiente** envolve todas as dimensões que não estão diretamente relacionadas ao dia a dia da empresa (sua rotina), mas que impactam no negócio em uma perspectiva de médio ou longo prazos, como questões demográficas, econômicas, naturais, tecnológicas, culturais e de natureza política e legal. Variáveis políticas, econômicas e sociais podem impactar no desenvolvimento de uma inovação e devem sempre ser levadas em conta durante a elaboração do plano de inovação (Kotler; Keller, 2012).

Sendo assim, algumas questões do macroambiente devem ser consideradas:

1. Quais são os impactos da **situação econômica** no contexto do projeto?

    Questões econômicas podem impactar o poder de compra dos potenciais consumidores da inovação e até modificar antigos hábitos e comportamentos de consumo. Por exemplo: uma crise no cenário econômico do país não impacta diretamente as vendas da empresa no dia seguinte, mas a perspectiva econômica em médio e longo prazos pode fazer que o comportamento de consumo e a intensidade de compra mudem, o que pode impactar a projeção estimada de vendas e a intenção de compra do consumidor com relação à nova proposta de produto.

2. Quanto à **tecnologia**, como essa inovação se posiciona quando comparada ao que já está disponível no mercado? Sua empresa não precisa ter o melhor recurso em termos de tecnologia disponível no mercado, mas é fundamental monitorar e conhecer o que existe de novo em relação às tecnologias disponíveis e aplicadas para o setor, quais são as empresas que utilizam tais tecnologias e de que modo essas tendências tecnológicas podem impactar o uso e o comportamento de compra dos consumidores, que podem ser modificados de acordo com os benefícios ofertados pelas novas tecnologias. Por exemplo, a indústria de jornais impressos está passando por uma transformação tecnológica e muitos dos principais jornais do país estão deixando de circular diariamente e passando a oferecer atualizações *on-line* para os leitores, além de uma versão impressa diferenciada apenas em alguns dias do mês. Essa mudança tecnológica pode impactar os hábitos dos leitores, que, a partir de determinado momento, modificam a maneira como toda a população lê jornal.

3. Existe algum impacto **ambiental**? Essa ideia é ambientalmente sustentável? Vale lembrarmos que a conscientização ambiental está aumentando cada vez mais e que as iniciativas dessa natureza são muito valorizadas pelos consumidores. Questões como uso de insumos de origem sustentável, destinação adequada de resíduos industriais e criação de produtos com menos impacto ambiental podem trazer uma vantagem competitiva para a empresa em termos de aceitação do consumidor, além de criar uma imagem positiva de marca. Por exemplo,

a empresa Natura, que atua na área de cosméticos, aplica a estratégia de *marketing* verde em seus diversos elos da cadeia produtiva, desde fornecedores ambientalmente responsáveis até a utilização de apelos sustentáveis em suas campanhas de comunicação.

4. Em termos **legais**, existe alguma restrição para o lançamento dessa inovação? É necessária alguma autorização ou licença por parte de órgãos responsáveis para o lançamento?

Existem algumas leis que mudam a prática das empresas e, com o passar do tempo, mudam também a preferência dos consumidores. Por exemplo, a criação da Lei Nacional de Resíduos Sólidos – Lei n. 12.305, criada em 2 de agosto de 2010 –, instituiu a Política Nacional de Resíduos Sólidos (PNRS) e fez com que as empresas passassem a ter responsabilidade sobre os resíduos gerados na produção, modificando a prática de atuação empresarial, especialmente entre as indústrias, que antes não precisavam se preocupar com a destinação dos resíduos. Por exemplo, a empresa Terracycle propõe o desenvolvimento de soluções ambientais por meio de parcerias com empresas em 21 países, em programas de reciclagem de resíduos com fabricantes de produtos, varejistas e grandes geradores de lixo.[1]

Finalizada a análise do macroambiente e do mapeamento de como essas dimensões podem impactar o planejamento da inovação da empresa, iniciaremos a análise dos fatores que impactam de maneira mais direta a rotina da empresa, denominado *microambiente da empresa*.

---

1 Para conhecer mais sobre esse projeto, acesse o *site* da empresa: <https://www.terracycle.com.br/pt-BR>. Acesso em: 30 jun. 2018.

Análise do microambiente da inovação

A análise do microambiente tem como objetivo identificar a capacidade da empresa em atender à inovação proposta e mapear oportunidades de melhorias para o desenvolvimento de novas propostas de inovações. O que significa *microambiente*? O microambiente da empresa envolve todas as dimensões que impactam diretamente as atividades de rotina da empresa e auxiliam a definir sua capacidade competitiva perante ao mercado. É formado por fornecedores, clientes, intermediários de mercado, concorrentes e todos os públicos que estão diretamente envolvidos com a atividade da empresa, como colaboradores e grupos de interesses (Kotler; Keller, 2012).

Nesse ambiente, algumas questões devem ser levadas em consideração:

1. A **empresa** tem uma cultura voltada para a inovação?

   Nos capítulos anteriores, abordamos a importância de a empresa ter uma cultura voltada para o desenvolvimento de inovações, na qual as pessoas se envolvem e criam um ambiente propício para o processo criativo e que fomente a inovação de processos, produtos e serviços. Por exemplo, a empresa Dupont é internacionalmente reconhecida por ser inovadora, desenvolver novos produtos e patentes em parcerias com outras empresas de vários segmentos e ter uma cultura interna voltada para processos de inovação.[2]

---

2   Para saber mais, acesse o *site* da empresa: <http://www.dupont.com.br>. Acesso em: 30 jun. 2018.

2. Os **fornecedores** da empresa têm capacidade de atender aos projetos de inovação?

   Em um mercado cada vez mais competitivo, a seleção de fornecedores que atuem em consonância com os objetivos da empresa pode fazer muita diferença no resultado final do processo de inovação. Para avaliar seus fornecedores, a empresa 3M utiliza um processo que envolve os seguintes critérios de avaliação: tecnologia, qualidade, resposta, data e quantidade, custo – TQRDC (3M, 2017a).

3. De que maneira os **intermediários** refletem a cultura de inovação da empresa?

   Muitas empresas adotam a estratégia de intermediários de mercado para alcançar seus consumidores finais. As franquias se constituem em uma das principais situações nas quais os intermediários têm um papel extremamente relevante na entrega de valor para o cliente final da empresa. A empresa O Boticário tem mais de 3,700 mil lojas e um cuidado extremo na padronização da identidade visual de seus pontos de venda, bem como no atendimento oferecido a seus clientes. É importante destacarmos que a percepção de qualidade que o cliente final terá sobre a marca depende da maneira como o intermediário, que é o lojista franqueado da marca, irá atendê-lo. Daí sua grande importância: aos olhos do consumidor final, o intermediário é a voz da empresa, e o nível de serviço que ele oferecer, incluindo qualidade de atendimento, limpeza da loja, ambientação e disposição dos produtos nas prateleiras, fará com que ele tenha uma avaliação geral sobre a marca.

4. Qual é a participação dos **públicos** da empresa na construção do projeto de inovação da empresa?

A empresa também deve levar em consideração os diferentes públicos e sua influência no processo de desenvolvimento de novos produtos e serviços. Estão envolvidos clientes, agentes governamentais, mídia, associações de classe e instituições financeiras que podem impactar na trajetória do projeto de inovação da empresa. A relação com a imprensa é um exemplo de como a empresa atua em relação a esses atores. Ao lançar um novo produto no mercado, é bastante comum que a empresa envie uma nota, conhecida como *release*, que esclarece os diferenciais da inovação. Um bom *release* deve ter um título impactante, um resumo com as informações mais importantes sobre o lançamento da empresa e ser bem objetivo, preferencialmente com *links* para que o leitor obtenha mais informações e o contato da empresa. Cada vez mais os consumidores participam do processo de lançamento de novos produtos por meio de *posts* opinativos e de engajamento *on-line* nas diversas plataformas digitais.

Finalizada a análise ambiental, iniciaremos uma etapa de definição da proposta de valor da inovação, que deve ser diferenciada com relação aos atuais concorrentes do mercado.

Criação de valor pela inovação

O fato de uma empresa ter um papel de destaque em termos de inovação dentro de um setor não significa necessariamente que terá melhores resultados em termos econômicos e financeiros, pois isso depende muito de como a empresa consegue criar valor. Mas, afinal, o que significa *criar valor*? A criação de valor está associada à capacidade de uma empresa em identificar uma oportunidade de mercado e traduzi-la em uma vantagem competitiva por meio da chamada *diferenciação* (Kotler; Keller, 2012).

É a maneira como uma empresa oferta um novo produto ou serviço com base na satisfação das necessidades dos potenciais clientes, de tal modo que o valor percebido por essa relação de troca se torna vantajoso sob a ótica do cliente. Essa proposição de valor deve ser relevante aos olhos do consumidor e diferenciada no mercado, pois, se a empresa escolher uma proposta de valor idêntica à dos concorrentes, sob a ótica do consumidor todas as empresas atuarão de maneira exatamente igual.

Essa criação de valor relevante e diferenciada também passa pela viabilidade comercial da inovação, bem como do quão exclusiva e protegida é essa nova proposta em termos de proteção intelectual, patentes industriais e desenvolvimento tecnológico. Em uma realidade de mercado globalizado, competitivo e volátil, fica cada vez mais complexo para a empresa identificar um posicionamento de mercado e uma proposta de inovação que reflitam um valor considerado justo pelo cliente. Vale lembrarmos que o valor não se refere somente ao montante de dinheiro que um cliente paga para obter um produto ou serviço, mas também ao resultado percebido entre os benefícios (funcionais e emocionais) e os custos (monetários, temporais e psicológicos) envolvidos na transação após a experiência de compra e de consumo (Kotler; Keller, 2012).

Em uma realidade de mercado que oferece mais e mais produtos, os quais estão cada vez mais parecidos uns com os outros e com proposta de valor muito similar entre si, existe a construção de um cenário no qual o fator de tomada de decisão por parte do consumidor se pauta exclusivamente no preço. Para conseguir criar valor e sair desse cenário extremamente competitivo, denominado *Oceano Vermelho*, os autores Kim e Mauborgne (2005) criaram o famoso conceito de Oceano Azul, que propõe a identificação de novos mercados ainda não explorados, nos quais a ausência de competição proporciona resultados muito melhores para as empresas – um deles é a Estrutura de Seis Caminhos, demonstradas no Quadro 4.2.

Quadro 4.2 – De Competição Oceano Vermelho para criação do Oceano Azul

	Competição Oceano Vermelho	Criação do Oceano Azul
Indústria	Foco nos rivais dentro do próprio setor	Procura por setores alternativos
Grupos estratégicos	Foco na posição competitiva dentro do grupo estratégico	Procura por grupos estratégicos dentro do setor
Grupos de compradores	Foco em servir melhor o grupo de compradores	Redefinição do grupo de compradores do setor
Escopo da oferta de produtos ou serviços	Foco em maximizar o valor das ofertas de produtos e de serviços dentro das fronteiras do próprio setor	Procura pela oferta de produtos e de serviços complementares
Orientação funcional – emocional	Foco na melhoria do desempenho de preço dentro da orientação funcional-emocional do setor	Repensamento do apelo funcional-emocional do setor
Tempo	Foco em se adaptar a ocorrencias das tendências externas conforme elas acontecem	Participação do desenvolvimento das tendências externas ao longo do tempo

Fonte: Kim; Mauborgne, 2005, p. 79, tradução nossa.

Ao apresentar uma proposta de valor com base no alinhamento entre o valor diferenciado, a lucratividade da empresa e a exploração de nichos de diferentes mercados, a empresa abre novos horizontes e consegue definir uma estratégia de atuação focada em um cenário diferenciado. A empresa Nespresso conseguiu implementar a estratégia do Oceano Azul em um mercado maduro e muito competitivo ao combinar diferenciação por inovação e foco na experiência diferenciada do consumidor. A partir de um produto considerado uma *commodity*³, que é o grão de café, a empresa definiu uma estratégia voltada para um nicho de mercado de luxo, com uma proposta de valor focada na experiência do consumidor, oferecendo ao cliente aquilo que ele mais valoriza.

Para conseguir interagir diretamente com esse consumidor a empresa criou lojas exclusivas e diferenciadas, localizadas em *shoppings centers* voltados para o mercado de luxo em cidades estratégicas em termos de visibilidade de mercado. Somado a essa estratégia, a Nespresso desenvolveu uma comunicação de requinte, luxo e sofisticação com o ator George Clooney. Por fim, o foco na construção de uma experiência de consumo fez com que o consumidor se sentisse valorizado pela marca, o que foi implementado por meio da construção de uma base de dados de clientes que registra em um sistema único as preferências de aromas e de intensidade de café. Ao entrar pela primeira vez em uma loja, o consumidor é surpreendido pelo atendimento, pois já constam todas as informações de suas compras anteriores e suas preferências de consumo com relação ao produto. Isso criou uma proposta de valor verdadeiramente diferenciada, que fidelizou

---

3 Palavra utilizada para descrever produtos com baixo valor agregado. Normalmente se refere a produtos *in natura* ou com baixo grau de industrialização, como soja, café e petróleo.

o cliente e trouxe resultados significativos para a empresa em todo o mundo.

A estratégia do Oceano Azul possibilita que a empresa identifique lacunas no mercado que não foram atendidas por nenhuma outra empresa e desenvolva uma proposta de valor direcionada para esse novo mercado. Atuar sozinha em um novo mercado permite que a empresa se torne mais competitiva investindo menos, pois a concorrência é mais rara e o reconhecimento é muito maior.

Uma empresa nacional que conseguiu identificar novos mercados foram a Casas Bahia. A empresa de Samuel Klein saiu muito à frente ao ser a primeira varejista do país a trabalhar com a base da pirâmide enquanto os concorrentes disputavam os consumidores de alta renda. A empresa iniciou um processo de concessão de crédito sem a exigência de comprovação de renda, uma inovação no cenário do varejo nacional. Com isso, os consumidores que não conseguiam um crediário nas demais redes varejistas por não terem capacidade de comprovar renda, como profissionais autônomos (jardineiros, pintores e diaristas), conseguiam realizar a compra via crediário e se sentiam valorizados pelo fato de a empresa ter oferecido "um voto de confiança", vendendo móveis e eletroeletrônicos parcelados sem garantia de recebimento. Curiosamente, a rede apresenta uma das menores taxas de inadimplência do mercado quando comparada a seus concorrentes (Prahalad, 2010).

Muitas vezes, o desenvolvimento de estratégias para identificação de novos mercados envolve a criação de propostas de produtos e de serviços que, caso não estejam protegidos por uma patente, correm o risco de ser facilmente copiados pelos concorrentes. Será justamente a questão da propriedade intelectual e da patente de inovação que discutiremos na sequência.

Propriedade intelectual e patente de inovação

A criação de produtos ou de processos muitas vezes envolve o desenvolvimento de propostas inéditas que podem ser protegidas por meio de patentes. A chamada *propriedade intelectual* de uma inovação pode ser considerada uma das maiores vantagens no que se refere à criação de valor para a empresa, pois protege a inovação de cópias indevidas e possibilita ao proprietário da ideia explorar comercialmente com exclusividade todo o potencial da inovação. O valor de empresas como Google, Facebook e YouTube está bastante vinculado a sua propriedade intelectual, e não somente a seus ativos físicos.

Propriedade intelectual

Todas as criações de natureza industrial, científica, artística ou literária conferem direitos a seus autores por determinado período de tempo. No Brasil, o Instituto Nacional de Propriedade Industrial (Inpi) é o responsável por gerir o registro e a concessão de patentes e tem sua atuação com base na Lei de Propriedade Industrial – Lei n. 9.279, de 14 de maio de 1996 (Brasil, 1996) –, que regula direitos e obrigações relativos à propriedade industrial e define invenções e modelos de utilidade patenteáveis, bem como condições para pedido de patente.

Uma **patente** é uma concessão para o autor de uma invenção de um direito de exclusividade de exploração comercial por determinado período de tempo. Passado o período de concessão, a inovação fica à disposição de outras empresas, que podem explorar comercialmente a ideia. Entre os requisitos legais necessários para a concessão de uma patente estão: envolver uma novidade; tratar-se de uma atividade inventiva; e apresentar uma utilidade ou aplicação industrial. Um dos brasileiros notórios e reconhecidos mundialmente por suas invenções foi o mineiro Alberto Santos Dumont, que inventou o relógio de pulso e o primeiro avião do mundo, o 14-bis. O avião se tornou uma das disputas mais famosas do mundo em termos de patente, uma vez que, além de Santos Dumont, os irmãos Wright reivindicaram o título de pioneiros da criação.

Apesar de haver legislação e regulamentação específicas para o tema, a realidade do Brasil em termos de propriedade intelectual não é das mais favoráveis para os inventores. Silveira (2017) destaca que o país encerrou o ano de 2016 com mais de 240 mil patentes e 422 mil marcas na fila de registro para análise do Inpi, o que resulta em um prazo médio de 11 anos para o registro da patente de um novo produto. O Brasil é o 30º colocado no *ranking* mundial em termos de registro de patentes, liderado por Estados Unidos, Japão, China, Coreia do Sul e Alemanha.

Esse cenário coloca o país em uma desvantagem em relação aos demais países, pois a velocidade em que uma patente é registrada aqui não condiz com a realidade do mercado. Para termos uma ideia de como a tecnologia evolui de maneira muito mais rápida do que o processo de registro de patentes, em 2016 foi concedida a uma empresa brasileira a patente de um modelo de celular com flip, sem *touchscreen* ou acesso à internet, o que seria impensável atualmente pela indústria do setor (Lepri, 2016).

A criação de valor por meio da inovação é um caminho que traz competitividade para a empresa e diminui os riscos do negócio, uma vez que sua lógica está pautada na satisfação de necessidades dos consumidores, que ainda não são atendidas pelo mercado e muitas vezes podem ter sua origem em outros segmentos de mercado, com o uso da transferência de tecnologia, assunto que será abordado mais adiante neste livro. Lembremos que a Coca-Cola foi inicialmente projetada pelo farmacêutico John Pemberton como remédio e que somente depois de ser vendida ao empresário Asa Griggs Candler é que ganhou uma nova dimensão no mercado, mais próxima do que representa atualmente.

Registro de marca × registro de patente

Muitas pessoas confundem o registro de marca com o registro de patente. Você sabe a diferença entre os dois e em quais situações cada um deles é utilizado? Ambos se referem à propriedade intelectual e estão vinculados ao registro contábil de ativos imobilizados da empresa. Uma marca tem como objetivo diferenciar produtos e serviços ofertados no mercado por meio de um símbolo – um sinal que identifica que o produto pertence a determinada empresa. Ao realizar o registro da empresa, o titular da patente passa a ter o direito de explorar com exclusividade aquele sinal no mercado para identificação de seus produtos e serviços.

O **registro de patente**, como já detalhado, refere-se a um título concedido pelo Inpi que protege uma invenção da empresa sobre produto ou processo. Já o **registro de marca** refere-se à proteção do nome e do símbolo que identifica a empresa, garantindo a exclusividade de uso à proprietária da marca. O registro de marca é aplicado para segmentos de mercado específicos. Ao realizar o registro de uma marca para atuar na fabricação de alimentos orgânicos, por exemplo, a empresa terá exclusividade de exploração da marca somente nesse setor. Caso a empresa atue em mais de um segmento de mercado, é necessária a realização de mais de um registro de marca para garantir a propriedade intelectual.

É importante também fazermos uma diferenciação entre o registro do nome da empresa, conhecido como **Razão Social** e o **Nome Fantasia**, pois nem sempre apresentam o mesmo conceito. A Razão Social da empresa é o nome pelo qual se realiza o registro na Junta Comercial, dado à Pessoa Jurídica da empresa e que aparecerá nos contratos com os clientes e nos demais documentos, como o Contrato Social e os documentos de cartório. Já o **Nome Fantasia** se refere ao nome pelo qual a empresa é conhecida popularmente em sua estratégia de *marketing*, utilizado para a divulgação dos produtos. Você conhece a empresa Arcos Dourados Comércio de Alimentos Ltda.? Talvez não com esse nome, que é sua Razão Social, mas seu nome fantasia, *McDonald's*, certamente você conhece. O mesmo se aplica à empresa Via Varejo SA., mais conhecida como *Casas Bahia*, a rede varejista de móveis e eletrodomésticos mais popular do país.

O registro da marca é fundamental para proteger legalmente a empresa no mercado, uma vez que a marca faz parte dos bens intangíveis da empresa e muitas vezes tem valor superior aos ativos tangíveis. Entre as marcas mais valiosas do mundo segundo a *Forbes*, a empresa Apple está em primeiro lugar, com valor estimado em US$ 170 bilhões, seguida por Google, Microsoft e Facebook, com US$ 101,8 bilhões, US$ 87 bilhões e US$ 73,5 bilhões, respectivamente (Forbes, 2018b).

Vale lembrarmos que o processo de desenvolvimento da inovação não precisa ser realizado de maneira isolada pela empresa e que as parcerias podem ser uma alternativa muito valiosa nesse sentido, o que detalharemos a seguir.

Joint ventures e alianças para inovação

Após explorarmos a importância da propriedade intelectual e da criação de inovações pela empresa, ficam as dúvidas: A empresa deve realizar seu processo de desenvolvimento de inovações sozinha? É necessário que a empresa realize a busca por oportunidades de mercado de modo isolado? A resposta é **não**; ela não apenas pode se somar a outros parceiros para a realização dessas atividades como é muito aconselhável que o faça, uma vez que os frutos das parcerias podem render produtos e serviços diferenciados e competitivos no mercado, além de otimizar recursos pela troca de informações e de conhecimento entre as empresas.

O processo de inovação, como já vimos, exige da empresa um planejamento que envolve investimentos, riscos e mobilização de recursos. Nesse contexto, o estabelecimento de alianças, parcerias ou *joint ventures* com outras empresas pode ser uma alternativa para minimizar os riscos financeiros da inovação, além de possibilitar maior eficácia ao reduzir o tempo e os custos para o desenvolvimento de novos projetos e o lançamento de inovações no mercado.

Imagine que você está pensando em agregar valor o seu produto por meio de inovações que envolvam o uso de geolocalização, mas sua empresa não tem *know-how*[4] no uso dessa tecnologia. Faz muito sentido que você busque um parceiro que tenha a experiência tecnológica com a aplicação em outros tipos de produtos para minimizar o investimento que seria necessário caso resolvesse rea-

---

4   Palavra de origem inglesa que se refere à capacidade de uma empresa ou de um profissional para a realização de uma tarefa e está relacionada ao conhecimento prático e à experiência anterior na atividade.

lizar o projeto sozinho desde o início. Assim, a empresa que já tem o *know-how* da tecnologia também ganha, pois está abrindo novos horizontes e novos mercados por meio da aplicação tecnológica que já tinha em sua base de conhecimento. Sim, o conhecimento e a troca de informações podem ser apontados como uma das principais contribuições desse processo de parcerias.

Uma *joint venture* pode ser entendida como a parceria temporária entre duas empresas com algum objetivo (interesse) em comum e que podem combinar seus recursos para potencializar os resultados, uma vez que cada parte contribuirá com aquilo que tem de mais valioso. As empresas Honda Motor Co. e Hitachi Automotive Systems, por exemplo, anunciaram em fevereiro de 2017 a criação de uma *joint venture* que terá como foco a fabricação e a comercialização de veículos elétricos, em um projeto na cidade japonesa de Ibaraki que envolve o investimento de ¥ 5 bilhões (equivalente a cerca de US$ 45 milhões de dólares).

Mas nem tudo são flores nesses processos de alianças para desenvolvimento de projetos de inovação. Conflitos de interesses podem surgir e alguns riscos também fazem parte dessas uniões, como o acesso a dados confidenciais e vazamento de informações estratégicas. Tais conflitos se fortalecem quando as empresas são concorrentes em algum segmento de mercado, quando se busca por resultados diferentes com relação ao propósito da parceria, bem como em situações que envolvam um processo desigual de transferência (troca) de conhecimento entre as duas empresas, no qual uma passa seu *know-how* sobre determinada tecnologia, mas a outra não.

O desequilíbrio entre as partes no processo de parceria pode ser apontado como um dos principais motivos de conflitos e de rompimento. Muitas vezes a parceria acontece nos moldes da famosa fábula da parceria da galinha com o porco, que decidiram oferecer ovos com *bacon* ao mercado; a ideia inicial parecia fantástica, já que o produto tinha alta demanda e um potencial enorme de crescimento, porém, com o passar do tempo, o porco percebeu que a galinha produzia os ovos sem nenhum comprometimento, enquanto ele perdia uma parte de si mesmo a cada vez que tinha de entregar o *bacon*.

Um processo de colaboração entre duas empresas deve envolver uma relação ganha-ganha, uma troca que traz um resultado maior do que aquele que as duas empresas teriam caso tivessem seguido seus caminhos isoladamente. Relações como a da galinha e do porco trazem um desequilíbrio de esforços e de risco entre as partes, e como consequência o resultado final é desigual e muitas vezes injusto. A aliança deve ser percebida como estratégica entre as empresas parceiras, o que exige colaboração, troca de informações, aprendizado e confiança mútua para que os resultados sejam igualmente distribuídos entre as partes e todos saiam ganhando.

Uma das maneiras de se estabelecer parcerias para o desenvolvimento de inovações é por meio das incubadoras tecnológicas ou pela criação de parques tecnológicos. As incubadoras são espaços organizados para apoiar micro e pequenas empresas em fase de criação, geralmente localizadas em uma instituição acadêmica ou em uma empresa de grande porte que tem interesse no desenvolvimento tecnológico da área de atuação da empresa incubada. Tidd e Bessant (2015), ao analisarem esse movimento, citam exemplos de incubadoras mundialmente conhecidas: a Stanford, onde se originou o Vale do Silício, e o Massachussets Institute of Technology (MIT), cujos alunos criaram 200 empresas de base tecnológica. Já com relação às empresas incubadoras, os mesmos autores destacam a empresa Xerox, que criou seu centro de pesquisa na cidade de Palo Alto, na Califórnia, e originou mais de 20 empresas *spin-offs*, que são uma tecnologia ou empresa originada a partir de outra.

Dados da Associação Nacional de Entidades Promotoras de Empreendimentos Inovadores (Anprotec, 2016) mostram que no Brasil existem aproximadamente 370 incubadoras em operação, contemplando mais de 5.125 empresas (2.310 incubadas e 2.815 graduadas), sendo que o faturamento totaliza R$ 15.259.073.147,86 com a geração direta de 53.280 empregos. Isso demonstra sua enorme importância para o desenvolvimento socioeconômico do país, bem como para a formação do ecossistemta empresarial e para o desenvolvimento de empreendedores e de empreendimentos sólidos e inovadores.

Adjacente ao conceito de incubadora, vem surgindo outro termo, muito vinculado à economia criativa: *aceleradora*. Esta tem uma lógica de atuação muito parecida com uma incubadora, porém com foco em empresas com potencial de crescimento muito rápido no mercado por meio da identificação de oportunidades de mercado inexploradas, normalmente tratando-se de *startups*. Entre as *startups* famosas que passaram por aceleradoras podemos mencionar Airbnb e Dropbox, ambas com uma trajetória marcada por um rápido crescimento de mercado com base em uma proposta diferenciada e inexplorada em seus segmentos de atuação. A Airbnb trouxe uma verdadeira revolução no modo como as pessoas se hospedam e vivenciam suas experiências de viagem ao redor do mundo, enquanto o Dropbox mudou a maneira como o armazenamento e o compartilhamento de arquivos acontece entre as pessoas.

Já os parques tecnológicos envolvem empresas geograficamente próximas, mas de diferentes naturezas, com o envolvimento de uma instituição de ensino e que atuam de maneira colaborativa em um ambiente propício para a inovação tecnológica. O objetivo é aumentar a competitividade das empresas participantes pelo desenvolvimento de produtos e serviços inovadores para o mercado. Entre os vários parques tecnológicos do Brasil, destacamos: o Porto Digital, localizado em Recife; o Parque Tecnológico de San Pedro Valley, em Belo Horizonte; o Parque Tecnológico do Rio de Janeiro; o Parque Tecnológico do Vale da Eletrônica, em Santana do Sapucaí; o Polo Tecnológico Sapiens, de Florianópolis; e o Parque Tecnológico do Vale dos Sinos, situado no Rio Grande do Sul (Anprotec, 2016).

Uma das empresas brasileiras mais reconhecidas internacionalmente é a Embraer, fruto de uma iniciativa do governo brasileiro para a implantação de uma indústria aeronáutica no país com o envolvimento do Instituto Tecnológico de Aeronáutica (ITA) e outras instituições. A empresa que iniciou suas atividades em 1969 de forma modesta hoje é uma potência mundial no setor em que atua. Vale lembrarmos que o contexto no qual o processo de inovação acontece impacta na velocidade e na trajetória que uma tecnologia pode tomar em determinado país. Nesse sentido, o papel dos diferentes atores no processo de inovação é fundamental e constitui o chamado *Sistema Nacional de Inovação*, detalhado a seguir.

Sistema Nacional de Inovação

Falamos anteriormente que a inovação não acontece de modo isolado; para inovar, a empresa conta com uma série de atores que interagem em um amplo contexto, conhecido como *sistema de inovação*. Lundvall (2010, p. 2) define um Sistema Nacional de Inovação como "elementos e a relação entre estes elementos que interagem na produção, difusão e uso de conhecimentos novos e economicamente úteis". Um sistema de inovação envolve uma rede de atores das mais variadas naturezas (indústrias, institutos de pesquisa, instituições de ensino e de financiamento e órgãos governamentais) com objetivos, atividades e interesses em comum e que contribuem para o desenvolvimento de uma nova tecnologia ou inovação dentro de um contexto por meio de processos de trocas de informação, aprendizado, colaboração, regulação ou, ainda, normatização. Tais sistemas delimitam as fronteiras de atuação, delineando a trajetória de tecnologias e de inovações, e favorecem o desenvolvimento de inovações condizentes com as necessidades do mercado.

Um sistema de inovação nos chamados *países em desenvolvimento* envolve uma série de elementos diferenciados que atendem às particularidades desse contexto, como condições socioeconômicas, processo de aprendizagem e transferência de conhecimento, que visam atender às específicas necessidades dos países no que se refere à redução da pobreza e à inclusão social, em que os governos são implicitamente assumidos como entidades benevolentes impulsionadoras do processo de inovação (Altenburg, 2009).

Pensemos em um exemplo que envolve uma tecnologia emergente no Brasil, como a energia solar fotovoltaica. O sistema de inovação para o uso e a disseminação dessa tecnologia depende de diversos atores que fazem parte do Sistema Nacional de Inovação para a Energia Solar Fotovoltaica, divididos por Carstens, Kamp e Cunha (2016) em sete tipos: indústria de painéis solares; instituições governamentais (como o Ministério de Minas e Energia e a Agência Nacional de Energia Elétrica – Aneel); associações e organizações não governamentais (ONGs) (como a Associação Brasileira de Energia Solar Fotovoltaica – Absolar e a associação Brasileira de Geração de Energia Limpa – Abragel); instituições de financiamento (Banco Nacional de Desenvolvimento Econômico e Social – BNDES e bancos regionais); instituições de ensino e de formação profissional; empresas de geração centralizada (grandes geradores de energia solar); e geração distribuída (microgeradores residenciais). Cada um desses atores tem um papel diferenciado e uma influência no processo de uso e de disseminação da tecnologia para a energia solar no Brasil. Por exemplo, o Ministério de Minas e Energia, por meio de seus leilões de energia específicos para a geração de energia solar, fomentou o desenvolvimento dessa tecnologia no país por meio da instalação de grandes plantas de geração de energia; o BNDES também contribuiu com esse processo ao ofertar linhas de financiamento vantajosas para incentivar a produção da indústria nacional por meio da fabricação de painéis solares nacionais, e assim por diante. A soma de todas essas iniciativas fez com que novas tecnologias para a energia solar fossem desenvolvidas e disseminadas no Brasil e mudassem a trajetória do setor como um todo, possibilitando novas oportunidades de negócios e a geração de emprego e de renda pelo desenvolvimento e pela consolidação dessa nova tecnologia no país.

O mesmo processo vale para todas as áreas de conhecimento e diferentes setores da economia. Um Sistema Nacional de Inovação favorece a troca de informações, o processo de aprendizado entre os atores e a disseminação de novas tecnologias de forma muito mais rápida e efetiva do que se cada um dos atores estivesse agindo isoladamente. O Brasil, assim como muitos países em desenvolvimento, tem um Sistema Nacional de Inovação considerado pouco eficiente e desenvolvido, especialmente quando comparado com países maduros, como a Alemanha, onde o sistema de inovação é composto por um grande número de organizações que estudam as oportunidades de mercado e definem as políticas para o fomento de novas tecnologias e inovações com o objetivo de garantir maior competitividade.

A atuação de empresas de diferentes naturezas em torno de uma mesma tecnologia influencia a velocidade e a trajetória de uma inovação. Nesse sentido, a compreensão dos Sistemas Nacionais de Inovação esclarece as particularidades de cada país, destacando os desafios e as oportunidades para o desenvolvimento de uma indústria. Quando o Sistema Nacional de Inovação de um país se encontra em um estágio de desenvolvimento, como é o caso do Brasil, pode-se perceber que há uma forte dependência de parcerias e de acesso ao conhecimento e às tecnologias oriundas de outros países, especialmente aqueles com liderança em termos de inovação e de tecnologia, como Estados Unidos e Japão.

A dependência do Brasil com relação às tecnologias estrangeiras tem diversas motivações, sendo a principal delas o fraco desenvolvimento industrial do país, cuja trajetória histórica é marcada principalmente pelo aumento em volume de produção, e não no desenvolvimento de novas tecnologias e inovações. Ou seja, o país cresce muito em volume de produção, mas não em produtividade, o que faz que a competitividade das indústrias nacionais permaneça baixa ao longo do tempo. Outra motivação para o pequeno amadurecimento do Sistema Nacional de Inovação no Brasil está relacionada à educação, considerada de baixa qualidade e pouco voltada para o fomento do desenvolvimento de novas tecnologias e para uma formação técnica de qualidade nas mais diversas áreas do conhecimento.

Além disso, podemos mencionar as crises política, social e econômica como motivos para o baixo amadurecimento do Sistema Nacional de Inovação, em virtude de problemas sociais e econômicos crônicos que o país tem enfrentado ao longo das últimas décadas. Uma das medidas que demonstram a dimensão desse problema é o coeficiente Gini, indicador mundialmente utilizado para mensurar a desigualdade social, desenvolvido em 1912 pelo estatístico italiano Corrado Gini. Segundo o *ranking* do índice de Gini, o Brasil é o décimo país mais desigual do mundo, resultado considerado muito elevado e apontado por alguns pesquisadores como o principal entrave para o desenvolvimento tecnológico (Corrêa, 2017).

Tendo em vista a grande contribuição que as questões relacionadas à formação de políticas para o fomento de tecnologia e de inovação têm no amadurecimento do Sistema Nacional de Inovação, falaremos mais sobre essas políticas.

Políticas de ciência, tecnologia e inovação no Brasil

As políticas públicas em torno de atividades e incentivos para novas tecnologias são motivadas especialmente pela relação já bastante analisada em estudos científicos entre tecnologia e inovação e o desenvolvimento social e econômico das regiões nas quais as inovações tecnológicas são aplicadas. Há um entendimento de que os governos em todo o mundo têm um papel relevante no processo de disseminação de uma nova tecnologia ou inovação, ao criar formas de incentivo – seja de natureza fiscal, seja financeira – para que as empresas que atuam em determinado setor da economia possam desenvolver inovações e lançar novos produtos e serviços no mercado. Ao criar incentivos para o desenvolvimento de determinada tecnologia, o governo não somente fomenta o desenvolvimento da tecnologia mas também direciona mais especificamente os investimentos do setor para uma tecnologia.

Três elementos são essenciais na elaboração de políticas de ciência, tecnologia e inovação (Cavalcante, 2010):

1. a perspectiva sobre os mecanismos de transmissão das atividades relacionadas às políticas que promovam ou favoreçam o desenvolvimento econômico e social;
2. o estabelecimento de diretrizes com base nesse entendimento;
3. as estratégias para alcançar tais objetivos.

Dentre as políticas de incentivo ao desenvolvimento de novas tecnologias e inovação no Brasil se destacam os incentivos fiscais e financeiros, os fundos de financiamentos ofertados por instituições de nível nacional e regional e as legislações específicas aplicadas ao incentivo para o desenvolvimento de inovação e de tecnologia. O Ministério da Ciência, Tecnologia e Inovação tem como compromisso o estabelecimento de uma política nacional para o desenvolvimento de pesquisa científica, tecnológica e inovação no país por meio de diversos tipos de incentivos, como bolsas de formação e científicas, registro de patentes e investimento em inovação.

Ainda no ambiente governamental, podemos citar algumas leis de fomento à inovação e ao desenvolvimento tecnológico, sendo que as principais estão detalhadas no Quadro 4.3.

Quadro 4.3 – Leis nacionais de incentivo à inovação e ao desenvolvimento tecnológico

Lei	Descrição
Lei n. 10.973, de 2 de dezembro de 2004	Incentiva a inovação e a pesquisa científica e tecnológica no ambiente produtivo; seu escopo envolve o estabelecimento de parcerias estratégias entre instituições de ensino, institutos tecnológicos e empresas privadas, bem como o estímulo de inovação à empresa e à participação de institutos de ciência e tecnologia no processo de inovação.
Lei n. 11.196, de 21 de novembro de 2005	Também conhecida como "Lei do Bem", oferece incentivos fiscais às pessoas jurídicas que realizarem pesquisa, desenvolvimento e inovação tecnológica no país; tem aplicabilidade ampla, podendo ser utilizada em diversos setores da economia.
Lei n. 8.248, de 23 de outubro de 1991	Concede incentivos fiscais por meio da redução de Imposto sobre Produtos Industrializados (IPI) para empresas de *hardware* que investirem em pesquisa e desenvolvimento; os bens e os serviços contemplados estão detalhados no art. 2 do Decreto n. 5.906/2006.
Lei n. 13.243, de 11 de janeiro de 2016	Estimula o desenvolvimento científico, a pesquisa, a capacitação científica e tecnológica e a inovação.

Vale lembrarmos que muitos estados do Brasil criaram leis para fomentar a inovação, autorizando e facilitando o licenciamento de patentes e a transferência de tecnologias. Como consequência, fortalecem os Sistemas Estaduais de Inovação em seus respectivos territórios. Também podemos mencionar, além de leis e de incentivos ficais, iniciativas governamentais para o fomento de novas tecnologias realizadas por empresas públicas que promovem a integração internacional, o apoio e o financiamento por meio de chamadas públicas para impulsionar a inovação, como a Financiadora de Estudos e Projetos (Finep) – uma empresa vinculada ao Ministério da Ciência, Tecnologia, Inovações e Comunicações. Tais chamadas envolvem desde investimentos em *startups* inovadoras até planos de cooperação entre empresas e apoio institucional de Ciência, Tecnologia e Inovação.[5]

Essa participação do Estado por meio de incentivos à inovação no setor produtivo traz inúmeros benefícios para ambos os lados: nas empresas, favorecem ações de P&D e facilitam o desenvolvimento de novos produtos e serviços; por outro lado, podem desenvolver áreas consideradas prioritárias pelo governo, como energia renovável, tecnologias aplicadas ao setor de educação e saúde ou, ainda, infraestrutura, prática já bastante adotada por países da Organização de Cooperação e Desenvolvimento Econômico (OCDE). Porém, o Estado não pode nem deve ser considerado o único responsável pela estruturação e pelo desenvolvimento de um Sistema Nacional de Inovação, sendo um ator facilitador do processo de inovação, e não o executor das atividades inovativas.

Para a definição das políticas de incentivo, também devem ser levadas em conta variáveis macros, como o sistema educacional, o contexto macroeconômico, a infraestrutura instalada e os fatores condicionantes de mercado, como a produtividade, a movimentação dos postos de trabalho e a inserção e a competitividade do setor no mercado internacional (Carstens, 2016).

Com base em interesses em comum, um grupo de empresas ou de instituições pode agir de maneira conjunta para atingir os objetivos estratégicos de um grupo de atores. Esse movimento é pouco praticado no Brasil, mas muito comum, chamado *lobby ou lobbying*. Historicamente, no Brasil, o termo *lobby* ganhou uma conotação pejorativa, pois muitos atribuíam seu significado a uma "troca de favores" com a finalidade de obter algum tipo de vantagem pessoal; porém, em sua essência, não está relacionado

---

5   Saiba mais no *site*: <http://www.finep.gov.br>. Acesso em: 30 jun. 2018.

a atividades ilícitas, e sim a uma atividade exercida com o Poder Público para atender às demandas dos diferentes atores de algum setor da economia, representados por todos os *stakeholders*, especialmente no que se refere a políticas de incentivo e medidas de apoio ao setor privado.

Um exemplo de *lobby* é o da energia verde, que busca o estabelecimento de políticas a favor da utilização de energias renováveis e que reúne, entre outras iniciativas, o RE100, grupo formado por mais de 100 empresas influentes e comprometidas com a energia elétrica de origem 100%renovável. A empresa Tetra Pak, com uma planta próxima à cidade paranaense de Ponta Grossa, já utiliza 100% de sua energia de origem renovável no estado e afirma que pretende implantar a mesma prática em mais de 40 plantas ao redor do mundo. Ao migrar sua operação para energia verde, essas empresas incentivam seus fornecedores a seguir o exemplo, pressionando até mesmo instituições governamentais para a definição de políticas específicas a essas práticas.

Para finalizarmos nossa análise sobre o cenário da inovação do Brasil, aprofundaremos um pouco mais na realidade atual do Brasil em termos de inovação.

Retrato da atividade de inovação no Brasil

De que modo as empresas investem em inovação no Brasil? Qual é o percentual de investimento em atividades de P&D entre as empresas brasileiras? O Brasil não tem tradição em termos de inovação no cenário mundial, investindo cerca de 0,61% do PIB nacional em atividades de P&D, segundo dados da Pesquisa de Inovação – Pintec, que é divulgada trienalmente pelo Instituto

Brasileiro de Geografia e Estatística (IBGE, 2016) e tem como objetivo trazer um panorama sobre a inovação nas empresas do Brasil. A última edição da pesquisa, publicada em 2016 e que contempla o período entre 2012 e 2014, mostra uma taxa geral de inovação de 36% e um crescimento de 25% no investimento em atividades inovativas, que representaram R$ 81,49 bilhões no período analisado (IBGE, 2016).

Apesar do crescimento, podemos dizer que o cenário da atividade de inovação empresarial no Brasil não é otimista, uma vez que fatores como a recessão econômica pela qual o país passa, somados à tímida inserção da indústria brasileira na economia global e ao baixo impacto que as inovações realizadas pelas empresas nacionais trazem em termos mundiais, fazem com que as perspectivas para os próximos anos sejam de desaceleração da atividade inovativa no país. Dados da Pintec (IBGE, 2016) mostram que os custos elevados, seguidos pelos riscos econômicos, pela instabilidade e pela escassez de mão de obra qualificada, levam as empresas a não investirem em atividades de inovação.

Ações de incentivo fiscal e de apoio governamental foram apontadas na Pintec como muito relevantes no processo de inovação, e podemos identificar que as inovações realizadas contemplam, em grande parte, projetos de aquisição de novas máquinas e de equipamentos, em tímidas melhorias de processos e de desenvolvimento realmente originais e inovadores para o mercado. O panorama da inovação no Brasil mostra que a maioria das empresas pratica inovações incrementais, muito mais voltadas para processo do que para produto, com poucas atividades de P&D; e que as empresas de maior porte têm taxa de inovação mais elevada devido, entre outros fatores, a sua maior capacidade de acesso a recursos, a maior acesso a redes institucionais de pesquisa e a maior possibilidade de contratação de mão de obra qualificada (IBGE, 2016).

Considerando que mais de 90% das empresas nacionais são de pequeno ou médio portes, abordaremos a questão da inovação entre essas empresas. No contexto nacional, poucas são as micro e pequenas empresas (MPEs) com cultura voltada à inovação e ao desenvolvimento tecnológico. Isso acontece por uma série de motivos, entre eles a pouca oferta de incentivos ficais para inovação e o baixo volume de capital de giro, que faz com que necessitem priorizar suas atividades de rotina, bem como a falta de inserção em redes de fomento e de desenvolvimento de novas tecnologias e a ausência de uma cultura voltada para a inovação, que fazem com que o microempresário perceba que a questão da inovação é essencial para sua sobrevivência no mercado e se sinta motivado a desenvolver de forma intensa um planejamento estratégico voltado para iniciativas inovadoras.

É claro que nem todas as MPEs do Brasil são assim. Existem muitas empresas de micro e pequeno portes que inovam, ofertam produtos e serviços diferenciados no mercado e conseguem chamar atenção de grandes empresas que atuam em seu segmento de mercado. A Empresa Contabilizei foi criada em 2012 com uma proposta diferenciada em um mercado bastante tradicional de serviços contábeis. A empresa surgiu com uma inovação disruptiva no segmento de contabilidade ao oferecer serviços de contabilidade *on-line* em uma plataforma inovadora, focada especialmente na gestão contábil de micro e pequenas empresas. Desde sua fundação, cresceu imensamente com a proposta de democratizar a contabilidade para seus clientes, criando uma movimentação entre os concorrentes do setor que buscam se atualizar e modificar suas práticas de atuação. Hoje, a empresa acumula milhares de clientes nas principais cidades do país e foi reconhecida como o escritório de contabilidade mais inovador do mundo pela revista *FastCompany*.

Exemplos como esse ainda são raridade dentro do enorme universo de MPEs atualmente em operação no Brasil, porém pouco a pouco as empresas se atentam para a necessidade e os benefícios de inovar e a tendência é de que tenhamos um cenário de empresas mais inovadoras nos próximos anos.

Síntese

Neste capítulo, tratamos da análise ambiental da inovação e pudemos perceber a relevância dos elementos macro e microambientais para o planejamento da inovação na empresa. Também analisamos o processo de criação de valor pela inovação, que pode conferir maior competitividade à empresa em cenários altamente competitivos. Descrevemos também o processo de propriedade intelectual e de registro de patentes, elemento fundamental para garantir a exclusividade no uso e na exploração das inovações por parte da empresa.

Vimos, ainda, a importância dos parceiros no processo de inovação, em diferentes modalidades de cooperação, como as *joint ventures* e as alianças estratégicas para a troca de conhecimentos e o desenvolvimento de novos produtos. Por fim, falamos sobre três elementos fundamentais para descrever o atual cenário da inovação no país: o Sistema Nacional de Inovação; as políticas de ciência, tecnologia e inovação que fomentam a pesquisa; e o desenvolvimento do processo inovativo. Fechamos descrevendo o retrato da atividade de inovação no Brasil.

Questões para revisão

1. O ambiente da empresa, tanto na dimensão macro quanto na micro, é um elemento essencial para o planejamento da inovação. Tomando por base os conceitos sobre o macroambiente da empresa, assinale a alternativa correta.

    a) O macroambiente da empresa é formado pelos elementos que impactam diretamente na rotina, tais como colaboradores, fornecedores e clientes.

    b) Questões legais e ambientais fazem parte do macroambiente da empresa e devem ser levadas em consideração na elaboração do planejamento da inovação.

    c) O macroambiente não tem nenhuma influência sobre o planejamento da inovação, pois suas dimensões não interferem na empresa.

    d) As variáveis que fazem parte da economia, como o PIB e o endividamento do país, fazem parte do macroambiente e não devem ser levados em consideração pelo plano de inovação, uma vez que não exercem influência sobre ele.

    e) Os fornecedores fazem parte do macroambiente da empresa, pois estão localizados em um ambiente externo a ela.

2. A propriedade intelectual traz uma vantagem competitiva para a empresa proprietária ao garantir a seu criador a proteção da inovação. Sobre esse conceito, assinale a alternativa correta.

    a) Uma patente é uma concessão para o autor de uma invenção de um direito de exclusividade de exploração comercial de sua inovação para sempre, ou seja, a empresa pode utilizar a ideia sempre e da maneira que desejar.

b) O Brasil pode ser considerado um país líder em termos de registro de patente e está entre os primeiros do mundo no que se refere a patentes de inovação.
c) Ser uma novidade, tratar-se de uma atividade inventiva e apresentar uma utilidade ou aplicação industrial são alguns dos requisitos para o registro de uma patente.
d) O registro de patente é suficiente para garantir o direito de uso exclusivo da marca por parte da empresa em todos os mercados do mundo.
e) Apesar de trazer vantagem competitiva, a propriedade intelectual não é um fator considerado como agregador de valor a uma empresa.

3. As parcerias entre empresas para a realização de projetos de inovação podem ser apontadas como uma alternativa promissora para ambos as organizações envolvidas. Sobre esse processo, avalie as seguintes afirmações:

I. Parcerias entre empresas para o desenvolvimento de projetos de inovação se constituem como uma oportunidade de aprendizagem e de trocas de conhecimento.

II. Existe uma relação de competição entre as empresas que realizam *joint venture* e por isso não se pode compartilhar informações entre elas.

Sobre essas afirmações, assinale a alternativa correta.

a) As duas afirmações são verdadeiras e a segunda justifica a primeira.
b) As duas afirmações são verdadeiras, mas a segunda não justifica a primeira.
c) A primeira afirmação é verdadeira e a segunda é falsa.
d) A primeira afirmação é falsa e a segunda é verdadeira.
e) As duas afirmações são falsas.

4. A estratégia do Oceano Azul propõe que uma empresa busque a identificação de novos mercados em vez de competir por mercados no qual a concorrência é alta. Nesse sentido, discorra sobre o ambiente competitivo em que está inserida essa estratégia.

5. Por que as políticas para incentivo de inovações e de tecnologias são fundamentais para o desenvolvimento e a maturidade do Sistema Nacional de Inovação do país?

Questões para reflexão

1. Faça uma análise do mercado de tecnologia e identifique uma parceria entre duas empresas já estabelecidas no mercado e que poderiam aproveitar uma oportunidade de mercado por meio da união do *know-how* entre elas.

2. Trace um paralelo entre o atual Sistema Nacional de Inovação do Brasil e as políticas governamentais de incentivos ao desenvolvimento de inovações e de tecnologias. Com base nessa análise, aponte as principais oportunidades de melhorias e dê sugestões de ações para fomentar a inovação e o desenvolvimento tecnológico no país:

Para saber mais

Para você aprofundar seus conhecimentos sobre o registro de patentes, consulte o *Guia Básico de Patentes* do Instituto Nacional da Propriedade Industrial:

BRASIL. Ministério da Indústria, Comércio Exterior e Serviços. INPI – Instituto Nacional da Propriedade Intelectual. **Guia básico de patentes**. Disponível em: <http://www.inpi.gov.br/menu-servicos/patente>. Acesso em: 30 jun. 2018.

Se você se interessou pelo Índice de Gini e deseja obter mais informações sobre como é calculado o indicador de desigualdade social, acesse o banco de dados do banco mundial:

THE WORLD BANK. **GINI Index (World Bank Estimate)**. 2018. Disponível em: <https://data.worldbank.org/indicator/SI.POV.GINI?end=2000&start=2000&view=map&year=2014>. Acesso em: 30 jun. 2018.

05

PROCESSO DE PLANEJAMENTO DA INOVAÇÃO

05

Conteúdos do capítulo:
- Tendências de consumo e de comportamento.
- Fontes de inovação.
- Visão geral do processo de inovação.
- Portfólio de projetos de tecnologia.
- Aquisição e transferência de tecnologia.
- Projetos globais, de risco e de melhoria de processos.
- A entrada da inovação no mercado.
- Obsolescência tecnológica.

Após o estudo deste capítulo, você será capaz de:
1. identificar as atuais tendências de consumo e de comportamento que se relacionam a fontes de inovação;
2. identificar o processo de inovação dentro da empresa;
3. verificar a importância de um portfólio de projetos de tecnologia;
4. indicar formas de aquisição e de tecnologia;
5. diferenciar projetos globais, de risco e de melhorias de processo;
6. reconhecer a importância do lançamento do produto no mercado;
7. identificar questões relacionadas à obsolescência tecnológica.

ATÉ ESTE PONTO, falamos sobre os conceitos que envolvem a inovação e como ela se aplica internamente na empresa. Mas como a empresa pode iniciar um novo projeto em inovação? Quais são os passos e os pré-requisitos para o desenvolvimento de um projeto de inovação? Essas e outras questões relacionadas à área serão respondidas neste capítulo. Para isso, descreveremos as etapas de um processo de planejamento da inovação dentro da empresa, como ele está inserido no planejamento estratégico e quais são os elementos fundamentais que devem ser levados em conta durante o processo de desenvolvimento de uma inovação, que envolvem a identificação dos elementos do macro e do microambiente.

O planejamento de inovação é um processo sistemático e contínuo que faz parte do planejamento estratégico da empresa. Deve estar alinhado com as diretrizes estratégicas (missão, visão, valores) e envolve o esforço da empresa em trazer inovações para o mercado com o objetivo de garantir sua competitividade. Um plano de inovação completo deve descrever a oportunidade de mercado a ser atendida pela inovação, identificar o potencial de mercado, bem como os eventuais riscos e ameaças que envolvem o desenvolvimento do novo produto no contexto da empresa. O planejamento de inovação traz informações relevantes para a tomada de decisão da empresa sobre os investimentos em inovação e as ações a serem tomadas para o desenvolvimento de novos mercados.

Você já se perguntou por que alguns lançamentos dão certo e outros não? Por que algumas empresas conseguem realizar verdadeiras revoluções no mercado e outras não conseguem emplacar seus lançamentos, por mais inovadores que sejam? O planejamento pode ser a resposta para muitas dessas perguntas.

O planejamento estratégico permite à empresa uma completa análise ambiental, a identificação de oportunidades de mercados a serem aproveitadas e o estabelecimento de metas claras e objetivas, que trazem como consequência o atingimento de resultados diferenciados para a empresa. A inovação entra nesse processo e surge por meio de um árduo trabalho, desenvolvido muitas vezes com a contribuição de equipes multidisciplinares dentro da empresa. Talvez isso mude um pouco em relação ao *glamour* da antiga ideia de que a inovação acontece a partir de uma ideia extraordinária de um gênio que de repente diz: "Eureka!", famosa expressão do matemático grego Arquimedes que significa "descobri", "encontrei".

O processo de inovação passa por um planejamento estruturado com base em objetivos bem definidos e que se desdobram para atividades nas diferentes áreas da empresa e até fora dela, conforme falamos no conceito de *open innovation* (inovação aberta). As técnicas de geração de ideias, aquisição e transferência de novas tecnologias, bem como de lançamento de novos produtos e serviços no mercado, serão detalhados a seguir.

Tendências de consumo e de comportamento e fontes de inovação

Antes de iniciar o planejamento para o lançamento de novos produtos no mercado, a empresa deve identificar as tendências de consumo e de comportamento das pessoas, usualmente levantadas por meio de pesquisas de mercado. Algumas dessas tendências estão detalhadas no Quadro 5.1.

Quadro 5.1 – Tendências de consumo e de comportamento

Tendências	Características
Mercado sustentável	A conscientização sobre os recursos finitos do planeta faz com que um número cada vez maior de consumidores coloque o elemento da sustentabilidade como um dos critérios relevante no momento da decisão de compra; em mercados mais maduros, como Europa e Estados Unidos, muitos consumidores afirmam que não se importam de pagar mais caro por produtos e serviços com sustentabilidade ambiental.
Consumo mais saudável	A maior conscientização sobre a importância de uma alimentação equilibrada e funcional cria muitas oportunidades de mercado para novos negócios voltados aos alimentos orgânicos, veganos e saudáveis. Novos hábitos alimentares estão sendo adotados por um número cada vez maior de pessoas, que buscam alimentação orgânica, sustentável e de qualidade em um movimento chamado *slow food*, uma reação aos modelos preconcebidos de alimentação e que prioriza o alimento de qualidade, o sabor, o preparo e o prazer na gastronomia.
Economia colaborativa	O acúmulo de bens deixa de ter importância e abre espaço para o compartilhamento e a experiência de consumo, e não necessariamente para a compra de bens; nesse contexto, o acesso a bens e serviços é facilitado sem a necessidade de aquisição, em uma lógica na qual a posse perde força e abre espaço para práticas de mercado e modelos de negócios inovadores que possibilitam o compartilhamento, o aluguel, a troca e a experimentação.
Maior comodidade/ praticidade	O tempo tem sido uma variável cada vez mais valorizada pelo consumidor; a oferta de tecnologias e de facilidades que permitam economizar tempo tende a ganhar a preferência do consumidor, ainda que o fator *preço* seja mais elevado. Essa busca pela otimização do tempo faz com que propostas de produtos e de serviços que priorizem a comodidade, como compras *on-line* ou por meio de aplicativos, cresçam.

(continua)

(Quadro 5.1 – conclusão)

Tendências	Características
Círculos de relacionamentos e influenciadores de compra	O crescimento das mídias sociais e a facilidade de acesso às informações estão mudando a figura dos chamados *influenciadores de compra*, que deixam de ser alguém indicado pela empresa ou uma celebridade famosa e cada vez mais passam a ser os amigos da rede e os consumidores da marca, que influenciam a compra por meio de seus depoimentos via internet, ou até mesmo desconhecidos que postam suas experiências de consumo sobre o produto em canais opinativos *on-line*.

Levar em consideração as tendências de consumo e comportamento faz com que a empresa desenvolva seu plano estratégico baseado naquilo que é mais valorizado pelo mercado. Essa prática tende a trazer resultados mais efetivos para o negócio, além de diminuir o risco que envolve todo lançamento de um novo produto no mercado. Complementar a essa ideia de monitoramento de tendências, Peter Drucker, em um de seus artigos semanais publicados em 1998 na *Harvard Business Review*, categoriza sete oportunidades existentes em uma indústria e que são fontes de inovação, sumarizadas no Quadro 5.2.

Quadro 5.2 – Fontes de inovação

Fonte de inovação	Descrição
Fatos inesperados	Os sucessos e os fracassos são fontes de oportunidades para inovações; tem-se novas aplicações para produtos que inicialmente haviam sido planejados de uma forma e algo inesperado aconteceu, mudando sua trajetória e trazendo novas oportunidades. Antes de criar o famoso personagem Mickey Mouse, Walt Disney passou por muitos projetos que não deram certo e investiu em inovações que trouxeram a oportunidade de criar o lendário ratinho que mudou a trajetória de sua vida.

(continua)

(Quadro 5.2 – continuação)

Fonte de inovação	Descrição
Incongruências	Incongruências entre as expectativas e os resultados alcançados podem se tornar uma oportunidade de inovação; em alguns casos, uma mudança na maneira de analisar, colocando o foco no ambiente, e não na tecnologia em si, pode ser uma oportunidade para a inovação. Um exemplo dessa mudança foi implementado pela Amazon, que, considerando seus custos e dificuldades de entrega em locais remotos e montanhosos, iniciou a entrega de pedidos com drones em várias regiões dos EUA desde 2016.
Necessidade de processo	Para atender a alguma demanda específica de um ambiente, a necessidade de processo pode ser uma oportunidade para a inovação. O famoso curativo Band-Aid foi criado pelo norte-americano Earle Dickson como uma solução para os frequentes acidentes domésticos de sua esposa; como Dickson trabalhava na multinacional Johnson & Johnson, apresentou a ideia para a empresa e hoje o produto já tem quase 100 anos, com comércio estimado em 100 bilhões em todo o mundo.
Mudanças na indústria e no mercado	As mudanças na estrutura da indústria de um setor podem ser uma oportunidade para a inovação. Um exemplo que vivenciamos recentemente foram as mudanças na indústria de hotelaria, que possibilitaram o surgimento de modelos de negócios com foco em economia compartilhada, como AirBnb e HomeAway, que oferecem aluguéis a curto prazo com uma experiência cultural completa.
Mudanças demográficas	As mudanças demográficas podem ser uma oportunidade para a inovação. Variações na taxa de natalidade ou na expectativa de vida de uma população trazem oportunidades para novos negócios, como viagens para a terceira idade ou modelos de negócio para prestação de serviço específico, como *home care* (serviço de atendimento médico em casa).
Mudanças na percepção	A maneira como um mesmo fenômeno é percebido também pode ser uma fonte de oportunidade para inovações. Um exemplo de mudança de percepção está acontecendo na área médica, que apresentou crescimento significativo em medicina preventiva e em suplementos vitamínicos em detrimento de tratamentos médicos para a cura de doenças.

(Quadro 5.2 – conlusão)

Fonte de inovação	Descrição
Nova tecnologia	As novas tecnologias são as fontes de inovação que mais geram repercussão, uma vez que são percebidas pela maioria das pessoas. Usualmente, esse tipo de inovação exige conhecimento específico e, muitas vezes, uma quebra de paradigma ao modificar o modo como um setor atuava. Exemplos desse tipo de oportunidade de inovação envolvem o surgimento de serviços bancários via internet, de transporte baseados em geolocalização e de mensagens instantâneas com o uso da internet.

Fonte: Elaborado com base em Drucker, 2002.

Mas, afinal, qual é o ponto em comum entre empresas consideradas inovadoras em seus segmentos, como 3M, Apple, Amazon e Unilever? Todas buscaram pensar diferente, de maneira inusitada, para ofertar produtos e serviços no mercado. O famoso cientista Albert Einstein dizia: "Insano é aquele que faz todos os dias a mesma coisa e espera um resultado diferente...". Inovação não significa apenas fazer diferente, envolve "fazer diferente" de maneira planejada, com objetivos estratégicos definidos para oferecer ao mercado produtos e serviços inovadores cuja proposta seja valiosa aos olhos dos consumidores.

A inovação surge no contexto do planejamento estratégico pela análise ambiental e pela identificação de novas oportunidades. Ideias que surgem por meio de aplicações diferenciadas, de novas propostas de produtos e de serviços que podem agregar valor apara o cliente e trazer o famoso: "Por que não pensei nisso antes? Tão simples e tão criativo!".

Você já percebeu que, na maioria das vezes, as inovações são pequenas modificações na maneira como se utiliza ou como as pessoas percebem determinado produto? Não se tratam de ideias e conceitos extraordinários, e é justamente essa simplicidade que faz com que as melhores inovações aconteçam por meio de pequenos movimentos, de ideias simples, porém criativas, de novas maneiras de se olhar para o consumo e para como o consumidor percebe o produto.

Para poder inovar, é necessário trilhar caminhos diferentes, nunca antes alcançados pela empresa. Envolve olhar estrategicamente os ambientes externo e interno para poder definir um plano de inovação que faça parte do DNA, da essência da organização. Empresas reconhecidas como inovadoras trazem em sua cultura e rotina um processo de planejamento estratégico da tecnologia e inovação, que, ao longo do tempo e após vários lançamentos, demonstra a identidade de marca da empresa para o mercado. Esse processo leva tempo para ser construído e deve ser realizado de forma sistematizada, como detalharemos a seguir.

Um processo de planejamento estratégico envolve o estabelecimento das diretrizes e dos objetivos organizacionais em um horizonte de tempo determinado. Já falamos sobre o planejamento estratégico, mas nos concentraremos em como inserir as questões relacionadas à tecnologia e à inovação dentro do planejamento estratégico da empresa. Vale destacarmos que o planejamento da tenologia e das inovações da empresa deve estar sempre em consonância com o planejamento estratégico desta e com o posicionamento de mercado pretendido, uma vez que o lançamento de produtos e de serviços se constitui uma das maneiras de a organização concretizar o posicionamento pretendido de marca e alcançar seus objetivos de mercado.

Esse plano estratégico da tecnologia e inovação envolve, além de uma análise completa do ambiente da empresa, a análise do macroambiente e do microambiente desta, incluindo a análise de tecnologias existentes em outros setores e em outros mercados que eventualmente possam ser "transpostas" para os produtos da empresa, abordados na sequência.

Visão geral do processo de inovação

Após a realização da análise dos aspectos ambientais, a empresa deve iniciar o processo de desenvolvimento do plano de inovação em si, que começa pela geração e pela seleção das melhores ideias para novos produtos e serviços. Para que a empresa consiga tirar sua invenção do papel e lançar uma inovação de sucesso no mercado, é necessário o desenvolvimento de um processo de inovação. Scholtissek (2012) divide esse processo de inovação em seis fases, conforme demonstra o Quadro 5.3.

Quadro 5.3 – Visão geral do processo de inovação

Fase	Descrição	Mentalidade
Fase 1: Geração da ideia	Ideia: análise de mercado e das necessidades dos clientes para a geração de uma listagem das ideias mais promissoras e geradoras de valor em termos de viabilidade e de sucesso no mercado para produtos e serviços direcionados às necessidades dos clientes.	Seja criativo.
Fase 2: Planejamento	Plano de negócios: descrição da ideia, exploração da ideia, descrição do segmento de mercado, recursos necessários, resultados financeiros esperados, mecanismos de proteção, riscos e fatores restritivos, bem como divisão de responsabilidades.	O melhor pensamento de negócios.
Fase 3: Prototipagem	Protótipo: primeira demonstração do protótipo para avaliação ou *feedback* com a elaboração da prova de viabilidade e da prova de conceito do novo produto ou serviço.	O melhor da tecnologia.

(continua)

(Quadro 5.3 – conclusão)

Fase	Descrição	Mentalidade
Fase 4: Testes e validação	Piloto: teste de mercado ou de unidade de negócios, testes de usabilidade e de aceitação do cliente para eventuais ajustes no produto ou serviço, processo, organização, modelo de negócios ou *marketing*; primeiras vendas.	Vencer ou morrer.
Fase 5: Exploração	Entrada no mercado: disponibilidade da inovação no mercado-alvo selecionado; determinação de processos ou de método de *marketing*; crescimento de vendas com aumento da eficiência.	Passado o ponto sem retorno.
Fase 6: Penetração no mercado	Participação de mercado: estratégia de crescimento de longo prazo; melhorias no produto ou serviço com o crescimento da participação de mercado e o aumento da eficácia.	Rápida expansão.

Fonte: Elaborado com base em Scholtissek, 2012.

A fase de geração de ideias é uma das mais importantes, pois é por meio da seleção das melhores ideias que o projeto de inovação se desenvolve. Veremos um pouco mais sobre a geração de novas ideias.

Fase de geração de novas ideias

É importante percebermos que o processo de geração de ideias não é algo que acontece somente dentro da empresa e tampouco com tecnologias aplicadas apenas ao setor no qual a empresa atua. Muitas vezes, as ideias surgem por meio da adaptação de tecnologias já aplicadas em outros setores e em outros produtos, como ocorreu com as tecnologias de geolocalização desenvolvidas inicialmente pelo Departamento de Defesa dos Estados Unidos para fins militares e que foram amplamente aplicadas em vários outros setores da economia. Atualmente, faz parte de nosso dia a dia em plataformas de aplicativos de transporte individual, bem como em aplicativos de trânsito em tempo real, sendo os mais conhecidos o Uber e o Waze, respectivamente. Essa mesma tecnologia foi aplicada por empresas de logística para monitoramento e controle de cargas.

Mas como fazer para conseguir gerar novas ideias? Existem inúmeras técnicas para a geração de ideias e que facilitam o processo de criação dentro da empresa, sendo as principais ilustradas no Quadro 5.4.

Quadro 5.4 – Técnicas para gerar inovações

Nome	Descrição
Brainstorm	Também conhecido como *tempestade de ideias*, é bastante utilizado para explorar o potencial de uma inovação pela participação de todos os integrantes do grupo, de tal modo que a discussão coletiva leve a identificar e a selecionar a melhor ideia, que muitas vezes é decorrente da combinação de várias ideias que surgem ao longo da sessão.
Design Thinking	Envolve várias técnicas que têm como objetivo solucionar problemas (*problem-solving*), selecionar ideias ou propor novas abordagens sobre um problema ou desafios dentro das organizações; no caso de inovações, as técnicas podem auxiliar no delineamento das características da inovação, na definição das características do produto e na maneira como a inovação é desenhada pela empresa.
Seis Chapéus	Também conhecida como *técnica do pensamento lateral*, foi criada pelo Dr. Edward de Bono e permite que os participantes reflitam sobre diferentes perspectivas da mesma situação, modificando sua análise de acordo com a tonalidade do chapéu que está usando (exemplo: chapéu branco avalia os dados; chapéu vermelho, os fatores emocionais; e assim sucessivamente).

(continua)

(Quadro 5.4 – conclusão)

Nome	Descrição
Mapa mental	Criado por Tony Buzan, talvez seja uma das formas mais simples de organizar ideias e verificar uma situação de maneira completa, uma vez que os temas derivam de um centro comum (a inovação) e mostram todos os seus impactos. O mapa mental representa graficamente a relação entre ideias e conceitos e permite estabelecer relações de causa-efeito, consequências, conexões e dependência entre diferentes conceitos e ideias.
Cocriação	É um processo de criação colaborativo que conta com a participação de atores de fora da empresa, como clientes e fornecedores, que auxiliam na elaboração de inovações. A ideia surge por meio de pessoas que estão diretamente envolvidas com o produto ou serviço e que têm condições de sugerir novas propostas mediante suas experiências, de sua vivência, minimizando os riscos de erros no desenvolvimento de novos produtos. Essa ideia tem sido muito utilizada em todos os setores, até mesmo para a geração de conteúdos *on-line*, como a enciclopédia *Wikipédia*, que permite que qualquer pessoa a edite ou inclua conteúdos sobre os mais diversos temas, possibilitando que se mantenha constantemente atualizada.
Canvas	É uma metodologia para modelagem de planos de negócios desenvolvida por Alexander Osterwalder e que permite o dimensionamento de novos modelos de negócios mediante o mapeamento de uma proposição de valor. Com base em um mapa com nove campos distintos, inicia-se uma discussão sobre a proposta do negócio desde as atividades que se referem ao fornecimento de recursos até o relacionamento com o cliente, o que permite o mapeamento da cadeia de valor completa da ideia e uma visão ampla sobre o negócio.

Uma seleção das melhores ideias, a análise da viabilidade e o desenvolvimento de protótipos de produtos que atendam tanto aos critérios de inovação e às expectativas de mercado quanto às questões relacionadas à viabilidade econômica e operacional do novo produto ou serviço de acordo com as particularidades da empresa. É comum que nessa fase alguns ajustes sejam necessários, especialmente para atender a questões de operações, de ganho de escala e de redução de custos para melhor atender a todas as dimensões citadas. Ou seja, a fase de geração de ideias é multifacetada, porém indispensável, para que sejam selecionadas apenas as melhores entre as surgidas. Feito isso, passa-se à etapa de testes, validações e prototipagem.

Após isso, identificam-se de que maneira as ideias selecionadas podem ser implementadas, os principais desafios em termos de viabilidade e os impactos que o novo projeto terá na empresa como um todo, define-se quais serão as áreas envolvidas, estabelece-se o conhecimento e os profissionais necessários, verifica-se os fornecedores necessários (atuais e a serem desenvolvidos), bem como os demais integrantes da cadeia de valor que devem estar envolvidos no projeto.

Fase de testes, validações e prototipagem

Inicia-se, então, o processo de prototipagem, no qual a empresa institui o desenvolvimento do produto, ainda que em um formato piloto. O objetivo de um protótipo é testar o produto na prática e verificar eventuais necessidades de ajustes antes de iniciar a produção em larga escala. Esse processo pode ser extremamente útil quando se trata de testes com potenciais usuários, pois estes são profundos conhecedores do produto e podem descrever precisamente o que deve ser ajustado na inovação mediante experimentação. É uma prática bastante comum em empresas desenvolvedoras de aplicativos, que disponibilizam protótipos para seus usuários antes de lançá-los definitivamente no mercado, minimizando os riscos de erro com relação ao uso do produto.

Outra prática usual em termos de protótipo é a realização de grupos focais (*focus groups*) para teste do conceito. Nesse caso, várias pessoas, com perfil predeterminado para consumo, são reunidas em uma sala, com sistema de áudio e de vídeo e um espelho falso. A inovação é apresentada a um grupo de oito a dez pessoas por um mediador, que fará questionamentos sobre a percepção em relação ao conceito da inovação e tentará extrair a opinião sobre a proposta, o que permite à empresa obter informações relevantes que facilitam a tomada de decisão para a definição da versão final do produto.

Independentemente do método utilizado para testar o protótipo da inovação, é importante destacar alguns pontos a serem levantados no momento de testar o conceito de um novo produto:

- Qual é a proposta de valor da inovação?
- Qual é o público que essa inovação atenderá?
- Os benefícios da inovação estão claramente definidos?
- Em quais aspectos a inovação difere em relação aos produtos concorrentes no mercado?
- O preço a ser praticado para essa inovação está adequado com a proposta de valor?
- O consumidor potencial compraria essa inovação? Com que frequência?
- O consumidor potencial indicaria essa inovação para outras pessoas?

Fase de validação, exploração e penetração no mercado

As etapas de lançamento do produto e de penetração de mercado são marcadas por desafios que envolvem desde conseguir fazer com que o produto seja conhecido por seus potenciais consumidores até ganhar a confiança e a preferência deles. É justamente nesse processo que muitas empresas acabam falhando, pois é fundamental manter o monitoramento de como as atividades previamente planejadas estão sendo implantadas e qual o desempenho da inovação no mercado. Nesse sentido, é importante estabelecer indicadores de inovação que possibilitem o monitoramento de *performance* de resultados e possam auxiliar a identificação de mercados-alvo e de potenciais clientes, além da definição de quais projetos de inovação entre os vários apresentados nas fases anteriores receberão investimentos para lançamento efetivo no mercado.

A Netflix é um exemplo de processo de inovação em todas as fases: foi projetada para oferecer um serviço com ausência de taxas por atraso. Porém, após a inserção no mercado, mudou o escopo do negócio e investiu em uma plataforma de *streaming* de vídeo e na criação de conteúdo próprio exclusivo em formato de séries para televisão, o que lhe conferiu imenso sucesso na fase de penetração de mercado. Atualmente, está presente em mais de 190 países e com um valor estimado de mercado de cerca de US$ 70 bilhões. Podemos dizer que a empresa revolucionou a maneira como as pessoas assistem à televisão no mundo inteiro por meio da implantação de uma inovação que envolveu um plano de expansão internacional combinado com o desenvolvimento de conteúdo próprio e original em séries consagradas, como *House of Cards* e *Narcos*, e um catálogo de títulos diferenciado para cada país.

Portfólio de projetos de tecnologia

Um dos elementos essenciais para a gestão do portfólio dos produtos e dos serviços de uma empresa envolve justamente o processo de tomada de decisão sobre quais são aqueles que oferecem maior potencial de sucesso no mercado por meio de uma relação positiva entre os riscos envolvidos no negócio e os potenciais resultados futuros em termos financeiros e de participação de mercado. É muito comum que a empresa tenha de decidir entre vários caminhos ou entre projetos com diferentes propostas de valor para investir tempo, esforço e recurso, pois o tão conhecido "cobertor curto" não permite desenvolver todos os projetos de inovação ao mesmo tempo. Essa análise de portfólio também é aplicada aos produtos já existentes e, nesse caso, o processo de inovação e de lançamentos de novos produtos pode ser uma estratégia para retirar produtos do mercado, substituindo-os por lançamentos de inovações mais ajustadas com a demanda atual do mercado e com o posicionamento estratégico da empresa para o período.

Quem diria que a Johnson & Johnson, a empresa pioneira na categoria de fraldas descartáveis infantis, que modificou hábitos e comportamentos de toda uma geração, um dia tomaria a decisão de retirar essa linha de produtos de seu portfólio no mercado nacional? Por que isso aconteceu? Essa decisão foi tomada em virtude de uma mudança do foco da companhia para cuidados com a pele e os cabelos dos bebês. A empresa entendeu que deveria priorizar os produtos do portfólio voltados a esse posicionamento.

Vale lembrarmos que muitas outras empresas seguem essa trajetória e tomam a decisão de retirar do mercado produtos tradicionais com o objetivo de consolidar um novo posicionamento de marca que seja condizente com as atuais demandas e expectativas de seus consumidores. Esse é um processo bastante dinâmico. Mas de que modo a empresa pode tomar a decisão sobre quais produtos ou serviços devem permanecer e quais inovações devem ter prioridade em seus investimentos?

Para facilitar essa tomada de decisão, colocaremos alguns questionamentos essenciais que devem ser feitos pela empresa no momento de realizar o planejamento de seu portfólio de produtos, considerando algumas variáveis do microambiente já mencionadas:

- Como somos reconhecidos pelo mercado no qual pretendemos lançar a inovação?
- Nosso atual portfólio de produtos é tecnologicamente atualizado?
- As inovações pretendidas pela empresa trazem uma proposta de valor diferenciada em relação aos atuais concorrentes?
- Quais são os riscos de rejeição da inovação por parte do consumidor-alvo?
- O atual portfólio de produtos da empresa é competitivo em termos de inovação?
- Quais são os motivos que levam a empresa a investir nesse produto neste momento de mercado?

Para definir quais serão os projetos e as inovações tecnológicas que a empresa priorizará, é necessário realizar uma profunda reflexão sobre os objetivos do lançamento da inovação no mercado e seu impacto na estratégia da empresa como um todo. O que pretendemos com o lançamento desse produto? Quais são os resultados esperados? Ao realizar essas reflexões, a empresa consegue determinar o que é prioritário em termos de tecnologia e de inovação dentro de seu portfólio de produtos e definir com maior propriedade a maneira como realizará a alocação de seus recursos – financeiros, humanos, temporais ou materiais. Também consegue definir mais claramente um plano de ação com todos os passos necessários para o atingimento do novo projeto, o que envolve o papel de cada área da empresa, suas responsabilidades e suas ações no desenvolvimento do novo produto.

A gestão do portfólio atual de produto da empresa e a identificação de como a inovação se encaixa nele são fatores que possibilitam uma gestão eficiente dos produtos da empresa. A empresa Fiat, fabricante multinacional de automóveis, retirou do mercado nacional o modelo Palio Fire para poder abrir espaço para o lançamento do subcompacto Mobi. A empresa entendeu que essa movimentação era necessária e contribuiria para potencializar o lançamento do carro no mercado. Vale lembrarmos que o processo de desenvolvimento e de gestão do portfólio de produtos não necessariamente é realizado pela empresa de maneira isolada, sendo muito recomendados processos de parceria para aquisição e transferência de tecnologias, abordados na sequência.

Aquisição e transferência de tecnologia

Sabemos que a capacidade de inovação e de geração de tecnologias relevantes na percepção dos consumidores é um dos elementos essenciais para que uma empresa consiga inovar de modo economicamente sustentável. A chamada *tecnologia de ponta* envolve tecnologias recentemente desenvolvidas e aplicadas no que se reconhece como o que existe de mais avançado para produtos e serviços em determinado segmento. A partir do momento que essa tecnologia passa a ser utilizada amplamente por várias empresas que atuam no mesmo setor, deixa de ser inovadora e, com o passar do tempo e do surgimento de outras inovações tecnológicas, o que antes já foi reconhecido como uma tecnologia de ponta pode se tornar obsoleto e até ultrapassado aos olhos do mercado (Tidd; Bessant, 2015).

Entre os países com maiores investimentos em tecnologia de ponta no mundo estão os Estados Unidos, que têm vantagem competitiva e que, consequentemente, acaba por levar boa parte dos investimentos internacionais em empresas de alta tecnologia, criando um ambiente extremamente favorável. Um exemplo da vantagem nos Estados Unidos pode ser observado na Califórnia, onde está localizado o Vale do Silício. Essa região, no sul da baía da cidade de São Francisco, concentra as empresas de maior sucesso no mundo da tecnologia, como Google, Apple, Intel e Facebook. Falaremos um pouco mais sobre as empresas do Vale do Silício mais adiante, ao mencionarmos os projetos globais.

Agora, concentraremos esforços em compreender como funciona a geração de novas tecnologias. A empresa pode optar pelo desenvolvimento de novas tecnologias próprias mediante investimento em Pesquisa e Desenvolvimento (P&D) ou pela aquisição de tecnologias já existentes em outras empresas ou mercados, adaptando-as a sua realidade. Entre esses dois caminhos, o mais utilizado pelas empresas do Brasil é a aquisição de tecnologia prontas, importadas especialmente de mercados mais maduros, como Estados Unidos e Europa. Isso acontece porque o investimento para a realização de pesquisa e desenvolvimento (P&D) de produtos e de inovações exclusivas é muito mais oneroso e envolve um risco maior, sendo mais simples e rápida a aquisição de tecnologias já desenvolvidas por outras empresas.

A transferência de tecnologia pode ocorrer por meio de parcerias entre empresas ou governos e tem como objetivo a disseminação de conhecimentos de natureza técnica ou científica com potencial de mercado. Esse processo é averbado pelo Instituto Nacional da Propriedade Industrial (Inpi), vinculado ao Ministério da Indústria, Comércio Exterior e Serviços do Brasil, e envolve vários tipos de contratos: licença de uso de marca, cessão de marca, licença para exploração de patentes, cessão de patente, licença para exploração de desenho industrial, cessão de desenho industrial, fornecimento de tecnologia, entre outras modalidades.[1]

O Inpi deve regulamentar a propriedade intelectual com base na Lei n. 9.279, de 14 de maio de 1996 (Brasil, 1996), que estabelece os direitos e as obrigações relativas à propriedade intelectual. Alguns incentivos governamentais no Brasil — como a Lei de Inovação e a chamada *Lei do Bem*, respectivamente a Lei n. 10.973, de 2 de dezembro de 2004 (Brasil, 2004), e a Lei n. 11.196, de 21 de novembro de 2005 (Brasil, 2005) — surgiram com o propósito de incentivar as empresas nacionais a inovar mais por meio de descontos e de incentivos fiscais para o desenvolvimento de projetos de inovação.

Você já ouviu falar no famoso travesseiro da Nasa? É um dos mais de 2 mil *spin-offs* da agência espacial norte-americana. No caso da *National Aeronautics and Space Administration* (Nasa, em português, Administração Nacional da Aeronáutica e Espaço), as tecnologias foram desenvolvidas para aplicação espacial e posteriormente transferidas para empresas do setor privado, que, por sua vez, aplicam tal tecnologia nos mais variados produtos e segmentos de mercado. No exemplo específico do travesseiro, foi desenvolvido à base de viscoelástico, cuja inovação foi inicialmente projetada para ser um revestimento de naves espaciais, mas nunca foi utilizada para essa finalidade por diversos motivos, entre eles o odor.

Essa transferência de tecnologia realizada pela Nasa constitui um licenciamento de patentes que pode ser muito vantajoso para ambos os lados, trazendo tecnologias com apelo mercadológico relevante para serem lançadas no mercado e um diferencial

---

1   Saiba mais sobre as modalidades de contrato no *site*: <http://www.inpi.gov.br/menu-servicos/transferencia/tipos-de-contratos>. Acesso em: 30 jun. 2018.

competitivo perante os concorrentes que estão no mercado. Outro elemento essencial para o desenvolvimento de novas tecnologias e inovações reside justamente onde e com quais parceiros a empresa se relaciona. Relações de cooperação entre as empresas, bem como a busca por informação e o desenvolvimento de pesquisa realizada de maneira conjunta constituem estratégias competitivas que podem fazer a diferença entre a empresa conseguir ou não viabilizar seus projetos de desenvolvimento, uma vez que, na maioria das vezes, esses projetos demandam alto investimento em P&D.

O desenvolvimento de novas tecnologias pode ter sua origem em parcerias realizadas por meio do estabelecimento de redes de empresas, institutos de pesquisa, bem como universidades e centros de ensino, que podem criar projetos com base nas necessidades específicas da empresa e realizar pesquisas úteis. Essa prática entre empresas e universidades ainda é pouco utilizada no Brasil, mas pode contribuir, e muito, uma vez que possibilita, ao mesmo tempo, aprimorar a formação do aluno e proporcionar projetos de inovação para a empresa de modo integrado e competitivo (Tidd; Bessant, 2015). Parcerias dessa natureza são muito facilitadas pela existência de Núcleo de Inovação Tecnológica (NITs), que funcionam dentro das universidades com o propósito de aproximá-las das empresas, objetivando realizar pesquisas e desenvolvimento de inovações tecnológicas.

Estima-se que existam atualmente cerca de 200 NITs em funcionamento no Brasil, realizando pesquisas com o aproveitamento da Lei de Inovação, cujos recursos podem ser originados por meio de agências nacionais de fomento, como o Conselho Nacional de Desenvolvimento Científico e Tecnológico (CNPq), a Coordenação de Aperfeiçoamento de Nível Superior (Capes) ou a Financiadora de Estudos e Projetos (Finep).

Projetos globais, de risco e de melhoria de processos

Qual é o escopo da inovação? Em quais mercados a empresa pretende atuar com o lançamento do produto? A cultura e a maneira como os consumidores se relacionam com o produto é a mesma em todos os mercados nos quais a empresa pretende lançá-lo? Essas são apenas algumas das inquietudes que devem ser levantadas pela empresa antes de lançar uma inovação no mercado, especialmente se o lançamento envolver vários países ao mesmo tempo.

É importante lembrarmos que cada país tem um contexto diferente em termos de tecnologia e de cultura para a aceitação de inovações, o que pode fazer com que um mesmo produto seja uma inovação radical em um país e apenas incremental em outro, dependendo da oferta de produtos, da maturidade do mercado e do número de concorrentes que atuam na região. Ao tomar a decisão de lançar inovações em diferentes países, vários fatores de risco financeiro também devem ser levados em conta:

1. Quais são os riscos do negócio que a empresa não pode controlar?
2. Quais são os riscos controláveis pela empresa e como podemos minimizá-los?
3. Quais são os custos envolvidos no projeto?
4. De que maneira esse investimento pode comprometer o capital da empresa?
5. Como é a cultura do país em relação ao consumo desse tipo de produto?
6. Será preciso adaptar o produto ao comportamento de consumo do mercado?

A última questão em particular leva muitas empresas a utilizarem estratégias de adaptação e de modificação das características de seus produtos e serviços para poder atender às expectativas e agradar ao mercado consumidor. Grandes organizações, ao lançarem seus produtos e serviços em outros mercados e países, tiveram de realizar inovações para poder atender às diferentes culturas. A rede norte-americana de cafés Starbucks adaptou seu cardápio ao gosto do brasileiro, incluindo o tradicional pão de queijo, e iniciou a elaboração de cafés mais fortes, já que o café estadunidense é classificado como muito fraco pelos brasileiros. Outro exemplo de adaptação foi implementado pela também norte-americana Kentucky Fried Chichen (KFC), mundialmente conhecida pelo frango frito no balde que lambuza as mãos ao ser consumido, aspecto não muito bem recebido pelos consumidores brasileiros. Tendo isso em mente, desde 2012 a empresa incluiu em seu cardápio brasileiro arroz, feijão e frango servido no prato, uma adaptação tipicamente tupiniquim (KFC, 2017).

Os aspectos culturais devem ser estudados antes do lançamento da inovação no mercado, pois são muitos os casos de empresas que erraram ao lançar produtos em outros mercados sem considerar essas questões. Uma das clássicas gafes mundiais por falta de conhecimento da cultura local foi cometida pela empresa multinacional Gerber ao lançar suas papinhas para bebê na África. A embalagem do produto trazia a imagem de um lindo bebê sorrindo, porém, em muitos países africanos, a imagem da embalagem deve mostrar exatamente o conteúdo do produto, o que gerou confusão entre os consumidores e baixa aceitação do produto.

Hora da verdade: quando a inovação entra no mercado

Após a definição de todos os elementos que envolvem o planejamento do projeto da inovação, das questões operacionais envolvidas, das tecnologias e dos parceiros do projeto, é hora de lançar o novo produto no mercado. Como podemos realizar o lançamento de uma inovação de modo que o resultado seja positivo para a empresa em termos de lucratividade e de criação da identidade de marca? É o momento de colocar em prática o que foi definido no planejamento estratégico da inovação, então é muito importante estar atento a como cada ação planejada está tendo resultados. Deve haver monitoramento frequente a fim de identificar, entre outros fatores, a percepção do consumidor sobre a inovação da empresa. É fundamental estar atento a todos os sinais dados no momento da compra e, se for possível acompanhar, no momento de utilização.

Pesquisas de mercado para monitoramento do *feedback* do consumidor também podem ser muito úteis, pois cria-se um canal no qual o consumidor pode colocar sua opinião pós-consumo, com a oportunidade de apontar sugestões e melhorias que, mesmo que não estejam nos planos da empresa, devem ser consideradas nos relatórios periódicos de acompanhamento da *performance* da inovação (Kotler; Keller, 2012). Outra fonte de informação muito importante envolve o público interno da empresa. O que os funcionários acharam do novo produto? Qual é a opinião das pessoas sobre a inovação da empresa?

Além de realizar o trabalho de divulgação do novo produto **antes** de ser lançado no mercado, é importante que a empresa realize um trabalho de monitoramento do *feedback* dos diferentes públicos internos. Lembremos que o funcionário é a voz da empresa para o cliente; se ele não estiver convencido sobre o diferencial da inovação, não conseguirá passar uma boa percepção para os clientes.

Um dos erros mais básicos que uma empresa pode cometer ao lançar uma inovação no mercado é não envolver adequadamente seus diferentes públicos. Antes do lançamento, é fundamental que todos os *stakeholders* não somente conheçam a inovação como também estejam familiarizados com ela, conheçam sua proposta de valor, suas vantagens competitivas em relação aos produtos concorrentes e consigam definir claramente por que o lançamento está acontecendo e quais são os objetivos estratégicos da empresa com esse lançamento no mercado.

A campanha de comunicação também deve ser conhecida previamente por todos os envolvidos. O uso da força e do potencial de movimentação das redes sociais é uma das estratégias que vem sendo cada vez mais utilizadas para a divulgação da inovação. Gerar conteúdo antes do lançamento para despertar o interesse dos consumidores também é uma estratégia que dá bastante certo, especialmente se houver o parecer de especialistas ou formadores de opinião que utilizam o produto antes do lançamento e podem fazer publicações para seus seguidores. Deve-se, no entanto, tomar cuidado para que o perfil e a linguagem do formador de opinião estejam alinhados com os objetivos da empresa em termos de comunicação e criação da identidade do produto.

Outra maneira de conseguir visibilidade para o lançamento de uma inovação é por meio de eventos que não precisam ser exclusivos para essa finalidade. São muito comuns lançamentos em feiras do setor ou em eventos que geram impacto entre os potenciais consumidores. Ao realizar o lançamento de novos aparelhos, a Apple realiza um grande evento em um auditório (*Steve*

Jobs Theater), com a apresentação realizada pelo CEO da empresa e pelos projetistas responsáveis. Essa apresentação é transmitida por diversos canais e disponibilizada no site da empresa, o que garante maior impacto nos fãs da marca ao redor de todo o mundo.

Um elemento muito importante pós-lançamento é a definição de indicadores de *performance*, os chamados *Key Performance Indicators* (KPI), que monitoram periodicamente os resultados do produto no mercado e envolvem, entre outras, as seguintes dimensões: faturamento, volume de vendas do produto, participação de mercado da empresa, quantidade de clientes, grau de satisfação dos clientes, rentabilidade do produto por canal de venda, quantidade de seguidores em mídias sociais e outras informações de inteligência de mercado que possibilitam aos gestores da empresa a tomada de decisão para ajustes no planejamento. A utilização de indicadores de desempenho pode trazer competitividade para a empresa, pois possibilita identificar necessidades de ajustes no plano estratégico periodicamente e mantém a empresa sempre atenta às movimentações do mercado.

Por fim, após o lançamento e o monitoramento da inovação no mercado, surge a preocupação com relação à obsolescência tecnológica, que monitora a vida útil de uma inovação com base em tecnologias mais modernas e eficientes, detalhadas a seguir.

Obsolescência tecnológica

Um dos principais impulsionadores para que a empresa tome a decisão de investir em projetos de novas tecnologias e inovações diz respeito a se manter atualizada no mercado. Isso proporciona uma vantagem competitiva maior perante os concorrentes e, consequentemente, maior reconhecimento e valorização da marca por parte de seus consumidores. Empresas que investem constantemente em tecnologia criam uma rotina interna de inovação que faz com que o processo de atualização tecnológica seja uma constante e crie um círculo virtuoso.

Esse ambiente é facilitado por elementos culturais e pela valorização da empresa quanto a aspectos relacionados à inovação tecnológica. Segundo o *ranking* da revista *Forbes* (2017a), quatro das cinco empresas mais inovadoras do mundo são norte-americanas. Entre elas estão Salesforce, Tesla, Amazon e Netflix, todas com taxa de crescimento de mais de 25% nas vendas nos últimos 12 meses. A primeira empresa brasileira a entrar na lista foi a Cielo, que está no 93º lugar (Forbes, 2017a).

Porém, em alguns casos, a estratégia da empresa pode escolher exatamente o caminho inverso, na chamada *obsolescência programada*, que acontece quando a empresa deliberadamente não atualiza seus produtos e faz com que se tornem defasados, forçando os consumidores a comprar o lançamento da companhia. Um exemplo dessa obsolescência programada acontece no mercado de *smartphones*, no qual é comum que o fabricante deixe de lançar atualizações do *software* para dispositivos mais antigos, levando o consumidor a substituir o produto por um modelo mais novo – ou seja, a escolher entre ficar com um aparelho que não pode mais ser atualizado ou comprar um novo.

A obsolescência planejada traz como consequência a redução do ciclo de vida dos produtos, que têm vida útil cada vez menor e, consequentemente, são substituídos mais rapidamente. Eletrônicos em geral sofrem ainda mais esse processo: televisores, *notebooks* e celulares são descartados e substituídos com frequência, resultado de uma necessidade da indústria em vender mais em um mercado cada vez mais competitivo. Quando boa parte dos consumidores-alvo da empresa já tem um produto similar, as empresas fabricantes necessitam planejar um modo de fazer com que queiram trocá-los por uma versão mais nova, mais atualizada e na "moda", afinal todos querem ter o último modelo, mesmo que na prática isso não traga nenhuma mudança significativa em como o produto é utilizado.

Um exemplo de obsolescência no Brasil é a televisão de tubo, que pouco a pouco perdeu espaço para televisores LCD e LED, mais baratos e modernos. Com o sinal digital das emissoras de televisão, os proprietários terão de comprar um conversor digital para seguir utilizando seus aparelhos antigos ou aderir aos modernos televisores mais "fininhos".

Estudo de caso

A conspiração da lâmpada elétrica

O filme a seguir fala sobre a obsolescência programada, contando a história do cartel de fabricantes de lâmpadas elétricas que entraram em um acordo para produzir lâmpadas que durassem menos horas para vender mais. A partir desse caso, vários outros são citados, mostrando como o plano de produzir deliberadamente produtos que durem menos se tornou uma prática usual na indústria como um todo, funcionando como estratégia para que o consumo pudesse ser mantido.

> A CONSPIRAÇÃO da lâmpada elétrica e a obsolescência programada. Disponível em: <https://www.youtube.com/watch?v=4e7DfCoytlY>. Acesso em: 30 jun. 2018.

1. Analise a iniciativa de alguns fabricantes ao programar dispositivos eletrônicos para não funcionarem mais a partir de determinado período de tempo e a estratégia de inovação da empresa. Existe a possibilidade de ofertar ao mercado produtos de maior qualidade sem comprometer as vendas?

2. De que maneira as empresas podem encontrar equilíbrio entre a durabilidade dos produtos e sua necessidade de vendas no mercado sem ter de recorrer à obsolescência programada?

Síntese

Neste capítulo, trabalhamos as atuais tendências de consumo e de comportamento do consumidor e vimos como estas podem influenciar o desenvolvimento de novas tecnologias para o mercado. Apresentamos os passos para o desenvolvimento do processo de inovação, desde a geração de ideias até o lançamento no mercado, em que pudemos perceber a importância de um portfólio de projetos de tecnologia e por que é fundamental diversificar.

Vimos o processo de aquisição e de transferência de tecnologia e analisamos o escopo de projetos de inovações, globais, de risco e de melhorias de processos, verificando a aplicação de cada um deles. Por fim, identificamos a importância do momento do lançamento da inovação no mercado e também verificamos o processo de obsolescência tecnológica.

Questões para revisão

1. Para que a empresa consiga tirar sua invenção do papel e lançar uma inovação de sucesso no mercado é necessário o desenvolvimento de um planejamento da tecnologia e inovação. Sobre esse planejamento, avalie as seguintes afirmações:

    I. O processo de planejamento da inovação deve envolver seis fases, que vão desde a geração de novas ideias até sua exploração e penetração no mercado.

    II. A elaboração do processo de inovação é necessária para que a empresa consiga alinhar seus lançamentos de inovações com o planejamento estratégico como um todo.

    Sobre essas afirmações, assinale a alternativa correta.

    a) As duas afirmações são verdadeiras e a segunda justifica a primeira.
    b) As duas afirmações são verdadeiras, mas a segunda não justifica a primeira.
    c) A primeira afirmação é verdadeira e a segunda é falsa
    d) A primeira afirmação é falsa e a segunda é verdadeira.
    e) As duas afirmações são falsas.

2. O processo de geração de ideias é um desafio para muitas empresas, pois nem sempre aquele momento "eureca" acontece com tanta facilidade. Sobre as técnicas para a geração de ideias, assinale V para as afirmativas verdadeiras e F para as falsas.

    ( ) O *brainstorm* é uma técnica que permite que um grupo de pessoas contribua com a criação de um novo produto, com a solução de um problema ou com a gestão de projetos e de processos por meio da exposição e da seleção das melhores ideias.

( ) O mapa mental é uma maneira de encontrar soluções para um problema com base no desenvolvimento de um modelo de negócio pelo método do *canvas*, que identifica a proposição de valor e desenvolve a proposta com base nela mesma.

( ) O processo de *cocriação* é uma das técnicas de elaboração de ideias colaborativas que possibilita a participação de diversas pessoas no desenvolvimento de inovações, podendo ser clientes, fornecedores e colaboradores da empresa.

( ) O *Design Thinking* é uma técnica de desenvolvimento de inovações com um roteiro preestabelecido e bem delineado para o desenvolvimento de soluções que deve ser seguido à risca para que o processo de criação seja consolidado.

( ) A técnica dos *Seis Chapéus* permite que os participantes reflitam sob diferentes perspectivas para a mesma situação, modificando sua análise de acordo com a tonalidade do chapéu que estiver usando.

Agora, marque a alternativa com a sequência correta.

a) F, F, F, V, V.
b) V, V, V, F, F.
c) V, F, V, V, F.
d) F, F, V, F, V.
e) V, F, V, F, V.

3. Sobre a gestão de portfólio de inovações e de tecnologias, assinale a alternativa **incorreta**.

   a) A gestão do portfólio dos produtos e dos serviços tem como objetivo identificar quais inovações têm maior potencial de mercado e estão mais alinhadas com os objetivos estratégicos da empresa.

   b) A retirada de produtos antigos do portfólio da empresa deve ser levada em conta quando o produto já não condiz com o posicionamento de mercado atual da marca e com os objetivos de mercado da empresa.

   c) A gestão do atual portfólio de produto de uma empresa e a identificação de como a inovação se encaixa nesse portfólio estão entre os fatores que trazem uma gestão eficiente.

   d) A gestão do portfólio tem como objetivo incluir produtos no mercado e nunca remover produtos antigos, pois quanto mais produtos a empresa apresentar para o mercado, mais sucesso ela terá.

   e) O processo de desenvolvimento e gestão do portfólio de produtos nã é realizado pela empresa o necessariamente de forma isolada, sendo muito recomendado em alguns casos processos de parceria para aquisição e transferência de tecnologias

4. A questão da obsolescência tecnológica faz parte do planejamento estratégico de inovação da empresa. Discorra brevemente sobre esse assunto.

5. O teste de protótipo de produto é muito utilizado pelas empresas durante o desenvolvimento de inovações. Discorra brevemente sobre esse processo.

Questões para reflexão

1. Selecione três empresas localizadas no Vale do Silício que sejam consideradas inovadoras. Identifique os aspectos que fazem com que elas tenham essa característica e apresente alguns exemplos de inovações desenvolvidas por elas:

2. Identifique uma empresa inovadora do Brasil. Analise os motivos e as caraterísticas que a tornam reconhecidamente inovadora no cenário nacional. Por fim, cite exemplos de inovações desenvolvidas por ela.

Para saber mais

Caso deseje se aprofundar nas técnicas para geração de novas ideias, consulte:

OSTERWALDER, A.; PIGNEUR, Y. **Business Model Generation**: inovação em modelos de negócios. Tradução de Raphael Bonelli. Rio de Janeiro: Alta Books, 2011.

Acesse o *site* do criador da técnica do mapa mental, Tony Buzan, e desenvolva suas ideias com base nessa técnica:

IMIND MAP. **How to Mind Map**. 2018. Disponível em: <https://imindmap.com/how-to-mind-map>. Acesso em: 30 jun. 2018.

06

DESENVOLVIMENTO DE PRODUTOS E DE SERVIÇOS INOVADORES

06

Conteúdos do capítulo:
- Protagonismo das pessoas em processos de inovação.
- Papel determinante de equipes com alto envolvimento.
- Aspectos da atividade de pesquisa e desenvolvimento (P&D).
- Proteção à propriedade intelectual.
- Registros e patentes tecnológicas.
- Trajetórias de conhecimento e de tecnologia.
- Rumos de inovações.

Após o estudo deste capítulo, você será capaz de:
1. diferenciar trabalho em grupo de trabalho em equipe;
2. identificar o sentido de trabalho em equipe com alto envolvimento;
3. avaliar as características da atividade de pesquisa e desenvolvimento (P&D);
4. compreender a importância da propriedade intelectual no contexto da empresa;
5. obter informações sobre registros e patentes tecnológicas;
6. entender a dinâmica da transferência de tecnologia;
7. refletir a respeito das perspectivas atuais e futuras acerca das inovações.

DESENVOLVER PRODUTOS E serviços inovadores implica desafiar uma lógica inerente às práticas comuns da grande maioria das empresas: via de regra, elas não são adeptas a uma cultura de inovação propriamente. O comum é que se mantenham apenas práticas corriqueiras de satisfação de necessidades operacionais. Logo, a superação do tradicionalismo implica em uma necessária mudança de postura em termos de estruturação para um modelo inovador de negócio, composto por uma estratégia inovadora e um sistema de gestão alinhado com esses propósitos.

Um elemento diferencial para que haja o desenvolvimento de produtos e de serviços inovadores é a criação de uma equipe específica para esse fim, voltada e estruturada para práticas essencialmente inovadoras. Conforme essa perspectiva, ideias iniciais serão convertidas em produtos inovadores conforme critérios de seleção e de filtragem, de identificação de oportunidades, de avaliações e de seleção, a fim de que sejam encaminhadas para a fase posterior, de desenvolvimento, constituída de etapas mais numerosas, desafiadoras e elaboradas.

Ao longo desta obra, a expressão *desenvolvimento* foi utilizada de maneira genérica sempre que nos referimos a inovações, e não há nada de errado nisso. Contudo, como já é de nosso conhecimento, a produção de produtos ou serviços inovadores implica transitarmos da fase inicial, de seleção e de pesquisa, para a de desenvolvimento. Neste capítulo, teremos o cuidado, sempre que necessário, de fazer essa distinção.

O papel das pessoas no processo de inovação

Já destacamos que as pessoas, devidamente organizadas em equipes de trabalho, são o maior bem de uma empresa. Entretanto, esses bens preciosos não passam de pedras brutas se não houver uma gestão efetiva no sentido de saber extrair o que elas têm de melhor a oferecer. Estamos nos referindo à gestão de pessoas: de projetos e processos que envolvem sujeitos cujos conhecimentos precisam estar alinhados com os propósitos da empresa que deseja inovar.

Em contrapartida, a empresa que deseja inovar precisa se apropriar do espírito renovador da modernidade e do potencial de seus integrantes e, assim, remodelar-se, inovando a si mesma. Por isso, muitos esforços são necessários para gerir uma equipe eficiente.

Trabalho eficiente em grupo e em equipe

Todos sabemos o que é trabalhar em equipe. Contudo, sabemos diferenciar *grupos de trabalho* de *trabalho em equipe*? Sabemos do que trata a sinergia? Usualmente, um gestor tem as respostas para essas questões, até porque, conceitualmente, são pontos de fácil entendimento, mas teoria é sempre teoria. O desafio é aplicar conceitos de fácil assimilação ao dia a dia dos indivíduos que compõem uma organização e precisam desempenhar diferentes papéis em um contexto em que a integração é fundamental, como nas empresas que lidam com inovação. Assim, a teoria recheada de expectativas deve ser harmonizada com a realidade das equipes de trabalho, uma tarefa árdua que demanda uma gestão talentosa, na qual experiência acadêmica e prática, bem como habilidades comunicacionais, inter-relacionais, de agregação, de mediação de conflitos, de empatia, de rigor e de postura exemplar são atributos altamente recomendáveis.

Uma gestão que alie entusiasmo e pragmatismo, somada a motivação, incentivos e reconhecimento (recompensa), conduzirá equipes capazes de fazer com que sua ida ao trabalho seja algo que definitivamente valha a pena. Um grupo de trabalhadores reunidos em torno de um projeto inovador não é, necessariamente, uma equipe. Em sentido geral, trata-se apenas de um grupo, e temos de compreender que *grupo* pode significar apenas a reunião de pessoas em torno de um objetivo, cada qual com seus perfil e suas subjetividades, já que estamos lidando essencialmente com questões de comportamento. Como sabemos, o que se espera de indivíduos nessas circunstâncias são posturas ativas, envolvimento e manifestação de conhecimento por meio de resultados.

Imaginemos uma magistral orquestra sinfônica. Ou melhor: pensemos em times de futebol, de preferência europeus, como Real Madri e Barcelona. Pensemos também nas campeoníssimas seleções masculina e feminina de vôlei do Brasil. Esses times vencedores são mais do que apenas grupos, pois grupos podem ser constituídos de talentos singulares diversos e muitas vezes não atingir resultados esperados em decorrência de variadas questões individuais, subjetivas, ou mesmo pela de falta de liderança ou por gestão inadequada.

Abrindo um parêntese: talvez você esteja pensando em situações nas quais os jogadores de futebol, sabotando o time, causam a demissão do treinador. Sabemos que em empresas isso também pode acontecer; um grupo insatisfeito, incendiado por questões das mais diversas, pode "derrubar" o chefe. Então, diferentemente de um grupo, uma equipe é formada por trabalhadores unidos por objetivos comuns no âmbito da organização inovadora, comprometidos com os êxitos das tarefas (projetos, produtos, processos) que realizam. A soma de inteligências bem conduzidas e bem lideradas, incentivadas, reconhecidas, em que cada um se enxerga como peça importante na empresa, muito provavelmente alcançará os resultados almejados.

Quanto à sinergia, podemos dizer que se trata de uma ambiência, uma ligação que envolve a equipe em um contexto em que cada uma das inteligências (trabalhadores) oferece o que tem de melhor. Onde há sinergia há eficiência, bom desempenho e, consequentemente, resultados positivos. Por exemplo, o trabalho em grupo pode apenas significar a soma de 1 + 1 obtendo 2 como resultado, ao passo que o trabalho em equipe proporcionará mais do que isso: poderá ser 3, 4, 5... 10 – o todo é maior do que a soma das partes.

Esse processo acaba construindo um resultado extremamente positivo, pois as empresas que propiciam os melhores ambientes para se trabalhar naturalmente atraem o interesse dos melhores profissionais, o que reforça o resultado ao longo do tempo.

Trabalho em equipe com pessoas-chave

A existência de indivíduos-chave compondo equipes de trabalho é fundamental, uma vez que essas pessoas têm talentos específicos, um vasto conhecimento sobre tecnologias e saberes técnicos que se destacam em relação aos demais membros do time. Para além do papel estratégico que podem executar, como inventores, gestores ou propriamente líderes, esses sujeitos especiais serão demandados sempre que houver problemas no decorrer de algum projeto, que normalmente apenas eles possam resolver. Ademais, atuam como facilitadores, transitando entre as equipes e a alta gestão.

Apesar dos feitos que realizam, não podemos afirmar que sejam capazes de resolver dissabores que não sejam de ordem técnica. Por exemplo, se houver desinteresse por parte da organização ou falta de recursos financeiros ou de outra ordem, muito pouco poderão realizar. Ainda, é preciso salientarmos que o conhecimento estratégico que esses indivíduos-chave detém não pode desestabilizar a equipe pela desmedida confiança que enxerguem em si mesmos (vaidade) ou caso eles sejam vistos como tábua de salvação pelos demais.

Retomemos o exemplo futebolístico. Um grande artilheiro precisa receber a bola para fazer gols, a qual passa por vários pés até que chegue a ele. Essa figura essencial à qual nos referimos visa proporcionar o bem dos projetos dos quais faz parte. Todavia, sua gestão ou liderança, em função dos poderes que possui, não está isenta de erros, o que pode comprometer projetos e, por conseguinte, a própria organização.

Outra figura-chave é o patrocinador organizacional. Em regra, o papel dele é de facilitação, pois deverá se colocar entre a equipe de projeto e a alta gestão, utilizando seu poder de convencimento. Será a pessoa que, a despeito de não ter profundo conhecimento técnico, terá o papel de transformar possíveis "nós em laços", para o bem do projeto em que acredita. Estudos organizacionais fazem referência a dois tipos de indivíduos-chave: peso-pesado e peso-leve. O primeiro é tão autônomo que suas decisões podem até superar às do CEO de uma empresa, como acontece em organizações japonesas. O segundo faz referência à liderança mais propensa a tarefas menos complexas (Tidd; Bessant, 2015). Convém, para esses casos, adequar a proposta de trabalho ao perfil do gerente, que poderá ter um ou outro "peso" em sua atuação.

Quadro 6.1 – Quadro geral sobre o papel das pessoas no processo de inovação

Atividade de gestão ou liderança	Deve extrair das equipes o que elas tiverem de melhor a oferecer para o desenvolvimento de inovações na empresa.
Grupo	Não é o mesmo que equipe; pode ser apenas uma reunião de trabalhadores em torno de um fim comum, mas envolta em subjetividades e situações que influenciam seus desempenhos, aquém do esperado; uma gestão ou liderança ineficaz pode contribuir para isso.
Equipe	Reunião de indivíduos em torno de objetivos comuns, comprometidos e envolvidos; soma de inteligências bem lideradas, em que há sinergia e eficiência.
Pessoas-chave	Lideranças de equipes com papéis específicos, seja por terem conhecimentos diferenciados, seja para efetuarem mediação entre a alta gestão e as equipes das quais estão à frente; uma gestão ou liderança eficiente é determinante para isso.

A título de curiosidade, empresas de pesquisa e desenvolvimento (P&D) de países como Alemanha, Estados Unidos, Grã-Bretanha e Suíça, no que diz respeito a papéis-chave, conforme as naturezas dos projetos a serem desenvolvidos, costumam designar gestores nominando-os como *promotores*, havendo o especialista de poder, de processo, de relacionamentos e o campeão, conforme características pessoais identificadas e que se entrelaçam com a função designada.

Equipes com alto envolvimento

Até aqui, tudo de que tratamos têm relação com o papel singular das pessoas em relação a processos inovadores. Sabemos que *inovações* – e preferimos esse termo a *invenções* – podem provir das ideias de uma única pessoa, podendo até mesmo ser desenvolvida por ela em uma garagem, por exemplo. Mas, para além disso, nossa visão abarca a proposta de inovação tecnológica com enfoque na gestão empresarial. Assim, falar de alto envolvimento significa que a empresa pertence a todos os seus sujeitos. É pensar nela como um todo, em perspectiva de integração, imaginando e construindo uma realidade em que as inovações, em todas as suas faces, com problemas e soluções, são responsabilidade de todos. Diante dessa perspectiva, há prevalência para o trabalho em equipe com ênfase na inovação em todos os tipos e níveis.

O objetivo dessa prática é o desenvolvimento de bens e de serviços com superior qualidade, em menor tempo e custo, com maior perspectiva de lucro e enxugando processos de produção, algo que se obtém, conforme estudos organizacionais por meio do fomento de programas colaborativos com base em sugestões e ideias que partam de todos os funcionários da empresa mediante estímulos, reconhecimento e incentivos financeiros. Para tanto, é necessário estruturar um departamento responsável pelo recebimento e pela seleção de sugestões e ideias, que inicialmente chegarão em grande número, mas tenderão a diminuir com o passar do tempo, o que exigirá esforços para manter a proposta ou o programa estimulando a adesão de todos.

O conceito de alto envolvimento foi absorvido com base na experiência japonesa no mercado automobilístico, que décadas atrás se mostrou muito mais eficiente que as demais montadoras dos mercados norte-americano e europeu. Contudo, há registros de que tal prática, apesar de ter ganhado força no fim do século XX, remonta ao fim do século XIX, quando sugestões para otimização de processos de produção e de redução de custos em empresas nos Estados Unidos e na Europa eram recomendadas e devidamente recompensadas.

A lógica da "manufatura enxuta", com o envolvimento de ideias e sugestões, visa alcançar não apenas algo totalmente novo, mas também os 4 Ps da inovação (paradigma, produto, processo e posição), e, como é de se esperar, não acontece do dia para a noite, tendendo a gerar frutos em médio e até em longo prazo. Sua aplicação, como programa dentro da empresa, envolve pelo menos cinco estágios ou fases, sendo a primeira a mais concentrada, com a colaboração significativa; a terceira dá mostras de que o hábito já está sendo incorporado; e a quinta significa aculturamento dos membros da organização.

Pesquisas apontam que grandes empresas multinacionais dos setores automobilístico e farmacológico, por exemplo, economizam enormes somas por ano, na ordem de milhões, pelo fato de implementarem programas de alto envolvimento com seus funcionários (Tidd; Bessant, 2015). Para elas, essa otimização implicou em rapidez, manutenção da qualidade dos bens produzidos e lucratividade.

Características da atividade de pesquisa e desenvolvimento

A pesquisa compreende a etapa inicial em que uma ideia surge e uma inovação é cogitada. Estando madura o suficiente, passa-se para fase formal de desenvolvimento do bem ou do serviço. Para fins de caracterização dessas duas fases determinantes relativas ao processo de inovação tecnológica, optamos por abordar suas características separadamente.

Pesquisa

A pesquisa é, sem dúvidas, a principal fonte de inovações e seu aspecto primordial consiste na busca de ideias e de possibilidades de inovação, em regra mediadas por ações ao máximo eficientes e estratégicas no âmbito da organização, cujo nível de dificuldade poderá oscilar conforme a opção da empresa pela inovação incremental ou radical. Nesse caso, quanto mais a organização investir em pesquisa – algo indispensável e fator determinante para se manter competitiva –, mais ela manifestará seu caráter inovador.

O trabalho de busca por meio de redes de pesquisa faz com que coexistam tanto programas internos de sugestões e de ideias de alto envolvimento dos funcionários da empresa quanto a procura por ideias e conhecimentos que venham de fora da organização, conforme a ótica da inovação aberta. As características da pesquisa, de acordo com os propósitos da organização inovadora, relacionam-se fortemente com a eficiência da gestão em relação às informações e aos conhecimentos que esta gerencia e procura.

A seguir, indicamos algumas características gerais, elementos importantes que envolvem a atividade de pesquisa visando ao posterior desenvolvimento de tecnologias inovadoras:

- definição clara do produto objeto de pesquisa;
- avaliação financeira;
- análise da concorrência;
- criação de conceitos visando ao desenvolvimento de bens conforme idealizado;
- seleção ou triagem e escolha de projeto com potencial inovador;
- verificação de tendências de mercado e de necessidades de clientes.

Contudo, além de detectar e listar aspectos relativos a projetos específicos de pesquisa, é preciso enfatizar que o mais importante é a empresa estar dotada de mecanismos capazes de garantir que conhecimentos sejam alcançáveis, avaliados e passíveis de desenvolvimento.

Desenvolvimento

Pelo menos dois fatores são determinantes para o bom desenvolvimento de um projeto de pesquisa: uma organização apropriada e uma gestão muito bem delineada em relação à fase de desenvolvimento. Assim como no anterior, podemos listar os principais aspectos da atividade de desenvolvimento:

- disponibilização de recursos materiais, imateriais e financeiros;
- existência de estágios avaliativos, experiências e comprovações que geram conclusões e acabam gradualmente reduzindo incertezas, algo bastante necessário, pois desenvolvimento implica comprometimento de recursos: portões (*gates*), funil de incerteza e indicadores;
- condução estruturada e roteirizada de trabalho;
- integração de equipes, otimização de processos e trabalho interdepartamental; conforme veremos mais adiante, há situações em que membros da equipe de desenvolvimento interagem com a equipe de pesquisa e vice-versa;
- resolução de situações (questões, problemas);
- garantia e manutenção de recursos financeiros – investimentos para a continuidade do desenvolvimento;
- atenção constante à concorrência;
- cuidados quanto à gestão de pessoas, mediante práticas dinâmicas de gerenciamento visando à eficiência, que muitas vezes demanda flexibilidade por parte da organização;

- busca de parcerias externas, no caso de inovações radicais, prática já realizada pela multinacional 3M, por exemplo;
- considerações que antecedem a fase de comercialização – atividades de *marketing* e estudos de mercado;
- comercialização, que, embora pareça ser a fase final, acaba se tornando uma extensão do desenvolvimento, pois com ela realizam-se testes e avaliações por parte dos clientes e há obtenção de informações importantes para fins de aperfeiçoamento e até mesmo de produção de novos bens.

Ainda, a conjugação de outros fatores – sinergia entre equipes e tecnologias utilizáveis; comprometimento da alta gerência; habilidade para improvisações; e troca de informações entre equipes, muitas vezes sob pressão – também caracterizam a fase de desenvolvimento do produto.

Figura 6.1 – Fatores para uma inovação bem-sucedida

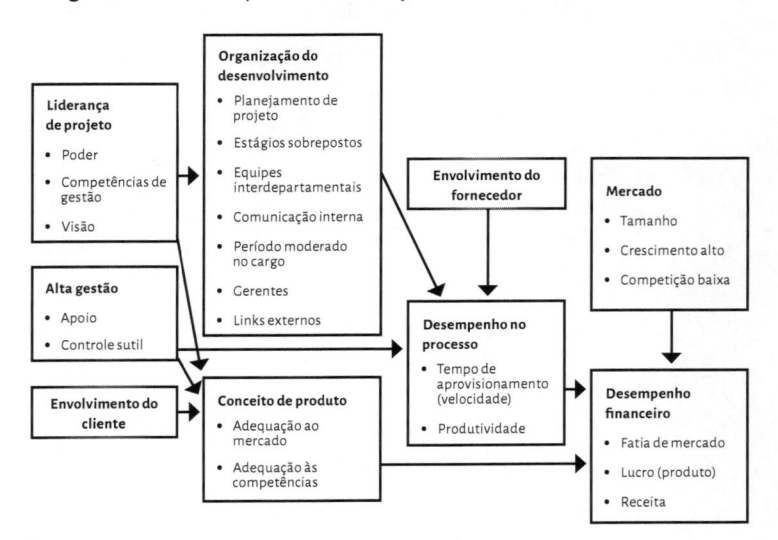

Liderança de projeto
- Poder
- Competências de gestão
- Visão

Alta gestão
- Apoio
- Controle sutil

Envolvimento do cliente

Organização do desenvolvimento
- Planejamento de projeto
- Estágios sobrepostos
- Equipes interdepartamentais
- Comunicação interna
- Período moderado no cargo
- Gerentes
- Links externos

Conceito de produto
- Adequação ao mercado
- Adequação às competências

Envolvimento do fornecedor

Desempenho no processo
- Tempo de aprovisionamento (velocidade)
- Produtividade

Mercado
- Tamanho
- Crescimento alto
- Competição baixa

Desempenho financeiro
- Fatia de mercado
- Lucro (produto)
- Receita

Fonte: Tidd; Bessant, 2015, p. 394.

A Figura 6.1, utilizada por Tidd e Bessant (2015), expressa o encadeamento de ações que possivelmente redundam na implementação de uma inovação bem-sucedida.

Regime de propriedade intelectual

Conforme já abordamos, ser "proprietário intelectual" significa deter os direitos sobre uma ideia, posteriormente convertida em bem ou serviço inovador dotado de tecnologia própria, a qual precisa ser preservada. Além disso, devem ser garantidos ao criador todos os direitos exclusivos sobre a criação intelectual. Naturalmente, referimo-nos principalmente às criações industriais, voltadas para as empresas e com fins de comercialização: as inovações. Esclarecemos isso pelo fato de a proteção intelectual alcançar outros terrenos, como o artístico e o literário, associados ao que se denomina *direito autoral*.

A proteção à criação intelectual objetiva resguardar bens incorpóreos cuja proteção jurídica definida em lei própria pode ser constituída sob a forma de **patentes industriais**, mas também alcança os segredos industriais, o *know-how* do criador ou da empresa, desenhos industriais, *design*, marcas, entre outros.

A detenção da propriedade intelectual por parte de seu idealizador objetiva:

- proteção jurídica do esforço inovativo dispendido para a criação de um bem ou serviço proveniente de uma ideia inovadora;
- monopólio provisório, normalmente de 20 anos, para utilização da inovação, com legitimação para o criador explorar exclusivamente a invenção durante esse lapso temporal;

- garantia de retorno financeiro pelo trabalho de criação com base em uma ideia, o que estimula a atividade de pesquisa no sentido de prosseguir as buscas de mais inovações, "acirrando o combate" e estimulando a competitividade.

A defesa da propriedade criativa de um agente inovador por meio da obtenção de patentes, por exemplo, significa muito mais do que assegurar o direito de colher os frutos do valor gerado – em ambientes extremamente competitivos, diga-se de passagem. É preciso considerarmos que aspectos sociais e avanços tecnológicos também justificam tal proteção, tanto é assim que cabe ao Estado esse papel.

Entre os acordos internacionais que disciplinam o assunto, os quais remontam às Convenções de Paris e Berna, em 1883, têm o *Trade Related Aspects of Intellectual Rights Including Trade in Counterfeit Goods* (Trips, em português, Acordo sobre Aspectos dos Direitos de Propriedade Intelectual Relacionados ao Comércio), de 1994, do qual o Brasil é signatário, como o mais importante. No Brasil, a Constituição Federal, em seu art. 5º, inciso XXIX, informa que lei própria assegurará "aos autores de inventos industriais privilégio temporário para sua utilização, bem como proteção às criações industriais, à propriedade das marcas, aos nomes de empresas e a outros signos distintivos, tendo em vista o interesse social e o desenvolvimento tecnológico e econômico do País" (Brasil, 1988). Em decorrência desse comando constitucional, foi promulgada a Lei de Propriedade Industrial no sentido de regulamentar a questão da propriedade intelectual, bastante influenciada pelo acordo Trips.

Registros e patentes tecnológicas

Para clarificar o entendimento a respeito do tema, estabeleceremos comparações com situações comuns. Quando compramos um carro novo ou a tão sonhada casa própria, em linhas gerais, tornamo-nos proprietários desses bens materiais. Mas quais são as garantias de que eles nos pertencem? Como comprovamos que esses bens são nossos? O contrato de compra e venda e o registro do automóvel perante o órgão oficial (Departamento de Trânsito – Detran), ambos em nosso nome, são documentos comprobatórios. O contrato e a escritura pública de compra e venda do imóvel, bem como a matrícula registrada perante o órgão competente (Registro de Imóveis) e os documentos em nosso nome são garantias comprobatórias.

Em relação aos bens incorpóreos ou imateriais, no caso, a propriedade intelectual, não é tão diferente. O que difere é o processo para a obtenção dos registros, que exige a observação de requisitos legais. Assim, o que era íntimo, a ideia que era restrita ao intelecto de seu criador, torna-se oficialmente pública com a obtenção de uma patente. No Brasil, o registro ocorre mediante concessão de carta-patente do Instituto Nacional de Propriedade Intelectual (Inpi) e a tecnologia se torna conhecida a partir da formalização desse ato: o solicitante fica resguardado conforme proteção que o Estado confere a ele na condição de detentor exclusivo dos direitos de uso e de reprodução de seu bem por prazo determinado de 20 anos – prazo que também se aplica no exterior.

A obtenção da carta-patente tanto no Brasil quanto no exterior exige a demonstração de múltiplos requisitos, sem os quais o registro da inovação se torna inviável. Os renomados autores

Joe Tidd e John Bessant (2015) elencam os seguintes critérios, de natureza jurídica, cuja comprovação é considerada indispensável:

- **Novidade** – É literalmente o que enuncia, no sentido de ineditismo; dado relevante é o fato de quem registrar primeiro a inovação ficar com a patente, mesmo que não seja o primeiro a criá-la; o quesito novidade deve ser contemplado nos demais itens que seguem.
- **Etapa inventiva** – Pode variar em níveis de complexidade, de acordo com a natureza dos projetos no qual o inventor estiver envolvido; pode ser uma máquina que realiza determinada etapa na produção de algo.
- **Aplicação industrial** – Relaciona-se aos produtos, aos processos ou a aplicações em máquinas na condição de testes de utilidade e tem caráter adicional.
- **Matéria patenteável** – Em alguns países, determinados programas não podem ser patenteados, então é preciso se certificar de que a inovação pertence a segmentos de pesquisa passíveis de registro; normalmente, há previsão legal quanto a isso.
- **Divulgação clara e completa** – Caráter público e amplo quanto à existência de inovação que é patenteada; é preciso avaliar se a melhor estratégia é a divulgação ou a discrição, porém, uma vez ameaçados os direitos do detentor da patente, ele poderá tomar as medidas legais que julgar necessárias.

Além das patentes, a propriedade intelectual protege os direitos autorais, como expressão de ideias, e não exatamente as ideias em si; os direitos de *design* de produto, suas formas e configurações; e as marcas. Um último aspecto que consideramos relevante é o licenciamento dos direitos relativos à propriedade intelectual. Por exemplo, se você quer utilizar a suíte Office, é necessário adquirir uma licença de uso concedida pela Microsoft.

O detentor de determinada tecnologia, ao cedê-la para a exploração de terceiros, a depender do tipo de acordo firmado e da finalidade que se objetiva, receberá *royalties*, que, em linhas gerais, trata-se de um licenciamento em negociações mais expressivas em termos comerciais.

Transferência de conhecimento e de tecnologia

A transferência de tecnologia de pesquisa para o desenvolvimento do produto – sua saída de um laboratório inicial onde a ideia surge e é validada – ocorre em uma perspectiva de continuidade cujo objetivo é alcançar um produto bem-sucedido. Para um projeto seguir adiante, por mais óbvio que pareça, a pesquisa precisa ser clara quanto aos aspectos técnicos e tecnológicos. Isso implica dizer que uma avaliação criteriosa é realizada, especialmente com o objetivo de saber se o projeto de pesquisa está maduro o suficiente para receber os investimentos necessários para fins de desenvolvimento. Há situações em que a pressa, no sentido de serem realizadas pesquisas que não apresentavam bases técnicas consistentes, ocasionou abandono durante a fase de desenvolvimento, algo que poderia ter sido evitado, pois também significa prejuízo para a organização. É preciso, desde o início, determinar onde o bem ou o serviço se encaixarão no futuro.

A transferência de conhecimento e de tecnologia pode ocorrer na própria empresa, conforme sua estruturação e organização, no caso de haver integração da equipe de criação com a de desenvolvimento. Pode haver situações em que determinada empresa, como a gigante IBM, separe esses departamentos, o que não impacta negativamente a transferência para o posterior desenvolvimento. Algo que precisa ser observado quanto à transferência de conhecimentos e de tecnologia é o fato de que a lógica da inovação aberta opera fortemente no sentido de estabelecer conexões entre pesquisa e desenvolvimento, pois a transferência de tecnologia ocorre não apenas de um departamento para outro dentro da empresa. Cooperação e parcerias entre empresas, em muitos casos, são importantes elementos a serem considerados.

A reunião de empresas na modalidade *joint ventures* pode gerar e transferir conhecimentos e promover desenvolvimento, assim como uma pequena empresa ou uma *start-up* pode iniciar uma pesquisa e, posteriormente, vê-la sendo promovida por outra maior, seja pela venda de uma patente, seja pelo pagamento de uso da ideia, seja por aquisição da *start-up* ou pequena empresa, seja ainda por meio de parceria. Há um vasto terreno de possibilidades. A transferência realizada por intermédio de parcerias em regime de colaboração vem sendo bastante difundida, além de ser relevante em termos de avanços científicos, tecnológicos e sociais. Referimo-nos aqui a parcerias decorrentes da união de esforços entre empresas, universidades e governo.

Por exemplo, a parceria estabelecida entre os parques científico ou tecnológico de uma universidade e de uma empresa gera resultados positivos, pois os frutos fortalecem o potencial criativo de ambas, gerando estímulos de mão dupla: de um lado a universidade, cuja atividade principal é a pesquisa por excelência, que precisa de campo para ter a validação de seus projetos; do outro lado, a empresa, que deseja ampliar e variar seu espectro de produção e, ao se envolver com pesquisas e conhecimentos inovadores, promove o desenvolvimento de uma tecnologia da qual fez parte desde o início. Dos governos, espera-se o estímulo com políticas de incentivos fiscais que fomentem parcerias entre empresas e universidades públicas e privadas, o que já acontece na prática. Assim, a justificativa de o Estado ser precário em recursos, no caso do Brasil, e por essa razão não promover o fomento que deveria, é amenizada.

Além disso, estudos apontam que há situações em que empresas parceiras podem se instalar nas universidades caso o contrato de cooperação assim preveja. Nessa situação, o que importa é a união de esforços no sentido de serem transferidos os conhecimentos do laboratório da universidade para a equipe de desenvolvimento da empresa parceira e dela para o mercado comercial (Figlioli; Porto, 2006). Aspectos sociais desse tipo de relação, além do ganho para ambas as organizações, que não se constituirá apenas em lucro, certamente são o incentivo à produção acadêmica por meio de pesquisa de bens e de serviços úteis para a sociedade e também a possibilidade de os pesquisadores acadêmicos serem contratados pela empresa parceira, o que implica em geração de empregos.

Uma vez estabelecidas essas considerações, pensemos em um exemplo hipotético e ao mesmo tempo alinhado com a realidade. Nosso objeto de estudo é inovação e tecnologia, então, se esses temas vêm instigando você, não perca a oportunidade de dar asas a sua imaginação. Quem sabe uma *start-up* surja pelo caminho! Quanto ao exemplo, visualizemos as transações bancárias que realizamos com o uso de nossos *smartphones* – um "eliminador de filas". A segurança das informações é primordial e, por isso, sempre há novas versões dos *softwares* e prevalência de inovações incrementais a cada nova versão do aplicativo. Contudo, nos interessa enxergar que esse importante *software*, em sua versão inaugural, foi pensado, experimentado em um laboratório de tecnologia de informação (TI) até que a tecnologia fosse transferida para a fase de desenvolvimento e de entrega ao usuário.

É possível que determinado banco tenha pesquisado e desenvolvido o *software* com equipe própria; pode ser que o tenha solicitado a uma empresa de terceirizada TI, que pesquisou e transferiu a tecnologia para a equipe de TI do banco; é possível que a empresa terceirizada tenha feito todo o trabalho, tendo o banco como parceiro/cliente. Há múltiplas possibilidades em um único exemplo, em que a lógica da parceria é bastante significativa.

Quadro 6.2 – Quadro geral sobre transferência de tecnologia

Perspectiva de continuidade	Do laboratório inicial onde a ideia surge para o posterior desenvolvimento, em outro departamento, pelas mãos de outra equipe.
Parcerias	Mediante negociações com *startups*, *joint ventures*; entre empresas, universidades e governo; empresas terceirizadas.
Aspectos sociais	Para universidades e empresas parceiras: estímulo e investimentos pela empresa e possível contratação de formandos para compor o quadro de funcionários.
Registros e patentes	A transferência de tecnologia se dará também pelo registro e pela venda de patentes por parte de seu criador.

A experiência da IBM

Sabidamente uma das maiores gigantes do ramo de computação em todo o mundo, a IBM contribui com nosso aprendizado ao apresentar alguns aspectos que envolvem seu modo de gerar e transferir tecnologia há mais de cinco décadas. Tratam-se de relatos importantes, obtidos na obra de Burgelman, Christensen e Wheelwright (2012), que, por mostrarem uma referência mundial em tecnologia, consideramos relevante abordar:

- As pesquisas realizadas são absolutamente rigorosas e criteriosas no sentido de haver demonstrações ao máximo claras quanto à viabilidade dos projetos. Para tanto, designa-se uma

pessoa-chave, um defensor interno, responsável pela efetividade da inovação, bem como um externo, que terá a função de fazer um contraponto e validar ainda mais a transferência para a fase de desenvolvimento.
- Em uma perspectiva de integração, profissionais que compõem equipes de desenvolvimento, com altos conhecimentos acerca de criação e de pesquisa em tecnologias, interferem atuando como consultores, investigando, questionando e acompanhando as etapas iniciais. Essa atuação facilita e reforça a viabilidade do projeto, quando aprovado, que após a transferência para a fase de desenvolvimento pode ser assumido pelos consultores.
- Quando há conhecimento de que uma tecnologia similar vem sendo trabalhada por um concorrente, surge uma "pressão útil" no sentido de propiciar a transferência da pesquisa para o desenvolvimento. Uma atividade externa similar acaba se transformando em combustível para os técnicos da IBM, estabelecendo parâmetros comparativos em função das informações obtidas. Quando esse quadro não se desenha, a atividade se torna mais difícil e as conclusões têm de partir da experiência da própria empresa.
- Em um contexto de colaboração, houve situações em que o governo solicitou sistemas de segurança e as regras do contrato estabelecido acabou influenciando tanto a pesquisa quanto o desenvolvimento do serviço requisitado.
- Há relatos de pesquisas que não conseguiram gerar convencimento suficiente para avançarem à fase de desenvolvimento, o que implicou em uma campanha a fim de que fossem desenvolvidas internamente.
- Transferir não significa parar a pesquisa que passou para o desenvolvimento. Há situações de intercâmbio de pessoas,

que transitam do desenvolvimento para o setor de pesquisa e vice-versa.

Por fim, há inúmeros exemplos das mais variadas práticas e das mais diferentes empresas, que se organizam para estabelecer estratégias de pesquisa e de desenvolvimento que mais se adequem a seu modelo de negócio e aos objetivos em relação à geração de valor que pretendem obter.

Estudo de caso

O foco da Siemens é acelerar a transformação tecnológica de seus clientes, combinando os mundos real e digital

A Siemens Brasil tem aplicado tecnologias de ponta no próprio ambiente de trabalho antes de implementá-las no mercado, como metaverso industrial, gêmeos digitais, 5G industrial e edifícios inteligentes. Um exemplo é o projeto Anhanguera Green & Digital, que transformou a sede da empresa em São Paulo em um *showroom* de soluções para edifícios inteligentes.

A Siemens conta com uma longa história de inovação no Brasil, e nas últimas décadas intensificou sua transformação digital, integrando *software* em todos os seus produtos. A empresa também contribuiu significativamente para o conceito de *indústria 4.0*, focando em inteligência, eficiência energética e sustentabilidade.

> Com relação às políticas de sustentabilidade, há duas áreas da estratégia DEGREE[1] que são especialmente destacadas no relatório da empresa de 2023: descarbonização e uso eficiente de recursos.

Fonte: Elaborado com base em Siemens, 2024.

Propositalmente, selecionamos esse relato da multinacional alemã Siemens por termos constatado que as atividades da empresa estão conectadas com temas que abordamos neste capítulo. Com base nesse estudo de caso, responda às seguintes perguntas:

1. Quais são as referências mencionadas no início da matéria que têm relação com o que acabamos de estudar no capítulo? Há situação de transferência de tecnologia? Se sim, como isso ocorreu?

2. O estudo de caso apresenta referências diretas a passagens do capítulo. De que maneira a empresa aplicou o conhecimento e a tecnologia em sua estratégia?

Tendências e perspectivas sobre inovação

Após todas as explanações que realizamos neste livro, agora nos cabe tecer algumas considerações a respeito do que o futuro nos

---

1 Acrônimo para descarbonização, ética, governança, recursos com uso eficiente, equidade e empregabilidade.

reserva, para pensarmos desde já. Em se tratando de inovações e de tecnologia, o terreno é absolutamente fértil. Então, não será nossa função estabelecer listas e fazer apostas com base em inúmeros cenários possíveis; pelo contrário. Finalizaremos esta obra abordando a temática da inteligência artificial, cada vez menos ficção científica e mais realidade, bem como a imprescindível questão da inovação sustentável.

Tecnologia de inteligência artificial

Ao pesquisarmos a expressão *inteligência artificial* no Google, o primeiro item na lista de resultados foi o Watson, o supercomputador da IBM, hoje transformado em plataforma inteligente, hábil em processamento e em interpretação de uma quantidade enorme de dados. Talvez o maior ícone da chamada *inteligência artificial* de que temos notícia. A Figura 6.2 é uma representação conceitual de um sistema de inteligência artificial, segundo Schutzer (1987).

Figura 6.2 – Sistemas de inteligência artificial

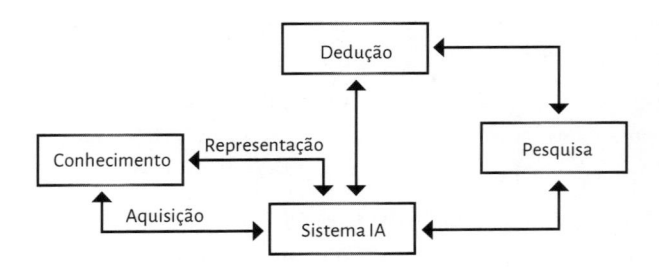

Fonte: Elaborado com base em Schutzer, 1987.

Antes de prosseguirmos, queremos saber: Você chegou a pensar em robôs ao ler o enunciado deste tópico? Se sim, está certo. Sem dúvida é algo que viria à cabeça, e isso já compõe o imaginário popular mundial, porque há décadas esse tema vem sendo explorado não apenas nos laboratórios de pesquisa, mas na literatura e no cinema. Dois filmes emblemáticos, *A.I. Inteligência Artificial* e *O exterminador do futuro*, retrataram cenários obscuros em que robôs conviviam com humanos. Essa alegoria remete a uma realidade com a qual estamos nos deparando nos últimos anos, em um terreno em que a tecnologia de automação prenuncia um avanço sem precedentes e que impactará definitivamente os processos de produção, elevando a eficiência da geração de valor a um patamar nunca antes visto. Naturalmente, os impactos ambientais e sociais também serão sentidos.

Nesse sentido, uma pergunta surge: Como transportar para máquinas a capacidade inata dos seres humanos de raciocinar e agir mediante pensamentos coordenados, ao contextualizar a questão com a temática das inovações? Este será o assunto que veremos a seguir.

Indústria 4.0

A indústria 4.0, ou *manufatura avançada*, como a designam os japoneses e os norte-americanos, surgiu na Alemanha em 2011. Trata-se de uma revolução tecnológica em curso, considerada por especialistas como a Quarta Revolução Industrial, surgida com base em estudos nas áreas de tecnologia da informação e de engenharia. É demonstração de que estamos caminhando definitivamente para o desenvolvimento de máquinas cada vez mais autônomas, e isso se deve ao crescente emprego de inovações tecnológicas relativas a automação, controle e tecnologia da informação.

A proposta da Indústria 4.0 é uma verdadeira inovação disruptiva e seu objetivo é tornar eficientes os processos de produção das fábricas, conectando máquinas por meio de tecnologias cyber-físicas, de internet das coisas e de serviços. Nesse contexto, máquinas trabalharão conectadas entre si e em redes de informação – redes inteligentes que autonomamente controlarão a produção de bens e gerarão informações sobre a produção e seus ciclos de vida. A vantagem competitiva que se busca obter com essa lógica é a criação de máquinas cada vez mais sofisticadas e autônomas, eficientes na capacidade de produzir bens customizados e que se adéquam às demandas produtivas, objetivando, por meio das informações que detenham, adaptar a produção às preferências dos clientes. Soma-se à inteligência das máquinas uma capacidade de predição para atender aos interesses dos consumidores, operando em uma perspectiva de customização.

Quanto à ação humana, acontecerá remotamente. Será superada a imagem do sujeito que fica o dia inteiro operando máquinas na fábrica, apertando botões ou gerenciando informações, o qual poderá trabalhar remotamente com computador, *tablet* ou *smartphone*. Contudo, mesmo atuando virtualmente, recomenda-se o intercâmbio com os demais membros das equipes. Ainda, um pressuposto elementar para a implementação da Indústria 4.0 é a qualificação para a operação das tecnologias que a constituem. Isso implicará no aumento das demandas em pesquisa e em desenvolvimento, sendo necessária a capacitação de profissionais com formação multidisciplinar, predispostos a aprender novas habilidades além daquelas adquiridas em *campi* universitários.

Inovação sustentável

Apesar de todas as justificativas plausíveis no sentido de que são necessários esforços conjuntos para que nosso planeta seja conservado, diálogos relativos às práticas desenvolvimentistas sustentáveis ainda estão longe de ser consensuais. Isso se deve especialmente ao fato de prevalecer a lógica do indispensável fortalecimento das economias mundiais, o que envolve produção e estímulos ao consumo, fatores que normalmente não combinam com a perspectiva de proteção ao meio ambiente. Por conseguinte, pensar em inovações sustentáveis é um contraponto ao aspecto vertiginoso que as inovações, no contexto da modernidade, parecem deixar bem claro. Mas se as inovações, via de regra, são consideradas fatores que contribuem de maneira determinante para a degradação ambiental, o que podemos fazer para alterar esse cenário?

Claramente será necessário criar mecanismos que harmonizem três questões: social, econômica e ambiental. Este é nosso entendimento: o equilíbrio desse aspecto tríplice precisa ser contemplado mediante o emprego das inovações tecnológicas que resultem em gestão ética e responsáveis, no sentido de que as organizações administrem seus negócios garantindo a renovação dos recursos naturais utilizados.

Sustentabilidade × obsolescência programada

Na obsolescência programada, o ciclo de vida de um produto é reduzido por questões mercadológicas, em uma perspectiva em que as tecnologias não param de avançar e as empresas precisam inovar em contextos de intensa concorrência. Não significa dizer que os bens venham com um prazo de validade, como produtos perecíveis. Quer dizer que hoje adquirimos um bem, mas já estamos pensando na próxima versão dele, seja pelo fato de esta ser mais avançada tecnologicamente, seja porque nosso modelo já não comporta as atualizações de *software*, cujas incessantes atualizações se tornaram incompatíveis, como no caso dos *smartphones*.

Estamos tão imersos em tecnologia que, de certo modo, nos encontramos abduzidos. Muitas pessoas não veem a hora de trocar de *smartphone*, de TV e de automóvel. A obsolescência programada é o lado sombrio da inovação e da tecnologia, ao passo que um conceito bastante simples de sustentabilidade significa durabilidade dos recursos naturais de que dispomos. Logo, é preciso harmonizar situações que prática e conceitualmente são dissonantes.

É preciso e sempre será necessário produzir bens diversos com avançada tecnologia, mas a que preço? As inovações são fruto das ações do homem e da capacidade inata de se reinventar, desde o surgimento dos primeiros espécimes dotados de inteligência. Na balança dos benefícios e dos prejuízos, torna-se urgente inovar procurando o desenvolvimento de tecnologias que aliem utilidade e capacidade de trazer consigo soluções que reduzam os riscos ao meio ambiente e mantenham a qualidade de vida de todos. Aliás, as inovações e as tecnologias surgiram para melhorar nossa qualidade de vida, mas as despreocupações com os resultados nocivos da alta produtividade e do consumo em massa nublaram a visão de todos nós.

Um novo tempo, apesar dos perigos

Embora não haja consensos, felizmente há debates, políticas e uma crescente consciência de que é necessário conservar o Planeta, o que acontecerá mediante ações responsáveis por parte de organizações que procuram se educar para esse fim. Logicamente, gerar valor é uma necessidade econômica imperante, mas uma consciência corporativa relacionada à produção sustentável pode educar as empresas e os consumidores quanto aos cuidados com o meio ambiente.

Uma solução possível é tornarmos a perspectiva da implementação de inovações e de tecnologias sustentáveis cada vez mais uma realidade – e para o **agora**, pois esse não é um problema a ser deixado para as **futuras gerações**.

Indicadores de sustentabilidade

Embora o enfoque principal dado à temática esteja relacionado prioritariamente à questão da preservação do meio ambiente – pois a produção industrial e a preservação da natureza devem ser harmonizadas –, práticas sustentáveis alcançam outros elementos que constituem, no todo, o que deve ser compreendido como ações corporativas sustentáveis. Anualmente, por ocasião da realização do Fórum Econômico Mundial, em Davos, na Suíça, divulga-se a relação das 100 empresas mais adeptas às práticas sustentáveis ao redor do mundo.

Para entrar na lista, empresas dos mais variados segmentos precisam estar atentas e ter comportamentos sustentáveis em relação a 12 requisitos predefinidos: consumo de água, resíduos sólidos, emissões de carbono, energia, capacidade de inovação, pagamentos de impostos, relação entre salário médio do trabalhador e do CEO, planos de previdência corporativos, segurança do trabalho, percentual de mulheres na gestão e o chamado *bônus por desempenho*.

Síntese

Neste último capítulo, tratamos de temas variados, mas intrinsecamente ligados entre si. De início, destacamos a importância de pessoas organizadas em equipes, expressando o verdadeiro sentido de trabalho em equipe, que é diferente de trabalho em grupo. Abordamos também a questão das equipes com alto envolvimento, que aderem às práticas inovadoras por meio de programas de incentivo das empresas. Caracterizamos as atividades de P&D, diferenciando-as, e tratamos dos aspectos que envolvem a proteção jurídica da propriedade intelectual por intermédio de registros e de patentes tecnológicas.

Discorremos ainda sobre transferência de conhecimento e de tecnologia, seja do laboratório inicial para o de desenvolvimento, seja pela compra de patentes e por parcerias. Por último, falamos sobre a inteligência artificial e os aspectos ao mesmo tempo surpreendentes e assustadores da chamada *Indústria 4.0*, finalizando definitivamente o capítulo com uma questão singular: a inovação sustentável.

Questões para revisão

1. Qual dos itens a seguir **não indica** características da atividade de pesquisa?
   a) Definição clara do produto objeto de pesquisa.
   b) Avaliação financeira.
   c) Criação de conceitos visando ao desenvolvimento de bens conforme idealizado.
   d) Transferência de desenvolvimento.
   e) Verificação de tendências de mercado e de necessidades de clientes.

2. A respeito dos aspectos que envolvem práticas de transferência de tecnologia, marque a alternativa correta.
   a) A transferência de tecnologia de pesquisa para o desenvolvimento do produto caracteriza-se única e exclusivamente por sua saída de um laboratório inicial onde a ideia surge e é validada.

b) São incomuns as situações onde poderá haver certa pressa para serem realizadas pesquisas que não tinham bases técnicas consistentes a fim resultarem em projetos inovadores.

c) Uma avaliação criteriosa é realizada, especialmente para saber se o projeto de pesquisa se encontra maduro o suficiente para receber os investimentos necessários para fins de desenvolvimento.

d) A transferência de conhecimento e tecnologia poderá ocorrer somente no âmbito da própria empresa, conforme sua estruturação e organização.

e) A lógica da inovação aberta opera com pouquíssima intensidade no sentido de estabelecer conexões entre pesquisa e desenvolvimento, pois transferência de tecnologia ocorre apenas de um departamento para outro dentro da empresa.

3. A respeito das tendências e das perspectivas acerca das inovações, marque a alternativa **incorreta**.

a) A perspectiva das inovações sustentáveis torna-se cada vez mais uma questão imprescindível no contexto da modernidade.

b) As tecnologias de inteligência artificial já estão impactando os processos de produção, elevando a eficiência da geração de valor a um patamar nunca antes visto.

c) A indústria 4.0 se refere a uma revolução tecnológica em curso, considerada por especialistas como a Quarta Revolução Industrial, surgida com base em estudos nas áreas de tecnologia da informação e engenharia.

d) Pensar em inovações sustentáveis significa imaginar um contraponto ao aspecto vertiginoso que as inovações, no contexto da modernidade, parecem deixar bem claros, especialmente no que diz respeito à degradação do meio ambiente.

e) A obsolescência programada é um conceito diretamente relacionado com práticas sustentáveis, e, por conseguinte, implica em durabilidade de produtos de alta tecnologia.

4. "Falar de alto envolvimento significa que a empresa pertence a todos os seus sujeitos. É pensar nela como um todo, em perspectiva de integração, imaginando e construindo uma realidade em que as inovações, em todas as suas faces, com problemas e soluções, são responsabilidade de todos". A que responsabilidade os autores estão se referindo e qual é o fundamento que embasa a proposta de equipes com alto envolvimento?

5. Diferencie trabalho em grupo de trabalho em equipe, explicando o porquê de um ser mais favorável que o outro em relação à gestão de inovações.

Questão para reflexão

"Não pretendemos que as coisas mudem se sempre fazemos o mesmo. A crise é a melhor bênção que pode ocorrer com as pessoas e as empresas, porque traz progressos. A criatividade nasce da angústia, como o dia nasce da noite escura. É nas crises que nascem as invenções, os descobrimentos e as grandes estratégias". (Pensamento atribuído a Albert Einstein)

1. A passagem atribuída a Albert Einstein sugere que momentos de crise são propícios ao aparecimento de inovações. Reflita a respeito dessa proposição estabelecendo conexões com tudo o que aprendeu até aqui. Momentos de crise realmente são capazes de proporcionar o aparecimento de inovações?

Para saber mais

Para que você obtenha mais conhecimentos a respeito dos temas abordados no capítulo, fazemos as seguintes recomendações:

Artigos

GOMES, J. Brasil pode criar a indústria 4.0 verde e amarela. **Agência de Notícias CNI**, 4 fev. 2016. Entrevista. Disponível em: <http://www.portaldaindustria.com.br/agenciacni/noticias/2016/02/entrevista-brasil-pode-criar-a-industria-4-0-verde-e-amarela/>. Acesso em: 30 jun. 2018.

ESTÚDIO ABC. Indústria 4.0 exigirá um novo profissional. **Revista Exame**, 7 jul. 2017. Disponível em: <http://exame.abril.com.br/tecnologia/industria-4-0-exigira-um-novo-profissional/>. Acesso em: 30 jun. 2018.

O ESTADO DE S. PAULO. Após batalha judicial, Crocs perde a patente de sandália mundialmente famosa. **Economia & Negócios**, 15 ago. 2017. Disponível em: <http://economia.estadao.com.br/noticias/negocios, apos-batalha-judicial-crocs-perde-a-patente-de-sandalia-mundialmente-famosa,70001936489>. Acesso em: 30 jun. 2018.

Livros

CLEGG, S.; KORNBERGER, M.; PITSIS, T. **Administração e organizações**: uma introdução à teoria e à prática. Tradução de Patrícia Lessa Flores da Cunha et al. 2. ed. Porto Alegre: Bookman, 2011. p. 403-436.

STADLER, A.; MAIOLI, M. R. **Organizações e desenvolvimento sustentável**. Curitiba: InterSaberes, 2012.

Vídeo

"COMO vamos dominar a quarta revolução industrial é o grande desafio", diz Klaus Schwab. Disponível em: <https://www.youtube.com/watch?v=wWr3f5_rqEI>. Acesso em: 30 jun. 2018.

Considerações finais

ESTE LIVRO, EMBORA formalmente se encerre aqui, não finaliza nossa jornada de aprendizado acerca da gestão da tecnologia e inovação. O assunto é vasto, as abordagens são múltiplas e as referências bibliográficas, constituídas em grande parte de notáveis autores dos Estados Unidos e do Reino Unido, são um verdadeiro convite à inovação... Assim, aperfeiçoe e amplie seus conhecimentos, consulte as obras dos autores que embasaram a produção deste livro. Temos certeza de que a experiência lhe gerará satisfação. Esse convite se justifica pelo fato de termos trabalhado de maneira ampla, com a seleção de temas considerados indispensáveis, os quais procuramos conceituar aproximando-os ao máximo de nossa realidade por meio de linguagem acessível, exemplos práticos e comunicação direta.

Agora que você detém conhecimentos teóricos acerca das práticas de gestão da tecnologia e inovação, acreditamos que sua visão acerca do funcionamento das organizações em geral, especialmente da empresa em que trabalha, nunca mais será a mesma. Caso você esteja se sentindo instigado a reavaliar ou reconsiderar pontos de vista, interagir com seus colegas ou tendo ideias inovadoras, vá em frente! Fomente um clima ou uma cultura de inovação no ambiente profissional em que você transita. Nossa maior alegria será vê-lo encorajado para dar um tom prático a essa formidável teoria que construímos juntos.

Parabéns pela busca do conhecimento!

Referências

3M. Avaliação de fornecedores, 2018. Disponível em: <http://solutions.3m.com.br/wps/portal/3M/pt_BR/Fornecedores/Home/Acompanhamento Fornecimento/AvaliacaoFornecedores>. Acesso em: 23 set. 2017.

3M INOVAÇÃO. 2018. Disponível em: <http://www.3minovacao.com.br>. Acesso em: 4 jul. 2017.

ALTENBURG, T. Building Inclusive Innovation System in Developing Countries: Challenges for is Research. In: LUNDVALL, B.-A. et al. (Ed.). **Handbook of Innovation Systems and Developing Countries**: Building Domestic Capabilities in a Global Setting. Cheltenham: Edward Elgar Publishing, 2009. p. 35-56.

AMATO NETO, J. (Org.). **Redes entre organizações**: domínio do conhecimento e da eficácia operacional. São Paulo: Atlas, 2005.

ANPROTEC – Associação Nacional de Entidades Promotoras de Empreendimentos Inovadores. **Estudo de impacto econômico**: segmento de incubadoras de empresas do Brasil. Brasília: Sebrae, 2016. Disponível em: <http://www.anprotec.org.br/Relata/18072016%20Estudo_ANPROTEC_v6.pdf>. Acesso em: 28 mar. 2019.

BARBIERI, J. C. **Gestão ambiental empresarial**: conceitos, modelos e instrumentos. 3. ed. São Paulo: Saraiva, 2011.

BARBIERI, J. C.; ÁLVARES, A. C. T.; CAJAZEIRA, J. E. R. Geração de ideias para inovações: estudos de casos e novas abordagens. In: SIMPÓSIO DE ADMINISTRAÇÃO DA PRODUÇÃO, LOGÍSTICA E OPERAÇÕES INTERNACIONAIS, Simpoi, 11., 2008, São Paulo. **Anais**... Disponível em: <http://gvpesquisa.fgv.br/sites/gvpesquisa.fgv.br/files/arquivos/barbieri_-_gestao_de_ideiaspara_inovacoes_estudos_.pdf>. Acesso em: 20 jun. 2018.

BARBOSA, D. B. **Uma introdução à propriedade intelectual**. Rio de Janeiro: Lumen Juris, 1998. v. II: Biotecnologia e propriedade intelectual, topografias, know how e segredos industrial, anotações à Lei n. 9.456, de 25 de abril de 1997 (Lei de proteção de cultivares).

BARBOSA, V. As 100 empresas mais sustentáveis do mundo em 2016. **Revista Exame**, Negócios, 25 jan. 2016. Disponível em: <http://exame.abril.com.br/negocios/as-100-empresas-mais-sustentaveis-do-mundo-em-2016>. Acesso em: 20 jun. 2018.

BESSANT, J.; TIDD, J. **Inovação e empreendedorismo**. Tradução de Elizamari Rodrigues Becker, Gabriela Perizzola e Patrícia Lessa Flores da Cunha. Porto Alegre: Bookman, 2009.

BRASIL. Constituição (1988). **Diário Oficial da União**, Brasília, DF, 5 out. 1988. Disponível em: <http://www.planalto.gov.br/ccivil_03/Constituicao/Constituicao.htm>. Acesso em: 20 jun. 2018.

BRASIL. Lei n. 8.248, de 23 de outubro de 1991. **Diário Oficial da União**, Poder Legislativo, Brasília, DF, 24 out. 1991. Disponível em: <http://www.planalto.gov.br/ccivil_03/leis/L8248.htm>. Acesso em: 28 jan. 2019.

BRASIL. Lei n. 9.279, de 14 de maio de 1996. **Diário Oficial da União**, Poder Legislativo, Brasília, DF, 15 maio 1996. Disponível em: <http://www.planalto.gov.br/ccivil_03/Leis/L9279.htm>. Acesso em: 28 jan. 2019.

BRASIL. Lei n. 10.973, de 2 de dezembro de 2004. **Diário Oficial da União**, Poder Legislativo, Brasília, DF, 3 dez. 2004. Disponível em: <http://www.planalto.gov.br/ccivil_03/_ato2004-2006/2004/Lei/L10.973.htm>. Acesso em: 20 jun. 2018.

BRASIL. Lei n. 11.196, de 21 de novembro de 2005. **Diário Oficial da União**, Poder Legislativo, Brasília, DF, 22 nov. 2005. Disponível em: <http://www.planalto.gov.br/ccivil_03/_ato2004-2006/2005/lei/l11196.htm>. Acesso em: 20 jun. 2018.

BRASIL. Lei n. 13.243, de 11 de janeiro de 2016. **Diário Oficial da União**, Poder Legislativo, Brasília, DF, 12 jan. 2016. Disponível em: <http://www.planalto.gov.br/ccivil_03/_ato2015-2018/2016/lei/l13243.htm>. Acesso em: 20 jun. 2018.

BURGELMAN, R. A.; CHRISTENSEN, C. M.; WHEELWRIGHT, S. C. **Gestão estratégica da tecnologia e da inovação**: conceitos e soluções. Tradução de Luis Claudio de Queiroz Faria. 5. ed. Porto Alegre: AMGH, 2012.

CAPODAGLI, B.; JACKSON, L. **Pixar**: lições do playground corporativo mais criativo do mundo. Tradução de Maria Amália Bernardi Caccuri. São Paulo: Saraiva, 2010.

CARSTENS, D. S. **Um sol para cada um**: um modelo de governança para o uso e a disseminação da energia solar no Brasil. 201 p. Tese (Doutorado em Administração) – Universidade Positivo, Curitiba, 2016.

CARSTENS, D. S.; KAMP, L.; CUNHA, S. K. The Emergence of Photovoltaic Energy in Brazil: Challenges and Opportunities for growth. In: INTERNATIONAL SUSTAINABILITY TRANSITIONS CONFERENCE, 7., 2016, Wuppertal.

CARVALHO, L. 8 inovações que surgiram por acaso. **Revista Exame**, Tecnologia, 1º nov. 2011. Disponível em <http://exame.abril.com.br/tecnologia/8-inovacoes-que-surgiram-por-acaso>. Acesso em: 20 jun. 2018.

CAVALCANTE, L. R. Políticas de ciência, tecnologia e inovação no Brasil: uma análise com base nos indicadores agregados. In: IPEA – Instituto de Pesquisa Econômica Aplicada. **Brasil em desenvolvimento**: Estado, planejamento e políticas públicas. Brasília: Ipea, 2010. 3 v.

CHESBROUGH, H. **Inovação aberta**: como criar e lucrar com tecnologia. Tradução de Luis Claudio de Queiroz Faria. Porto Alegre: Bookman, 2012.

CHRISTENSEN, C. M. **O dilema da inovação**: quando as novas tecnologias levam empresas ao fracasso. Tradução de Edna Veiga. São Paulo: Makron Books, 2012.

CHRISTENSEN, C. M.; RAYNOR, M. E.; McDONALD, R. What is Disruptive Innovation? **Harvard Business Review**, v. 93, n. 12, p. 44-53, 2015.

CONNELLAN, T. K. **Nos bastidores da Disney**: os segredos do sucesso da mais poderosa empresa de diversões do mundo. Tradução de Marcelo Borges. 19. ed. São Paulo: Futura, 1998.

CORAL, E.; OGLIARI, A.; ABREU, A. F. de (Org.). **Gestão integrada da inovação**: estratégia, organização e desenvolvimento de produtos. São Paulo: Altas, 2008.

CORRÊA, M. Brasil é o 10º país mais desigual do mundo. **O Globo**, Economia, 21 mar. 2017. Disponível em: <https://oglobo.globo.com/economia/brasil-o-10-pais-mais-desigual-do-mundo-21094828#ixzz51wzz8GVW>. Acesso em: 20 jun. 2018.

D'AVILA, T.; EPSTEIN, M. J.; SHELTON, R. **As regras da inovação**: como gerenciar, como medir e como lucrar. Tradução de Raul Rubenich. Porto Alegre: Bookman, 2009.

DRUCKER, P. **Administrando em tempos de grandes mudanças**. Tradução de Nivaldo Montingelli Jr. São Paulo: Pioneira, 1999.

DRUCKER, P. **Inovação e espírito empreendedor (entrepreneurship)**: prática e princípios. Tradução de Carlos Malferrari. São Paulo: Cengage Learning, 1986.

DRUCKER, P. The Discipline of Innovation. **Harvard Business Review**, Aug. 2002. Disponível em: <https://hbr.org/2002/08/the-discipline-of-innovation>. Acesso em: 20 jun. 2018.

DW – Deutsche Welle. 1886: inventada a Coca-Cola. **Calendário histórico**. Disponível em: <http://www.dw.com/pt-br/1886-inventada-a-coca-cola/a-833976>. Acesso em: 20 jun. 2018.

FIGLIOLI, A.; PORTO, G. S. Mecanismos de transferência de tecnologia entre universidades e parques tecnológicos. In: SIMPÓSIO DE GESTÃO DA INOVAÇÃO TECNOLÓGICA, 24., 2006, Gramado. **Anais**... Disponível em: <http://www.anpad.org.br/admin/pdf/IPP601.pdf>. Acesso em: 20 jun. 2018.

FIORELLI, J. O. **Psicologia para administradores**: integrando teoria e prática. 9. ed. São Paulo: Atlas, 2014.

FORBES. The World's Most Innovative Companies. **The List**, 2018a. Disponível em: <https://www.forbes.com/innovative-companies/list>. Acesso em: 28 mar. 2019.

FORBES. The World's Most Valuable Brands. **The List**, 2018b. Disponível em: <https://www.forbes.com/powerful-brands/list>. Acesso em: 28 mar. 2019.

GITAHY, Y. O que é uma startup? **Revista Exame**, PME, 3 fev. 2016. Disponível em: <https://exame.abril.com.br/pme/o-que-e-uma-startup>. Acesso em: 20 set. 2017.

GRAU-KUNTZ, K. O que é propriedade intelectual. **IP-Iurisdictio**, 15 ago. 2015. Disponível em: <http://ip-iurisdictio.org/hello-world>. Acesso em: 20 jun. 2018.

GREGO, M. O guru Steven Johnson conta de onde vem a inovação. **Revista Exame**, Tecnologia, 19 set. 2014. Disponível em: <http://exame.abril.com.br/tecnologia/o-guru-steven-johnson-conta-de-onde-vem-a-inovacao>. Acesso em: 19 jun. 2018.

HESSELBEIN, F.; GOLDSMITH, M.; SOMERVILLE, I. **Liderança para o século XXI**. Tradução de Cynthia Azevedo. São Paulo: Futura, 2000.

IBGE – Instituto Brasileiro de Geografia e Estatística. **Pesquisa de inovação**: 2016. Rio de Janeiro, 2016.

IBM BRASIL. **IBM Watson** – bem-vindos à era cognitiva. Disponível em: <https://www.youtube.com/watch?v=z6IpRP7b4ss>. Acesso em: 20 jun. 2018.

IBM. **Watson**: o desafio de todos os tempos. Disponível em: <http://www-03.ibm.com/systems/br/power/advantages/watson>. Acesso em: 11 set. 2017.

JOHNSON, S. **Where Good Ideas Come From**. Disponível em: <https://www.youtube.com/watch?v=0afooUcTO-c>. Acesso em: 19 jun. 2018.

KAPLAN, R. S.; NORTON, D. P. **Alinhamento**: utilizando o Balanced Scorecard para criar sinergias corporativas. Tradução de Afonso Celso da Cunha Serra. Rio de Janeiro: Elsevier, 2006.

KELLY, K. **Para onde nos leva a tecnologia**. Tradução de Francisco Araújo Costa. Porto Alegre: Bookman, 2013.

KFC – Kentucky Fried Chicken. **KFC Brasil**. Disponível em: <http://www.kfcbrasil.com.br>. Acesso em: 28 mar. 2019.

KIM, W. C.; MAUBORGNE, R. **Blue Ocean Strategy**: how to Create Uncontested Market Space and Make the Competition Irrelevant. Boston: Harvard Business Scholl Publishing, 2005.

KOTLER, P.; KELLER, K. L. **Administração de marketing**. Tradução de Sônia Midori Yamamoto. 14. ed. São Paulo: Pearson Education do Brasil, 2012.

KOTTER, J. P. **Liderando mudança**. Rio de Janeiro: Campus; Elsevier, 1997.

LEPRI, J. Brasil leva até 11 anos para conseguir aprovar a patente de um produto novo. **G1**, São Paulo, 22 set. 2016. Disponível em: <http://g1.globo.com/jornal-da-globo/noticia/2016/09/brasil-leva-ate-11-anos-para-conseguir-aprovar-patente-de-um-produto-novo.html>. Acesso em: 19 jun. 2018.

LUCAS, H. C.; GOH, J. M. Disruptive Technology: How Kodak Missed the Digital Photography Revolution. **The Journal of Strategic Information Systems**, v. 18, n. 1, p. 46-55, 2009.

LUNDVALL, B-A. (Ed.). **National Systems of Innovation**: Toward a Theory of Innovation and Interactive Learning. New York: Athem Press, 2010.

MENEZES, V. de O.; MAÇANEIRO, M. B.; CUNHA, S. K. da (Org.). **Observatório de ecoinovação**: aspectos teóricos e casos ilustrativos. Curitiba: CRV, 2017.

MINTZBERG, H. et al. **O processo da estratégia**: conceitos, contextos e casos selecionados. Tradução de Luciana de Oliveira Rocha. 4. ed. Porto Alegre: Bookman, 2009.

OSTERWALDER, A.; PIGNEUR, Y. **Business Model Generation**: inovação em modelos de negócios. Tradução de Raphael Bonelli. Rio de Janeiro: Alta Books, 2011.

POPADIUK, S. Escala de orientação para *exploration-exploitation* do conhecimento em empresas brasileiras. In: ENCONTRO DA ANPAD, 34., 2010, Rio de Janeiro. **Anais**... Disponível em: <http://www.anpad.org.br/admin/pdf/eor134.pdf>. Acesso em: 19 jun. 2018.

PORTER, M. E. **Estratégia competitiva**: técnicas para a análise de indústrias e da concorrência. Tradução de Elizabeth Maria de Pinho Braga. Rio de Janeiro: Elsevier, 2004.

PRAHALAD, C. K. **A riqueza na base da pirâmide**: erradicando a pobreza com o lucro. Tradução de André de Godoy Vieira. Porto Alegre: Bookman, 2010.

RENNER, R. H. Obsolescência programada e consumo sustentável: algumas notas sobre um importante debate. **Revista Interdisciplinar de Direito**, Juiz de Fora, v. 9, n. 1, 2012. p. 405-416. Disponível em: <http://revistas.faa.edu.br/index.php/FDV/article/view/529>. Acesso em: 19 jun. 2018.

ROBBINS, S. P. **Comportamento organizacional**. Tradução de Reynaldo Marcondes. 11. ed. São Paulo: Pearson Prentice Hall, 2006.

SCHEIN, E. H. **Organizational Culture and Leadership**. 5. ed. San Francisco: Wiley & Sons, 2017.

SCHERER, F. O.; CARLOMAGNO, M. S. **Gestão da inovação na prática**: como aplicar conceitos e ferramentas para alavancar a inovação. São Paulo: Atlas, 2009.

SCHOLTISSEK, S. **Excelência em inovação**: como criar mercados promissores nas áreas energéticas e de recursos naturais. Tradução de Cristina Yamagami. Rio de Janeiro: Elsevier; São Paulo: Accenture, 2012.

SCHUTZER, D. **Artificial Intelligence**: an Applications-Oriented Approach. New York: Van Nostrand Reinhold Company, 1987.

SCHWAB, K. **A quarta Revolução Industrial**. Tradução de Daniel Moreira Miranda. São Paulo: Edipro, 2016.

SIEMENS. **Relatório institucional e ESG 2023**. São Paulo, 2024. Disponível em: <https://dropssie.com.br/relatorio-fiscal-2023/relatorio.html>. Acesso em: 9 set. 2024.

SILVA, E. H. B. da. Acordo Trips é dirigido somente aos Estados signatários e não aos particulares. **Consultor Jurídico**, 8 ago, 2014. Disponível em: <http://www.conjur.com.br/2014-ago-08/eduardo-hermes-somente-estado-signatario-invocar-acordo-trips2>. Acesso em: 20 jun. 2018.

SILVEIRA, C. B.; LOPES, G. C. O que é indústria 4.0 e como ela vai impactar o mundo. **Citisystems**, [2016]. Disponível em: <https://www.citisystems.com.br/industria-4-0>. Acesso em: 19 jun. 2018.

SILVEIRA, D. Brasil tem mais de 244 mil patentes e 422 mil marcas na "fila" para registro. **G1**, Economia, 3 maio 2017. Disponível em: <https://g1.globo.com/economia/noticia/brasil-tem-mais-de-244-mil-patentes-e-422-mil-marcas-na-fila-para-registro.ghtml>. Acesso em: 19 jun. 2018.

STADLER, A.; MAIOLI, M. R. **Organizações e desenvolvimento sustentável**. Curitiba: InterSaberes, 2012.

THE COCA-COLA COMPANY. Crônicas da Coca-Cola: nasce uma ideia refrescante. **História**, 31 dez. 2011. Disponível em <http://www.cocacolabrasil.com.br/historias/cronicas-da-coca-cola-nasce-uma-ideia-refrescante>. Acesso em: 20 jun. 2018.

TIDD, J.; BESSANT, J. **Gestão da inovação**: integrando tecnologia, mercado e mudança organizacional. Tradução de Félix Nonnenmacher. 5. ed. Porto Alegre: Bookman, 2015.

TIDD, J.; BESSANT, J. R. **Managing Innovation**: Integrating Technological, Market and Organizational Change. 7. ed. Hoboken: Wiley, 2021.

TIDD, J.; BESSANT, J.; PAVITT, K. **Gestão da inovação**. Tradução de Elizamari Rodrigues Becker et al. 3. ed. Porto Alegre: Bookman, 2008.

TIGRE, P. B. **Gestão da inovação**: a economia da tecnologia no Brasil. 2. ed. Rio de Janeiro: Elsevier, 2013.

VELÁZQUEZ, V. H. T. (Org.). **Propriedade intelectual**: setores emergentes e desenvolvimento. Piracicaba: Equilíbrio, 2007.

Respostas

Capítulo 1
Questões para revisão

1. c

2. e

3. c

4. Destacamos a criação de uma cultura organizacional que incentive internamente ações empreendedoras, inovativas e colaborativas, fomentando o compartilhamento de ideias e de recursos, além da obtenção de vantagem competitiva e de defesa da posição estratégica da organização no mercado por meio da criação de produtos e de serviços inovadores que

ofereçam uma proposta diferenciada e tragam mais valor percebido para o consumidor.

5. Em linhas gerais, o risco de a organização perder fôlego e até de fechar as portas pelo fato de ter ficado para trás ao não observar os avanços tecnológicos e as tendências de mercado. Inovar é obrigatório para a empresa que deseja se manter estável.

Capítulo 2
Questões para revisão

1. e

2. c

3. d

4. Racionalista: formal, interesse lógico, analítica e descritiva, próxima ao estilo militar, procura prever todas as situações possíveis. Frágil no sentido de lidar com cenários complexos.

Incrementalista: considera aspectos como concorrência, visão dos consumidores, reguladores, alterações técnicas, leis, questões sociais, políticas, econômicas. É propensa a lidar com situações de complexidade.

5. Habilidades comunicacionais e inter-relacionais; construção de ambiente acolhedor e inclusivo; incentivo à criatividade e espírito de equipe; poder agregador, confiança no líder e nos projetos que encabeça desde a fase inicial.

Capítulo 3
Questões para revisão

1. b

2. b

3. a

4. Uma vez conquistada a estabilidade, a tendência natural da maioria das empresas é optar pelas inovações de caráter incremental. Como apresentado desde o primeiro capítulo desta obra, inovar de maneira incremental envolve menos riscos, ao passo que optar pela radicalidade ou pela disrupção, haverá necessidade de se lidar com incertezas de alto grau.

5. Não se deve escolher qualquer ideia, e sim a que estiver baseada em um modelo mental bem definido. Seleciona-se a ideia comprovadamente mais viável, pois os recursos para grandes e, especialmente, pequenas empresas são finitos.

Capítulo 4
Questões para revisão

1. b

2. c

3. c

4. Em linhas gerais, a competitividade entre as empresas é mais intensa no Oceano Vermelho, no qual todos os concorrentes estão disputando o mesmo mercado. Já a proposta

da estratégia do Oceano Azul consiste em repensar o apelo funcional-emocional do setor, buscando mercados ainda não explorados. Por fim, ao direcionar uma estratégia para os princípios do Oceano Azul, a empresa ganha competitividade e sua lucratividade tende a aumentar.

5. Entre as diferentes políticas para o fomento de uma tecnologia se destacam os incentivos fiscais e os incentivos financeiros que motivam as empresas a investir no desenvolvimento de novas tecnologias. Ademais, o governo do Brasil conta com inúmeras instituições que fomentam o desenvolvimento de tecnologias e inovações, como FINEP, CNPq, Capes e Ministério da Ciência, Tecnologia, Inovações e Telecomunicações.

Capítulo 5

Questões para revisão

1. a

2. e

3. d

4. A obsolescência pode ser planejada pela empresa com o objetivo de fazer com que os consumidores troquem seus antigos produtos por lançamentos. Todavia, uma das consequências da obsolescência programada é a redução do ciclo de vida dos produtos, algo comum, por exemplo, em relação aos *smartphones*.

5. Essencialmente, o objetivo da realização do protótipo do produto é testá-los antes de iniciar sua produção em escala e lançá-lo no mercado. Além disso, os potenciais usuários

do produto podem trazer uma contribuição muito grande a um protótipo de produto, pois são conhecedores e conseguem identificar oportunidades de ajustes e de melhorias no produto.

Capítulo 6
Questões para revisão

1. d

2. c

3. e

4. À responsabilidade decorrente da adesão dos funcionários de empresas que mantêm programas colaborativos que incentivam todos os trabalhadores a apresentar ideias e sugestões inovadoras, mediante reconhecimento e recompensas. Fundamenta-se na lógica da *manufatura enxuta*.

5. Trabalho em grupo, embora seja uma reunião de indivíduos em prol de um objetivo comum, nem sempre atinge bons resultados, seja por questões subjetivas, seja por má gestão ou liderança. Trabalho em equipe é a união de trabalhadores em torno de um objetivo comum, comprometidos com o êxito das tarefas que realizam; trata-se da soma de inteligências bem conduzidas e incentivadas em um contexto de sinergia em que cada um oferece o melhor de si. Logo, o grau de envolvimento e comprometimento de uma equipe de trabalho proporciona um ambiente mais rico e colaborativo se comparado àquele onde haja simplesmente um grupo. Assim, haverá mais espaço para a criatividade e surgimento de ideias inovadoras.

Sobre os autores

Danielle Denes dos Santos
Tem pós-doutorado em Inovação pelo Instituto Israelense de Tecnologia – Technion. É doutora em Administração pela Universidade Positivo (UP) e pela TU DELFT – Faculty of Technology, Policy and Management, na Holanda; mestra em Administração pela Universidade Federal do Paraná (UFPR); especialista em Marketing Empresarial pela UFPR; e graduada em Administração de Empresas pela Universidade Tuiuti do Paraná (UTP) e em Comunicação – Publicidade e Propaganda pela UFPR.

Atualmente, é professora da Escola de Negócios da Pontifícia Universidade Católica do Paraná (PUCPR). Tem mais de 20 anos de experiência em magistério superior, tendo atuado em diversas instituições de ensino, entre elas: UP, PUCPR, Centro Universitário Internacional Uninter e UTP.

Atuou por mais de 18 anos em empresas nacionais e multinacionais nas áreas de Inteligência e Pesquisa de Mercado, Planejamento Estratégico e Inovação. Suas áreas de interesse são: transição tecnológica, teoria da inovação, gestão da inovação, pesquisa de *marketing*, *marketing* empresarial, planejamento estratégico.

Edson Fonseca
É doutorando em Administração pela Universidade Positivo (UP); mestre em Administração pela Universidade Tecnológica Federal do Paraná (UTFPR); especialista em Formação Pedagógica do Professor Universitário pela Pontifícia Universidade Católica do Paraná (PUCPR); e bacharel em Direito pelo UniBrasil Centro Universitário.

Atualmente, é professor adjunto nos cursos de graduação em Direito da Faculdade Inspirar e do Centro Universitário Unifael, ambos em Curitiba/PR. Tem 10 anos de experiência em magistério superior, nas modalidades a distância e presencial, atuando em diversas instituições de ensino, com destaque para o Serviço Nacional de Aprendizagem Comercial (Senac), o UniOpet Centro Universitário e a Unicesumar.

Profissional com ampla experiência em EaD, como gestor acadêmico e de produção escrita e audiovisual, atua em temas interdisciplinares que perpassam o direito privado e a administração, como inovação, sustentabilidade e estratégia empresarial. É advogado privatista, filiado à perspectiva do direito preventivo.

Impressão:

10 LEITURAS ESSENCIAIS
Harvard Business Review

Desafios da liderança

Os melhores artigos da **Harvard Business Review** para você aprimorar seu poder de influência e impulsionar os resultados da sua equipe

Harvard Business Review Press

SEXTANTE

Título original: *HBR's 10 Must Reads On Leadership*

Copyright © 2011 por Harvard Business School Publishing Corporation
Copyright da tradução © 2020 por GMT Editores Ltda.
Publicado mediante acordo com Harvard Business Review Press

Todos os direitos reservados. Nenhuma parte deste livro pode ser utilizada ou reproduzida sob quaisquer meios existentes sem autorização por escrito dos editores.

tradução
Simone Reisner

preparo de originais
Melissa Lopes Leite

revisão
Flávia Midori e Pedro Staite

diagramação
Abreu's System

capa
DuatDesign

impressão e acabamento
Associação Religiosa Imprensa da Fé

CIP-BRASIL. CATALOGAÇÃO NA PUBLICAÇÃO
SINDICATO NACIONAL DOS EDITORES DE LIVROS, RJ

D484   Desafios da liderança / Daniel Goleman... [et al.]; [Harvard Business Review]; tradução de Simone Reisner. Rio de Janeiro: Sextante, 2020.
208 p.; 16 x 23 cm. (Coleção Harvard : 10 leituras essenciais)

Tradução de: HBR's 10 must reads on leadership
ISBN 978-85-431-0972-5

1. Liderança. I. Goleman, Daniel. II. Reisner, Simone. III. Série.

20-63064

CDD: 658.4092
CDU: 005.322:316.46

Todos os direitos reservados, no Brasil, por
GMT Editores Ltda.
Rua Voluntários da Pátria, 45 – 14º andar – Botafogo
22270-000 – Rio de Janeiro – RJ
Tel.: (21) 2538-4100
E-mail: atendimento@sextante.com.br
www.sextante.com.br

Desafios
da liderança

Sumário

1. O que define um líder? — 7
   Daniel Goleman

2. Como se tornar um executivo eficaz — 27
   Peter F. Drucker

3. O que os líderes realmente fazem — 42
   John P. Kotter

4. O trabalho de liderança — 62
   Ronald A. Heifetz e Donald L. Laurie

5. Por que alguém deveria ser liderado por você? — 86
   Robert Goffee e Gareth Jones

6. As provas de fogo da liderança — 105
   Warren G. Bennis e Robert J. Thomas

7. Liderança Nível 5: o triunfo da humildade e da determinação ferrenha — 121
   Jim Collins

8. As sete transformações da liderança   144
   David Rooke e William R. Torbert

9. Liderança autêntica   169
   Bill George, Peter Sims, Andrew N. McLean e Diana Mayer

10. Em defesa do líder incompleto   185
    Deborah Ancona, Thomas W. Malone, Wanda J. Orlikowski e Peter M. Senge

Autores   203

1

O que define um líder?

Daniel Goleman

TODO PROFISSIONAL DO MUNDO CORPORATIVO conhece algum caso de um funcionário extremamente qualificado e inteligente que foi alçado a uma posição de liderança e acabou fracassando. Há também histórias de pessoas com sólidas (porém não extraordinárias) capacidades intelectuais e habilidades técnicas que foram promovidas a uma posição de liderança e construíram uma carreira brilhante.

Esses exemplos corroboram a popular crença de que identificar líderes em potencial é mais uma arte do que uma ciência. Afinal, o estilo pessoal de líderes de excelência varia muito: alguns são contidos e analíticos, outros proclamam suas ideias aos quatro ventos. No entanto, o mais importante é que situações diferentes exigem tipos diferentes de liderança. Para realizar fusões, muitas vezes é preciso que um negociador sensível esteja no comando, enquanto uma empresa passando por muitas mudanças radicais exige uma autoridade mais enérgica.

Em minha experiência, porém, notei que os líderes mais eficazes geralmente têm um ponto crucial em comum: todos mostram elevado grau do que se tornou conhecido como *inteligência emocional* (IE). Não que o QI e a competência técnica não sejam relevantes; eles são, mas como "qualidades iniciais", ou seja, pré-requisitos no começo da carreira do executivo. Minha pesquisa, juntamente com outros estudos, prova que a inteligência emocional, por sua vez, é uma condição *sine qua non* de liderança. Sem ela, a pessoa pode ter a melhor formação do mundo, uma mente analítica e incisiva e um arcabouço infinito de ideias brilhantes, mas ainda assim não se tornará uma grande líder.

Ao longo de um ano, meus colegas e eu estudamos o peso que a inteligência emocional pode ter no trabalho. Examinamos as relações entre IE e desempenho, sobretudo de líderes, e observamos como ela é mostrada no dia a dia. Como afirmar, por exemplo, que alguém tem inteligência emocional? Como reconhecê-la em si mesmo? Nas próximas páginas, exploraremos essas questões abordando isoladamente cada componente dela: autoconhecimento, autocontrole, motivação, empatia e destreza social.

Avaliando a inteligência emocional

Atualmente, muitas grandes empresas contratam psicólogos capazes de desenvolver os chamados modelos de gestão por competências para ajudá-las a identificar, treinar e promover prováveis líderes em potencial. Nos últimos anos, analisei modelos de competência de 188 empresas, a maioria multinacionais como a Lucent Technologies, a British Airways e o Credit Suisse.

Meu objetivo foi determinar quais competências individuais são responsáveis pelo excelente desempenho do profissional dentro dessas organizações e em que medida. Agrupei as capacidades em três categorias: habilidades estritamente técnicas (como contabilidade e planejamento de negócios), habilidades cognitivas (como raciocínio analítico) e competências que revelam inteligência emocional (como capacidade de trabalhar em equipe e eficácia em liderar mudanças).

Para criar alguns modelos de gestão por competências, psicólogos pediram aos altos executivos que identificassem as capacidades típicas dos líderes mais proeminentes da organização. Para criar outros modelos, usaram critérios objetivos – como lucratividade da divisão – a fim de diferenciar

> ### Em resumo
>
> O que distingue um grande líder de um bom líder? Segundo Daniel Goleman, não é seu QI nem são suas habilidades técnicas, mas sua **inteligência emocional**: o conjunto de cinco habilidades que permite aos melhores líderes maximizar o próprio desempenho e o de seus subordinados. Ele observou que, quando os altos executivos de uma empresa contavam com as habilidades de IE, sua unidade superava a meta de receita anual em 20%.
>
> As habilidades de IE são:
>
> - *Autoconhecimento* – conhecer seus pontos fortes e fracos, suas motivações e seus valores, assim como o impacto causado por esses fatores.
> - *Autocontrole* – controlar ou redirecionar impulsos e estados de ânimo problemáticos.
> - *Motivação* – ter prazer na conquista profissional em si, sem segundas intenções.
> - *Empatia* – entender a estrutura emocional de outras pessoas.
> - *Destreza social* – construir relações com as pessoas para conduzi-las na direção desejada.
>
> Cada um de nós nasce com certos níveis de habilidades de inteligência emocional, mas podemos fortalecê-las com persistência, treinamento e feedback de colegas e coaches.

os líderes mais notáveis dos medianos. Os que se encaixavam no primeiro grupo foram, então, exaustivamente entrevistados e testados e tiveram as capacidades comparadas. Desse processo nasceram listas de atributos de líderes altamente eficientes, que continham de 7 a 15 itens, como iniciativa e visão estratégica.

Quando analisei os dados, cheguei a resultados surpreendentes. Não havia dúvida de que o intelecto era o motor do desempenho de alto nível. Habilidades cognitivas, como percepção da conjuntura e visão de longo prazo, se mostraram fundamentais. Mas, quando calculei em que proporção as

Na prática

Entendendo os componentes da inteligência emocional

Componentes da inteligência emocional	Definição	Características	Exemplos
Autoconhecimento	Conhecer seus sentimentos, seus pontos fortes e fracos, suas motivações e seus objetivos – e o impacto que tudo isso provoca nos outros.	• Autoconfiança • Capacidade de fazer uma autoavaliação realista • Senso de humor autodepreciativo • Sede de crítica construtiva	Um gestor sabe que não lida bem com prazos apertados, por isso administra o tempo para concluir a tarefa com antecedência.
Autocontrole	Controlar ou redirecionar impulsos e estados de espírito nocivos.	• Confiabilidade • Integridade • Tranquilidade diante da ambiguidade e das mudanças	Quando uma equipe faz uma apresentação desastrosa, seu líder resiste à vontade de esbravejar. Em vez disso, reflete sobre as possíveis razões do mau desempenho, explica para a equipe as consequências do fracasso e explora soluções em conjunto.
Motivação	Ser motivado por conquistas.	• Paixão pelo trabalho e por novos desafios • Disposição incansável para melhorar • Otimismo diante do fracasso	Uma gestora de portfólio de uma empresa de investimentos vê seus fundos despencarem durante três trimestres seguidos. Grandes clientes abandonam o barco. Em vez de culpar circunstâncias externas, ela decide aprender com a experiência e planeja uma volta por cima.

Componentes da inteligência emocional	Definição	Características	Exemplos
Empatia	Levar em conta os sentimentos dos outros, sobretudo ao tomar decisões.	• Expertise em atrair e reter talentos • Capacidade de desenvolver profissionais • Sensibilidade para lidar com diferenças culturais	Uma consultora americana e sua equipe lançaram um projeto para um cliente em potencial do Japão. A equipe interpreta o silêncio do cliente como desaprovação e se prepara para sair da sala. A consultora faz uma leitura da linguagem corporal do cliente e percebe seu interesse. Continua a reunião e sua equipe consegue o contrato.
Destreza social	Administrar relacionamentos para conduzir as pessoas na direção desejada.	• Eficácia em conduzir mudanças • Poder de persuasão • Extensa rede de contatos • Expertise em formar e liderar equipes	Um gestor deseja que sua empresa adote uma estratégia mais eficaz para a internet. Encontra pessoas que pensam como ele e forma uma equipe para criar o protótipo de um site. Convence seus aliados em outras unidades a financiar a participação da empresa numa convenção importante. Como resultado, a empresa cria uma divisão de internet e o coloca no comando.

Fortalecendo a inteligência emocional

Use a experiência e o feedback para fortalecer habilidades específicas de inteligência emocional.

Exemplo: Por meio do feedback de outros profissionais, uma executiva descobriu que lhe faltava empatia, sobretudo a capacidade de ouvir. Para resolver o problema, pediu a um coach que a avisasse quando ela demonstrasse incapacidade de ouvir. Em seguida, encenou incidentes para treinar formas de dar respostas mais eficientes – por exemplo, não interrompendo a pessoa que está falando. Além disso, começou a observar executivos considerados excelentes ouvintes e passou a imitar o comportamento deles.

habilidades técnicas, o QI e a IE respondiam pelo alto desempenho, a inteligência emocional provou ser duas vezes mais importante que as outras características em todos os níveis hierárquicos.

Minha análise também mostrou que a inteligência emocional desempenha um papel preponderante nos cargos de nível mais alto, em que a importância das habilidades técnicas é mínima. Em outras palavras, quanto mais elevada a posição do profissional no ranking de desempenho, mais evidentes eram seus atributos de IE que explicavam essa eficiência. Quando comparei profissionais brilhantes e medianos em cargos de alta liderança, praticamente 90% da diferença nos perfis foi atribuída a fatores da inteligência emocional, não a habilidades técnicas.

Outros pesquisadores confirmaram que a inteligência emocional não só distingue líderes notáveis, como também pode ser associada a um bom desempenho. As descobertas do falecido David McClelland, renomado analista do comportamento humano e organizacional, são um bom exemplo. Num estudo realizado em 1996 com uma empresa global do setor de alimentos e bebidas, McClelland descobriu que, quando altos executivos apresentavam uma massa crítica de capacitação em IE, suas unidades superavam a meta de receita anual em 20%. O curioso é que as descobertas de McClelland valiam para unidades da empresa localizadas nos Estados Unidos, na Ásia e na Europa.

Resumindo, os números estão começando a contar uma história persuasiva que prova a relação entre o sucesso de uma companhia e a inteligência emocional de seus líderes. Outro resultado até mais importante é que, ao adotarem a abordagem correta, as pessoas são capazes de desenvolver a inteligência emocional. (Veja o quadro "É possível aprender a ter inteligência emocional?", na página 14.)

Autoconhecimento

O autoconhecimento é o primeiro componente da inteligência emocional – o que faz sentido, se considerarmos que milênios atrás o oráculo de Delfos já sugeria: "Conhece-te a ti mesmo." Ter autoconhecimento significa demonstrar uma profunda compreensão de suas emoções, seus pontos fortes e fracos, suas necessidades e motivações.

Pessoas com elevado nível desse componente não são nem críticas nem otimistas em excesso, mas honestas consigo mesmas e com os outros. Elas sabem como seus sentimentos afetam a si mesmas, os outros e seu desempenho profissional. Sabem que, quando prazos apertados pioram seu desempenho, precisam organizar seu tempo cuidadosamente e concluir as tarefas bem antes do fim do prazo. São capazes de trabalhar com clientes exigentes. Entendem o impacto do cliente em seu humor e as razões de sua frustração. Talvez expliquem: "As demandas do dia a dia nos impedem de realizar o trabalho que precisa ser feito." E conseguem canalizar a raiva para transformá-la em algo construtivo.

Autoconhecimento implica conhecer seus valores e metas. Quem o pratica sabe aonde vai e por quê. Por isso, é firme ao recusar uma oferta de trabalho financeiramente tentadora mas que não está de acordo com seus princípios ou suas metas de longo prazo. Uma pessoa com baixo grau de autoconhecimento, por outro lado, pode tomar decisões que provocam um caos emocional. É comum ouvi-las dizerem: "O salário parecia bom, por isso aceitei a oferta. Agora, dois anos depois, o trabalho significa tão pouco para mim que vivo entediado." As decisões de profissionais com grau elevado de autoconhecimento se entrelaçam com seus valores. Logo, para eles o trabalho é sempre estimulante.

Como identificar o autoconhecimento? Para começar, ele se apresenta como franqueza e capacidade de fazer autoavaliações realistas. Pessoas com um elevado grau dele são capazes de expressar de maneira clara e aberta – embora não necessariamente em tom efusivo ou confessional – suas emoções e o impacto delas no desempenho profissional. Uma gestora que conheço, por exemplo, estava cética quanto a um novo cargo – *personal shopper* – que sua empresa, uma cadeia de lojas de departamento, estava prestes a criar. Sem que sua opinião fosse solicitada pela equipe ou por seu chefe, ela comentou: "Para mim, é difícil estar por trás da proposta desse novo cargo porque eu realmente queria estar à frente do projeto, mas não fui selecionada. Sejam pacientes comigo enquanto lido com isso." A executiva de fato refletiu sobre seus sentimentos e uma semana depois já estava apoiando incondicionalmente o projeto.

O autoconhecimento em geral é avaliado no processo de contratação. Peça ao candidato que descreva uma ocasião em que se deixou levar pelos

É possível aprender a ter inteligência emocional?

Durante muitos anos, especialistas discutiram se líderes nascem líderes ou são treinados para isso. Isso também ocorre com a inteligência emocional. As pessoas nascem com certos níveis de empatia ou ela se desenvolve a partir das experiências de vida? A resposta é: as duas coisas. Pesquisas científicas sugerem que há um componente genético na inteligência emocional. Estudos desenvolvimentistas e psicológicos indicam que a criação também tem papel importante. Talvez não seja possível quantificar a contribuição de cada componente, mas a pesquisa e a prática provam que a inteligência emocional pode ser aprendida.

Uma coisa é certa: a inteligência emocional aumenta com a idade. Existe uma palavra fora de moda para o fenômeno: maturidade. Mesmo maduras, porém, algumas pessoas ainda precisam treinar para desenvolver a inteligência emocional. Infelizmente, muitos programas que dizem ensinar habilidades de liderança são um desperdício de tempo e dinheiro. O problema é simples: eles focam a parte errada do cérebro.

A inteligência emocional origina-se, acima de tudo, nos neurotransmissores do sistema límbico do cérebro, que comanda sentimentos, impulsos e potencialidades. Pesquisas mostram que o sistema límbico aprende melhor quando está motivado, passa por treinamento intensivo e recebe feedback. Esse tipo de aprendizagem se assemelha ao que ocorre no neocórtex, parte do cérebro que comanda as habilidades analíticas e técnicas. Ele domina os conceitos e a lógica. É a região que aprende a usar o computador ou a praticar marketing agressivo com base na leitura de um livro. Não surpreende – mas deveria – que seja também a parte visada pela maioria dos programas de treinamento que objetivam aprimorar a inteligência emocional. Minha pesquisa em parceria com o Consórcio para Pesquisa em Inteligência Emocional em Organizações mostrou que, quando procuram atuar no neocórtex, esses programas podem até impactar negativamente o desempenho do profissional.

Para aprimorar a inteligência emocional, as organizações precisam redirecionar o foco do treinamento para o sistema límbico. Precisam ajudar seus profissionais a abandonar antigos hábitos comportamentais e criar outros. Isso não só exige muito mais tempo do que os programas de treinamento convencionais, mas também uma abordagem individualizada.

Imagine uma executiva que, segundo os colegas, tem pouca empatia. Parte desse déficit é atribuída à sua incapacidade de ouvir; ela interrompe as pessoas e não presta muita atenção no que dizem. Para resolver o problema, a executiva precisa ser motivada a mudar e depois precisa praticar dar e receber feedback. Um colega ou o coach pode se encarregar de alertá-la sempre que ela não ouvir as pessoas. Quando isso acontecer, ela terá que repetir o incidente e dar uma resposta mais adequada, isto é, demonstrar capacidade de assimilar o que escutar. Além disso, pode ser orientada a observar executivos considerados bons ouvintes e a imitar seu comportamento.

Com persistência e prática, esse processo pode gerar resultados permanentes. Conheço um executivo de Wall Street que procurou melhorar sua empatia – mais especificamente a capacidade de interpretar as reações das pessoas e compreender o ponto de vista delas. Antes do início da pesquisa, seus subordinados tinham pavor dele. Chegavam a omitir dele as más notícias. A dura realidade o surpreendeu. Quando chegou em casa e contou a situação à família, apenas recebeu a confirmação do que tinha ouvido no trabalho: quando havia divergência de opinião em casa, seus entes queridos também tinham medo de suas reações.

Com a ajuda de um coach e por meio de feedback e de uma mudança de atitude, o executivo começou a trabalhar para melhorar sua empatia. O primeiro passo foi tirar férias num país cujo idioma não entendesse. Durante a viagem, ele monitorou suas reações diante do desconhecido e sua abertura a pessoas de outras culturas. Quando voltou para casa, sentindo-se pequeno após a semana de férias, o executivo pediu ao coach que o seguisse como uma sombra durante períodos do dia, várias vezes por semana, para observar e analisar seu modo de tratar pessoas com novas ou diferentes perspectivas. Ao mesmo tempo, utilizou conscientemente suas interações profissionais como oportunidades para aprender a "ouvir" ideias diferentes. No fim, pediu que sua participação em reuniões fosse gravada e solicitou que seus subordinados e colegas fizessem comentários críticos sobre sua capacidade de reconhecer e entender os sentimentos alheios. Após vários meses, a inteligência emocional do executivo finalmente evoluiu, e esse aperfeiçoamento se refletiu em seu desempenho profissional como um todo.

Vale salientar que a formação da inteligência emocional não ocorre nem pode ocorrer sem o consentimento e o esforço do interessado. Um seminário rápido não resolve o problema, tampouco a leitura de um manual. É muito mais difícil aprender a sentir empatia – ou seja, internalizá-la como uma resposta natural – do que, por exemplo, praticar análise de regressão. Mas é possível. "Nada importante jamais foi alcançado sem dedicação", escreveu Ralph Waldo Emerson. Se sua meta é se tornar um verdadeiro líder, esses conselhos podem servir como referência durante seus esforços para desenvolver uma inteligência emocional elevada.

sentimentos ou fez algo de que se arrependeu. Candidatos com autoconhecimento serão francos ao admitir o erro e contarão a história com um sorriso no rosto. Uma de suas características é ter senso de humor autodepreciativo.

Essa habilidade também pode ser identificada durante avaliações de desempenho. Profissionais com autoconhecimento elevado têm consciência de seus pontos fortes e suas limitações (e não se constrangem com isso) e valorizam críticas construtivas. Já as pessoas com baixo autoconhecimento interpretam a mensagem de que precisam melhorar como ameaça ou sinal de fracasso.

Outra característica de pessoas com elevado grau é a autoconfiança. Elas têm forte domínio de suas capacidades e são menos propensas a falhar, por exemplo, por fazerem algo além do que devem. Também sabem quando precisam pedir ajuda, assumem riscos calculados, não aceitam desafios que sabem não ser capazes de vencer e apostam em suas qualidades.

Veja o caso da funcionária de nível intermediário que foi convidada a participar de uma reunião estratégica com altos executivos da empresa. Embora fosse a pessoa menos qualificada da reunião, ela não ficou sentada à mesa com uma postura passiva, apenas ouvindo em silêncio, intimidada ou assustada. Ela estava consciente de seu raciocínio lógico, de que devia apresentar ideias de forma persuasiva e oferecer sugestões convincentes sobre estratégias. Seu autoconhecimento também a impedia de perambular por territórios que ela sabia não dominar.

Além de mostrar a importância de ter profissionais com essa habilidade na empresa, minha pesquisa indica que altos executivos em geral não lhe atribuem o valor que ela merece ao procurarem líderes em potencial. Muitos confundem sinceridade com fraqueza e se equivocam ao não tratar com o devido respeito funcionários que reconhecem abertamente seus defeitos. Essas pessoas são demitidas por "não serem fortes o bastante" para se tornarem líderes.

Acontece, porém, que a verdade é o contrário. Acima de tudo, as pessoas geralmente admiram e respeitam a sinceridade. Além disso, líderes são frequentemente convocados a dar opiniões que requerem uma avaliação honesta de capacidades suas e dos outros. Temos a expertise de gestão para adquirir a empresa concorrente? Podemos lançar um novo produto em seis meses? Profissionais que se autoavaliam de forma honesta – isto é, que têm elevado nível de autoconhecimento – estão em condições de agir da mesma maneira nas organizações que comandam.

Autocontrole

Nossas emoções são estimuladas por impulsos biológicos. Não podemos ignorá-las, mas temos como administrá-las. O autocontrole, que nada mais é que uma conversa contínua que temos com nós mesmos, é o componente da inteligência emocional que evita que nos tornemos prisioneiros de nossos sentimentos. A pessoa que pratica essa reflexão interior está sujeita a ter mau humor e impulsos emotivos como qualquer outra, mas sempre encontra meios de se controlar e até de canalizar os sentimentos de forma mais proveitosa.

Imagine um executivo que acaba de assistir a uma péssima apresentação de seus subordinados para a diretoria da empresa. O clima constrangedor o deixa com vontade de esmurrar a mesa, chutar uma cadeira, se levantar de repente, gritar com o grupo ou permanecer em silêncio, lançar um olhar fulminante ao grupo e sair da sala.

Mas, se tivesse o dom do autocontrole, ele poderia optar por outra abordagem. Escolheria cuidadosamente as palavras e reconheceria o mau desempenho do grupo, mas sem se precipitar com um comentário impetuoso. Em seguida, analisaria os motivos do fracasso. Seriam eles pessoais? Falta de esforço? Existiriam fatores atenuantes? Qual seria sua parcela de culpa no fiasco? Após considerar todos esses fatores, ele deveria reunir o grupo, explicar as consequências do incidente e expor o que sente. Então faria uma análise do problema e apresentaria uma solução ponderada.

Por que o autocontrole é tão importante para os líderes? Antes de tudo, o profissional que está no controle de seus sentimentos e impulsos – ou seja, que é racional – é capaz de criar um ambiente de confiança e imparcialidade. Nesse ambiente, politicagem e conflitos internos são reduzidos e a produtividade cresce. Profissionais talentosos buscam essas organizações e não se sentem tentados a deixá-las. E o autocontrole tem um efeito indireto: sabendo que o chefe é conhecido por sua calma, ninguém quer ser visto como o colega irritado. Ter poucos mal-humorados no topo da empresa significa ter poucos mal-humorados em toda a organização.

Em segundo lugar, o autocontrole é importante por questões competitivas. Atualmente, o ambiente corporativo é dominado por ambiguidade e mudanças. Empresas estão sempre se fundindo e se dividindo. A tecnologia altera o trabalho num ritmo alucinante. As pessoas que conseguem dominar suas emoções são capazes de lidar com as mudanças. Quando os líderes de uma empresa anunciam que vão mudar o software usado nos computadores, elas não entram em pânico. Em vez disso, evitam fazer julgamentos precipitados, buscam informações e ouvem atentamente os executivos. E, à medida que a iniciativa avança, conseguem acompanhá-la e, às vezes, até apontar o caminho a seguir.

Imagine uma gestora em uma grande indústria. Assim como seus colegas, ela usou um software durante cinco anos. O programa controlava o sistema de coleta de dados, a produção de relatórios e o modo como ela pensava a estratégia da empresa. Certo dia, a diretoria anunciou que trocariam o software, o que poderia mudar radicalmente a coleta e a avaliação de informações. Diversos funcionários se queixaram de que a mudança poderia ser prejudicial, mas a gestora ponderou as razões para a escolha do novo programa e se convenceu de seu potencial para melhorar o desempenho da organização. Compareceu, entusiasmada, ao treinamento (alguns de seus colegas se recusaram a ir) e acabou sendo promovida para chefiar várias divisões, em parte porque aprendeu a usar a nova tecnologia com eficácia.

Quero reforçar a importância do autocontrole na liderança e argumentar que ele também aumenta a integridade, que não é apenas uma virtude pessoal, mas uma força organizacional. Muitos problemas nas empresas são consequência de comportamentos impulsivos. As pessoas raramente planejam exagerar na projeção de lucros, aumentar as despesas, roubar a empresa ou cometer abuso de poder, mas, quando surge uma oportunidade, não controlam o impulso.

Por outro lado, pense no comportamento de um alto executivo de uma grande empresa alimentícia. Ele é honesto no trato com os distribuidores locais e costuma expor em detalhes sua estrutura de custos, permitindo que os distribuidores tenham uma compreensão realista dos preços praticados pela empresa. Por adotar essa abordagem, o executivo nem sempre conseguia obter um bom negócio. Certa vez, ele se sentiu tentado a aumentar os lucros da empresa alterando uma informação sobre os custos. No entanto, acabou refreando o impulso, pois percebeu que a longo prazo fazia mais sentido agir corretamente. Seu autocontrole emocional foi recompensado com relacionamentos fortes e duradouros com distribuidores que trouxeram mais benefícios à empresa que quaisquer outros ganhos financeiros de curto prazo.

É fácil perceber os sinais de autocontrole emocional: tendência à reflexão e à ponderação, tranquilidade diante da ambiguidade e das mudanças e integridade – capacidade de dizer não a impulsos.

Assim como o autoconhecimento, o autocontrole não costuma receber os louros devidos. Às vezes, os profissionais que conseguem controlar as emoções são considerados moscas-mortas – suas respostas ponderadas são vistas como sinal de falta de entusiasmo. Profissionais impetuosos geralmente são tidos como líderes clássicos – seus rompantes são vistos como marca registrada de carisma e poder. Mas, quando essas pessoas chegam ao topo, essa impulsividade trabalha contra elas. Minha pesquisa indica que exibir emoções negativas de forma ostensiva nunca foi considerado pré-requisito para ser um bom líder.

Motivação

Uma característica comum a praticamente todos os verdadeiros líderes é a motivação. Eles são orientados a superar as expectativas – próprias ou alheias. São movidos por conquistas. Muitos são estimulados por fatores externos – como um bom salário ou cargo – ou por trabalhar em uma empresa de prestígio. Por outro lado, pessoas com potencial de liderança são motivadas pelo desejo de realização, o simples prazer da conquista.

Se você está procurando líderes, como identificar profissionais motivados pelo simples desejo de conquistar, e não por recompensas externas? O primeiro sinal é a paixão pelo trabalho: eles buscam desafios criativos, adoram aprender e se orgulham de um trabalho bem-feito. Também mostram uma disposição incansável para executar tarefas cada vez melhor. Pessoas assim costumam parecer descontentes com o status quo. Estão sempre questionando por que as coisas são feitas de determinada forma, e não de outra, e buscam explorar novas abordagens para seu trabalho.

Um gerente de uma companhia de cosméticos, por exemplo, estava frustrado por ter que esperar duas semanas para obter os resultados das vendas de sua equipe externa. Ele então descobriu um sistema de telefonia automático que lhe permitia enviar mensagens aos vendedores todos os dias às cinco da tarde, lembrando-os de introduzir seus dados – quantos clientes tinham visitado e quantas vendas haviam concluído no dia. O sistema reduziu de semanas para horas o tempo de feedback do resultado das vendas.

Esse caso ilustra duas outras características comuns a pessoas cuja meta é a conquista. Elas estão sempre buscando melhorar seu desempenho e gostam de saber como estão se saindo. Durante avaliações de desempenho, podem querer que os superiores "exijam" mais delas. Um profissional que combina autoconhecimento com motivação conhece seus limites, mas não se contenta com metas fáceis.

É natural que pessoas que buscam se superar também queiram saber uma forma de avaliar o progresso – o próprio, o de sua equipe e o da empresa. Enquanto pessoas desmotivadas geralmente não ligam para os resultados, os motivados sabem como estão indo e monitoram parâmetros difíceis de medir, como lucratividade ou participação no mercado. Conheço um gerente financeiro que começa e termina o dia na internet, conferindo o desempenho de seu fundo de ações em quatro referências estabelecidas pelo setor.

O curioso é que pessoas motivadas continuam otimistas quando não vão bem. Nelas, o autocontrole se associa à motivação para superar a frustração e a tristeza decorrentes de um revés ou fracasso. Veja o caso de uma gestora de portfólio de uma firma de investimentos. Após vários anos de sucesso, os fundos despencaram por três trimestres consecutivos, o que levou três grandes clientes a transferirem as contas para outra empresa.

Alguns atribuíram a queda súbita a circunstâncias alheias. Outros entenderam o revés como evidência de fracasso profissional. No entanto, a gestora viu uma oportunidade de provar que poderia liderar uma volta por cima. Dois anos depois, quando foi promovida a um cargo sênior, ela descreveu a experiência: "Foi a melhor coisa que já me aconteceu. Aprendi muito com aquele episódio."

Executivos que tentam identificar altos níveis de motivação em seus subordinados podem buscar uma última evidência: comprometimento com a organização. Quando amam o que fazem, as pessoas geralmente se sentem comprometidas com a organização que possibilita isso. Funcionários comprometidos quase sempre permanecem na empresa, mesmo quando recebem propostas com salários mais altos.

Não é difícil entender como e por que a motivação por conquistas se traduz em uma liderança forte. Se você estabelece padrões altos para si, provavelmente fará o mesmo para a organização quando ocupar um cargo que lhe permita isso. O desejo de bater metas e saber como está se saindo pode ser contagiante. Líderes com essas características em geral montam uma equipe de gestores com esses traços. E, claro, otimismo e comprometimento são fundamentais para a liderança – tente se imaginar comandando uma empresa sem essas qualidades.

Empatia

De todas as dimensões da inteligência emocional, a empatia é a mais fácil de reconhecer. Todos notamos a empatia de um amigo ou professor bem-humorado e já sofremos com a falta de empatia de um coach ou chefe insensível. Mas, no mundo dos negócios, raramente ouvimos as pessoas elogiarem a empatia. Recompensá-la, nem pensar. A própria palavra parece desvinculada dessa área, deslocada entre as duras realidades do mercado.

Só que ter empatia não significa ser sentimentalista. Para um líder, não quer dizer levar em conta as emoções alheias e tentar agradar a todos. Isso seria um pesadelo e inviabilizaria qualquer ação. Empatia significa estar atento aos sentimentos dos funcionários – e a outros fatores – no processo de tomada de decisões inteligente.

Pense no que pode acontecer durante a fusão de duas grandes corretoras de valores. O processo gera empregos redundantes em todas as unidades. Um chefe de unidade então reúne a equipe e faz um discurso sombrio enfatizando o número de funcionários que em breve serão dispensados. O chefe de outra, no entanto, faz um discurso diferente. É franco ao falar sobre as próprias preocupação e perplexidade, mas promete manter os subordinados informados e tratá-los imparcialmente.

O que diferencia o comportamento desses executivos é a empatia. O primeiro está preocupado demais com o próprio destino para pensar nos sentimentos dos colegas abatidos e ansiosos, enquanto o segundo sabe intuitivamente o que seu pessoal está sentindo, e suas palavras evidenciam o medo da equipe. Não foi nenhuma surpresa quando o primeiro executivo viu sua unidade afundar à medida que vários funcionários desanimados, principalmente os mais talentosos, saíam da empresa. O segundo, ao contrário, se manteve como um líder forte, então as pessoas mais talentosas ficaram e sua unidade permaneceu produtiva.

Atualmente a empatia é um componente fundamental da liderança por pelo menos três motivos: a tendência crescente do trabalho em equipe, a globalização cada vez mais presente e a necessidade cada vez maior de reter talentos.

Pense no desafio que é liderar uma equipe. Qualquer profissional que já tenha feito parte de uma pode comprovar que equipes são caldeirões de emoções em ebulição. Geralmente elas recebem a incumbência de chegar a um consenso – e, se isso já é bem difícil entre duas pessoas, que dirá quando o número aumenta. Mesmo em grupos com apenas quatro ou cinco membros, alianças se formam e surgem conflitos de interesse. Um líder de equipe precisa ser capaz de sentir e compreender todos os pontos de vista.

Foi exatamente isso que fez a gerente de marketing de uma grande empresa de TI ao ser indicada para liderar uma equipe complicada. O grupo estava desorganizado, sobrecarregado e perdendo prazos. Havia muita tensão entre os integrantes e medidas paliativas não bastaram para manter a equipe unida e torná-la parte efetiva da companhia.

Então a gestora decidiu agir por etapas. Marcou uma série de conversas com cada funcionário separadamente e perguntou o que os frustrava, como avaliavam os colegas, quando achavam que tinham sido ignorados. Em seguida, estabeleceu uma estratégia para manter a equipe unida: encorajou os subordinados a expor suas frustrações e os ajudou a apresentar suas reivindicações de forma construtiva durante as reuniões. Em resumo, a empatia lhe permitiu entender a estrutura emocional da equipe. O resultado foi não só o aumento da colaboração em equipe, mas do escopo, tendo em vista que cada vez mais outros setores passaram a solicitar sua ajuda.

A globalização é outro componente que torna a empatia cada vez mais importante para os líderes. Num diálogo entre pessoas de culturas diferentes podem surgir equívocos e mal-entendidos. A empatia é o antídoto para isso. Pessoas empáticas estão atentas às sutilezas da linguagem corporal, conseguem ouvir a mensagem por trás das palavras e têm consciência das diferenças étnicas e culturais.

Veja o caso de uma consultora americana cuja equipe apresentou um projeto para um cliente em potencial do Japão. Nas negociações com outras empresas americanas, a equipe estava acostumada a ser bombardeada com perguntas, mas dessa vez a reação foi um longo silêncio. Pensando que aquilo era sinal de desaprovação, alguns membros da equipe estavam prontos para pegar a pasta e sair da sala; foi quando a consultora líder fez um gesto pedindo que permanecessem. Embora não estivesse familiarizada com a cultura japonesa, ela fez uma leitura do rosto e da postura do cliente e sentiu que não havia rejeição, mas interesse – até profunda aceitação. E ela estava certa: quando finalmente falou, o cliente confirmou que o projeto estava aprovado.

Por fim, a empatia desempenha um papel importante na retenção de talentos, sobretudo na economia da informação. Os chefes sempre precisaram ter empatia para desenvolver e manter pessoas talentosas na empresa, mas atualmente há muito mais em jogo: quando profissionais de talento pedem demissão, levam consigo o conhecimento da empresa.

É aí que entram o coaching e a mentoria. Têm surgido cada vez mais provas de que essas duas ferramentas se traduzem não só em melhor desempenho, mas em satisfação cada vez maior com o trabalho e em diminuição da rotatividade de funcionários. O que faz o coaching e a mentoria funcionarem melhor é a natureza do relacionamento. Os coaches e mentores competentes penetram na mente do profissional com quem trabalham, pressentem qual é a melhor forma de oferecer um feedback eficaz e sabem até que ponto podem pressionar para obter um melhor desempenho. Na forma de motivar seus protegidos, dão um exemplo prático de empatia.

Posso estar me repetindo, mas reafirmo que a empatia deveria ser mais valorizada no mundo dos negócios. As pessoas se perguntam como os líderes são capazes de tomar decisões difíceis se sentindo mal pelas pessoas que serão afetadas. Mas os líderes que têm empatia fazem mais que se solidarizar com seu pessoal: eles usam o conhecimento que têm para melhorar a empresa de maneiras sutis porém significativas.

Destreza social

Os três primeiros componentes da inteligência emocional são habilidades de autogestão. Os dois últimos – a empatia e a destreza social – estão ligados à capacidade de administrar relacionamentos interpessoais. Como componente da inteligência emocional, ter destreza social não é tão fácil quanto parece. Não é uma simples questão de cordialidade, embora pessoas com alto nível dessa habilidade raramente sejam mal-intencionadas. Na verdade, a destreza social é a cordialidade com um propósito: fazer as pessoas seguirem na direção que você deseja, seja fomentando um acordo numa nova estratégia de marketing, seja disseminando entusiasmo por um novo produto.

Quem possui destreza social costuma ter um grande círculo de relacionamentos e um jeito especial de chegar a um consenso com pessoas de todos os tipos – aptidão para costurar acordos. Isso não significa que socialize a todo momento, apenas que trabalha segundo o pressuposto de que não conseguirá concretizar nada de importante sozinho. Quando precisa agir, conta com uma rede à disposição.

A destreza social culmina em outras dimensões da inteligência emocional. Em geral, as pessoas administram melhor os relacionamentos quando compreendem e controlam as próprias emoções e sentem empatia pelos outros. Até a motivação contribui para a destreza social: lembre-se de que pessoas orientadas para a conquista geralmente são otimistas, mesmo diante de fracassos. Quando estão felizes, animam as conversas e os encontros sociais. São populares, e por um bom motivo.

Por ser o resultado de outras dimensões da inteligência emocional, a destreza social se manifesta de diversas formas no ambiente de trabalho. Profissionais com nível elevado desse atributo são, por exemplo, competentes em administrar equipes – a empatia na prática. Também são mestres na arte da persuasão – uma manifestação de autoconhecimento, autocontrole e empatia. Com essas habilidades, pessoas persuasivas sabem, por exemplo, quando é melhor apelar para o emocional ou apelar para a razão. E pessoas motivadas são excelentes colaboradoras, pois objetivam encontrar soluções e contagiam os colegas com sua paixão.

A destreza social fica evidente em situações em que outros componentes da inteligência emocional não aparecem. Às vezes, temos a impressão de que os profissionais com essa habilidade não estão trabalhando, apenas batendo papo – conversando com colegas nos corredores ou brincando com gente que não está relacionada a seu "verdadeiro" trabalho. Para eles, não faz sentido limitar arbitrariamente o âmbito de seus relacionamentos. Eles formam vínculos com pessoas de diversas áreas, pois sabem que amanhã poderão precisar da ajuda delas.

Veja o caso do chefe do departamento de estratégia de uma fabricante global de computadores. Por volta de 1993, ele se convenceu de que o futuro da empresa dependia da internet. Ao longo do ano seguinte, conheceu no trabalho pessoas que pensavam da mesma forma e usou sua destreza social para formar uma comunidade virtual que transcendesse níveis hierárquicos, unidades e nações. Depois, com o auxílio do grupo, criou o site da corporação, um dos primeiros de uma grande empresa. E, por iniciativa própria, sem orçamento nem o status formal de um cargo, inscreveu-a em uma convenção empresarial anual sobre a internet. Por fim, convocando seus aliados e persuadindo várias divisões a doar fundos, recrutou mais de 50 pessoas em cerca de 10 unidades para representá-la na convenção.

A diretoria percebeu seu esforço e, um ano depois da convenção, formou a base da primeira divisão de internet da empresa, dando a ele o comando formal do setor. Para chegar aonde chegou, o executivo ignorou os limites convencionais de seu setor, forjando e mantendo conexões com pessoas de todos os cantos da organização.

A maioria das empresas considera a destreza social uma competência importante, sobretudo se comparada a outros componentes da inteligência emocional. As pessoas parecem saber por intuição que os líderes precisam administrar bem os relacionamentos profissionais. Nenhum líder é uma ilha – afinal, seu papel é possibilitar que o trabalho seja feito pelos subordinados, e a sensibilidade social permite isso. Um líder incapaz de expressar empatia pode simplesmente não ter essa habilidade. E a motivação de um líder é inútil se ele não consegue transmitir sua paixão para a organização. A destreza social permite que líderes ponham a inteligência emocional em funcionamento.

Seria tolice afirmar que o bom e velho QI e as habilidades técnicas não são importantes para uma liderança forte, mas a receita não estaria completa sem a inteligência emocional. No passado, acreditava-se que "seria bom" que os gestores possuíssem componentes da inteligência emocional, mas hoje sabemos que, para se saírem bem, eles *precisam* desses componentes.

Com tudo isso em vista, saber que é possível aprender e desenvolver a inteligência emocional é uma ótima notícia. Claro que o processo não é fácil – leva tempo e, acima de tudo, exige comprometimento –, mas os benefícios de ter uma inteligência emocional bem desenvolvida, tanto para o próprio líder quanto para a organização, fazem o esforço valer a pena.

Cinco componentes da inteligência emocional no trabalho

	Definição	Características
Autoconhecimento	• Capacidade de reconhecer e entender seu estado de espírito, suas emoções e iniciativas – e os efeitos nos outros	• Autoconfiança • Autoconhecimento realista • Senso de humor autodepreciativo
Autocontrole	• Capacidade de controlar ou redirecionar impulsos e estados de espírito nocivos • Propensão a evitar julgamentos precipitados, pensando antes de agir	• Confiabilidade e integridade • Tranquilidade diante da ambiguidade • Abertura para mudanças
Motivação	• Paixão pelo trabalho motivada por algo que transcende salário e status • Disposição para perseguir metas com energia e empenho	• Ímpeto para a realização • Otimismo diante do fracasso • Comprometimento organizacional
Empatia	• Capacidade de entender a estrutura emocional das outras pessoas • Habilidade de tratar os outros de acordo com suas reações emocionais	• Expertise em formar e reter talentos • Sensibilidade para lidar com diferenças culturais • Dedicação aos clientes
Destreza social	• Habilidade de administrar relações e construir redes de relacionamento • Capacidade de encontrar um denominador comum e estabelecer uma relação de confiança	• Eficácia em liderar mudanças • Poder de persuasão • Expertise em formar e liderar equipes

Publicado originalmente em junho de 1996.

2

Como se tornar um executivo eficaz

Peter F. Drucker

UM EXECUTIVO EFICAZ NÃO PRECISA ser um líder no sentido mais comumente usado do termo. Harry Truman, por exemplo, não tinha um pingo de carisma, mas está entre os CEOs mais eficazes da história dos Estados Unidos. Da mesma forma, alguns dos melhores presidentes de empresas e de organizações sem fins lucrativos com quem trabalhei durante meus 65 anos de carreira em consultoria não tinham o estereótipo do líder. Eles representavam uma enorme gama de personalidades, atitudes, valores, pontos fortes e fraquezas. Variavam de extrovertidos a quase reclusos, de despreocupados a controladores, de generosos a parcimoniosos.

O que os tornava tão eficazes era o fato de seguirem as mesmas oito práticas:

- Perguntar o que precisa ser feito.
- Questionar o que é certo para a empresa.
- Desenvolver planos de ação.
- Assumir a responsabilidade pelas decisões.

- Assumir a responsabilidade pela comunicação.
- Concentrar-se em oportunidades, não em problemas.
- Realizar reuniões produtivas.
- Pensar (e falar) em termos de "nós" em vez de em termos de "eu".

As duas primeiras práticas lhes ofereciam o conhecimento de que precisavam. As quatro seguintes os ajudavam a converter esse conhecimento em ação efetiva. As duas últimas garantiam que a organização como um todo se sentisse capaz e responsável.

Obtenha o conhecimento de que precisa

A primeira prática consiste em perguntar o que precisa ser feito. Observe que a questão não é "O que eu quero fazer?". Perguntar o que precisa ser feito e levar a questão a sério é crucial para uma gestão bem-sucedida. Deixar de fazer essa pergunta tornará ineficaz até mesmo o mais capaz dos executivos.

Quando assumiu a presidência dos Estados Unidos em 1945, Harry Truman sabia exatamente o que queria fazer: completar as reformas econômicas e sociais implementadas por Roosevelt – o chamado New Deal – que haviam sido adiadas por causa da Segunda Guerra Mundial. No entanto, assim que perguntou o que precisava ser feito, Truman percebeu que as relações exteriores tinham prioridade absoluta. Então se organizou para que seu dia de trabalho começasse com aulas sobre política externa ministradas pelos secretários de Estado e de Defesa. Como resultado, ele se tornou o presidente mais eficaz em termos de relações exteriores que aquele país já conheceu. Conseguiu conter o comunismo na Europa e na Ásia e, com o Plano Marshall, propiciou 50 anos de crescimento econômico mundial.

Da mesma forma, quando se tornou diretor-executivo da GE, Jack Welch descobriu que o que precisava ser feito não era a pretendida expansão da empresa no exterior. Antes era preciso livrar-se de negócios que, por mais rentáveis que fossem, não podiam ser número um ou dois em seus setores.

A resposta à pergunta "O que precisa ser feito?" quase sempre contém mais de uma tarefa urgente. Mas executivos eficazes não dividem seu foco.

> ## Em resumo
>
> Ficou preocupado achando que talvez não seja um líder nato? Que não tem carisma, os talentos certos ou algum outro ingrediente secreto? Esqueça isso. Liderança não tem a ver com personalidade ou talento. Na verdade, os melhores líderes exibem personalidade, atitudes, valores e pontos fortes muito diferentes uns dos outros – eles podem ser extrovertidos ou reclusos, descontraídos ou controladores, generosos ou parcimoniosos, orientados por números ou por suas visões.
>
> Então, o que os líderes eficazes têm em comum? Eles fazem com que as coisas certas sejam realizadas da maneira certa seguindo oito regras simples:
>
> - Perguntar o que precisa ser feito.
> - Questionar o que é certo para a empresa.
> - Desenvolver planos de ação.
> - Assumir a responsabilidade pelas decisões.
> - Assumir a responsabilidade pela comunicação.
> - Concentrar-se em oportunidades, não em problemas.
> - Realizar reuniões produtivas.
> - Pensar (e falar) em termos de "nós", e não em termos de "eu".
>
> Aplique essas regras com disciplina e você obterá o conhecimento de que precisa para tomar decisões inteligentes, converter esse conhecimento em ações eficazes e garantir que todos na organização assumam a própria responsabilidade pelo trabalho a ser feito.

Eles se concentram em uma tarefa, sempre que possível. Caso estejam entre aquelas pessoas – uma minoria – que trabalham melhor com uma mudança de ritmo em seu dia de trabalho, eles escolhem duas tarefas. Jamais conheci um executivo que permanecesse plenamente eficaz lidando com mais de duas tarefas de cada vez.

Assim, depois de perguntar o que precisa ser feito, o executivo eficaz define as prioridades e se atém a elas. Para um CEO, a tarefa prioritária pode ser redefinir a missão da empresa. Para um chefe de unidade, pode ser reformular o relacionamento da unidade com a sede. Outras tarefas, sejam elas importantes ou atrativas, são adiadas. No entanto, depois de concluir a prioridade máxima, o executivo reorganiza as prioridades, em vez de passar para a número dois da lista original. Ele pergunta: "O que deve ser feito agora?" Em geral, esse movimento resulta em prioridades novas e diferentes.

Voltando ao CEO mais conhecido dos Estados Unidos, de acordo com sua autobiografia, a cada cinco anos Jack Welch se perguntava: "O que precisa ser feito *agora*?" E todas as vezes aparecia com uma prioridade nova e diferente.

Mas Welch também analisava outro ponto antes de decidir onde concentrar seus esforços pelos cinco anos seguintes. Perguntava a si mesmo quais entre as duas ou três tarefas no topo da lista ele era o mais adequado para empreender. Então se concentrava naquela tarefa e delegava as demais. Executivos eficazes tentam direcionar seu foco para trabalhos que conseguirão fazer com exímia competência. Eles sabem que as empresas têm um bom desempenho quando a alta gerência também o tem – e vice-versa.

A segunda prática dos executivos eficazes – tão importante quanto a primeira – é perguntar: "Esta é a coisa certa para a empresa?" Eles não perguntam se é a coisa certa para os proprietários, o preço das ações, os funcionários ou os executivos. É claro que sabem que acionistas, funcionários e executivos são partes importantes que precisam apoiar uma decisão, ou pelo menos concordar com ela, para que a escolha tenha eficácia. Compreendem que o preço da ação é importante não apenas para os acionistas, mas para a empresa, uma vez que o índice preço/lucro estabelece o custo de capital. Também estão cientes de que uma decisão que não é certa para a empresa em última análise não será adequada para nenhuma das partes interessadas.

Essa segunda prática é de especial importância para os executivos de empresas pertencentes a uma família ou geridas por uma – a maioria das organizações em todos os países –, sobretudo quando tomam decisões a respeito de indivíduos. Em uma empresa familiar bem-sucedida, um parente é promovido apenas se for, comprovadamente, superior a todos os não parentes no mesmo nível.

Na prática

Obtenha o conhecimento de que precisa
Pergunte o que precisa ser feito. Quando Jack Welch fez essa pergunta ao assumir como CEO na General Eletric, percebeu que se livrar dos negócios que não conseguiam ser os primeiros ou segundos colocados em seus setores era essencial – e não a expansão para o exterior que ele desejava fazer. Quando souber o que deve ser feito, identifique as tarefas em que você se sai melhor, concentrando-se em uma de cada vez. Depois de completar uma tarefa, redefina as prioridades com base no contexto.

Questione o que é certo para a empresa. Não se aflija pensando no que é melhor para proprietários, investidores, funcionários ou clientes. Decisões corretas para a empresa são, em última instância, corretas para todos os stakeholders ou partes interessadas.

Converta seu conhecimento em ação
Desenvolva planos de ação. Faça planos que especifiquem os *resultados desejados* e as *restrições* (o curso de ação é lícito e compatível com a missão, os valores e as normas?). Inclua *pontos de controle* e *implicações sobre como você vai empregar o seu tempo*. E *revise* planos para que reflitam novas oportunidades.

Assuma a responsabilidade pelas decisões. Assegure-se de que cada decisão especifique quem é responsável por executá-la, quando deve ser implementada, quem será afetado por ela e quem deve ser informado. Revise regularmente as decisões, sobretudo contratações e promoções. Isso permite que você corrija decisões ruins antes que causem um dano real.

Assuma a responsabilidade pela comunicação. Receba informações de superiores, subordinados e colegas sobre seu plano de ação. Faça com que cada um deles saiba de que dados você precisa para que o trabalho seja feito. Dedique a mesma atenção aos dados de que seus pares e superiores precisam.

> **Concentre-se em oportunidades, não em problemas.** Você obtém resultados explorando oportunidades, não resolvendo problemas. Identifique mudanças dentro e fora da organização (novas tecnologias, inovações nos produtos, reestruturações no mercado), perguntando: "Como podemos explorar essa mudança para beneficiar nossa empresa?" Então, combine seus melhores funcionários com as melhores oportunidades.
>
> **Garanta a responsabilização de todos na empresa**
> **Realize reuniões produtivas.** Deixe claro o propósito de cada reunião (fazer um anúncio? Entregar um relatório?). Termine a reunião quando o objetivo for alcançado. Faça o acompanhamento com comunicados breves resumindo o que foi discutido, especificando novas tarefas e os prazos para completá-las. A lendária habilidade do CEO da General Motors, Alfred Sloan, em fazer um bom follow-up das reuniões ajudou a assegurar a supremacia industrial da GM em meados do século XX.
>
> **Pense e diga "nós", e não "eu".** Sua autoridade vem da confiança que a organização deposita em você. Para obter os melhores resultados, considere sempre as necessidades e as oportunidades da organização antes mesmo das suas.

Na DuPont, por exemplo, todos os gestores do nível mais alto (exceto dos departamentos de controladoria e jurídico) eram membros da família nos primeiros anos em que a firma era administrada como uma empresa familiar. Todos os descendentes masculinos dos fundadores tinham direito a empregos de nível inicial na empresa. Um parente só recebia uma promoção se um painel composto principalmente por gestores não integrantes da família julgasse a pessoa superior em capacidade e desempenho a todos os outros funcionários no mesmo nível. A mesma regra foi observada por um século na altamente bem-sucedida organização familiar britânica J. Lyons & Company (agora parte de um conglomerado) quando dominava os setores britânicos de fornecimento de refeições e hotelaria.

Perguntar "O que é certo para a empresa?" não garante que a decisão certa será tomada. Mesmo o executivo mais brilhante é humano, portanto sujeito a erros e preconceitos. Mas não fazer essa pergunta praticamente *garante* a decisão errada.

Escreva um plano de ação

Executivos são fazedores; eles executam. O conhecimento é inútil para eles até que tenha sido traduzido em ações. No entanto, antes de começarem a agir, precisam planejar a rota que pretendem seguir. Têm que pensar nos resultados desejados, nas prováveis restrições, nas futuras revisões, nos pontos de controle para checar se tudo vai bem e nas implicações de como usarão seu tempo.

Primeiro, o executivo define os resultados desejados perguntando: "Que contribuições a empresa deve esperar de mim nos próximos 18 a 24 meses? Com quais resultados vou me comprometer? Com quais prazos?" Então, ele considera as restrições à sua ação: "Esse curso de ação é ético? É aceitável dentro da organização? É lícito? É compatível com a missão, os valores e as políticas da organização?" Respostas afirmativas não vão garantir que a ação será eficaz, mas violá-las por certo tornará essas ações equivocadas e ineficazes.

O plano de ação é uma declaração de intenções, não um compromisso. Ele não deve se tornar uma camisa de força. Tem que ser revisado frequentemente, porque cada sucesso cria novas oportunidades. Assim como todo fracasso. Isso também se aplica às mudanças no ambiente de negócios, no mercado e, especialmente, nas pessoas dentro da empresa – todas essas transformações exigem que o plano seja revisado. Um plano escrito deve antecipar a necessidade de flexibilidade.

Além disso, o plano de ação precisa criar um sistema para verificação dos resultados em comparação com as expectativas. Executivos eficazes geralmente incluem dois desses pontos de controle em seus planos de ação. A primeira verificação vem na metade do período estipulado para o plano; por exemplo, aos nove meses. A segunda ocorre no final, antes que o próximo plano de ação seja elaborado.

Finalmente, o plano de ação deve se tornar a base para o gerenciamento de tempo do executivo. O tempo é o recurso mais escasso e precioso de um profissional desse nível. E as organizações – sejam elas agências governamentais, empresas ou ONGs – tendem a funcionar de modo a desperdiçá-lo. O plano de ação será inútil se não permitir que a maneira como o executivo emprega o seu tempo seja definida.

Napoleão teria afirmado que nenhuma batalha bem-sucedida jamais seguiu seu próprio plano. No entanto, Napoleão planejou cada uma de suas batalhas de maneira muito mais meticulosa do que qualquer general anterior. Sem um plano de ação, o executivo se torna um prisioneiro dos acontecimentos. E sem pontos de controle para reexaminar o plano à medida que os acontecimentos se desenrolam, o executivo não tem como saber quais eventos realmente importam e quais não passam de simples ruído.

Converta em ação

Ao converterem os planos em ação, os executivos precisam prestar especial atenção em tomada de decisões, comunicação, oportunidades (em vez de problemas) e reuniões. Vou considerar cada um desses itens separadamente.

Assuma a responsabilidade pelas decisões

Uma decisão não foi tomada até que as pessoas saibam:

- o nome da pessoa responsável por sua execução;
- o prazo;
- o nome das pessoas que serão afetadas pela decisão e, portanto, precisam conhecê-la, compreendê-la e aprová-la – ou pelo menos não se oporem fortemente a ela;
- o nome das pessoas que devem ser informadas da decisão, mesmo que não sejam diretamente afetadas por ela.

Um número extraordinário de decisões organizacionais encontra problemas porque essas bases não são contempladas. Há 30 anos, um de meus clientes perdeu sua posição de liderança no então pujante mercado japonês porque a empresa, depois de decidir entrar em uma joint venture com um novo parceiro local, nunca deixou claro quem deveria informar aos agentes de compras que o parceiro definia suas especificações em metros e quilogramas em vez de pés e libras – e ninguém jamais retransmitiu essa informação.

Tão importante quanto tomar decisões com cuidado e ponderação é revê-las periodicamente – em datas acertadas com antecedência. Dessa forma, uma decisão ruim poderá ser corrigida antes que cause algum dano real. Essas revisões podem abranger qualquer coisa, desde os resultados até as pressuposições subjacentes à decisão.

A revisão tem especial relevância na mais crucial e difícil de todas as decisões: a de contratar ou promover funcionários. Estudos sobre decisões em relação a pessoas mostram que apenas um terço das escolhas se revela verdadeiramente bem-sucedido. Outro terço tende ao empate – nem sucesso nem fracasso absoluto. E o terço restante é de fracasso, puro e simples. Executivos eficazes sabem disso e verificam (seis a nove meses depois) os resultados de suas decisões sobre pessoal. Se acham que uma decisão não trouxe os resultados desejados, eles não concluem que aquele indivíduo não teve um bom desempenho. Em vez disso, concluem que eles mesmos cometeram um erro. Em uma empresa bem administrada, entende-se que os profissionais que fracassam depois de contratados ou, especialmente, após uma promoção podem não ser os culpados.

Os executivos também devem à organização e aos colegas de trabalho o dever de não tolerar indivíduos com desempenho insatisfatório em posições importantes. Pode não ser culpa dos funcionários que seu desempenho esteja abaixo do necessário, porém eles precisam ser afastados. Os que fracassaram em um novo posto devem ter a opção de voltar a seu antigo nível e salário. Essa opção é raramente exercida; esses indivíduos, em geral, saem voluntariamente, pelo menos quando seus empregadores são companhias americanas. Mas a própria existência da opção pode ter um efeito poderoso, encorajando pessoas a largarem posições seguras e confortáveis e assumirem novas atribuições. O desempenho da organização depende da disposição dos funcionários para correrem esse risco.

Uma revisão sistemática de decisões também pode ser uma ferramenta poderosa de autodesenvolvimento. Comparar os resultados de uma decisão com suas expectativas mostra aos executivos quais são as suas forças, onde precisam melhorar e onde lhes falta conhecimento ou informação. Revela ainda seus preconceitos e parcialidades. Muitas vezes, aponta que suas decisões não produziram resultados porque eles não colocaram as pessoas certas em cada função. Alocar os melhores profissionais nas posições certas é um trabalho crucial e difícil, que muitos executivos deixam de lado, em parte porque as melhores pessoas já estão muito ocupadas.

A revisão sistemática de decisões também mostra aos executivos as suas próprias fraquezas, particularmente as áreas em que são simplesmente incompetentes. Nestas, os executivos inteligentes não tomam decisões nem atuam – eles delegam. Todo mundo tem falhas em alguma área; não existe algo como um gênio executivo universal.

A maioria das discussões sobre a tomada de decisão pressupõe que apenas executivos do mais alto nível decidem – ou que apenas as decisões deles são importantes. Trata-se de um equívoco perigoso. As decisões são tomadas em todos os níveis da organização, começando com colaboradores individuais e supervisores da linha de frente. Essas decisões de nível aparentemente mais baixo são de extremo valor em uma organização baseada em conhecimento. Trabalhadores do conhecimento devem saber mais sobre suas áreas de especialização – por exemplo, contabilidade tributária – do que qualquer outro indivíduo; portanto, suas decisões podem gerar impacto em toda a empresa.

Tomar boas decisões é uma habilidade fundamental em todos os níveis. E é algo que precisa ser ensinado explicitamente a todos em organizações que são baseadas no conhecimento.

Assuma a responsabilidade pela comunicação

Executivos eficazes se asseguram de que tanto seus planos de ação quanto sua necessidade de informação sejam compreendidos. Especificamente, isso significa que eles compartilham seus planos com superiores, subordinados e colegas e pedem que façam comentários. Ao mesmo tempo, informam a cada pessoa o que ela precisa saber para que o trabalho seja feito. O fluxo de informações de subordinados para chefes é geralmente o que recebe mais atenção. Mas os executivos precisam prestar a mesma atenção nas necessidades de informação de seus pares e superiores.

Todos sabemos, graças ao clássico de 1938 *As funções* do *executivo*, de Chester Barnard, que as organizações são mantidas coesas por meio da informação muito mais do que pela propriedade ou pelo comando. Ainda assim, muitos executivos se comportam como se a informação e seu fluxo fossem funções de algum especialista na área em questão – por exemplo, o contador. Como resultado, eles obtêm uma enorme quantidade de dados dos quais não precisam e que não podem usar, mas poucas informações de que realmente necessitam. A melhor maneira de contornar esse problema é fazer com que cada executivo identifique as informações necessárias, solicite-as e insista até consegui-las.

Concentre-se em oportunidades

Bons executivos se concentram em oportunidades, não em problemas. Os problemas, é claro, precisam ser resolvidos; não devem ser varridos para debaixo do tapete. Mas a resolução de problemas, por mais necessária que seja, não produz resultados. Ela evita danos. O que gera resultados é a exploração de oportunidades.

Acima de tudo, os executivos eficazes tratam a mudança como uma oportunidade, em vez de uma ameaça. Eles sistematicamente olham para mudanças, dentro e fora da corporação, e perguntam: "Como podemos explorar essa mudança tornando-a uma oportunidade para nossa empresa?" Os executivos analisam especificamente as sete situações a seguir para descobrir oportunidades:

- Um sucesso ou fracasso inesperado em seu próprio empreendimento, em uma empresa concorrente ou no setor.
- Uma lacuna entre o que é e o que poderia ser um mercado, processo, produto ou serviço (por exemplo, no século XIX, a indústria de papel concentrava-se nos 10% de cada árvore que se tornava polpa de madeira e negligenciava por completo as possibilidades dos 90% restantes, que se tornavam resíduos).
- Inovação em um processo, produto ou serviço, seja dentro ou fora da empresa ou de seu setor.
- Mudanças na estrutura do setor e do mercado.
- Perfil demográfico.
- Mudanças de mentalidade, valores, percepção, disposição ou significado.
- Novos conhecimentos ou uma nova tecnologia.

Executivos eficazes também se certificam de que os problemas não sufoquem as oportunidades. Na maioria das empresas, a primeira página do relatório gerencial mensal lista os principais problemas. É muito mais sensato listar oportunidades na primeira página e deixar os problemas para a segunda. A menos que haja uma verdadeira catástrofe, os problemas não devem ser discutidos em reuniões de gestão até que as oportunidades tenham sido analisadas e devidamente tratadas.

O recrutamento de pessoal é outro aspecto importante de estar focado em oportunidades. Executivos eficazes colocam seus melhores funcionários em oportunidades, não em problemas. Uma maneira de trabalhar com as oportunidades é pedir a cada membro do grupo de gestão que prepare duas listas a cada seis meses – uma lista de oportunidades para toda a empresa e uma lista dos indivíduos com melhor desempenho. Esses dois tópicos são discutidos e depois fundidos em duas listas mestras, e os melhores indivíduos são combinados com as melhores oportunidades. No Japão, a propósito, essa correlação é considerada uma das tarefas mais importantes do setor de RH em uma grande corporação ou departamento do governo; trata-se de um dos principais pontos fortes das empresas japonesas.

Torne as reuniões produtivas

O mais notório, poderoso e talvez mais eficaz executivo não governamental dos Estados Unidos durante a Segunda Guerra Mundial e nos anos seguintes não era um homem de negócios. Era o cardeal Francis Joseph Spellman, chefe da Arquidiocese da Igreja Católica de Nova York e conselheiro de vários presidentes americanos. Quando Spellman assumiu, a diocese estava falida e totalmente desmoralizada. Seu sucessor herdou a posição de liderança na Igreja Católica Americana. Spellman dizia que, durante suas horas de vigília, ficava sozinho apenas duas vezes por dia, por 25 minutos de cada vez: quando rezava a missa em sua capela privada, depois de se levantar de manhã, e quando fazia suas orações da noite, antes de ir para a cama. Fora isso, estava sempre com pessoas em alguma reunião, começando no café da manhã com alguma organização católica e terminando no jantar com outra.

O cotidiano de um executivo pode não ser tão movimentado quanto o do arcebispo, mas todos os estudos sobre o dia de trabalho em uma empresa revelam que até os executivos e profissionais iniciantes estão com outras pessoas – isto é, em uma reunião de algum tipo – durante mais da metade de seus dias de expediente. As únicas exceções são alguns pesquisadores seniores. Até mesmo uma conversa com apenas uma pessoa é uma reunião. Portanto, para serem eficazes, os executivos devem fazer com que as reuniões sejam produtivas: sempre conversas de trabalho, não bate-papos informais.

A chave para conduzir uma reunião eficaz é decidir de antemão de que tipo ela será. Diferentes tipos de reuniões exigem diferentes formas de preparação e diferentes resultados.

Uma reunião para preparar uma declaração ou um comunicado à imprensa. Para que ela seja produtiva, um membro deve preparar um rascunho de antemão. No fim da reunião, um membro nomeado previamente tem que assumir a responsabilidade pela divulgação do texto final.

Uma reunião para fazer um anúncio – por exemplo, uma mudança organizacional. Essa reunião deve se limitar ao anúncio e a uma discussão sobre ele.

Uma reunião na qual um participante apresenta um relatório. Nada além do relatório deve ser discutido.

Uma reunião em que vários ou todos os membros apresentam relatórios. Ou não deve haver nenhuma discussão, ou a discussão deve ser limitada a perguntas para eventuais esclarecimentos. Outra possibilidade: para cada relatório, uma breve discussão em que todos os participantes podem fazer perguntas. Se for esse o formato, os relatórios devem ser distribuídos a todos os participantes bem antes do compromisso. Nesse tipo de reunião, cada relatório deve ser limitado a um tempo predefinido – por exemplo, 15 minutos.

Uma reunião para informar o executivo convocador. O executivo deve ouvir e fazer perguntas. Ele deve resumir, mas não fazer uma apresentação.

Uma reunião cuja única função é permitir que os participantes estejam na presença do executivo. O café da manhã e o jantar do cardeal Spellman eram reuniões desse tipo. Não há como fazer com que sejam produtivas;

são obrigações hierárquicas. Os executivos seniores são eficazes na medida em que são capazes de impedir que tais reuniões invadam seus dias de trabalho. Spellman, por exemplo, era eficaz em grande parte porque restringia essas reuniões ao café da manhã e ao jantar e mantinha o resto de seu dia de trabalho livre delas.

Tornar uma reunião produtiva exige bastante autodisciplina. Requer que os executivos determinem qual tipo será mais apropriada e se atenham a esse formato. Também é necessário encerrá-la assim que o seu propósito específico tiver sido cumprido. Bons executivos não levantam outro assunto para discussão; eles resumem e finalizam.

Um bom acompanhamento é tão importante quanto a própria reunião. O mestre dos follow-ups foi Alfred Sloan, o executivo de negócios mais eficaz que conheci. Sloan, que chefiou a General Motors da década de 1920 até a de 1950, passava a maior parte de seus seis dias úteis em reuniões – três dias por semana em reuniões formais de comissões com membros determinados, os outros três dias em reuniões de objetivos específicos com executivos da GM individualmente ou com um pequeno grupo de executivos. No começo de uma reunião formal, Sloan anunciava o propósito do encontro. E então ouvia. Ele nunca tomava notas e raramente falava, exceto para esclarecer algum ponto confuso. No fim, fazia um resumo, agradecia aos participantes e saía. Logo depois, escrevia um breve memorando endereçado a um participante da reunião. Nessa nota, ele resumia a discussão e suas conclusões e informava qualquer distribuição de tarefas decidida na reunião (incluindo a decisão de realizar outra reunião sobre o assunto, ou para estudar uma questão). Ele especificava o prazo e o executivo que deveria ser responsável pela tarefa. Enviava uma cópia do memorando para todos que estiveram presentes na reunião. Foi através desses memorandos – cada um deles uma pequena obra-prima – que Sloan se estabeleceu como um executivo de eficácia excepcional.

Executivos eficazes sabem que qualquer reunião ou é produtiva ou é uma total perda de tempo.

Pense e diga "nós"

A última prática é a seguinte: não pense ou diga "eu". Pense e diga "nós". Executivos eficazes sabem que têm a responsabilidade final, que não pode ser compartilhada nem delegada. Mas eles só exercem autoridade porque têm a confiança da organização. Isso significa que pensam nas necessidades e nas oportunidades da organização antes de pensarem nas próprias necessidades e oportunidades. Pode parecer simples, mas não é, e precisa ser estritamente observado.

Acabamos de revisar oito práticas de executivos eficazes. Vou lançar mais uma, um bônus. Ela é tão importante que vou elevá-la ao nível de regra: *ouça primeiro, fale depois*.

Executivos eficazes diferem amplamente em matéria de personalidade, forças, fraquezas, valores e crenças. Tudo o que têm em comum é o fato de fazerem com que as coisas certas sejam feitas. Alguns, de fato, já nascem eficazes. Mas a demanda por eles é grande demais para ser satisfeita apenas por esses talentos extraordinários. A eficácia é uma disciplina. E, como toda disciplina, pode ser aprendida e *precisa* ser conquistada.

Publicado originalmente em junho de 2004.

3
O que os líderes realmente fazem

John P. Kotter

LIDERANÇA É DIFERENTE DE GESTÃO, mas não pelas razões que a maioria das pessoas imagina. Não se trata de algo místico ou misterioso. Na verdade não tem nada a ver com "carisma" ou outro traço exótico de personalidade. Não é a área de domínio de alguns poucos escolhidos. A liderança também não é necessariamente melhor do que a gestão nem pode substituí-la.

Em vez disso, liderança e gestão são dois sistemas distintos e complementares de ação. Cada um tem sua própria função e atividades características. Ambos são necessários para o sucesso em um ambiente de negócios cada vez mais complexo e inconstante.

Atualmente, a maioria das corporações dos Estados Unidos é supergerenciada e subliderada. Elas precisam desenvolver sua capacidade de exercer liderança. Empresas bem-sucedidas não esperam que os líderes apareçam; procuram ativamente indivíduos com potencial de liderança e os expõem a experiências de carreira projetadas para desenvolver esse potencial. De fato, com uma seleção cuidadosa, treinamento e incentivo, dezenas de pessoas podem desempenhar importantes papéis de liderança em uma organização empresarial.

No entanto, enquanto melhoram sua capacidade de liderar, as empresas devem se lembrar de que uma liderança forte com uma gestão fraca não é melhor do que o inverso – às vezes é até pior. O verdadeiro desafio é combinar liderança e gestão fortes e usar uma para equilibrar a outra.

É claro que nem todos podem ser bons em liderar *e* gerenciar. Alguns indivíduos têm a capacidade de se tornar excelentes gestores, mas não líderes fortes. Outros têm um grande potencial de liderança, mas, por várias razões, têm grande dificuldade em virar gestores fortes. Empresas inteligentes valorizam ambos os tipos e trabalham duro para torná-los parte da equipe.

Quando se trata de preparar profissionais para cargos executivos, porém, essas empresas ignoram a literatura recente que diz que as pessoas não podem gerenciar *e* liderar. Tentam desenvolver líderes gestores. Uma vez que as organizações entenderem a diferença fundamental entre liderança e gestão, poderão começar a preparar seus melhores funcionários para exercerem ambas as funções.

A diferença entre gestão e liderança

Gestão envolve lidar com a complexidade. Suas práticas e procedimentos são em grande parte uma resposta a um dos desenvolvimentos mais significativos do século XX: o surgimento de grandes organizações. Sem uma boa gestão, empresas complexas tendem a se tornar caóticas de maneiras que ameaçam a própria existência. Uma boa gestão traz certo grau de ordem e consistência aos principais aspectos, como qualidade e lucratividade dos produtos.

Por outro lado, liderança envolve lidar com a mudança. Parte da razão que a fez se tornar tão importante nos últimos anos é que o mundo dos negócios ficou mais competitivo e mais instável. Desenvolvimentos tecnológicos mais rápidos, maior concorrência internacional, desregulamentação dos mercados, capacidade excedente em empresas de capital intensivo, um cartel de petróleo instável, invasão de títulos de alto risco e alterações demográficas da força de trabalho estão entre os muitos fatores que têm contribuído para as mudanças. O resultado é que fazer o que foi feito ontem

> ## Em resumo
>
> A meia verdade mais perniciosa sobre liderança é que ela é apenas uma questão de carisma e visão – ou você tem ou não tem. O fato é que as habilidades de liderança não são inatas. Elas podem ser adquiridas e aperfeiçoadas. Primeiro é preciso saber como elas diferem das habilidades de gestão.
>
> Gestão é sobre como lidar com a complexidade; traz ordem e previsibilidade a uma situação. Mas isso já não é mais suficiente – para ter sucesso, as empresas precisam ser capazes de se adaptar às transformações. Liderança, então, tem a ver com aprender a lidar com mudanças rápidas.
>
> Como essa distinção se manifesta?
>
> - Gestão envolve planejamento e orçamento. Liderança envolve definir uma direção.
> - Gestão consiste em organização e recrutamento. Liderança consiste em alinhar pessoas.
> - Gerenciamento fornece controle e resolve problemas. Liderança fornece motivação.

ou fazê-lo 5% melhor não é mais uma fórmula para o sucesso. Grandes transformações são cada vez mais necessárias para sobreviver e competir de maneira efetiva nesse novo ambiente. E mais mudanças sempre exigem mais liderança.

Considere uma simples analogia militar: um exército em tempos de paz pode sobreviver com uma boa administração e uma boa gestão para cima e para baixo na estrutura hierárquica, juntamente com uma boa liderança concentrada no topo. Um exército em tempos de guerra, no entanto, precisa de liderança competente em todos os níveis. Ninguém descobriu ainda como gerenciar pessoas de forma eficaz em uma batalha; elas devem ser lideradas.

Essas duas funções diferentes – lidar com a complexidade e lidar com a mudança – moldam as atividades características de gestão e liderança.

Ambos os sistemas de ação requerem: decidir o que precisa ser feito, criar redes de pessoas e relacionamentos capazes de cumprir um cronograma e, em seguida, garantir que essas pessoas realmente executem o trabalho. Mas cada um realiza essas três tarefas de maneiras diferentes.

As empresas gerenciam a complexidade primeiro *planejando e orçando* – definindo metas ou objetivos para o futuro (normalmente para o mês ou ano seguintes), estabelecendo etapas detalhadas para alcançar essas metas e alocando recursos para realizar esses planos. Por outro lado, liderar uma organização para uma mudança construtiva começa pela *definição de uma direção* – desenvolver uma visão do futuro (muitas vezes de um futuro distante) junto com estratégias para produzir as mudanças necessárias para alcançar essa visão.

A gestão desenvolve a capacidade de atingir seu plano *organizando e convocando pessoas* – criando uma estrutura organizacional e um conjunto de tarefas para cumprir os requisitos do plano, preenchendo os cargos com profissionais qualificados, comunicando o plano a essas pessoas, delegando responsabilidades pela execução do plano e criando sistemas para monitorar a implementação. A atividade de liderança equivalente, no entanto, é *alinhar pessoas*. Isso significa comunicar a nova direção a indivíduos capazes de criar coalizões que entendam a visão e estejam comprometidas com sua realização.

Finalmente, a gestão assegura a realização do plano *controlando e resolvendo problemas* – monitorando os resultados comparando-os ao plano em alguns detalhes, formal e informalmente, por meio de relatórios, reuniões e outras ferramentas; identificando desvios; e depois planejando e organizando a resolução dos problemas. Mas, para a liderança, alcançar uma visão requer *motivação e inspiração* – manter as pessoas seguindo na direção certa, apesar dos consideráveis obstáculos à mudança, apelando para necessidades humanas, emoções e valores básicos mas muitas vezes inexplorados.

Um exame mais detalhado de cada uma dessas atividades ajudará a explicitar as habilidades de que os líderes precisam.

Na prática

Tanto a gestão quanto a liderança envolvem decidir o que precisa ser feito, criar redes de pessoas para cumprir o cronograma e garantir que o trabalho realmente seja executado. São funções complementares, mas cada sistema de ação lida com as tarefas de maneiras diferentes.

1. Planejar e orçar *versus* definir direção. O objetivo da gestão é a previsibilidade – resultados estruturados. A função da liderança é produzir mudanças. Definir a direção dessas transformações é, portanto, um trabalho essencial. Não há nada místico nessa tarefa, mas ela é mais indutiva do que planejar e orçar. Consiste em uma busca por padrões e relacionamentos. E não produz planos detalhados, mas resultados de ajuste de direção das visões e estratégias abrangentes para realizá-los.

> ***Exemplo:*** Em setores consolidados, o aumento da concorrência geralmente diminui o crescimento. Mas, na American Express, Lou Gerstner contrariou essa tendência, elaborando com sucesso a visão de um empreendimento dinâmico.

A nova direção que ele estabeleceu não era um mero esquema para atrair a atenção, e sim o resultado de fazer perguntas fundamentais sobre o mercado e as forças competitivas.

2. Organizar e recrutar *versus* alinhar pessoas. Os gestores procuram a compatibilidade perfeita entre pessoas e funções. Isso é essencialmente um problema de design: configurar sistemas para garantir que os planos sejam executados com precisão e eficiência. Os líderes, no entanto, procuram a compatibilidade perfeita entre pessoas e uma determinada visão. Isso está mais para uma questão de comunicação. Envolve fazer com que um grande número de indivíduos, dentro e fora da empresa, primeiro acredite em um futuro alternativo – e depois tome iniciativas com base nessa visão compartilhada.

3. Controlar e resolver problemas *versus* motivar e inspirar. A gestão se esforça em facilitar para os funcionários a conclusão de suas tarefas dia após dia. Mas, como uma alta dose de energia é essencial para superar as barreiras contra a mudança, os líderes tentam sensibilizar as pessoas em seus níveis mais profundos, criando nelas uma sensação de pertencimento, idealismo e autoestima.

Exemplo: Na divisão de produtos de papel da Procter & Gamble, Richard Nicolosi ressaltou a mensagem de que "cada um de nós é um líder", distribuindo a responsabilidade até o nível de equipes recém-formadas. Uma atitude empreendedora se formou e os lucros foram recuperados.

Definir uma direção *versus* planejar e orçar

Uma vez que a função da liderança é produzir mudanças, estabelecer a direção delas é um ponto fundamental. Definir a direção nunca é o mesmo que fazer um planejamento, embora as pessoas frequentemente confundam os dois. Planejar é um processo de gestão, dedutivo em sua natureza e projetado para produzir resultados estruturados e não mudanças. Definir uma direção é algo mais indutivo. Os líderes reúnem um amplo leque de dados e procuram padrões, relacionamentos e ligações que ajudem a explicar as coisas.

Além disso, o aspecto de definição de direção da liderança não produz planos, mas cria visões e estratégias. Estas, por sua vez, estabelecem os negócios, a tecnologia ou a cultura da empresa em termos do que ela deve se tornar a longo prazo e articulam uma maneira viável de atingir esse objetivo.

A maioria das discussões sobre visão tende a descambar para o misticismo. A visão seria algo misterioso que meros mortais, mesmo os mais talentosos, jamais poderão alcançar. Entretanto, desenvolver uma boa direção de negócios não tem nada a ver com mágica. É um processo difícil, às vezes exaustivo, de coleta e análise de informações. Os indivíduos que articulam essas visões não são magos, mas pensadores estratégicos, que possuem uma percepção mais ampla e estão dispostos a assumir riscos.

Alinhando pessoas: Chuck Trowbridge e Bob Crandall na Eastman Kodak

A Eastman Kodak entrou no negócio de cópias no início dos anos 1970, concentrando-se em máquinas tecnicamente sofisticadas, vendidas, em média, por cerca de 60 mil dólares cada uma. Na década seguinte, o negócio cresceu para quase 1 bilhão de dólares em receita. Mas os custos eram altos, a lucratividade não era boa e havia problemas por toda parte.

A maioria dos funcionários sabia quais eram, mas não conseguia chegar a um acordo sobre como resolvê-los. Então, em seus dois primeiros meses como gerente-geral do grupo de novos produtos de cópia, criado em 1984, Chuck Trowbridge reuniu-se com praticamente todos os membros-chave dentro de seu grupo, bem como com pessoas de outros setores da Kodak que poderiam ser importantes para o negócio de copiadoras. Uma área especialmente crucial foi a de engenharia e fabricação, liderada por Bob Crandall.

A visão de Trowbridge e Crandall para engenharia e fabricação era simples: tornar-se uma manufatura de alto nível e uma organização menos burocrática e mais descentralizada. Ainda assim, era uma mensagem difícil de transmitir, porque afastava-se radicalmente das comunicações anteriores, não apenas no grupo de produtos de cópia, mas na maior parte da Kodak. Assim, Crandall estabeleceu dezenas de meios para enfatizar a nova direção e alinhar as pessoas a ela: reuniões semanais com seus 12 subordinados diretos; "fóruns de produtos de cópia" mensais em que um funcionário diferente de cada um dos departamentos de Crandall se encontrava com ele como um grupo; discussões sobre novos projetos e melhorias para alcançar resultados ainda mais positivos; e reuniões trimestrais realizadas entre seus gerentes e todos os funcionários de seus próprios departamentos.

Uma vez por mês, Crandall e seus subordinados diretos também se reuniam com 80 a 100 pessoas de alguma área da organização para discutir qualquer tema que

---

As visões e estratégias também não precisam ser brilhantemente inovadoras; na verdade, algumas das melhores não são. Em sua maioria, as visões de negócios mais eficazes possuem uma qualidade quase mundana, geralmente consistindo em ideias que já são bem conhecidas. Uma determinada combinação ou uma formatação dessas ideias pode ser nova, mas às vezes nem é o caso.

desejassem. Para alinhar-se com seu maior fornecedor – a Divisão de Aparelhos da Kodak, que fornecia um terço das peças usadas no projeto e na fabricação –, ele e seus gestores se reuniam com a alta gerência desse grupo toda quinta-feira durante o almoço. Mais tarde, criou um formato chamado "reuniões de negócios", em que seus gestores se encontravam com 12 a 20 pessoas para discutir um tópico específico, como estoque ou o plano mestre de produção. O objetivo geral era obter a presença de todos os seus 1.500 funcionários em pelo menos uma dessas reuniões focadas em negócios a cada ano.

Trowbridge e Crandall também usaram a comunicação escrita em sua causa. Um boletim de quatro a oito páginas era entregue aos funcionários uma vez por mês. Um programa deu aos funcionários a oportunidade de fazer perguntas de maneira anônima a Crandall e aos gestores no topo da hierarquia e ter certeza de que receberiam uma resposta. Só que as comunicações escritas mais visíveis e poderosas eram os gráficos. Em um corredor principal perto do refeitório, gráficos enormes reportavam os resultados de qualidade, custo e entrega de cada produto. Cem versões menores desses gráficos foram espalhadas por toda a área de fabricação, informando os níveis de qualidade e custos para grupos de trabalho específicos.

Os resultados do processo de alinhamento intensivo começaram a aparecer em seis meses e ficaram ainda mais claros depois de um ano. Esses êxitos tornaram a mensagem mais convincente e ajudaram a arregimentar mais pessoas. Entre 1984 e 1988, a qualidade em uma das principais linhas de produtos aumentou quase 100 vezes. A taxa de defeitos por unidade passou de 30 para 0,3. Durante um período de três anos, os custos de outra linha de produtos caíram quase 24%. Entregas no prazo aumentaram de 82% em 1985 para 95% em 1987. Os níveis de estoque caíram mais de 50% entre 1984 e 1988, embora o volume de produtos estivesse aumentando. E a produtividade, medida em unidades por funcionário de fabricação, mais do que duplicou entre 1985 e 1988.

Por exemplo, quando o CEO Jan Carlzon articulou sua visão para fazer da Scandinavian Airlines System (SAS) a melhor companhia aérea do mundo para quem viaja frequentemente a negócios, ele não estava dizendo nada que todos do setor aéreo já não soubessem. Viajantes a negócios voam de maneira mais consistente do que outros segmentos de mercado e costumam estar dispostos a pagar tarifas mais altas. Assim, focar nos clientes

Definindo uma direção: Lou Gerstner na American Express

Quando Lou Gerstner se tornou presidente da Travel Related Services (TRS), da American Express, em 1979, a unidade de serviços de viagem estava enfrentando um dos maiores desafios dos 130 anos de história da AmEx. Centenas de bancos estavam oferecendo ou planejavam introduzir cartões de crédito por meio da Visa e do MasterCard, que competiriam com o cartão American Express. E mais de duas dezenas de empresas de serviços financeiros estavam entrando no negócio de cheques de viagem. Em um mercado maduro, esse aumento na competição geralmente reduz as margens e interrompe o crescimento.

Mas não foi assim que Gerstner viu o negócio. Antes de se juntar à American Express, ele havia passado cinco anos como consultor para a TRS, analisando a divisão, que estava perdendo dinheiro, e o cada vez mais competitivo mercado de operações com cartão. Gerstner e sua equipe fizeram perguntas fundamentais sobre economia, mercado e concorrência e desenvolveram um profundo conhecimento do negócio. No processo, ele começou a elaborar uma visão para a TRS que não se parecia em nada com a de uma empresa com 130 anos de atividade em um setor maduro.

Gerstner achava que essa unidade tinha o potencial de se tornar dinâmica e ascendente, apesar do ataque das concorrentes Visa e MasterCard por meio de milhares de bancos. A chave era se concentrar no mercado global e, em especial, no cliente relativamente rico a quem a American Express já vinha servindo havia tempos com produtos top de linha. Com uma segmentação adicional desse mercado, desenvolvendo agressivamente uma ampla gama de novos produtos e serviços e investindo para aumentar a produtividade e reduzir os custos, a TRS conseguiria prestar o melhor serviço possível aos clientes que tivessem autonomia de renda suficiente para adquirir muito mais desses serviços do que no passado.

Uma semana após sua nomeação, Gerstner reuniu as pessoas que executavam a operação de cartões e questionou todos os princípios pelos quais elas conduziam seus negócios. Em particular, desafiou duas crenças amplamente compartilhadas: a de que a divisão deveria ter apenas um produto, o cartão Green, e que esse produto era limitado em potencial de crescimento e inovação.

Gerstner também começou a desenvolver rapidamente uma cultura mais empreendedora, a contratar e treinar profissionais que pudessem prosperar nela e a comunicar claramente à direção-geral. Ele e outros gestores de alto nível recompensavam a tomada de risco inteligente. Para tornar o empreendedorismo mais fácil, desencorajaram a burocracia. Eles também atualizaram os padrões de contratação e criaram um treinamento específico que oferecia a jovens com grande potencial um conjunto enriquecedor de experiências e um grau incomum de exposição a pessoas na alta gerência. Para incentivar a tomada de risco entre todos os funcionários da TRS, Gerstner também estabeleceu um programa para reconhecer e recompensar um atendimento ao consumidor verdadeiramente excepcional, um princípio central da visão da empresa.

Esses incentivos levaram rapidamente a novos mercados, produtos e serviços. A TRS expandiu enormemente sua presença no exterior. Em 1988, os cartões AmEx eram emitidos em 29 moedas (eram apenas 11 na década anterior). A unidade também se concentrou agressivamente em dois segmentos de mercado que até então haviam recebido pouca atenção: estudantes universitários e mulheres. Em 1981, a TRS combinou o cartão e os recursos do serviço de viagens de maneira a oferecer aos clientes corporativos um sistema unificado para monitorar e controlar as despesas de viagem. Em 1988, a AmEx havia crescido e se tornado o quinto maior operador de mala direta nos Estados Unidos.

Outros novos produtos e serviços incluíram um seguro de 90 dias em todas as compras feitas com o cartão AmEx, um cartão American Express Platinum e um cartão de crédito rotativo conhecido como Optima. Em 1988, a empresa também mudou para a tecnologia de processamento de imagem para faturamento, produzindo um extrato mensal mais conveniente para os clientes e reduzindo os custos de tarifação em 25%.

Como resultado dessas inovações, o lucro líquido da TRS aumentou 500% entre 1978 e 1987 – uma taxa de retorno anual composta de cerca de 18%. O negócio superou muitas das chamadas empresas de alta tecnologia/alto crescimento. Com um retorno sobre o patrimônio líquido de 28% em 1988, também superou o desempenho da maioria das empresas de baixo crescimento, mas de alto lucro.

corporativos oferece a uma companhia aérea a possibilidade de margens altas, negócios estáveis e um crescimento considerável. No entanto, em um setor mais conhecido pela burocracia do que pela visão, nenhuma empresa tinha juntado essas ideias simples e se dedicado a implementá-las. A SAS fez isso e obteve sucesso.

O crucial em uma visão não é sua originalidade, mas quão bem ela serve aos interesses de importantes públicos – clientes, acionistas, funcionários – e com que facilidade pode ser traduzida em uma estratégia competitiva realista. Visões ruins tendem a ignorar as necessidades legítimas e os direitos de grupos importantes – favorecendo, digamos, funcionários acima de clientes ou acionistas. Ou são estrategicamente inconsistentes.

Um dos erros mais frequentes que as empresas supergerenciadas e sublideradas cometem é abraçar um planejamento de longo prazo como uma panaceia para sua falta de direcionamento e incapacidade de se adaptar a um ambiente de negócios cada vez mais competitivo e dinâmico. Essa abordagem interpreta erroneamente a natureza da definição de direção e não tem como dar certo.

O planejamento de longo prazo sempre consome muito tempo. Quando algo inesperado acontece, os planos têm que ser refeitos. Em um ambiente de negócios dinâmico, o inesperado muitas vezes vira a norma, e o planejamento de longo prazo pode se tornar uma tarefa extraordinariamente penosa. É por isso que as empresas mais bem-sucedidas limitam o tempo dedicado às suas atividades de planejamento. De fato, algumas até consideram a expressão "planejamento de longo prazo" uma contradição em si mesma.

Em uma empresa sem direção, até mesmo um planejamento de curto prazo pode se tornar um buraco negro capaz de absorver uma quantidade infinita de tempo e energia. Sem visão e estratégia para fornecer restrições sobre esse processo ou para orientá-lo, toda eventualidade merecerá um plano. Sob tais circunstâncias, o planejamento de contingência pode se tornar infinito, drenando tempo e atenção de atividades muito mais essenciais, mas sem nunca fornecer o claro senso de direção de que uma empresa desesperadamente precisa. Depois de algum tempo, os gestores acabam ficando céticos e o processo de planejamento pode se transformar em um jogo altamente politizado.

O planejamento funciona melhor não como um substituto para a definição de direção, mas como seu complemento. Um processo de planejamento competente serve para verificar se as atividades de definição de direção são condizentes com a realidade. Da mesma forma, um processo de definição de direção hábil fornece um foco no qual o planejamento pode ser realisticamente executado. Isso ajuda a esclarecer que tipo de planejamento é essencial e que tipo é irrelevante.

Alinhar pessoas *versus* organizar e recrutar

Uma característica central das organizações modernas é a interdependência: ninguém tem autonomia completa e a maioria dos funcionários está ligada a muitos outros por seu trabalho, pela tecnologia, pelos sistemas de gestão e pela hierarquia. Esse vínculo representa um desafio especial quando as organizações tentam fazer mudanças A menos que muitos indivíduos se unam e se movam juntos na mesma direção, as pessoas tendem a competir umas com as outras. Para executivos que possuem grandes conhecimentos de gestão e poucos de liderança, a ideia de levar as equipes a se moverem na mesma direção parece ser um problema organizacional. O que eles precisam fazer, no entanto, não é organizar as pessoas, mas alinhá-las.

Os gerentes "organizam" para criar sistemas humanos capazes de executar planos com o máximo possível de precisão e eficiência. Em geral, isso requer uma boa quantidade de decisões potencialmente complexas. Uma empresa deve escolher uma estrutura de cargos e relações de subordinação, equipá-la com profissionais adequados às funções, fornecer treinamento para aqueles que precisam, comunicar planos à força de trabalho e decidir qual nível de autoridade delegar e para quem. Incentivos econômicos também precisam ser construídos para a execução do plano, bem como sistemas para monitorar sua implementação. Esses julgamentos organizacionais são muito parecidos com decisões arquitetônicas – é uma questão de ajuste dentro de um contexto particular.

Alinhar é diferente. É mais um desafio de comunicação do que um problema de design. Invariavelmente envolve conversar com muito mais indivíduos do que organizar. O público-alvo pode incluir não apenas os subordinados de um gerente, mas também chefes, colegas, funcionários de outros departamentos, bem como fornecedores, representantes do governo e até clientes. Qualquer pessoa que possa ajudar a implementar a visão e as estratégias ou que possa bloquear a implementação é relevante.

Tentar levar as pessoas a compreender uma visão de um futuro alternativo também é um desafio de comunicação de uma magnitude completamente diferente de organizá-las para cumprir um plano de curto prazo. É muito parecido com a diferença entre um jogador de basquete tentando descrever para sua equipe as próximas duas ou três jogadas e sua tentativa de lhes explicar uma abordagem totalmente nova para o jogo a ser usada na segunda metade da temporada.

Sejam elas repassadas com muitas palavras ou alguns poucos símbolos escolhidos com cuidado, essas mensagens não são necessariamente aceitas apenas porque são compreendidas. Outro grande desafio nos esforços de liderança é a credibilidade – levar as pessoas a acreditar na mensagem. Muitas coisas contribuem para que ela seja conquistada: o histórico de quem entrega a mensagem, o conteúdo da mensagem em si, a reputação do emissor em relação à sua integridade e confiabilidade e a consistência entre palavras e ações.

Finalmente, alinhar leva ao empoderamento de uma forma que organizar raramente faz. Uma das razões pelas quais algumas empresas têm dificuldade de se ajustar a mudanças rápidas nos mercados ou na tecnologia é que muitas pessoas dentro delas se sentem relativamente impotentes. Elas aprenderam por experiência própria que, mesmo que percebam corretamente as mudanças externas e, em seguida, iniciem as ações apropriadas, estão vulneráveis a algum superior que não goste do que fizeram. As repreensões podem assumir muitas formas diferentes: "Isso é contra a política da empresa", "Não podemos custear isso" ou "Cale a boca e obedeça".

O alinhamento ajuda a superar esse problema ao capacitar as pessoas de pelo menos duas maneiras. Primeiro, quando um claro senso de direção é comunicado por toda a organização, os funcionários nos níveis mais baixos da hierarquia podem iniciar ações sem o mesmo grau de vulnerabilidade. Desde que seu comportamento seja consistente com a visão, os superiores terão mais dificuldade em repreendê-los. Em segundo lugar, como todos estão mirando no mesmo alvo, há uma probabilidade menor de que a iniciativa de um indivíduo seja barrada quando entra em conflito com a de outro.

Motivar *versus* controlar e resolver problemas

Como a mudança é uma função da liderança, ser capaz de gerar comportamentos altamente motivados é importante para superar as inevitáveis barreiras. Assim como a determinação da direção identifica um caminho apropriado para o movimento e o alinhamento eficaz faz com que as pessoas se movam por ele, a motivação bem-sucedida garante que elas terão energia para vencer os obstáculos.

De acordo com a lógica da gestão, mecanismos de controle comparam o comportamento do sistema com o plano e atuam quando algum desvio é detectado. Em uma fábrica bem gerenciada, por exemplo, isso significa que o processo de planejamento estabelece metas de qualidade sensatas, o processo de organização constrói uma empresa capaz de atingir esses objetivos e o processo de controle garante que os lapsos de qualidade sejam detectados imediatamente, não em 30 ou 60 dias, e corrigidos.

Por algumas das mesmas razões pelas quais o controle é tão crucial para a gestão, o comportamento altamente motivado ou inspirado é quase irrelevante para ela. Os processos de gestão devem ser, na medida do possível, livres de falhas e de riscos. Isso significa que não podem depender do inesperado ou do que seja difícil de obter. Todo o propósito dos sistemas e estruturas é ajudar pessoas normais, que se comportam de maneira normal, a completar as tarefas com sucesso, dia após dia. Não é excitante ou glamoroso. Mas assim é a gestão.

A liderança é diferente. Alcançar grandes visões sempre requer uma explosão de energia. Motivação e inspiração energizam as pessoas não por empurrá-las na direção certa, como fazem os mecanismos de controle, mas por satisfazer as necessidades humanas básicas de realização, sensação de pertencimento, reconhecimento, autoestima e controle sobre a própria vida, assim como a capacidade de viver de acordo com seus ideais. Esses sentimentos nos tocam profundamente e provocam uma reação poderosa.

Bons líderes motivam as pessoas de várias maneiras. Primeiro, eles sempre articulam a visão da organização de maneira que enfatize os valores

Motivando pessoas: Richard Nicolosi na Procter & Gamble

A Procter & Gamble foi fundada em 1956 e, durante cerca de 20 anos, a divisão de produtos de papel da empresa enfrentou pouca concorrência, pois seus produtos ofereciam alta qualidade, preços razoáveis e eram bem comercializados. No fim da década de 1970, no entanto, essa divisão sofreu uma mudança em seu posicionamento no mercado, graças a novas pressões da concorrência. Por exemplo, analistas do setor estimam que a participação da empresa no mercado de fraldas descartáveis caiu de 75% em meados dos anos 1970 para 52% em 1984.

Naquele ano, Richard Nicolosi chegou à divisão como gerente-geral associado, depois de três anos na menor e mais ágil divisão de refrigerantes. Ele encontrou uma organização burocrática e centralizada, que se concentrava excessivamente em projetos e objetivos departamentais internos. Quase todas as informações sobre os consumidores vinham de pesquisas de mercado altamente quantitativas. O pessoal técnico era recompensado ao promover economia de custos, o comercial enfocava em volume e participação, e os dois grupos estavam quase em guerra um com o outro.

Em meados de 1984, a alta administração anunciou que Nicolosi se tornaria chefe da divisão de produtos de papel em outubro, mas em agosto já estava administrando a área de maneira não oficial. Ele logo começou a enfatizar a necessidade de a divisão se tornar mais criativa e orientada para o mercado, em vez de apenas tentar ser uma produtora de baixo custo. "Eu tive que deixar muito claro", relatou Nicolosi, mais tarde, "que as regras do jogo haviam mudado."

A nova direção colocou muito mais ênfase no trabalho em equipe e em múltiplos papéis de liderança. Nicolosi adotou a estratégia de usar grupos para gerir a divisão e seus produtos específicos. Em outubro, ele e sua equipe designaram a si mesmos como o "conselho" da divisão de papel e passaram a se reunir, primeiro uma vez por mês, depois, semanalmente. Em novembro, estabeleceram "equipes por categoria" para gerenciar seus principais segmentos (como fraldas, lenços e toalhas) e começaram a delegar responsabilidade a essas equipes. A orientação de Nicolosi era: "Esqueça os passos mais graduais e opte por dar um salto."

Em dezembro, Nicolosi envolveu-se seletivamente, com mais profundidade, em determinados setores. Entrou em contato com a agência de publicidade e conheceu o pessoal da criação. Pediu ao gerente de marketing de fraldas que se reportasse diretamente a ele, eliminando uma camada na hierarquia. Conversou mais com as pessoas que trabalhavam em projetos de desenvolvimento de novos produtos.

Em janeiro de 1985, o conselho anunciou uma nova estrutura organizacional que incluía não apenas equipes por categoria, mas também equipes de gerenciamento de novos negócios. Poucos meses depois, a direção estava pronta para planejar um importante evento motivacional para comunicar a nova visão dos produtos de papel ao maior número possível de pessoas. Em 4 de junho de 1985, todo o pessoal baseado em Cincinnati e que trabalhava em papel, além dos gerentes de vendas distritais e dos gestores da fábrica – milhares de pessoas – se reuniram no templo maçônico local. Nicolosi e outros membros do conselho descreveram a sua visão de uma organização onde "cada um de nós é um líder". O evento foi gravado em vídeo e uma versão editada foi enviada a todos os escritórios e fábricas.

Todas essas atividades ajudaram a criar um ambiente empresarial em que um considerável número de pessoas se sentia motivado a realizar a nova visão. A maioria das inovações veio de profissionais que lidavam com novos produtos. A Ultra Pampers, introduzida pela primeira vez em fevereiro de 1985, aumentou a participação de mercado de toda a linha de produtos Pampers de 40% para 58%, e a rentabilidade saiu do zero e passou a apresentar índices positivos. Poucos meses após a introdução do Luvs Delux, em maio de 1987, a participação de mercado da marca cresceu 150%.

Outras iniciativas dos funcionários estavam mais voltadas para algum departamento, e algumas vieram de níveis hierárquicos inferiores. Em 1986, algumas das secretárias da divisão, sentindo-se fortalecidas pela nova cultura, desenvolveram uma rede para sua própria função. Essa associação estabeleceu subcomissões de treinamento e programas de recompensas e reconhecimento.

No fim de 1988, as receitas da divisão de produtos de papel tinham aumentado 40% em um período de quatro anos. Os lucros cresceram 68%. E tudo isso aconteceu apesar de a concorrência ficar cada vez mais acirrada.

do público a que estão se dirigindo. Isso faz com que o trabalho seja importante para esses indivíduos. Líderes também envolvem regularmente as pessoas nas decisões sobre como alcançar a visão da organização (ou a parte mais relevante para um indivíduo em particular). Isso dá a elas uma sensação de controle.

Outra valiosa técnica motivacional é apoiar os esforços dos funcionários para realizar a visão fornecendo orientação, feedback e exemplos a serem seguidos e, desse modo, ajudá-los a crescer profissionalmente e melhorar sua autoestima. Por fim, bons líderes reconhecem e recompensam o sucesso, o que não só dá aos subordinados uma sensação de realização, mas também faz com que se sintam parte de uma organização que se preocupa com eles. Quando tudo isso é feito, o próprio trabalho torna-se intrinsecamente motivador.

Quanto mais a mudança caracterizar o ambiente de negócios, mais os líderes deverão motivar as pessoas a também oferecerem liderança. Quando isso funciona, esse modo de trabalho é reproduzido em toda a organização, com pessoas ocupando múltiplos papéis de liderança por toda a hierarquia. Trata-se de algo altamente valioso, porque o enfrentamento das mudanças em qualquer negócio complexo exige iniciativas de inúmeros indivíduos. Nada menos do que isso vai funcionar.

Obviamente, lideranças vindas de diversas fontes nem sempre convergem. Em vez disso, podem facilmente entrar em conflito. Para que múltiplas funções de liderança consigam trabalhar em conjunto, as ações das pessoas devem ser cuidadosamente coordenadas por mecanismos que diferem daqueles que coordenam as funções tradicionais de gestão.

Fortes redes de relações informais – o tipo encontrado em empresas com culturas saudáveis – ajudam a coordenar as atividades de liderança da mesma forma que a estrutura formal coordena as atividades gerenciais. A principal diferença é que as redes informais podem lidar com as maiores demandas por coordenação associadas a atividades não rotineiras e mudanças.

A multiplicidade de canais de comunicação e a confiança entre os indivíduos conectados por esses canais favorecem um processo contínuo de acomodação e adaptação. Quando surgem conflitos entre os papéis, esses mesmos relacionamentos ajudam a resolvê-los. Talvez o mais importante, esse processo de diálogo e acomodação pode produzir visões que são interligadas e compatíveis, em vez de remotas e competitivas. Tudo isso requer muito mais comunicação do que a necessária para coordenar os papéis gerenciais, mas, ao contrário da estrutura formal, fortes redes informais conseguem lidar com a situação.

Relações informais de algum tipo existem em todas as corporações. Mas, com muita frequência, essas redes são frágeis demais (algumas pessoas estão bem conectadas, mas a maioria não está) ou altamente fragmentadas (existe uma rede forte dentro do grupo de marketing e dentro do de pesquisa e desenvolvimento, mas não entre os dois departamentos). Essas redes não sustentam bem várias iniciativas de liderança. Na verdade, redes informais abrangentes são tão importantes que, se não existirem, criá-las deve ser o foco da atividade no início de uma importante iniciativa de liderança.

Criando uma cultura de liderança

Apesar da crescente importância da liderança para o sucesso de uma empresa, as experiências no local de trabalho realmente parecem minar o desenvolvimento dos atributos necessários para ela. No entanto, algumas empresas têm demonstrado com consistência uma capacidade de desenvolver pessoas e transformá-las em líderes excepcionais. Recrutar profissionais com potencial de liderança é apenas o primeiro passo. Igualmente importante é gerenciar seus padrões de carreira. Indivíduos eficazes em grandes funções de liderança muitas vezes compartilham uma série de experiências de carreira.

Talvez a mais típica e mais importante seja o enfrentamento de desafios significativos ainda no início da vida profissional. Líderes quase sempre tiveram oportunidades, na faixa de seus 20 e 30 anos, de realmente tentar liderar, assumir um risco e aprender com os triunfos e fracassos. Esse aprendizado parece essencial no desenvolvimento de uma ampla gama de habilidades e perspectivas de liderança. Essas oportunidades também ensinam às pessoas algo sobre a dificuldade de liderar e seu potencial para produzir mudanças.

Mais tarde em suas carreiras, algo igualmente importante acontece que amplia seus horizontes. Profissionais que fornecem liderança eficaz em trabalhos importantes sempre têm uma chance, antes de assumir essas funções, de crescer além da base estreita que caracteriza a maioria das carreiras gerenciais. Isso em geral resulta de movimentos laterais de carreira ou de promoções ocorridas ainda cedo para funções incomumente abrangentes. Às vezes, outros veículos ajudam, como atribuições especiais de força-tarefa ou uma longa trajetória na administração geral. Seja qual for o caso, a amplitude do conhecimento desenvolvido dessa maneira parece ser útil em todos os aspectos da liderança. Isso também acontece com a rede de relacionamentos que muitas vezes é formada tanto dentro quanto fora da empresa. Quando várias pessoas têm oportunidades como essas, os relacionamentos que são construídos também ajudam a criar as fortes redes informais necessárias para apoiar múltiplas iniciativas de liderança.

As corporações que fazem um trabalho acima da média no desenvolvimento de líderes colocam ênfase na criação de oportunidades desafiadoras para funcionários relativamente jovens. Em muitas empresas, a descentralização é a chave. Por definição, ela empurra a responsabilidade para baixo em uma organização e, durante o processo, cria tarefas mais desafiadoras em níveis mais baixos. Johnson & Johnson, 3M, Hewlett-Packard, General Electric e muitas outras companhias bastante conhecidas têm usado essa abordagem com sucesso. Algumas delas também criam uma série de pequenas unidades para que haja uma variedade de cargos desafiadores de gestão de nível mais baixo disponíveis.

Às vezes, essas empresas desenvolvem outras oportunidades estimulantes reforçando o crescimento por meio de novos produtos ou serviços. A 3M criou uma política de que pelo menos 25% de sua receita deve vir de produtos introduzidos nos últimos cinco anos. Isso incentiva pequenos novos empreendimentos, que, por sua vez, oferecem centenas de oportunidades para testar e dar oportunidades a jovens com potencial de liderança.

Essas práticas podem, quase por si mesmas, preparar pessoas para cargos de liderança de pequeno e médio porte. Mas desenvolver profissionais para importantes posições de liderança requer mais trabalho por parte dos altos executivos, muitas vezes durante um longo período. Esse processo começa com esforços para identificar indivíduos com grande potencial de liderança ainda cedo em suas carreiras e descobrir o que será necessário para ampliá-lo e desenvolvê-lo.

Mais uma vez, não há nada de mágico nesse processo. Os métodos usados pelas empresas de sucesso são surpreendentemente simples. Elas se esforçam para que jovens funcionários e os que estão nos níveis inferiores em suas organizações se tornem visíveis para a alta administração. Em seguida, os gerentes seniores julgam por si mesmos quem tem potencial e quais são as necessidades de desenvolvimento dessas pessoas. Os executivos também discutem suas conclusões provisórias entre si para extrair julgamentos mais precisos.

Munidos de um claro senso de quais profissionais têm um potencial de liderança considerável e quais de suas habilidades ainda precisam ser trabalhadas, os executivos dessas empresas dedicam tempo a planejar o desenvolvimento. Algumas vezes, isso é feito como parte de um planejamento formal de sucessão ou de um processo de desenvolvimento de alto potencial; em geral, é mais informal. Em ambos os casos, o ingrediente-chave parece ser uma avaliação inteligente das oportunidades viáveis de crescimento que atendam às necessidades de cada candidato.

Para estimular os gestores a participar dessas atividades, empresas bem lideradas tendem a reconhecer e recompensar aqueles que obtêm sucesso no desenvolvimento de líderes. Isso raramente é feito por meio de alguma compensação formal ou em forma de bônus, simplesmente porque é difícil medir tais realizações com precisão. Mas se torna um fator de peso nas decisões que dizem respeito a promoções, especialmente para os níveis mais seniores, e parece fazer uma grande diferença. Quando sabem que as futuras promoções dependerão, em algum grau, de sua capacidade de cultivar lideranças, até mesmo os que afirmam que a liderança não pode ser desenvolvida encontram alguma forma de fazê-lo.

Essas estratégias ajudam a criar uma cultura corporativa na qual os profissionais valorizam a liderança forte e se esforçam para criá-la. Assim como precisamos de mais pessoas para fornecer liderança nas organizações complexas que dominam o mundo contemporâneo, também precisamos de mais pessoas para desenvolver as culturas que criarão essa liderança. Institucionalizar uma cultura focada na liderança é a atividade mais importante do líder.

Publicado originalmente em maio de 1990.

4
O trabalho de liderança

Ronald A. Heifetz e Donald L. Laurie

PARA CONTINUAR VIVO, JACK PRITCHARD teve que mudar. Uma cirurgia para colocação de três pontes de safena e algumas medicações poderiam ajudar, o cirurgião disse, mas nenhum reparo técnico poderia liberar Pritchard de sua própria responsabilidade por mudar os hábitos de toda uma vida. Ele precisou parar de fumar, equilibrar a alimentação, fazer exercícios e ter tempo para relaxar, lembrando-se de respirar mais profundamente todos os dias. Seu médico poderia fornecer conhecimentos técnicos e tomar medidas de apoio, mas apenas Pritchard poderia adaptar seus hábitos arraigados para melhorar sua saúde a longo prazo. O médico enfrentou a tarefa de liderança de mobilizar o paciente para empreender mudanças comportamentais cruciais; Jack Pritchard enfrentou o trabalho adaptativo de descobrir quais seriam as mudanças específicas e como incorporá-las à sua rotina diária.

As empresas hoje enfrentam desafios semelhantes que Pritchard e seu médico confrontaram. Enfrentam desafios adaptativos. Mudanças globais em sociedades, mercados, clientes, concorrência e tecnologia estão forçando as organizações a explicitar seus valores, desenvolver novas estratégias e aprender novas formas de operar. Muitas vezes, ao conduzirem transformações, a tarefa mais difícil para os líderes é mobilizar pessoas em toda a organização para fazer o trabalho adaptativo.

Um trabalho adaptativo é necessário quando nossas crenças profundas são questionadas, quando os valores que nos tornaram bem-sucedidos ficam menos relevantes e quando perspectivas legítimas, porém conflitantes, emergem. Nós observamos desafios adaptativos todos os dias, em todos os níveis do local de trabalho – quando as empresas se reestruturam, desenvolvem ou implementam estratégias ou quando fazem fusões. Observamos desafios adaptativos quando o marketing tem dificuldade em trabalhar com operações, quando equipes multifuncionais não têm bom desempenho ou quando executivos do alto escalão reclamam: "Não parecemos ser capazes de executar com eficácia." Problemas adaptativos são, em geral, dificuldades sistêmicas sem respostas prontas.

Mobilizar uma organização para adaptar seu comportamento de modo a estar apta a prosperar em novos ambientes de negócios é fundamental. Sem essa mudança, qualquer empresa atual poderia tropeçar. De fato, fazer com que as pessoas empreendam trabalhos adaptativos é a marca da liderança em um mundo competitivo. Entretanto, para a maioria dos executivos seniores, oferecer liderança e não apenas autoridade é algo extremamente difícil. Por quê? Identificamos dois motivos.

Primeiro, para que façam a mudança acontecer, os executivos precisam quebrar um longo padrão de comportamento: oferecer liderança sob a forma de soluções. Essa tendência é bastante natural porque muitos executivos alcançam suas posições de autoridade em virtude de sua competência em assumir a responsabilidade pela resolução dos problemas. Mas, quando uma empresa enfrenta um desafio adaptativo, essa responsabilidade deve ser transferida para o seu pessoal. Soluções para desafios adaptativos residem não na sala dos altos executivos, mas na inteligência coletiva dos funcionários de todos os níveis, que precisam recorrer um ao outro como recursos, indo muitas vezes além das próprias fronteiras, e aprender o caminho para chegar às soluções.

Em segundo lugar, a mudança adaptativa é angustiante para as pessoas envolvidas. Elas precisam assumir novos papéis, novos relacionamentos, novos valores, novos comportamentos e novas abordagens de trabalho.

> ## Em resumo
>
> Quais são os maiores desafios para sua empresa? As mudanças no mercado? O aumento da concorrência? As tecnologias emergentes? Quando esses desafios se intensificam, talvez você precise reafirmar os valores corporativos, redesenhar estratégias, fundir ou dissolver empresas ou gerenciar conflitos interdepartamentais.
>
> Esses **desafios adaptativos** são problemas obscuros e sistêmicos, sem respostas fáceis. Talvez ainda mais complicado seja o fato de que as soluções para os desafios de adaptação *não* residem na sala dos executivos. Resolvê-los requer o envolvimento de pessoas por *toda* a organização.
>
> O trabalho adaptativo é difícil para todos. Para os *líderes*, é contraintuitivo. Em vez de fornecer soluções, você deve fazer perguntas difíceis e alavancar a inteligência coletiva dos funcionários. Em vez de manter normas, você deve desafiar a "maneira como fazemos negócios". Em vez de reprimir conflitos, você precisa extrair deles as principais preocupações e deixar as pessoas sentirem a dor da realidade.
>
> Para os *funcionários*, o trabalho adaptativo é doloroso – exigindo papéis, responsabilidades, valores e modos de trabalhar com os quais não estão habituados. Não é de admirar que muitas vezes eles tentem jogar o trabalho adaptativo de volta para o colo de seus líderes.
>
> Como garantir que *você* e seus *funcionários* abracem os desafios do trabalho adaptativo? Aplicar os seis princípios do próximo quadro será de grande ajuda.

Muitos funcionários se mostram ambivalentes em relação aos esforços e sacrifícios exigidos deles. Com frequência, esperam que o executivo sênior tire os problemas de seus ombros. Mas essas expectativas precisam ser desaprendidas. Em vez de fornecerem respostas, os líderes devem fazer perguntas difíceis. Em vez de protegerem as pessoas contra ameaças externas, devem permitir que a realidade lhes abra os olhos, a fim de estimulá-las a se adaptar. Em vez de orientarem as pessoas para seus papéis atuais, devem desorientá-las para que novos relacionamentos possam se desenvolver. Em vez de sufocarem os conflitos, devem trazer as principais preocupações à tona. Em vez de manterem normas, devem desafiar "a maneira como fazemos negócios" e ajudar os demais a distinguir valores imutáveis de práticas históricas que devem ser abandonadas.

A partir de nossa experiência com gestores, chegamos a seis princípios para liderar o trabalho adaptativo: "subir na arquibancada", identificar o desafio adaptativo, administrar o desgaste, manter uma atenção disciplinada, devolver o trabalho aos funcionários e proteger as vozes de liderança que vêm de baixo. Ilustramos esses princípios com um exemplo de mudança adaptativa na KPMG Netherlands, uma empresa holandesa de prestação de serviços profissionais.

Subir na arquibancada

A grandeza de Earvin "Magic" Johnson em liderar seu time de basquete se deveu, em parte, à sua capacidade de jogar duro ao mesmo tempo que mantém toda a situação da partida em mente, como se estivesse na cabine de imprensa ou na arquibancada acima do campo. Bobby Orr jogava hóquei da mesma maneira. Outros jogadores talvez não reconheçam os padrões mais amplos da partida que estrelas como Johnson e Orr entendem rapidamente porque estão tão envolvidos que se deixam levar pelo próprio jogo. A atenção deles é capturada pelo movimento rápido, pelo contato físico, pelo barulho da multidão e pela pressão para executar os lances. Nos esportes, muitos atletas simplesmente não enxergam quem está aberto para um passe, quem está furando a marcação ou como o ataque e a defesa funcionam juntos. Jogadores como Johnson e Orr observam essas coisas e permitem que suas observações guiem suas ações.

Os líderes de negócios precisam ser capazes de visualizar padrões como se estivessem em uma arquibancada. Não é vantajoso para eles se deixarem fixar no campo de ação. É necessário que enxerguem um contexto para mudança ou criem um. Eles devem oferecer aos funcionários um forte senso da história da empresa e do que é bom em relação ao seu passado, bem como uma ideia das forças do mercado que atuam nos dias de hoje e a responsabilidade que as pessoas devem assumir na modelagem do futuro. Cabe aos líderes serem capazes de identificar disputas em torno de valores

Na prática

1. Subir na arquibancada. Não se fixe no campo de jogo. Em vez disso, mova-se para a frente e para trás, entre a ação e a visão panorâmica. Você vai identificar padrões, como lutas pelo poder ou a esquiva do trabalho. Essa perspectiva do alto vai ajudá-lo a mobilizar pessoas para fazerem o trabalho adaptativo.

2. Identificar o desafio adaptativo.

Exemplo: Quando os passageiros da British Airways começaram a usar um apelido depreciativo para se referirem à companhia, o CEO Colin Marshall percebeu que tinha que infundir na empresa a dedicação aos clientes. Ele definiu o desafio adaptativo como "criar confiança por toda a British Airways". Para diagnosticar o desafio com mais profundidade, a equipe de Marshall se misturou a funcionários e clientes em áreas de manuseio de bagagem, centrais de reserva e aviões, perguntando quais crenças, valores e comportamentos precisavam de reformulação. Eles expuseram divergências de valores escondidas sob disputas e resolveram os embates disfuncionais dentro da própria equipe que prejudicavam a colaboração por toda a empresa. Ao compreender a si mesma, seu pessoal e os conflitos, a equipe reforçou a aposta da British Airways de se tornar "a companhia aérea favorita no mundo".

3. Administrar o desgaste. Para inspirar mudanças – sem enfraquecer as pessoas –, dite o ritmo do trabalho adaptativo:

- Primeiro, deixe os funcionários debaterem questões e esclarecerem as suposições por trás de pontos de vista conflitantes – com segurança.
- Em seguida, forneça a direção. Defina as questões e valores *principais*. Controle o ritmo das mudanças: não empreenda muitas iniciativas ao mesmo tempo sem interromper outras.
- Mantenha apenas a tensão suficiente, resistindo à pressão de restaurar o status quo. Levante questões difíceis sem sucumbir à ansiedade você mesmo. Comunique presença e estabilidade.

4. Manter uma atenção disciplinada. Incentive os gestores a lidar com questões desagregadoras em vez de recorrer a bodes expiatórios ou negação. Aprofunde o debate para desbloquear conflitos polarizados e superficiais. Demonstre colaboração para resolver problemas.

5. Devolver o trabalho aos funcionários. Para incutir autoconfiança coletiva – *versus* uma dependência por você –, ofereça suporte em vez de controle. Incentive a tomada de risco e a responsabilização e apoie as pessoas se elas errarem. Ajude-as a reconhecer que elas têm as soluções.

6. Proteger as vozes de liderança que vêm de baixo. Não silencie os informantes, pessoas que se desviam das normas de maneiras criativas e outras vozes originais que expõem as contradições dentro de sua empresa. As perspectivas delas podem provocar uma nova forma de pensar. Pergunte: "O que esse sujeito realmente está dizendo? Deixamos passar alguma coisa?"

e poder, reconhecer padrões de esquiva do trabalho e observar as muitas outras reações funcionais e disfuncionais à mudança.

Sem a capacidade de ir e vir entre o campo de ação e a arquibancada para refletir dia a dia, momento a momento, sobre as muitas maneiras pelas quais os hábitos de uma organização podem sabotar o trabalho de adaptação, um líder se torna, fácil e inadvertidamente, um prisioneiro do sistema. A dinâmica da mudança adaptativa é complexa demais para ser acompanhada, e muito menos influenciada, se os líderes permanecerem apenas dentro de campo.

Conhecemos vários líderes – e alguns deles são citados neste artigo – que conseguem passar muito do seu precioso tempo na arquibancada enquanto guiam suas organizações através da mudança. Sem essa perspectiva, eles provavelmente seriam incapazes de mobilizar pessoas para fazer o trabalho adaptativo. Subir na arquibancada é, portanto, um pré-requisito para seguir os cinco princípios a seguir:

Identificar o desafio adaptativo

Quando um leopardo ameaça um bando de chimpanzés, ele raramente consegue atacar um animal desgarrado. Os chimpanzés sabem como responder a esse tipo de ameaça. Mas quando um homem com uma espingarda automática se aproxima, as reações de rotina falham. Os chimpanzés correrão risco de extinção se não descobrirem como lidar com a nova ameaça. Da mesma forma, se as empresas não conseguirem aprender rapidamente a se adaptar a novos desafios, provavelmente enfrentarão sua própria forma de extinção.

Considere o caso bem conhecido da British Airways. Tendo observado as mudanças revolucionárias na indústria da aviação durante a década de 1980, o então CEO Colin Marshall reconheceu com clareza a necessidade de transformar uma companhia aérea apelidada com termos depreciativos pelos próprios passageiros em um exemplo de atendimento ao cliente. Ele também entendeu que essa ambição exigiria, mais do que qualquer outra coisa, mudanças nos valores, práticas e relacionamentos em toda a empresa. Uma organização cujo pessoal se agarrava a feudos departamentais e dava mais valor a agradar seus chefes do que a agradar clientes não poderia se tornar "a companhia aérea favorita no mundo".

Marshall precisava de uma organização dedicada a servir pessoas, agindo com base na confiança, respeitando o individual e fazendo o trabalho em equipe acontecer além das fronteiras. Valores tinham que ser mudados em toda a British Airways. Os funcionários precisavam aprender a colaborar e a desenvolver um senso coletivo de responsabilidade pela direção e pelo desempenho da companhia aérea. Marshall identificou o desafio adaptativo essencial: criar confiança por toda a organização. Ele é um dos primeiros executivos que conhecemos a fazer da tarefa de "criar confiança" uma prioridade.

Para liderar a British Airways, Marshall teve que fazer com que sua equipe executiva entendesse a natureza da ameaça criada por clientes insatisfeitos: ela representava um desafio técnico ou um desafio adaptativo? Será que a orientação de especialistas e ajustes técnicos dentro de rotinas básicas bastariam ou toda a empresa teria que aprender maneiras diferentes de fazer negócios, desenvolver novas competências e começar a trabalhar coletivamente?

Marshall e sua equipe se puseram a investigar com mais detalhes os desafios da empresa. Eles se voltaram para três aspectos. Primeiro, ouviram as ideias e preocupações das pessoas dentro e fora da organização – reunindo-se com as tripulações nos voos, aparecendo nas centrais de reservas em Nova York, vagando em torno da área de manuseio de bagagem em Tóquio ou visitando a sala de espera dos passageiros em qualquer aeroporto em que estivessem. Suas principais questões eram: quem precisava mudar valores, crenças, atitudes ou comportamentos para viabilizar o progresso? Que mudanças de prioridades, recursos e poder eram necessárias? Que sacrifícios teriam que ser feitos e por quem?

Em segundo lugar, Marshall e sua equipe enxergaram os conflitos como pistas – sintomas de desafios adaptativos. A forma de expressão dos conflitos entre departamentos era um mero fenômeno superficial; os conflitos subjacentes precisavam ser diagnosticados. Desavenças sobre questões aparentemente técnicas, como procedimentos, escalas e linhas de autoridade, eram, na verdade, manifestações de conflitos subjacentes sobre valores e normas.

Em terceiro lugar, Marshall e sua equipe olharam para si mesmos, reconhecendo que incorporavam os desafios adaptativos enfrentados pela organização. No início da transformação da British Airways, valores e normas conflitantes se desenvolviam na equipe executiva de formas disfuncionais, prejudicando a capacidade do restante da empresa de gerar colaboração entre os departamentos e unidades e fazer os acertos necessários. Nenhum executivo pode ignorar o fato de que sua equipe reflete os melhores e os piores valores e normas da empresa, portanto fornece uma boa amostra para se ter uma visão sobre a natureza do trabalho adaptativo à sua frente.

Assim, identificar seu desafio adaptativo foi crucial para a proposta da British Airways de se tornar a "companhia aérea favorita no mundo". Para a estratégia dar certo, os líderes da empresa precisavam entender a si mesmos, seu pessoal e as potenciais fontes de conflito. Marshall reconheceu que o próprio desenvolvimento da estratégia requer um trabalho adaptativo.

Administrar o desgaste

O trabalho adaptativo gera angústia. Antes de colocar pessoas para trabalhar em desafios para os quais não existem soluções prontas, um líder deve entender que elas só podem aprender aos poucos. Ao mesmo tempo, elas precisam sentir a necessidade de mudar conforme a realidade vai trazendo novos desafios. Não vão conseguir aprender novas maneiras se estiverem sobrecarregadas, mas eliminar o estresse completamente remove o ímpeto para fazer o trabalho adaptativo. O líder precisa encontrar um equilíbrio delicado entre despertar nas pessoas a necessidade de mudar e vê-las se sentirem sobrecarregadas pela mudança.

O líder precisa estar atento a três tarefas fundamentais para ajudar a manter um nível produtivo de tensão. Aderir a essas tarefas vai permitir que ele motive as pessoas sem enfraquecê-las. Primeiro, deve criar o que pode ser chamado de "ambiente de acolhimento". Para usar a analogia de uma panela de pressão, o líder tem que regular a pressão aumentando o calor enquanto também permite que um pouco de vapor escape. Se a pressão exceder a capacidade da panela, ela poderá explodir. No entanto, nada cozinha sem um pouco de calor.

Nos estágios iniciais de uma mudança corporativa, o ambiente de acolhimento pode ser um "lugar" temporário, onde o líder cria as condições para diversos grupos falarem uns com os outros sobre os desafios que terão diante de si, estruturarem e debaterem questões e esclarecerem os pressupostos por trás de perspectivas e valores conflitantes. Com o passar do tempo, mais questões podem ser implementadas à medida que eles se tornam mais maduros.

Na British Airways, por exemplo, a mudança de foco interno para foco no cliente levou cerca de cinco anos e lidou com questões importantes em sequência: construir uma equipe executiva confiável, comunicar-se com uma organização altamente fragmentada, definir novas medidas de desempenho e bonificação e desenvolver sistemas sofisticados de informações. Durante esse período, funcionários de todos os níveis aprenderam a identificar o que e como precisavam mudar.

Portanto, o líder deve sequenciar e definir o ritmo do trabalho. Com muita frequência, os gestores transmitem a ideia de que tudo é importante. Eles começam novas iniciativas sem interromper outras atividades, ou empreendem muitas iniciativas ao mesmo tempo. Assim, sobrecarregam e desorientam as pessoas que precisam assumir a responsabilidade pelo trabalho.

Em segundo lugar, o líder é responsável pela direção, pela proteção, pela orientação, pelo gerenciamento de conflitos e pela criação de normas. (Veja a seguir o quadro "O trabalho adaptativo demanda liderança".) Cumprir essas atribuições também é importante para um gestor em situações técnicas ou de rotina. Mas um líder envolvido em trabalho adaptativo usa sua autoridade para cumpri-las de forma diferente.

O líder fornece direção identificando os desafios adaptativos da organização e estruturando as principais questões e problemas. Ele protege as pessoas gerenciando o ritmo da mudança. Orienta os funcionários para novos papéis e responsabilidades, esclarecendo realidades de negócios e valores básicos. Contribui para expor o conflito, enxergando-o como o motor da criatividade e do aprendizado. Finalmente, o líder ajuda a organização a manter as normas que devem permanecer e a desafiar as que precisam ser mudadas.

O trabalho adaptativo demanda liderança

Para administrar o desgaste das pessoas envolvidas na mudança, o líder assume várias responsabilidades-chave e pode ter que usar sua autoridade de forma diferente, dependendo do tipo de situação de trabalho.

Responsabilidades do líder	Tipo de situação	
Direção	• Definir problemas e fornecer soluções	• Identificar os desafios adaptativos e estruturar perguntas e problemas importantes
Proteção	• Blindar a organização contra ameaças externas	• Deixar a organização sentir as pressões externas dentro de um grau que ela possa suportar
Orientação	• Esclarecer papéis e responsabilidades	• Desafiar papéis atuais e resistir à pressão para definir novas funções rapidamente
Gerenciamento de conflitos	• Restaurar a ordem	• Expor o conflito ou deixá-lo vir à tona
Configuração de normas	• Manter as normas necessárias	• Desafiar normas improdutivas

Terceiro, o líder deve ter presença e estabilidade; administrar o desgaste talvez seja seu trabalho mais difícil. As pressões para restaurar o equilíbrio são enormes. Assim como as moléculas batem com força contra as paredes de uma panela de pressão, as pessoas se chocam com os líderes que estão tentando manter as pressões de um trabalho duro e cheio de conflitos. Apesar de a liderança exigir uma compreensão profunda da dor da mudança – os medos e sacrifícios associados a um grande reajuste –, ela também requer a capacidade de permanecer firme e conservar a tensão. Caso contrário, a pressão escapa e o estímulo para aprender e mudar se perde.

O líder deve ter capacidade emocional para tolerar incertezas, frustrações e dor. Ele tem que ser capaz de levantar questões difíceis sem ficar ele mesmo muito ansioso. Funcionários, bem como colegas e clientes, observarão atentamente as pistas verbais e não verbais da capacidade do líder de se manter firme. Ele precisa comunicar a certeza de que ele e sua equipe são capazes de lidar com as tarefas à frente.

Manter uma atenção disciplinada

Cada pessoa leva experiências, suposições, valores, crenças e hábitos diferentes para o trabalho. Essa diversidade é valiosa porque a inovação e o aprendizado resultam das diferenças. Ninguém aprende nada sem estar aberto para perspectivas contrastantes. Mesmo assim, muitos gestores não têm vontade – ou são incapazes – de abordar pontos de vista conflitantes de maneira coletiva. Com frequência, eles evitam prestar atenção em problemas que os perturbem. Restauram o equilíbrio rapidamente, muitas vezes com manobras para se esquivar do trabalho. O líder deve fazer com que os funcionários enfrentem difíceis intercâmbios de valores, procedimentos, estilos operacionais e poder.

Isso é verdadeiro tanto no topo da organização quanto no meio ou na linha de frente. De fato, se a equipe executiva não puder dar o exemplo de um bom trabalho adaptativo, a organização vai padecer. Se os gestores não forem capazes de extrair e lidar com questões desagregadoras, como as pessoas em outras posições na empresa poderão mudar seus comportamentos e reformular seus relacionamentos? Como Jan Carlzon, o lendário CEO da Scandinavian Airlines System (SAS) nos disse: "Uma das missões mais interessantes da liderança é fazer com que os membros da equipe executiva se escutem e aprendam uns com os outros. Quando entendem os diversos pontos de vista por meio do debate, eles podem aprender o caminho para soluções coletivas. O trabalho do líder é expor o conflito e usá-lo como fonte de criatividade."

Como a postura de se esquivar do trabalho é quase generalizada nas empresas, o líder precisa neutralizar as distrações que impedem as pessoas de lidar com questões adaptativas. Culpar o outro, negar, concentrar-se apenas nas dificuldades técnicas do presente ou atacar indivíduos em vez do ponto de vista que eles representam – todas formas de se esquivar do trabalho – são atitudes já esperadas quando uma organização realiza um trabalho adaptativo. As distrações devem ser identificadas quando ocorrerem, para que os profissionais recuperem o foco.

Quando um conflito infrutífero toma o lugar do diálogo, o líder deve intervir e colocar a equipe para trabalhar na reformulação dos problemas. Ele precisa aprofundar o debate com perguntas, separando os problemas em partes em vez de permitir que o conflito permaneça polarizado e superficial. Se os funcionários se preocupam em culpar forças externas, os superiores ou uma carga de trabalho pesada, o líder deve aguçar o senso de responsabilidade da equipe para que obtenham o tempo necessário para avançar. Quando a equipe se fragmenta e os indivíduos se voltam para a proteção de seu próprio território, cabe aos líderes demonstrar a importância da colaboração. As pessoas têm que descobrir o valor de consultar umas às outras e de usar umas às outras como recursos no processo de resolução de problemas. Por exemplo, um CEO que conhecemos usa reuniões executivas, mesmo aquelas que enfocam questões operacionais e técnicas, como oportunidades para ensinar a equipe a trabalhar coletivamente nos problemas adaptativos.

Naturalmente, são raros os gestores que procuram se esquivar do trabalho adaptativo. Em geral, as pessoas se sentem ambivalentes. Embora queiram progredir na solução de problemas difíceis ou viver de acordo com seus valores explicitados e renovados, elas também querem evitar o desgaste associado a essas mudanças. Assim como milhões de cidadãos desejam reduzir o déficit do orçamento federal sem pagar mais impostos ou abrir mão de seus benefícios, os gestores também podem considerar o trabalho adaptativo uma prioridade, porém ter dificuldade em sacrificar suas maneiras habituais de fazer negócios. Os funcionários precisam de liderança para ajudá-los a manter seu foco nas questões mais difíceis. A atenção disciplinada é a moeda corrente da liderança.

Devolver o trabalho aos funcionários

Todos na organização têm acesso especial a informações que vêm de seu próprio ponto de observação. Qualquer profissional pode identificar diferentes necessidades e oportunidades. Indivíduos que sentem mudanças precoces no mercado estão muitas vezes na periferia, mas se a organização puder trazer essa informação para apoiar decisões táticas ou estratégicas, certamente vai prosperar. Quando as pessoas não fazem nada relevante com seu conhecimento especial, as empresas não conseguem se adaptar.

Com demasiada frequência, os indivíduos se voltam para a cadeia de comando, esperando que a administração sênior enfrente os desafios do mercado pelos quais eles mesmos são responsáveis. Na verdade, as maiores e mais persistentes dificuldades que acompanham o trabalho adaptativo pioram essa dependência. As pessoas tendem a se tornar passivas, e os gestores seniores que se orgulham de ser solucionadores de problemas tomam uma ação decisiva. Esse comportamento restaura o equilíbrio no curto prazo, mas, em última instância, induz à complacência e aos hábitos de esquivar-se do trabalho, que protegem as pessoas da responsabilidade, da dor e da necessidade de mudar.

Levar as pessoas a assumir uma responsabilidade maior não é fácil. Além de os funcionários de nível inferior se sentirem confortáveis ao serem informados apenas sobre o que precisam fazer, muitos gestores estão acostumados a tratar subordinados como máquinas que requerem controle. Deixar que os indivíduos tomem a iniciativa de definir e resolver problemas significa que a gerência precisa aprender a apoiar, em vez de controlar. Os funcionários, por sua vez, devem aprender a assumir responsabilidades.

Jan Carlzon estimulou a responsabilização na SAS confiando nos outros e descentralizando a autoridade. O líder tem que permitir aos subordinados suportarem o peso da responsabilidade. "A chave é deixá-los descobrir o problema", disse ele. "Você não será bem-sucedido se as pessoas não estiverem carregando dentro de si o reconhecimento do problema e a sua solução." Para esse fim, Carlzon buscou um engajamento generalizado.

Por exemplo, em seus dois primeiros anos na SAS, Carlzon passou até 50% do seu tempo comunicando-se diretamente em grandes reuniões e, indiretamente, fazendo uso de uma série de maneiras inovadoras: com workshops, sessões de brainstorming, exercícios de aprendizagem, boletins informativos, folhetos e exposição na mídia. Ele demonstrou, por meio de uma variedade de atos simbólicos – por exemplo, eliminando o pretensioso salão de jantar dos executivos e queimando milhares de páginas de manuais –, até que ponto as regras passaram a dominar a empresa. Fez de si mesmo uma presença constante, encontrando e ouvindo pessoas dentro e fora da organização. Chegou a escrever um livro, *A hora da verdade*, para explicar seus valores, filosofia e estratégia. Como Carlzon observou: "Se ninguém comprar, pelo menos o meu pessoal vai ter lido."

O líder também deve desenvolver a autoconfiança coletiva. Mais uma vez, Carlzon foi preciso: "As pessoas não nascem com autoconfiança. Até mesmo o mais autoconfiante dos indivíduos pode hesitar. A autoconfiança vem do sucesso, da experiência e do ambiente da organização. O papel mais importante do líder é incutir confiança nas pessoas. Elas devem ousar assumir riscos e responsabilidades. E cabe a você apoiá-las caso cometam erros."

Proteger as vozes de liderança que vêm de baixo

Dar voz a todos os funcionários é fundamental para uma organização que está disposta a experimentar e aprender. O que se vê, porém, é que as pessoas que apontam falhas, que se desviam das normas de maneiras criativas e outras vozes originais são rotineiramente sufocadas e silenciadas na vida organizacional. Elas geram desequilíbrio, e a maneira mais fácil para uma organização restaurar o equilíbrio é neutralizar essas vozes, às vezes em nome do trabalho em equipe e do "alinhamento".

As vozes de baixo geralmente não são tão articuladas quanto seria desejado. Indivíduos que expressam ideias que estão além de sua autoridade geralmente se sentem inibidos e precisam gerar uma paixão "grande demais" para se sentirem estimulados a falar. Isso, é claro, costuma impedir que se comuniquem de forma eficaz. Escolhem momento e lugar errados e muitas vezes ignoram canais apropriados de comunicação e linhas de autoridade. Entretanto, enterrada em uma interrupção mal elaborada pode estar escondida uma intuição importante, que precisa ser notada e considerada. Desprezá-la pelo fato de ter sido expressa em momento pouco adequado, por sua falta de clareza ou por sua aparente irracionalidade é perder informações potencialmente valiosas e desencorajar um potencial líder na empresa.

Foi o que aconteceu com David, gerente de uma grande fabricante. Ele ouviu quando seus superiores incentivaram as pessoas a procurar problemas, falar abertamente e assumir responsabilidades. Então, levantou uma questão sobre um dos projetos favoritos do CEO – algo que era considerado "muito delicado" para ser debatido e era varrido para debaixo do tapete havia anos. Todos entendiam que esse assunto não estava aberto a discussões, mas David sabia que prosseguir com o projeto poderia danificar ou atrapalhar elementos-chave da estratégia geral da empresa. Ele aproveitou uma reunião com seu chefe e o CEO para se manifestar. Ofereceu uma descrição clara do problema, um balanço das perspectivas conflitantes e um resumo das consequências de prosseguir com o projeto.

O CEO reprimiu furiosamente a discussão e reforçou aspectos positivos de seu projeto preferido. Quando David e seu chefe deixaram a sala, o chefe explodiu: "Quem você pensa que é, querendo ser 'mais realista que o rei'?" Ele insinuou que David nunca havia gostado daquele projeto porque a ideia não partira dele próprio. O assunto foi encerrado.

David tinha mais experiência na área do projeto do que seu chefe e o CEO. Mas seus dois superiores não mostraram curiosidade, não fizeram nenhum esforço para investigar o raciocínio de David e não demonstraram nenhuma consciência de que ele, no fundo, estava se comportando de forma responsável, visando aos interesses da empresa. Logo ficou claro para David que era mais importante entender o que importava para o chefe do que se concentrar em preocupações reais. Juntos, o CEO e o chefe de David esmagaram o ponto de vista de um líder de baixo e, assim, mataram seu potencial de liderança na organização. Só restaria a David deixar a empresa ou nunca mais tocar em assuntos que contrariassem seus superiores.

Os líderes devem confiar nos funcionários para levantar questões que possam indicar um desafio adaptativo iminente. Eles precisam dar cobertura a quem aponta para as contradições internas da empresa. Esses indivíduos geralmente têm o tipo de perspectiva que provoca uma nova reflexão, algo que as pessoas com autoridade não têm. Assim, como regra de ouro, quando figuras de autoridade sentirem o impulso instintivo de fulminar com os olhos ou silenciar alguém, elas devem resistir. O desejo de restaurar o equilíbrio social é bastante poderoso e surge de imediato. É preciso se acostumar a subir na arquibancada, reprimindo o impulso e perguntando: "O que esse sujeito realmente está dizendo? Estamos deixando passar alguma coisa?"

Fazendo um trabalho adaptativo na KPMG Netherlands

O sucesso da KPMG Netherlands é um bom exemplo de como uma empresa pode se envolver em um trabalho adaptativo. Em 1994, o presidente Ruud Koedijk reconheceu um desafio estratégico. Embora a associação de auditoria, consultoria de negócios e consultoria tributária fosse a líder do setor na Holanda e tivesse um desempenho altamente lucrativo, as oportunidades de crescimento nos segmentos atendidos eram limitadas. As margens no negócio de auditoria estavam sendo espremidas à medida que o mercado se mostrava mais saturado e a competição no setor de consultoria também aumentava. Koedijk sabia que a empresa precisava entrar em áreas de crescimento mais lucrativas, mas não sabia quais eram nem como a KPMG poderia identificá-las.

Koedijk e seu conselho estavam confiantes de que possuíam as ferramentas para fazer o trabalho de estratégia analítica: rever tendências e descontinuidades, entender competências essenciais, avaliar sua posição competitiva e mapear oportunidades potenciais. Mas estavam bem menos seguros de que poderiam comprometer-se a implementar a estratégia que emergiria desse trabalho. Historicamente, a parceria havia resistido às tentativas de mudar, basicamente porque os associados estavam satisfeitos com o caminho que as coisas haviam tomado. Eles eram bem-sucedidos havia bastante tempo, então não viam motivo para aprender novas maneiras de fazer negócios, fosse com seus colegas associados ou com qualquer pessoa na parte inferior da organização. Reverter a posição dos associados e seu profundo impacto na cultura da organização representava um enorme desafio adaptativo para a KPMG.

Koedijk podia ver da arquibancada que a própria estrutura da empresa inibia a mudança. Na verdade, a KPMG era menos uma associação do que uma coleção de pequenos feudos, dos quais cada associado era um lorde. O sucesso da empresa estava na soma das realizações de cada um dos associados individuais, não no resultado unificado de 300 colegas se esforçando juntos em direção a uma ambição compartilhada. E era medido unicamente em termos da rentabilidade de unidades individuais. Como um dos associados descreveu: "Se o resultado fosse o esperado, você era um 'bom companheiro.'" Como consequência, um associado não invadia o território alheio e aprender com os outros era um acontecimento raro. Como a independência era tão altamente valorizada, os confrontos eram raros e o conflito ficava camuflado. Se quisessem resistir à mudança geral, os associados não anulavam a questão diretamente. "Diga sim, mas não faça" era o lema.

Koedijk também percebeu que esse senso de autonomia atrapalhava o desenvolvimento de novos talentos na KPMG. Diretores recompensavam seus subordinados por duas coisas: não cometer erros e entregar um alto número de horas faturáveis por semana. A ênfase não estava na criatividade nem na inovação. Quando avaliavam o trabalho de seus subordinados, os associados procuravam erros, não um novo entendimento ou novas percepções. Embora Koedijk pudesse ver os amplos contornos dos desafios adaptativos que a organização enfrentava, ele sabia que não podia exigir mudanças comportamentais. O que poderia fazer era criar as condições para as pessoas descobrirem por si mesmas quanto precisavam de mudanças. E deu início a um processo para que isso acontecesse.

Para começar, Koedijk realizou uma reunião com todos os 300 associados e concentrou-se na história da KPMG, na realidade atual dos negócios e nos problemas que poderiam esperar que surgissem. Então levantou a questão de como iriam mudar como empresa e perguntou quais eram as opiniões deles sobre os problemas. Ao lançar a iniciativa estratégica por meio do diálogo, em vez de por um edital, ele plantou a semente da confiança entre os associados. Com base nessa confiança emergente e em sua própria credibilidade, Koedijk os persuadiu a liberar 100 associados e não associados das responsabilidades do dia a dia para trabalharem nos desafios estratégicos. Eles dedicariam a essa tarefa 60% do seu tempo durante cerca de quatro meses.

Koedijk e seus colegas estabeleceram uma equipe de integração estratégica formada por 12 sócios seniores para trabalhar com os 100 profissionais de diferentes níveis e especialidades. Envolver pessoas de postos mais baixos do que os associados em uma importante iniciativa estratégica era algo inédito e sinalizava uma nova abordagem desde o início: as opiniões de muitas dessas pessoas nunca haviam sido valorizadas ou procuradas pelas figuras de autoridade da empresa. Divididos em 14 forças-tarefa, os 100 deviam trabalhar em três áreas: estimar futuras tendências e descontinuidades, definir competências essenciais e lidar com os desafios adaptativos. Eles ficaram alojados em um andar separado, com seu próprio pessoal de apoio, e foram liberados das regras e regulamentos tradicionais. Hennie Both, diretor de marketing e comunicações da KPMG, assumiu como gerente de projeto.

Quando o trabalho de estratégia começou, as forças-tarefa tiveram que confrontar a cultura existente da KPMG. Isso porque, literalmente, ninguém poderia fazer o novo trabalho dentro das regras antigas. Eles não podiam trabalhar quando o forte respeito pelo indivíduo vinha à custa de um trabalho em equipe eficaz, quando crenças individuais profundamente arraigadas interferiam em discussões genuínas e quando a lealdade à própria unidade formava uma barreira para a resolução de problemas interdepartamentais. Pior de tudo, os membros da força-tarefa se descobriram evitando conflitos, impossibilitados de discutir os problemas. Várias forças-tarefa se tornaram disfuncionais e incapazes de fazer seu trabalho de estratégia.

Para focar a atenção no que precisava mudar, Both ajudou as forças-tarefa a mapear a cultura que desejavam e compará-la à cultura corrente. Descobriram que havia pouca sobreposição. Os principais descritores da cultura corrente eram: desenvolver pontos de vista opostos, exigir perfeição e evitar conflito. As principais características da cultura desejada eram: criar oportunidades de autorrealização, desenvolver um ambiente cordial e manter relações de confiança com os colegas. Articular essa lacuna tornou palpável para o grupo o desafio adaptativo que Koedijk entendia que a empresa enfrentava. Em outras palavras, as pessoas que precisavam fazer a mudança tinham finalmente identificado o desafio adaptativo para si mesmas: como a KPMG poderia ter sucesso em uma estratégia baseada em competências que dependiam da cooperação entre várias unidades e camadas se as pessoas não fossem bem-sucedidas nessas forças-tarefa? Munidos desse entendimento, os membros da força-tarefa se tornariam embaixadores para o resto da empresa.

Em um nível mais pessoal, cada membro foi convidado a identificar seu desafio adaptativo individual. Quais atitudes, comportamentos ou hábitos ele precisava mudar e quais ações específicas deveria adotar? Quem mais precisava estar envolvido para viabilizar uma mudança individual? Atuando como coaches e consultores, os membros da força-tarefa deram um ao outro feedback construtivo e sugestões. Eles haviam aprendido a confiar, ouvir e aconselhar com uma preocupação genuína.

O progresso nessas questões elevou drasticamente o nível de confiança, e membros da força-tarefa começaram a compreender o que o fato de adaptar o seu comportamento significava no dia a dia. Eles entenderam como identificar uma questão adaptativa e desenvolver uma linguagem com a qual discutir o que precisava ser feito para melhorar sua capacidade coletiva de resolver problemas. Conversaram sobre dialogar, esquivar-se do trabalho e usar a inteligência coletiva do grupo. Aprenderam a apontar uns nos outros algum comportamento disfuncional. Eles haviam começado a desenvolver a cultura necessária para implementar a nova estratégia de negócios.

Apesar dos avanços cruciais para o desenvolvimento de um entendimento coletivo do desafio adaptativo, administrar o nível de desgaste era uma preocupação constante para Koedijk, o conselho e Both. A natureza do trabalho era angustiante. Um trabalho de estratégia significa atribuições amplas com instruções limitadas; na KPMG, as pessoas estavam acostumadas com atribuições altamente estruturadas. O trabalho de estratégia também implica ser criativo. Em uma reunião no café da manhã, um membro do conselho subiu em uma mesa para desafiar o grupo a ser mais ousado e abandonar regras antigas. Esse comportamento radical e inesperado aumentou ainda mais o nível de desgaste: ninguém jamais vira um associado agir assim antes. As pessoas perceberam que sua experiência de trabalho as havia preparado apenas para realizar tarefas de rotina com pessoas "como elas" de suas próprias unidades.

O processo permitiu o conflito e concentrou a atenção dos funcionários nas questões mais importantes, a fim de ajudá-los a aprender como trabalhar com discordâncias de maneira construtiva. Mas a ansiedade era mantida dentro de um nível tolerável por meio de algumas das seguintes estratégias:

- Em uma ocasião, quando as tensões estavam incomumente altas, os 100 foram reunidos para levarem juntos as suas preocupações ao conselho. O conselho se acomodou no centro de um auditório e ouviu perguntas incisivas do grupo sentado em volta.
- O grupo criou sanções para desencorajar comportamentos indesejados. Na Holanda fanática por futebol, todos os participantes do processo receberam os cartões amarelos que os árbitros usam para indicar falta aos jogadores infratores. Eles usavam os cartões para interromper quando alguém começava a discutir seu ponto de vista sem ouvir ou considerar as suposições e perspectivas de outros participantes.
- O grupo criou símbolos. Eles compararam a antiga KPMG a um hipopótamo que era grande e pesado, gostava de dormir muito e se tornava agressivo quando seus hábitos normais eram perturbados. Eles aspiravam a ser golfinhos, que caracterizaram como brincalhões, ansiosos por aprender e dispostos, com toda a boa vontade, a fazer algo além por sua equipe. Eles até prestaram atenção no que suas roupas simbolizavam: alguns clientes se surpreenderam ao ver gerentes vagando pelos escritórios da KPMG naquele verão usando bermudas e camisetas.
- O grupo fez questão absoluta de estabelecer que queria se divertir. "A hora do recreio" poderia significar longos passeios de bicicleta ou jogos de tiro a laser em um centro de entretenimento local. Em um momento espontâneo nos escritórios da KPMG, uma discussão sobre o poder das pessoas mobilizadas para um objetivo comum levou o grupo a sair e usar seu poder coletivo para mover um bloco de concreto aparentemente irremovível.
- O grupo comparecia a reuniões frequentes de dois ou três dias fora do local de trabalho para ajudar a concluir partes do trabalho.

Essas ações, tomadas como um todo, alteraram atitudes e comportamentos. A curiosidade tornou-se mais valorizada do que a obediência às regras. As pessoas não mais acatavam cegamente a figura de autoridade sênior na sala; diálogos genuínos neutralizaram o poder hierárquico na batalha sobre as ideias. A tendência de cada indivíduo de promover a sua solução preferida deu lugar a uma compreensão de outras perspectivas. Uma confiança na habilidade de pessoas de diferentes unidades de trabalhar em conjunto e resolver as coisas emergiu. Os profissionais com as mentes mais curiosas e perguntas mais interessantes logo se tornaram os mais respeitados.

Como resultado de enfrentar desafios estratégicos e adaptativos, a KPMG como um todo passou da auditoria para a asseguração, das operações de consultoria para a modelagem de visões corporativas, da reengenharia do processo de negócios para o desenvolvimento de capacidades organizacionais e do ensino de habilidades tradicionais a seus próprios clientes à criação de organizações de aprendizagem. As forças-tarefa identificaram entre 50 milhões e 60 milhões de dólares em novas oportunidades de negócios.

Muitos sócios seniores que acreditavam que uma empresa dominada pela mentalidade de auditoria não poderia conter pessoas criativas ficaram surpresos quando o processo desencadeou criatividade, paixão, imaginação e vontade de correr riscos. Duas histórias ilustram as mudanças fundamentais que ocorreram nesse nível.

Vimos um gerente intermediário desenvolver confiança para conceber um novo negócio. Ele enxergou a oportunidade de fornecer serviços da KPMG a organizações virtuais e alianças estratégicas. Viajou o mundo, visitando os líderes de 65 organizações virtuais. Os resultados de sua pesquisa inovadora serviram como um recurso para a KPMG ao entrar nesse mercado em crescimento. Além disso, ele representou a nova KPMG fazendo o discurso de abertura em um fórum mundial, no qual expôs suas descobertas.

Também testemunhamos uma auditora de 28 anos guiar habilmente um grupo de sócios seniores bem mais velhos ao longo de um complexo dia de procura de oportunidades associadas à implementação das novas estratégias da empresa. Isso não poderia ter acontecido no ano anterior. Os sócios seniores nunca teriam ouvido uma voz vinda de baixo.

Liderança como aprendizado

Muitos esforços para transformar organizações por meio de fusões e aquisições, reestruturação, reengenharia e trabalho estratégico fracassam porque os gestores não conseguem entender os requisitos do trabalho adaptativo. Eles cometem o erro clássico de tratar desafios adaptativos como problemas técnicos que podem ser resolvidos por executivos firmes e decididos do alto escalão.

As implicações desse erro chegam ao cerne do trabalho de liderança nas organizações de hoje. A estratégia de formação de líderes tem acesso aos conhecimentos técnicos e às ferramentas necessários para calcular os benefícios de uma fusão ou reestruturação, compreender tendências e descontinuidades, identificar oportunidades, mapear as competências existentes e identificar os mecanismos de coordenação para apoiar sua direção estratégica. Essas ferramentas e técnicas estão prontamente disponíveis dentro das organizações e em uma variedade de empresas de consultoria, e são muito úteis. Em muitos casos, porém, estratégias aparentemente boas não conseguem ser implementadas. E, com frequência, a falha é diagnosticada erroneamente: "Tivemos uma boa estratégia, mas não conseguimos executá-la com eficácia."

Na verdade, a estratégia em si é muitas vezes deficiente porque diversas perspectivas foram ignoradas durante a sua formulação. O fracasso em fazer o trabalho adaptativo necessário durante o processo de desenvolvimento da estratégia é um sintoma da orientação técnica da administração. Os gestores costumam deduzir uma solução para um problema e, em seguida, tentam vendê-la para alguns colegas, ignorando ou enganando outros no processo de construção de compromisso. Muitas vezes, líderes, suas equipes e consultores deixam de identificar e abordar as dimensões adaptativas do desafio e de se perguntar quem precisa aprender o que para desenvolver, entender, se comprometer e implementar a estratégia.

A mesma orientação técnica aprisiona a reengenharia de processos de negócios e as iniciativas de reestruturação, em que consultores e gerentes possuem o know-how para estruturar os objetivos, projetar um novo fluxo de trabalho, documentar e comunicar resultados e identificar as atividades a serem executadas pelas pessoas na organização. Em muitos casos, a reengenharia fica aquém do desejado porque trata o redesenho do processo como um problema técnico: gestores deixam de identificar o trabalho adaptativo e de envolver as pessoas que têm que realizar a mudança. Executivos seniores não conseguem investir seu tempo e sua alma para compreender essas questões e orientar as pessoas no processo de transição.

Em suma, a noção predominante de que a liderança consiste em ter uma visão e alinhar pessoas com essa visão está falida porque continua a tratar situações adaptativas como se fossem técnicas: a figura de autoridade deve adivinhar aonde a empresa está indo e os demais devem segui-la. A liderança é reduzida a uma combinação de conhecimento e habilidade de vendê-lo. Tal perspectiva revela um equívoco básico sobre a forma como as empresas conseguem abordar desafios adaptativos. Situações adaptativas são difíceis de definir e resolver precisamente porque exigem o trabalho e a responsabilidade de gestores e funcionários em toda a organização. Elas não estão sujeitas a soluções fornecidas por líderes; soluções adaptativas exigem que os membros da organização assumam a responsabilidade pelas situações problemáticas que os desafiam.

A liderança deve acontecer todos os dias. Ela não pode ser responsabilidade de poucos, um evento raro ou uma oportunidade única na vida. Em nosso mundo, em nossos negócios, enfrentamos desafios adaptativos o tempo todo. Quando um executivo é solicitado a conciliar aspirações conflitantes, ele e seu pessoal enfrentam um desafio adaptativo. Quando um gerente vê uma solução para um problema – técnica em muitos aspectos, mas que requer uma mudança nas atitudes e hábitos de seus subordinados –, ele enfrenta um desafio adaptativo. Quando um funcionário da linha de frente enxerga uma lacuna entre o propósito da organização e os objetivos que lhe pediram para alcançar, ele está diante tanto de um desafio adaptativo quanto dos riscos e da oportunidade de liderar a partir de baixo.

A liderança, vista por esse prisma, requer uma estratégia de aprendizado. Um líder, de cima ou de baixo, com ou sem autoridade, tem que envolver as pessoas no confronto do desafio, ajustando seus valores, mudando perspectivas e aprendendo novos hábitos. Para um indivíduo autoritário que se orgulha de sua capacidade de lidar com problemas difíceis, essa mudança pode vir como um doloroso despertar. Mas também deve diminuir o fardo de ter que saber todas as respostas e suportar toda a carga. Para o profissional que espera receber uma convocação ou "a visão" para liderar, essa mudança também pode parecer uma mistura de boas e más notícias. As demandas adaptativas do nosso tempo exigem líderes que assumem a responsabilidade sem esperar por uma revelação ou solicitação. É possível liderar sem ter nada nas mãos além de uma pergunta.

Publicado originalmente em janeiro de 1997.

5

Por que alguém deveria ser liderado por você?

Robert Goffee e Gareth Jones

SE VOCÊ QUER SILENCIAR uma sala cheia de executivos, experimente lançar a seguinte pergunta: "Por que alguém deveria ser liderado por vocês?" Fizemos esse questionamento nos últimos 10 anos enquanto prestávamos consultoria para dezenas de empresas na Europa e nos Estados Unidos. Sem exceção, a resposta foi um súbito e atordoado silêncio. Viam-se as pernas balançando de nervosismo.

Os executivos têm boas razões para ficarem assim. Você não pode fazer nada sem seguidores no mundo dos negócios, e seguidores nesses tempos de "empoderamento" são difíceis de encontrar. Assim, é melhor que os executivos saibam o que é necessário para liderar de forma eficaz – eles precisam encontrar maneiras de engajar as pessoas e despertar seu comprometimento com os objetivos da empresa. Só que a maioria deles não sabe como, e quem pode culpá-los? Há conselhos demais por aí. Somente em 1999, por exemplo, mais de 2 mil livros sobre liderança foram publicados, alguns deles até mesmo recorrendo a lições de Moisés e Shakespeare.

Ainda não ouvimos conselhos que dizem toda a verdade sobre a liderança. Sim, todos concordam que os líderes precisam de visão, energia, autoridade e direção estratégica. Isso é óbvio. Mas descobrimos que os líderes inspiradores também compartilham quatro qualidades surpreendentes:

- **Eles exibem seletivamente suas fraquezas.** Ao expor alguma vulnerabilidade, revelam sua disponibilidade e sua humanidade.
- **Eles dependem muito da intuição para avaliar o timing apropriado e o curso de suas ações.** Sua capacidade de coletar e interpretar dados subjetivos os ajuda a saber exatamente quando e como agir.
- **Eles gerenciam funcionários com empatia firme.** Líderes inspiradores sentem e demonstram empatia pelas pessoas e se importam intensamente com o trabalho que os funcionários fazem.
- **Eles revelam suas diferenças.** Eles capitalizam suas qualidades únicas. Você pode até alcançar uma posição de destaque sem elas, mas poucas pessoas vão querer ser lideradas por você.

É importante observar que nossa teoria sobre as quatro qualidades essenciais da liderança não se resume aos resultados em si. Embora muitos líderes que estudamos e usamos como exemplo tenham de fato apresentado retornos financeiros superiores, o foco de nossa pesquisa tem sido os líderes que se destacam em inspirar pessoas – em capturar corações, mentes e almas. Essa habilidade não é tudo nos negócios, mas qualquer líder experiente lhe dirá que ela é valiosa. De fato, ótimos resultados podem ser impossíveis sem ela.

Nossa pesquisa sobre liderança começou na década de 1970 e seguiu três correntes desde então. Primeiro, como acadêmicos, revisitamos as proeminentes teorias de liderança do século XX para desenvolver nosso próprio modelo eficaz. (Para saber mais sobre a história do pensamento da liderança, veja o quadro "Liderança: Uma pequena história sobre um grande tópico" na página 92.) Segundo, como consultores, testamos nossa teoria com milhares de executivos em workshops por todo o mundo e através de observações com dezenas de clientes. E terceiro, como executivos, avaliamos nossas teorias em nossas próprias organizações.

Em resumo

A pergunta "Por que alguém deveria ser liderado por você?" desperta medo na maioria dos executivos. E não é por menos. Você não consegue fazer nada sem seguidores e, nesses tempos de "empoderamento", é difícil encontrar seguidores – *exceto* por líderes que se destacam em captar corações, mentes e espíritos das pessoas.

Como se faz isso? É claro que você precisa de visão, energia, autoridade e direção estratégica, *além* destas quatro qualidades adicionais:

- Mostre que você é humano, revelando fraquezas de maneira seletiva.
- Seja um "sensor", coletando dados subjetivos de pessoas que lhe permitam confiar em sua intuição.
- Gerencie funcionários com "empatia firme". Preocupe-se com eles e com seu trabalho, dando-lhes o que *precisam* para alcançar seu melhor desempenho.
- Ouse ser diferente, aproveitando a própria singularidade.

Misture e combine essas qualidades para encontrar o estilo certo para o momento certo.

Você pode chegar ao topo mesmo sem ter todas essas quatro qualidades. Mas poucas pessoas vão querer segui-lo e sua empresa não alcançará os melhores resultados.

Revele suas fraquezas

Quando os líderes revelam suas fraquezas, eles nos mostram quem são – com defeitos e qualidades. Isso pode significar admitir que eles são irritadiços nas manhãs de segunda-feira, que são um pouco desorganizados ou mesmo um tanto tímidos. As pessoas precisam ver os líderes admitirem algumas falhas antes de participarem de boa vontade em alguma empreitada. Expor uma fraqueza estabelece confiança, portanto ajuda a conquistar apoiadores. De fato, se os executivos tentarem comunicar que são perfeitos em tudo, não haverá necessidade de ajudá-los em nada. Eles não precisarão de seguidores. Estarão sinalizando que podem fazer tudo sozinhos.

Além de criar confiança e um ambiente colaborativo, a comunicação de uma fraqueza também gera solidariedade entre seguidores e líderes. Vejamos como exemplo um executivo sênior que conhecemos em uma consultoria de gerenciamento. Ele concordou em fazer uma apresentação importante mesmo estando gravemente afetado por tremores físicos causados por uma condição de saúde. O público, que de outra forma seria altamente crítico, aplaudiu de pé essa exibição corajosa de fraqueza. Ao dar a palestra, ele ousou dizer: "Eu sou exatamente como vocês: imperfeito."

Compartilhar uma imperfeição é muito eficaz porque ressalta a autenticidade do ser humano. Richard Branson, o fundador da Virgin, é um homem de negócios brilhante e um herói no Reino Unido. (De fato, a marca Virgin está tão ligada a ele pessoalmente que a sucessão é um assunto delicado.) Branson é particularmente eficaz em comunicar sua vulnerabilidade. Ele fica pouco à vontade e se atrapalha quando entrevistado em público. É uma fraqueza, mas é Richard Branson. Esta é a importância de revelar uma fraqueza: mostra aos seus seguidores que você é genuíno e acessível – humano e humanizado.

Outra vantagem de expor uma fraqueza é que essa postura oferece uma proteção valiosa para o líder. Como é da natureza humana, se você não demonstrar alguma fraqueza, os observadores poderão inventar uma para você. Celebridades e políticos entendem disso muito bem. Muitas vezes, eles deliberadamente dão ao público algo para falar, sabendo que, se não o fizerem, os jornais inventarão coisa ainda pior. A princesa Diana pode ter revelado ao público seus problemas com um distúrbio alimentar, mas morreu com a reputação intacta, até mesmo amplificada.

Dito isso, os líderes mais eficientes sabem que expor uma fraqueza é algo a ser feito com cuidado. Eles admitem fraquezas *seletivas*. Saber quais fraquezas revelar é uma arte altamente refinada. A regra de ouro é nunca expor uma fraqueza que seja vista como um defeito fatal – uma falha que ponha em risco aspectos centrais do seu papel profissional. Considere, por exemplo, o novo diretor financeiro de uma grande corporação. Ele não pode de repente confessar que nunca entendeu de fluxos de caixa descontados. Um líder deve revelar apenas uma falha em algo secundário – talvez até várias delas.

Na prática

Revele suas fraquezas
Ninguém quer trabalhar com um líder perfeito – ele não parece precisar de ajuda. Então, mostre que você é humano, com suas qualidades e seus defeitos. Você vai desenvolver colaboração e solidariedade entre seus seguidores e ressaltar sua disponibilidade.

Dicas:
- Não exponha uma fraqueza que os outros considerem fatal. (Um novo diretor de finanças não deve revelar sua ignorância sobre o fluxo de caixa descontado!) Em vez disso, escolha uma fraqueza em algum aspecto secundário.
- Reconheça uma falha que os outros considerem uma força – por exemplo, ser workaholic.

Torne-se um sensor
Aprimore sua capacidade de coletar e interpretar sinais interpessoais sutis, detectando o que está acontecendo sem que os outros digam.

> *Exemplo:* Franz Humer, CEO bem-sucedido da Roche, detecta as correntes subjacentes de opinião, mensura os sentimentos não expressos e julga com precisão a qualidade dos relacionamentos.

Dica:
- Teste suas percepções: valide-as com um conselheiro confiável ou um membro da equipe interna.

Pratique a empatia firme
Os verdadeiros líderes sentem e demonstram empatia por seus seguidores e se preocupam com o trabalho deles. Também são empaticamente "firmes". Isso significa dar às pessoas não necessariamente o que elas *querem*, mas o que elas *precisam* para alcançar o seu melhor.

> *Exemplo:* O CEO da BBC, Greg Dyke, sabia que, para sobreviver em um mundo digital, a empresa tinha que gastar mais em programas e menos em pessoal. Ele reestruturou a organização, mas só depois de explicar isso diretamente à equipe. Mesmo tendo que fazer alguns cortes, Dyke manteve os funcionários comprometidos.
>
> **Ouse ser diferente**
> Capitalizar o que é único em você lhe permite sinalizar sua distinção como líder e motivar outras pessoas a terem um desempenho melhor. Os seguidores se esforçam mais quando seu líder é um pouco reservado.
>
> Dicas:
> - Não se diferencie *demais* – você pode perder o contato com os seguidores. Robert Horton, ex-CEO da British Petroleum, exibia ostensivamente sua formidável inteligência. Os seguidores o consideraram arrogante e se afastaram dele. Ele foi demitido depois de três anos.
> - Destaque-se por meio de qualidades como imaginação, competência e capacidade de se aventurar.

Outra estratégia bem conhecida é escolher uma fraqueza que possa, de alguma forma, ser considerada uma força, como ser um workaholic. Quando os líderes expõem essas falhas limitadas, as pessoas não veem um grande problema e causam poucos danos. Há uma ressalva importante: quando a vulnerabilidade não é percebida como genuína, o líder não recebe nenhum apoio. Em vez disso, fica exposto ao escárnio e ao desdém. Um cenário que vimos repetidamente em nossa pesquisa é quando um CEO finge ser distraído para esconder sua inconsistência ou até sua desonestidade. Trata-se de uma forma infalível de afastar seguidores, pois eles vão se lembrar com precisão do que aconteceu ou do que foi dito.

Liderança: Uma pequena história sobre um grande tópico

Fala-se sobre liderança desde a época de Platão. No entanto, em organizações do mundo todo – tanto em conglomerados jurássicos quanto em startups da nova economia –, ouvimos sempre a mesma queixa: não temos liderança suficiente. Ora, por que somos tão obcecados pela liderança?

Uma possível resposta é que há uma crise de fé no mundo moderno cujas raízes estão na revolução racionalista do século XVIII. Durante o Iluminismo, filósofos como Voltaire afirmaram que, aplicando a razão somente, as pessoas poderiam controlar seu destino. Isso marcou uma reviravolta incrivelmente otimista na história do mundo. No século XIX, duas crenças derivaram dessa noção racionalista: uma no progresso e outra na perfectibilidade do homem. Assim surgia uma visão de mundo ainda mais cor-de-rosa do que antes. Somente no fim do século XIX, com os escritos do Sigmund Freud e, mais tarde, de Max Weber, é que os pontos fracos dessa crença começaram a ser atacados. Esses dois pensadores destruíram a crença do homem ocidental na racionalidade e no progresso. A atual busca por liderança é uma consequência direta de seus trabalhos.

Fundador da psicanálise, Freud teorizou que, sob a superfície da mente racional, havia o inconsciente. Ele supunha que o inconsciente fosse responsável por uma proporção razoável do comportamento humano. Weber, o principal crítico de Marx e um sociólogo brilhante, também explorou os limites da razão. De fato, para ele, a força mais destrutiva que operava nas instituições era algo que ele chamava de racionalidade técnica – isto é, racionalidade sem moralidade.

Para Weber, a racionalidade técnica estava incorporada em uma forma organizacional específica: a burocracia. As burocracias, ele afirmava, eram assustadoras não por sua ineficiência, mas por suas eficiências e sua capacidade de desumanizar as pessoas. Os trágicos romances de Franz Kafka são um testemunho dos efeitos debilitantes da burocracia. Ainda mais perturbador foi o testemunho do tenente de Hitler, Adolf Eichmann, ao afirmar: "Eu era apenas um bom burocrata." Weber acreditava que o único poder que poderia resistir à burocratização era a liderança carismática. Mas mesmo isso tem um histórico muito heterogêneo no século XX. Embora tenha havido líderes inspiradores e transformadores em tempos de guerra, também houve líderes carismáticos como Hitler, Stalin e Mao Tse-tung, que cometeram terríveis atrocidades.

POR QUE ALGUÉM DEVERIA SER LIDERADO POR VOCÊ? 93

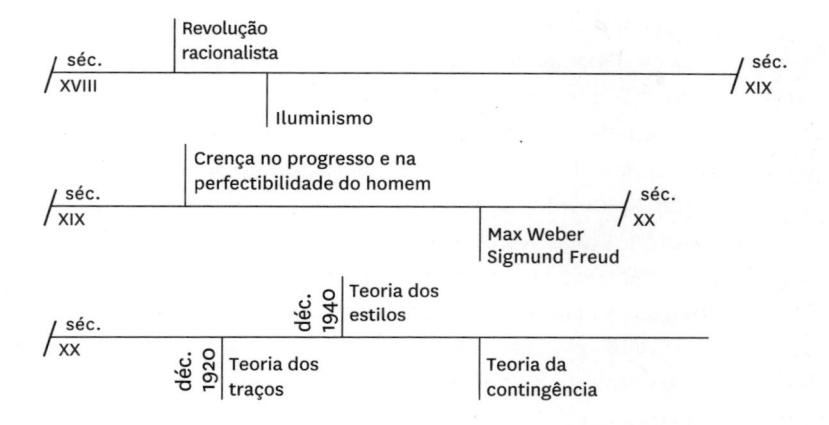

```
/ séc.        | Revolução
/ XVIII       | racionalista                                          / séc.
                                                                      / XIX
              | Iluminismo

              | Crença no progresso e na
/ séc.        | perfectibilidade do homem                             / séc.
/ XIX                                                                 / XX
                                        | Max Weber
                                        | Sigmund Freud

                            déc.  | Teoria dos
/ séc.                      1940  | estilos
/ XX
              déc.  | Teoria dos              | Teoria da
              1920  | traços                  | contingência
```

No século XX, havia muito ceticismo quanto ao poder da razão e à capacidade humana de progredir continuamente. Assim, por razões pragmáticas e filosóficas, um intenso interesse pelo conceito de liderança começou a se desenvolver. E, de fato, na década de 1920, uma pesquisa séria e pioneira teve início. A primeira teoria da liderança – a teoria dos traços – tentou identificar as características comuns dos líderes eficazes. Para tanto, os líderes foram examinados, medidos e submetidos a uma bateria de testes psicológicos. Mas ninguém conseguiu identificar o que os líderes eficazes tinham em comum. A teoria dos traços caiu em desgraça logo após estudos dispendiosos concluírem que os líderes eficazes estavam ou acima ou abaixo da média de altura.

Na década de 1940, a teoria dos traços foi substituída pela teoria dos estilos, principalmente nos Estados Unidos. Um estilo particular de liderança foi apontado como aquele com o maior potencial. Era um estilo democrático excessivamente amigável, e milhares de executivos americanos foram enviados para cursos de treinamento para aprender a se comportar dessa maneira. Havia apenas um inconveniente: a teoria estava essencialmente capturando o espírito da América de Roosevelt – aberto, democrático e meritocrático. E assim, quando o macartismo e a Guerra Fria suplantaram o New Deal, foi necessário um estilo completamente novo. De repente, todos foram encorajados a agir como um soldado da Guerra Fria. O pobre executivo ficou totalmente confuso.

O pensamento recente sobre liderança é dominado pela teoria da contingência, que diz que a liderança depende de uma situação particular. Isso é fundamentalmente verdade, mas, considerando que existem infinitas contingências na vida, existem também infinitas variedades de liderança. Mais uma vez, o executivo que procura um modelo para ajudá-lo vê-se irremediavelmente perdido.

Para este artigo, revisamos todas as teorias para apresentar as quatro qualidades essenciais da liderança. Como Weber, analisamos a liderança que é essencialmente antiburocrática e carismática. Da teoria dos traços, extraímos as qualidades de fraquezas e diferenças. Ao contrário dos teóricos originais da teoria dos traços, no entanto, não acreditamos que todos os líderes tenham as mesmas fraquezas; nossa pesquisa mostrou apenas que todos os líderes expõem algumas fraquezas. A empatia firme surgiu da teoria do estilo, que examinou diferentes tipos de relacionamento entre líderes e seus seguidores. Finalmente, a teoria do contexto preparou o cenário para a necessidade de saber quais habilidades usar em circunstâncias variadas.

Torne-se um sensor

Líderes inspiradores baseiam-se fortemente em sua intuição para saber quando revelar uma fraqueza ou uma diferença. Nós os chamamos de bons sensores de situações e, com isso, queremos dizer que são capazes de coletar e interpretar dados subjetivos. Eles conseguem farejar os sinais no ambiente e perceber o que está acontecendo, sem que nada lhes tenha sido informado.

Franz Humer, CEO da Roche, é um sensor clássico. Ele é altamente talentoso na detecção de mudanças no clima e no ambiente; consegue perceber sinais sutis e sente correntes de opinião subjacentes que iludem as pessoas menos perceptivas. Humer afirma ter desenvolvido essa habilidade quando trabalhou como guia turístico, aos 20 e poucos anos, sendo responsável por grupos de 100 ou mais visitantes. "Não havia salário, apenas gorjetas", explica ele. "Em pouco tempo, eu sabia como me concentrar em grupos específicos. No fim, conseguia prever com uma margem de até 10% quanto poderia ganhar de qualquer grupo em particular." De fato, ótimos sensores podem facilmente mensurar sentimentos não expressos; são capazes de julgar com muita precisão se os relacionamentos estão ou não funcionando. O processo é complexo e, como qualquer pessoa que já conheceu alguém assim sabe, os resultados são impressionantes.

Considere um executivo de recursos humanos com quem trabalhamos em uma multinacional de entretenimento. Um dia, ele recebeu notícias de um problema de distribuição na Itália que tinha o potencial de afetar as operações mundiais da empresa. Enquanto pensava em como esconder temporariamente as informações do CEO de Paris, ao mesmo tempo que trabalhava em uma solução, o telefone tocou. Era o CEO dizendo: "Diga-me, Roberto, que diabos está acontecendo em Milão?" O CEO já estava ciente de que algo estava errado. Como? Ele tinha suas redes de conhecimento, é claro, porém, mais importante, possuía o dom de detectar informações que não eram destinadas a ele. Conseguia ler os silêncios e captar sinais não verbais na organização.

Não é de surpreender que os líderes empresariais mais impressionantes com quem trabalhamos sejam todos sensores muito competentes. Ray van Schaik, presidente da Heineken no início da década de 1990, é um bom exemplo. Conservador e cortês, Van Schaik tinha uma excepcional capacidade de ler os sinais que recebia dos colegas e de Freddie Heineken, o membro da terceira geração da família que "sempre estava lá sem estar". Enquanto alguns gestores do alto escalão passavam muito tempo adivinhando o que o principal acionista pensava, Van Schaik desenvolveu a capacidade de "simplesmente saber" o que Heineken queria. Essa habilidade se baseava em muitos anos de trabalho com ele no conselho da cervejaria, mas era mais do que isso – Van Schaik podia ler Heineken, apesar de terem personalidades muito diferentes e não trabalharem juntos diretamente.

Histórias de sucesso como a de Van Schaik vêm com uma palavra de advertência. Embora os líderes devam ser ótimos sensores, a detecção pode criar problemas. Isso porque, ao fazerem julgamentos sobre até onde podem ir, os líderes se arriscam a perder seus seguidores. A situação política na Irlanda do Norte é um poderoso exemplo. Em 1998 e 1999, vários líderes – David Trimble, Gerry Adams e Tony Blair, juntamente com George Mitchell – tomaram iniciativas sem precedentes para obter a paz. A cada passo do caminho, esses líderes tinham que sentir até onde poderiam ir sem perder o eleitorado. Nos negócios, pense em fusões e aquisições. Se os líderes organizacionais e os negociadores não puderem convencer seus seguidores de maneira oportuna de que o movimento é positivo, o valor e a boa vontade serão rapidamente corroídos. Essa é a situação recentemente enfrentada pela Vodafone e pela France Telecom na venda e compra da Orange.

Existe outro perigo associado às habilidades de sensor. Sentir uma situação envolve projeção – esse estado de espírito no qual você atribui suas próprias ideias a outras pessoas e coisas. Quando uma pessoa "projeta", seus pensamentos podem interferir na verdade. Imagine um rádio que capta inúmeros sinais, muitos dos quais são fracos e distorcidos. Sentir as situações é assim; você não pode ter certeza do que está ouvindo por causa da estática. O funcionário que vê seu chefe estressado e chega à conclusão de que será demitido é um exemplo clássico. A maioria das habilidades fica aguçada sob ameaça, mas em especial quando se trata de detectar situações. Essa hipersensibilidade em um líder pode ser uma receita para o desastre. Por esse motivo, a capacidade de detecção deve estar sempre acompanhada de testes de realidade. Até mesmo o sensor mais talentoso pode precisar validar suas percepções com um conselheiro de confiança ou um membro de sua equipe.

Pratique a empatia firme

Infelizmente, há uma propaganda exagerada hoje em dia da ideia de que os líderes *têm* que mostrar preocupação por suas equipes. Não há nada pior do que ver um gerente retornar do mais recente programa de treinamento em habilidades interpessoais com uma "preocupação" pelos outros. Os verdadeiros líderes não precisam de um programa de treinamento para convencer seus funcionários de que se importam. Líderes reais sentem grande empatia pelas pessoas que lideram. Eles também se importam intensamente com o trabalho que realizam.

Considere Alain Levy, ex-CEO da Polygram. Embora muitas vezes ele dê a impressão de ser um intelectual indiferente, Levy consegue reduzir a distância entre ele e seus seguidores. Em uma ocasião, ajudou executivos juniores de gravação na Austrália a escolher os singles de alguns álbuns. Escolher canções é uma tarefa fundamental nessa indústria: a seleção de uma música pode criar ou destruir o sucesso de um álbum. Levy sentou-se com os jovens e assumiu o trabalho com paixão. Em 24 horas, a história se espalhou por toda a empresa. Levy sabia como se identificar com o trabalho e sabia como entrar no mundo de seus seguidores para mostrar a eles que se importava.

Claramente, como ilustra o último exemplo, não acreditamos que a empatia dos líderes inspiradores seja do tipo suave descrito em grande parte da literatura sobre gestão. Pelo contrário, sentimos que verdadeiros líderes gerenciam por meio de uma abordagem única, que chamamos de empatia firme. Empatia firme significa dar às pessoas o que elas precisam, não o que elas querem. Organizações como o Corpo de Fuzileiros Navais e empresas de consultoria especializam-se em empatia firme. Recrutas são impulsionados a serem os melhores que podem ser; "cresça ou vá embora" é o lema. Chris Satterwaite, CEO da Bell Pottinger Communications e ex-presidente-executivo de várias agências de publicidade, entende o que é empatia firme. Ele manipula habilmente os desafios de gerenciar pessoas criativas enquanto toma decisões difíceis. "Se for preciso, posso ser implacável", diz ele. "Mas prometo que, enquanto meu pessoal estiver comigo, todos vão aprender muito."

Na melhor das hipóteses, a empatia firme equilibra o respeito pelo indivíduo e pela tarefa em mãos. Atender a ambos, no entanto, não é fácil, especialmente quando o negócio está em modo de sobrevivência. Nesses momentos, os líderes atenciosos precisam apoiar as pessoas ao seu redor e saber quando recuar. Considere uma situação na Unilever, quando estavam desenvolvendo o Persil Power, um sabão que precisou ser retirado do mercado porque destruiu as roupas que foram lavadas com ele. Embora o produto estivesse mostrando sinais precoces de problemas, o CEO Niall FitzGerald ficou ao lado de suas tropas. "Esse era o lugar popular para se estar, mas eu não deveria estar lá", afirma ele agora. "Deveria ter recuado, de maneira fria e desprendida, olhado o panorama completo, prestado atenção no cliente." Mas cuidar com desprendimento não é fácil, sobretudo porque, quando bem aplicada, a empatia firme é mais difícil para você do que para seus funcionários. "Algumas teorias de liderança fazem com que demonstrar cuidado pareça algo que não demanda esforço. Não é assim", afirma Paulanne Mancuso, presidente e CEO da Calvin Klein Cosmetics. "Você tem que fazer coisas que não quer fazer, e isso é difícil." É difícil ser firme.

Quatro mitos populares sobre liderança

Tanto em nossa pesquisa quanto no trabalho de consultoria, observamos executivos profundamente equivocados sobre o que torna um líder inspirador. Aqui estão quatro dos mitos mais comuns:

Todos podem ser líderes.
Não é verdade. Muitos executivos não têm o autoconhecimento ou a autenticidade necessária para a liderança – atributos que formam apenas parte da equação. O indivíduo também precisa desejar ser líder, e muitos funcionários talentosos não estão interessados em assumir essa responsabilidade. Outros preferem dedicar mais tempo à vida pessoal do que ao trabalho. Afinal de contas, há vida além da empresa e outros tipos de cargos além de ser o chefe.

Líderes entregam bons resultados de negócios.
Nem sempre. Se resultados fossem sempre uma questão de boa liderança, escolher líderes seria fácil. Em todos os casos, a melhor estratégia seria ir atrás de pessoas nas empresas com os melhores resultados. Mas as coisas não são tão simples assim. Companhias em setores quase monopolistas muitas vezes podem se dar muito bem com uma gestão competente, em vez de uma grande liderança. Da mesma forma, algumas organizações bem lideradas não produzem necessariamente bons resultados, sobretudo no curto prazo.

A empatia firme também traz o benefício de levar os líderes a correr riscos, tomando atitudes difíceis, como fazer cortes de pessoal.

Um último ponto sobre a empatia firme: os mais aptos a usá-la são os indivíduos que realmente se importam com algo. E, quando eles se importam, ficam mais propensos a mostrar seu verdadeiro eu. Não só conseguem comunicar autenticidade, que é a precondição para a liderança, mas também mostram que estão fazendo mais do que apenas desempenhar um papel. Ninguém se compromete com executivos que meramente cumprem as obrigações exigidas por suas funções. Todos querem mais. Querem alguém que se preocupe apaixonadamente pelas pessoas e pelo trabalho – assim como eles fazem.

As pessoas que chegam ao topo são líderes.
Não necessariamente. Uma das percepções errôneas mais persistentes é a de que as pessoas em cargos de liderança são líderes. Os profissionais que chegaram ao topo podem ter conseguido isso por conta de sua sagacidade política, não necessariamente por uma verdadeira qualidade de liderança. Além disso, líderes reais são encontrados por toda a toda a organização, desde a sala dos executivos até o chão de fábrica. Por definição, líderes são simplesmente pessoas que têm seguidores, e os cargos em si não têm muito a ver com isso. Organizações militares eficientes, como a Marinha dos Estados Unidos, há muito tempo perceberam a importância de desenvolver líderes por toda a hierarquia.

Líderes são ótimos coaches.
Raramente. Um pequeno setor cresceu em torno da ideia de que bons líderes só podiam ser bons coaches. Mas esse pensamento pressupõe que uma única pessoa possa tanto inspirar as tropas quanto transmitir habilidades técnicas. É claro que é possível que grandes líderes também sejam ótimos orientadores e treinadores, mas vemos isso apenas ocasionalmente. Mais comuns são líderes como Steve Jobs, cujos pontos fortes distintivos residem em sua capacidade de estimular os outros por meio de sua visão, e não de seus talentos de coaching.

Ouse ser diferente

Outra qualidade de líderes inspiradores é que eles capitalizam o que é único em si mesmos. De fato, usar essas distinções a seu favor é a qualidade mais importante das quatro que mencionamos. Os líderes mais eficazes usam as diferenças para manter uma distância social. Mesmo quando estão atraindo seus seguidores para perto deles, líderes inspiradores sinalizam a separação entre eles.

Com frequência, um líder mostra suas diferenças apresentando um estilo de se vestir ou uma aparência física diferentes, mas normalmente ele passa a se distinguir por meio de qualidades como imaginação, lealdade,

As mulheres que são líderes podem ser verdadeiras consigo mesmas?

Diferenças de gênero podem ser usadas para efeito positivo ou negativo. As mulheres, em particular, tendem a ser estereotipadas de acordo com as diferenças – embora geralmente não sejam as que elas escolheriam. Em parte, isso ocorre porque há menos mulheres do que homens em cargos de gestão. Segundo pesquisas em psicologia social, se a representatividade de um grupo cai abaixo de 20% em determinada sociedade, então ela estará sujeita a estereotipagem. Para a mulher, isso pode significar ser rotulada como "ajudante", "cuidadora" ou "sedutora" – rótulos que podem impedi-la de definir suas próprias diferenças.

Em pesquisas anteriores, descobrimos que muitas mulheres – sobretudo as que estão na faixa dos 50 anos – evitam tal dinâmica simplesmente desaparecendo. Elas tentam se tornar invisíveis. Usam roupas que disfarçam seus corpos; tentam se misturar com os homens falando com a mesma dureza. Essa é sem dúvida uma maneira de se esquivar de estereótipos negativos, mas o problema é que reduz as chances de uma mulher ser vista como líder em potencial, já que não está promovendo seu verdadeiro eu e suas diferenças.

Outra resposta aos estereótipos negativos é resistir coletivamente – por exemplo, montando uma campanha que promova direitos, oportunidades e até a quantidade de mulheres no local de trabalho. No entanto, no dia a dia, muitas vezes elas só têm tempo para cuidar da própria sobrevivência, o que impossibilita que se organizem formalmente.

Uma terceira resposta que surgiu em nossa pesquisa foi o uso dos estereótipos para obter vantagens pessoais. Algumas mulheres, por exemplo, conscientemente desempenham o papel de "cuidadoras" no trabalho, mas fazem isso com tanta perspicácia e habilidade que são capazes de se beneficiar dessa postura. Tal estratégia, porém, vem acompanhada de um custo altíssimo: promover os estereótipos prejudiciais e continuar a limitar as oportunidades para outras mulheres comunicarem suas genuínas diferenças pessoais.

---

competência ou até mesmo um aperto de mão. Qualquer coisa pode ser um diferencial, mas é importante comunicá-lo. A maioria das pessoas, no entanto, hesita em exibir o que é único nelas e podem levar anos até estarem plenamente conscientes do que as diferencia. Essa é uma séria desvantagem em um mundo onde a rede de relacionamentos é tão importante e onde equipes precisam ser formadas da noite para o dia.

Alguns líderes sabem exatamente como tirar vantagem de suas peculiaridades. Veja John Harvey-Jones, ex-CEO da ICI, que já foi a maior fabricante de produtos químicos do Reino Unido. Ele tinha bigode, cabelo comprido e usava sempre uma gravata chamativa. É claro que não chegou ao topo da ICI por causa disso, mas foi muito esperto em desenvolver diferenças que soube explorar para mostrar que era ousado, empreendedor e único.

Outros indivíduos não estão tão conscientes de seus diferenciais, mas, ainda assim, os usam com grande efeito. Por exemplo, Richard Surface, ex-diretor-administrativo da Pearl Insurance no Reino Unido, sempre andava rápido e ultrapassava as pessoas, usando seu próprio ritmo como forma de comunicar urgência. Outros líderes têm a sorte de ter colegas apontando suas diferenças para eles. Como conta Greg Dyke, CEO da BBC: "Meu parceiro me disse: 'Você faz coisas instintivamente que nem você entende. O que me preocupa é que, no processo de entendê-las, você possa perdê-las!'" Na verdade, o que emergiu em nossas entrevistas é que a maioria dos líderes começa não sabendo quais são as suas diferenças, mas acaba as identificando – e as usando – com mais eficácia ao longo do tempo. Franz Humer, da Roche, por exemplo, hoje percebe que usa suas emoções para despertar reações nos outros.

A maioria das diferenças que descrevemos são aquelas que tendem a ser aparentes, seja para o próprio líder ou para os colegas ao seu redor. Mas há diferenças que são mais sutis e ainda assim têm efeitos muito poderosos. Por exemplo, David Prosser, CEO da Legal and General, uma das maiores e mais bem-sucedidas empresas de seguros da Europa. Embora geralmente acessível, ele tem uma dureza que usa de forma discreta, porém eficaz. Em um evento recente, um gerente de vendas bastante empolgado alegava quanto a empresa era boa na venda cruzada de produtos. Em voz baixa, Prosser interveio: "Podemos ser bons, mas não somos bons o bastante." Um arrepio percorreu a sala. O que Prosser quis dizer? Ora, não se sinta tão à vontade que possa ficar desleixado! Ele é o líder e é ele quem faz os julgamentos. Prosser até mesmo usa essa característica para causar um efeito positivo na equipe principal: faz com que todos se mantenham sempre dispostos a obter mais.

Líderes inspiradores usam essa distinção para motivar os outros a ter um desempenho melhor. Não é que sejam maquiavélicos, mas eles reconhecem instintivamente que os seguidores se esforçam quando o líder é um pouco mais reservado. Liderança, afinal, não é um concurso de popularidade.

Um perigo óbvio é quando os executivos se diferenciam demais em seu propósito de expressar sua separação. De fato, alguns líderes perdem contato com seus seguidores, e isso é fatal. Quando estabelecem muita distância, deixam de ser bons sensores e perdem a capacidade de identificar e cuidar. Foi o que aconteceu durante o mandato de Robert Horton como presidente e CEO da British Petroleum no início da década de 1990. A exibição ostensiva de Horton de sua considerável – na verdade, assustadora – inteligência às vezes levava os outros a considerá-lo arrogante e alguém que se vangloriava demais. Isso resultou em um excesso de diferenciação e acabou contribuindo para a demissão de Horton apenas três anos depois de sua indicação para o cargo.

Liderança em ação

Todas as quatro qualidades descritas aqui são necessárias para uma liderança inspiradora, mas não podem ser usadas mecanicamente. Elas precisam se tornar ou já fazer parte da personalidade de um executivo. É por isso que os livros sobre negócios que trazem "receitas" – prescrevendo a maneira de ser de Lee Iacocca ou Bill Gates – muitas vezes falham. Ninguém pode simplesmente imitar outro líder. Portanto, o desafio que os futuros líderes enfrentam é serem eles mesmos, mas com mais habilidade. Isso pode ser feito tomando mais e mais consciência das quatro qualidades de liderança que descrevemos, manipulando essas qualidades e criando um estilo pessoal que funcione para você. Lembre-se de que não existe uma fórmula universal e o que é necessário varia de acordo com o contexto. Além do mais, os resultados são muitas vezes sutis, como ilustra a seguinte história sobre Richard Sykes, presidente e CEO da Glaxo Wellcome, uma das empresas farmacêuticas líderes mundiais.

Quando dirigia a divisão de pesquisas e desenvolvimento da Glaxo, Sykes fez uma análise do ano que se encerrava para os principais cientistas da empresa. No fim da apresentação, um pesquisador perguntou-lhe sobre um dos novos compostos químicos da empresa, e os dois homens começaram um debate curto e acalorado. A sessão de perguntas e respostas continuou por mais 20 minutos, ao fim dos quais o pesquisador abordou novamente o assunto. "Dr. Sykes", ele começou em voz alta, "o senhor ainda não entendeu a estrutura do novo composto." Dava para sentir os ânimos de Sykes se exaltarem. Ele marchou para o fundo da sala e demonstrou sua raiva diante de todos os cientistas. "Tudo bem, rapaz", gritou ele, "vamos dar uma olhada em suas anotações!"

A história da Sykes fornece a estrutura ideal para discutir as quatro qualidades de liderança. Para algumas pessoas, sua irritabilidade poderia parecer uma fraqueza inadequada. Mas, nesse contexto, sua demonstração de impaciência deixou nítida sua profunda crença na discussão sobre ciência básica – um valor da empresa. Portanto, sua prontidão em ficar com raiva na verdade consolidou sua credibilidade como líder. Ele também mostrou que era um bom sensor. Se tivesse explodido mais cedo na reunião, teria anulado o debate. Em vez disso, sua raiva foi percebida como uma defesa de crença.

A história também revela a capacidade de Sykes de se identificar com seus colegas e o trabalho que eles fazem. Ao conversar com o pesquisador como um colega cientista, foi capaz de criar um vínculo empático com seu público. Ele realmente se importava, embora sua preocupação fosse claramente uma empatia firme. Finalmente, a história indica a própria vontade de Sykes de mostrar como se diferenciava. Apesar de ser um dos empresários mais bem-sucedidos do Reino Unido, ele não se enquadra no inglês "padrão". Pelo contrário, Sykes orgulhosamente mantém seu distintivo sotaque do Norte. Também não demonstra a reserva e o decoro tão típicos dos britânicos; ele irradia paixão. Como outros líderes de verdade, ele age e se comunica naturalmente. De fato, se fôssemos resumir toda a apresentação de fim de ano da Glaxo Wellcome, diríamos que Sykes estava sendo ele mesmo – com habilidade.

Desvendando o mistério

Enquanto existirem empresas, continuaremos tentando identificar os ingredientes subjacentes à verdadeira liderança. E sempre haverá tantas teorias quanto perguntas. Mas, de todas as facetas da liderança que se podem investigar, poucas são tão difíceis de entender quanto descobrir o que é preciso para desenvolver líderes. As quatro qualidades de liderança são um primeiro passo necessário. Juntas, elas dizem aos executivos para serem autênticos. E como dizemos aos profissionais que aconselhamos: "Sejam vocês mesmos – mais ainda – com competência." Não pode haver conselho mais difícil de seguir do que esse.

Publicado originalmente em setembro de 2000.

6

As provas de fogo da liderança

Warren G. Bennis e Robert J. Thomas

COMO ETERNOS ESTUDANTES DO TEMA LIDERANÇA, somos fascinados pela noção do que torna alguém um líder. Por que certas pessoas parecem inspirar naturalmente confiança, lealdade e trabalho duro, ao passo que outras (que podem ter o mesmo nível de visão e inteligência) fracassam repetidas vezes? Essa é uma questão atemporal e não há uma resposta simples para ela. Acreditamos que tem algo a ver com as diferentes formas como as pessoas lidam com a adversidade.

De fato, nossa pesquisa recente nos levou a concluir que um dos indicadores e preditores mais confiáveis da verdadeira liderança é a capacidade de um indivíduo de encontrar significado em acontecimentos negativos e aprender até mesmo a partir das circunstâncias mais difíceis. Em outras palavras, as habilidades necessárias para vencer a adversidade e emergir mais forte e mais comprometido do que nunca são as mesmas que forjam líderes extraordinários.

Tomemos o exemplo de Sidney Harman. Aos 48 anos, esse homem de negócios exercia dois cargos executivos. Era o diretor-executivo da Harman

Kardon (hoje Harman International), a empresa de componentes de áudio da qual era cofundador, e presidente do Friends World College, hoje Friends World Program, uma faculdade quacre experimental de Long Island cuja filosofia essencial é ter os alunos, não os professores, como responsáveis pela própria educação. Fazendo malabarismos entre os dois trabalhos, Harman estava vivendo o que ele chama de uma "vida bifurcada", trocando de roupa no carro e almoçando enquanto dirigia entre os escritórios e fábricas da Harman Kardon e o campus do Friends World. Um dia, enquanto estava na faculdade, foi informado de que uma fábrica no Tennessee passava por uma crise.

Ele imediatamente correu para a fábrica de Bolivar, uma instalação que era, como Harman lembrou, "bruta, feia e, em muitos aspectos, degradante". O problema, ele descobriu, havia entrado em erupção no setor de polimento, onde uma dúzia de trabalhadores fazia o trabalho duro e monótono de polir espelhos e outras peças, muitas vezes sob condições insalubres. No turno da noite, eles deveriam fazer um intervalo às 22 horas. Quando a campainha que anunciava a pausa deu defeito, os gestores decidiram, de maneira arbitrária, adiar o intervalo por 10 minutos, quando outra campainha estava programada para tocar. Mas um funcionário teve uma "epifania", como Harman descreveu. "Ele disse, literalmente, a seus companheiros de trabalho: 'Eu não trabalho para nenhuma campainha. A campainha é que trabalha para mim. Eu é que tenho que saber quando são 22 horas. Tenho meu relógio. Não vou esperar mais 10 minutos. Vou fazer meu intervalo.' Então todos os 12 homens fizeram sua pausa para o café e, claro, começou o caos."

A rebelião dos funcionários – a recusa em serem intimidados por uma regra sem sentido da administração – foi, por sua vez, uma revelação para Harman: "A tecnologia está aí para servir ao homem, não o contrário", ele se lembrou de ter percebido. "De repente, despertei para o fato de que tudo o que eu estava fazendo na faculdade tinha aplicações adequadas nos negócios."

Nos anos seguintes, Harman renovou a fábrica e suas atividades, transformando-a em uma espécie de campus – oferecendo aulas nas instalações, inclusive de piano, e encorajando os trabalhadores a assumir a maior parte da responsabilidade por administrar seu local de trabalho. Além disso, ele criou um ambiente onde a dissidência não era apenas tolerada, mas também incentivada. O jornal independente da fábrica, o *Bolivar Mirror*, dava

> **Em resumo**
>
> O que permite que um líder inspire confiança, lealdade e trabalho duro, ao passo que outros – com igual visão e inteligência – fracassam? A maneira como os indivíduos lidam com a adversidade nos fornece uma pista.
>
> Líderes extraordinários encontram significado nos acontecimentos mais negativos – e aprendem com eles. Como uma fênix renascendo das cinzas, eles emergem da adversidade mais fortes, mais confiantes em si e em seus propósitos e mais comprometidos com seu trabalho.
>
> Esses eventos transformadores, verdadeiras provas de fogo, são chamados aqui de cadinhos – um teste severo ou uma provação. Eles são intensos e, muitas vezes, traumáticos – e nunca são planejados.

aos trabalhadores uma válvula de escape criativa e emocional – e Harman era alfinetado com entusiasmo em suas páginas.

Inesperadamente, Harman se tornou um pioneiro da gestão participativa, movimento que continua a influenciar o formato dos locais de trabalho em todo o mundo. O conceito não foi uma grande ideia concebida na sala do CEO e imposta na fábrica, Harman explica. Ele cresceu organicamente de sua ida a Bolivar para, em suas palavras, "apagar aquele incêndio". A transformação de Harman foi, acima de tudo, criativa. Ele havia conectado duas ideias aparentemente não relacionadas e criado uma abordagem radicalmente diferente para a gestão que reconhecia os benefícios econômicos e humanos de um ambiente de trabalho mais colegial.

Harman realizou muito mais durante sua carreira. Além de fundar a Harman International, atuou como vice-secretário de Comércio no governo de Jimmy Carter. Mas ele sempre se lembrava do incidente em Bolivar como o evento formador de sua vida profissional, o momento em que se reconheceu como líder.

Os detalhes da história de Harman são específicos, mas sua importância não. Ao entrevistar mais de 40 grandes líderes de empresas privadas e do setor público nos últimos três anos, ficamos surpresos ao descobrir que todos eles – jovens ou maduros – apontaram para acontecimentos intensos,

Na prática

A experiência do cadinho
Os cadinhos forçam os líderes a mergulhar fundo na autorreflexão para examinar seus valores, questionar suas suposições e aperfeiçoar seu julgamento.

Exemplo: Sidney Harman – cofundador da empresa de componentes de áudio Harman Kardon e presidente de uma faculdade experimental, que incentiva a educação orientada pelo aluno – encontrou seu cadinho quando houve uma crise em uma de suas fábricas. Depois de os gestores adiarem um intervalo agendado só porque a campainha não tocou, os operários se rebelaram. "Eu não trabalho para nenhuma campainha", proclamou um deles. Para Harman, essa recusa em se curvar a uma regra sem sentido dos superiores sugeriu uma ligação surpreendente entre sua empresa e a educação orientada pelo estudante. Pioneiro na gestão participativa, Harman transformou sua fábrica em uma espécie de campus, oferecendo aulas e incentivando a dissidência. Ele considera a rebelião o evento formador em sua carreira – o momento em que se tornou um verdadeiro líder.

Diversas formas de cadinhos
Alguns cadinhos são violentos e envolvem riscos (combate ao preconceito, doença); outros são mais positivos, porém profundamente desafiadores (como chefes ou mentores exigentes). Seja qual for a forma, os líderes criam uma narrativa revelando como enfrentaram o desafio e se tornaram melhores por causa deles.

Exemplo: Enquanto trabalhava para o ex-prefeito de Atlanta Robert F. Maddox, Vernon Jordan suportou repetidas provocações racistas por parte do patrão. Em vez de deixar o sadismo de Maddox destruí-lo, Jordan interpretou o comportamento como um ataque desesperado de alguém que sabia que os tempos da supremacia branca no Sul estavam no fim. A reação de Jordan o capacitou a se tornar um advogado respeitado e um conselheiro presidencial.

Habilidades essenciais de liderança
Quatro habilidades permitem que os líderes aprendam com a adversidade:

1. **Envolver os outros em um significado compartilhado.** Por exemplo, Sidney Harman mobilizou funcionários em torno de uma nova e radical abordagem de gestão – em meio a uma crise na fábrica.
2. **Uma voz diferenciada e convincente.** Apenas com palavras, o reitor Jack Coleman impediu um confronto violento entre o time de futebol americano e os que protestavam contra a Guerra do Vietnã e ameaçavam queimar a bandeira americana. A sugestão de Coleman aos manifestantes foi descer a bandeira, lavá-la e depois içá-la de novo.
3. **Integridade.** Os valores de Coleman prevaleceram durante o enfrentamento emocionalmente difícil entre manifestantes pacifistas e jogadores de futebol furiosos.
4. **Capacidade adaptativa.** Essa habilidade está entre as mais essenciais e inclui *capacidade de compreender o contexto* e *resistência*. Compreender o contexto requer a ponderação de muitos fatores (por exemplo, como pessoas diferentes vão interpretar um gesto). Sem essa qualidade, os líderes não podem se conectar com seus liderados.

A resistência fornece a perseverança e a tenacidade necessárias para permanecer esperançoso apesar do desastre. Por exemplo, Michael Klein fez milhões em imóveis durante sua adolescência, perdeu tudo aos 20 anos, depois desenvolveu vários outros negócios e ainda transformou uma pequena empresa de software em outra tão importante que foi adquirida pela Hewlett-Packard.

muitas vezes traumáticos e nunca planejados, que os transformaram e se tornaram as fontes de suas habilidades de liderança diferenciadas.

Passamos a chamar as experiências que moldam os líderes de "cadinhos", os recipientes que os alquimistas medievais usavam em suas tentativas de transformar metais comuns em ouro. Para os líderes que entrevistamos, a experiência do cadinho foi uma provação e um teste, um ponto de profunda autorreflexão que os obrigou a indagar quem eram e o que importava para eles. Tiveram que examinar seus valores, questionar suas suposições e aperfeiçoar seu julgamento. E, invariavelmente, emergiram do cadinho mais fortes e mais seguros de si e de seus propósitos – transformados de alguma maneira fundamental.

Os cadinhos de liderança podem assumir muitas formas. Alguns são eventos ameaçadores e violentos. Outros são episódios mais triviais de insegurança. Porém, seja qual for a natureza dessa prova de fogo, as pessoas com quem conversamos foram capazes, assim como Harman, de criar uma narrativa em torno dela, uma história de como foram desafiados, enfrentaram o problema e se tornaram líderes melhores. Quando estudamos essas histórias, descobrimos que elas não apenas nos mostravam como os líderes são moldados individualmente, mas também apontavam algumas características que parecem comuns a todos os líderes – qualidades que foram formadas ou pelo menos reveladas no cadinho.

Aprender com a diferença

Um cadinho é, por definição, uma experiência transformadora por meio da qual um indivíduo chega a um novo sentido de identidade ou a uma alteração do já existente. Talvez não surpreenda que um dos tipos mais comuns de cadinho que documentamos envolva a experiência do preconceito. Ser vítima de preconceito é particularmente traumático, pois força um indivíduo a confrontar uma imagem distorcida de si mesmo e, com frequência, desencadeia sentimentos profundos de raiva, perplexidade e até retração. Apesar de todo o trauma, no entanto, a experiência do preconceito é para alguns um evento esclarecedor. Através dela, eles ganham uma visão mais clara de quem são, do papel que desempenham e de seu lugar no mundo.

Considere, por exemplo, Liz Altman, vice-presidente da Motorola, que foi transformada pelo ano que passou em uma fábrica de filmadoras Sony numa área rural do Japão, onde enfrentou isolamento e sexismo. Segundo Altman, foi, "de longe, a coisa mais difícil que já fiz". A cultura estrangeira – particularmente sua ênfase nos grupos, e não nos indivíduos – foi tanto um choque quanto um desafio para uma jovem americana. Além de se sentir sozinha em um país desconhecido, teve que enfrentar a perspectiva intimidadora de conquistar um lugar para si mesma como a única engenheira em uma fábrica, em uma nação onde as mulheres geralmente atuavam como assistentes e secretárias de nível mais baixo.

Outra mulher que fora ao Japão em circunstâncias semelhantes tinha avisado a Altman que a única maneira de ganhar o respeito dos homens era evitar se aliar às tais assistentes e secretárias. Em sua primeira manhã, quando o sino tocou para um intervalo para o café, os homens seguiram em uma direção e as mulheres em outra – e elas lhe guardaram um lugar na mesa, enquanto os homens a ignoraram. Seguindo sua intuição, Altman ignorou o aviso, pois não quis insultar as mulheres recusando o convite.

Nos dias seguintes, ela continuou a se juntar às mulheres durante o intervalo, uma escolha que lhe dava um refúgio confortável para observar a desconhecida cultura de escritório japonesa. Mas não demorou muito para perceber que alguns homens passavam o intervalo em suas mesas lendo revistas, e Altman pensou que poderia fazer o mesmo de vez em quando. Finalmente, depois de prestar muita atenção nas conversas ao seu redor, ela percebeu que vários homens se interessavam por mountain bike. Como Altman queria comprar uma bicicleta para essa prática, aproximou-se deles em busca de conselhos. Assim, ao longo do tempo, ela se estabeleceu como alguém independente: às vezes sentada com as mulheres, outras se enturmando com os homens.

Acontece que uma das mulheres com quem ela havia se sentado no primeiro dia, a secretária do departamento, era casada com um dos engenheiros. A secretária encarregou-se de incluir Altman nas reuniões sociais, uma reviravolta que provavelmente não teria ocorrido se ela houvesse ignorado suas colegas de trabalho naquele primeiro dia. "Se eu tivesse simplesmente tentado criar um vínculo com os homens, sem tê-la como aliada, isso nunca teria acontecido", explicou ela.

Olhando para trás, ela acredita que a experiência a ajudou muito a conquistar uma noção mais clara de suas forças e competências pessoais, preparando-a para outras situações difíceis. Seu período no Japão a ensinou a observar atentamente e a evitar tirar conclusões precipitadas, baseadas em suposições culturais – habilidades de valor inestimável em sua posição atual na Motorola, onde lidera iniciativas para facilitar alianças com outras culturas corporativas, incluindo as de diferentes operações regionais da própria empresa.

Altman acredita que não teria sido tão capaz de fazer seu trabalho na empresa atual se não tivesse vivido em um país estrangeiro e experimentado a dissonância das culturas: "Mesmo se você estiver sentada na mesma sala, concordando ostensivamente [...] a menos que você entenda todas as referências, provavelmente estará perdendo muito do que está acontecendo." Altman também acha que sua prova de fogo foi essencial para construir autoconfiança – ela se sente apta a lidar com qualquer coisa que surja em seu caminho.

Também é possível sentir o estigma das diferenças culturais mais perto de casa. Muriel "Mickie" Siebert, a primeira mulher a possuir um assento na Bolsa de Valores de Nova York, encontrou seu cadinho na Wall Street das décadas de 1950 e 1960, uma arena tão machista que ela não conseguiu trabalho como corretora da bolsa enquanto não tirou seu primeiro nome do currículo e o substituiu por uma inicial sem gênero. Além das secretárias e uma ou outra analista, as mulheres eram poucas e dispersas no ambiente. O fato de ser judia foi outro ponto contra ela, em um tempo em que a maioria dos grandes negócios "não favorecia" nem as mulheres nem os judeus. Mas Siebert não se deixou abater. Em vez disso, ergueu-se mais forte, mais focada e mais determinada a mudar o status quo que a excluía.

Quando entrevistamos Siebert, ela descreveu sua maneira de abordar o antissemitismo. Naqueles tempos, fazer negócios envolvia almoços e bebidas alcoólicas, quando os homens ficavam mais propensos a fazer comentários depreciativos. Ela possuía um cartão de visitas que usava para essas ocasiões e que dizia o seguinte:

Rosas são vermelhas,
Violetas são roxas,
Se você não sabia,
Sou uma mulher judia.

No fim do almoço, Siebert entregava o cartão à pessoa que tinha feito as observações antissemitas. Sem constranger ninguém, ela garantia que nunca mais precisaria aceitar aquele absurdo outra vez. E foi por não conseguir

Geeks e Geezers

Nós não nos planejamos para aprender sobre cadinhos. Nossa pesquisa para este artigo e para o nosso novo livro, *Geeks and Geezers* (Nerds e velhotes, em tradução livre), foi projetada para descobrir as maneiras pelas quais a *época* influencia a motivação e as aspirações de um líder. Entrevistamos 43 dos principais líderes atuais, tanto no setor privado quanto no público, limitando nossos entrevistados a pessoas nascidas em ou antes de 1925 ou a partir de 1970. Para nossa satisfação, aprendemos muito sobre como a idade e a época afetam o estilo de liderança.

Nossos *geeks* e *geezers* (a abreviação carinhosa que acabamos usando para descrever os dois grupos) tinham ideias muito diferentes sobre como cumprir suas obrigações, o equilíbrio entre vida pessoal e profissional, o papel dos heróis e muito mais. Mas eles também compartilhavam algumas incríveis semelhanças, entre elas o amor pelo aprendizado e o forte senso de valores. Mais fascinante, porém, foi observar que nossos geeks e geezers contaram, repetidamente, como certas experiências os inspiraram, moldaram e, de fato, os ensinaram a liderar. E assim, como acontece com as melhores pesquisas, nosso trabalho acabou se tornando ainda mais interessante do que poderíamos imaginar.

Continuamos a explorar as influências de cada época – as descobertas estão descritas em nosso livro –, mas, ao mesmo tempo, procuramos histórias sobre essas experiências com cadinhos ou provas de fogo. São esses relatos que compartilhamos com você neste artigo.

---

obter crédito em nenhuma das empresas de Wall Street para o negócio que estava trazendo que ela comprou um lugar na Bolsa de Valores de Nova York e começou a trabalhar para si mesma.

Nos anos seguintes, fundou a Muriel Siebert & Company (hoje Siebert Financial Corporation) e se dedicou a ajudar outras pessoas a evitar algumas das dificuldades que enfrentara como jovem profissional. Proeminente defensora das mulheres nos negócios e líder no desenvolvimento de produtos financeiros voltados para o público feminino, ela também se dedica a ensinar crianças sobre oportunidades e reponsabilidade financeiras.

Não entrevistamos o advogado e conselheiro presidencial Vernon Jordan para este artigo, mas ele também oferece um poderoso lembrete de como o preconceito pode ser transformador em vez de debilitante. Em *Veron*

Reinvenção ao extremo: O poder da neotenia

Todos os entrevistados em nossa pesquisa descreveram seus cadinhos como oportunidades para reinvenção – para fazer um balanço de suas vidas e encontrar significado em circunstâncias que muitas pessoas considerariam intimidadoras e potencialmente incapacitantes. Considerado de forma extrema, esse poder de reinvenção se assemelha à eterna juventude – uma espécie de vigor, abertura e uma capacidade duradoura de se admirar diante das coisas, a antítese da velhice estereotipada.

Tomamos emprestado da biologia o termo "neotenia" – que significa a retenção de características juvenis em adultos de uma espécie – para descrever essa qualidade, esse prazer permanente em aprender, que todos os líderes que entrevistamos exibiram, independentemente de sua idade. Sem exceção, todos se mostraram cheios de energia, curiosidade e confiança de que o mundo é um lugar de maravilhas espalhadas diante deles, como uma festa sem fim.

Robert Galvin, ex-presidente da Motorola, aos 80 anos passava seus fins de semana praticando windsurfe. Arthur Levitt Jr., ex-presidente da Comissão de Valores Imobiliários dos Estados Unidos, aos 70 anos era um ávido praticante de trilhas desafiadoras na natureza. E o arquiteto Frank Gehry jogava hóquei aos 72 anos. Mas não é apenas a afinidade pela atividade física que caracteriza a neotenia: é um apetite por aprendizado e autodesenvolvimento, uma curiosidade e uma paixão pela vida.

---

can read! A memoir (Vernon sabe ler! Uma autobiografia), Jordan descreve as brutais provocações a que foi submetido quando jovem. Seu empregador, Robert F. Maddox, costumava tratá-lo de maneira ofensiva. Jordan servia ao ex-prefeito racista de Atlanta no jantar e também atuava como seu motorista. Sempre que surgia uma oportunidade, Maddox ironicamente anunciava: "Vernon sabe ler!", como se a alfabetização de um jovem afro-americano fosse algo extraordinário.

Sujeito a esse tipo de abuso, outro homem teria permitido que Maddox o destruísse. Mas, em suas memórias, Jordan dá a própria interpretação da sarcástica provocação de Maddox, uma história que o fortaleceu, em vez de deixá-lo amargo. Quando olhava para Maddox pelo espelho retrovisor, Jordan não via um membro poderoso da classe dominante da Geórgia. Ele via um anacronismo desesperado, uma pessoa que atacava porque sabia que seu tempo estava no fim. Como Jordan escreveu sobre o antigo patrão:

"Seus comentários meio zombeteiros, meio sérios, sobre o meu nível de instrução eram o último suspiro da morte de sua cultura. Quando ele viu que eu estava criando uma vida que faria de mim um homem, da forma como ele achava que um homem deveria ser, ficava profundamente irritado."

A crueldade de Maddox foi a prova de fogo a que, conscientemente ou não, Jordan atribuiu um significado redentor. Em vez de atacar ou ficar paralisado pelo ódio, Jordan viu a queda dos supremacistas brancos e imaginou seu próprio futuro libertado dos grilhões históricos do racismo. Sua capacidade de organizar um significado em torno de uma crise potencial transformou-se no cadinho no qual sua liderança foi forjada.

Prevalecer sobre a escuridão

Algumas experiências com um cadinho iluminam uma área oculta e reprimida da alma. Em geral, são as provas de fogo mais duras, envolvendo, por exemplo, episódios de doença ou violência. No caso de Sidney Rittenberg, o cadinho tomou a forma de uma pena injusta de 16 anos de prisão, em confinamento solitário, na China comunista.

Em 1949, Rittenberg foi inicialmente preso, sem nenhuma explicação, por antigos amigos do governo de Mao Tse-tung e passou seu primeiro ano em total escuridão, quando não estava sendo interrogado. (Mais tarde, Rittenberg soube que a sua detenção ocorrera a mando de membros do Partido Comunista em Moscou, que erroneamente o identificaram como um agente da CIA.) Jogado na prisão, confinado a uma cela minúscula, escura como breu, Rittenberg não protestava nem entrava em pânico. Em vez disso, ele se lembrava de uma estrofe de um poema que recitavam para ele em sua infância:

Eles desenharam um círculo e me puseram lá fora,
Herege, rebelde, algo a ser desprezado.
Mas o amor e eu fomos espertos e vencemos,
Nós desenhamos um círculo que os colocou lá dentro!

Esses versos (adaptados de "Outwitted", poema de Edwin Markham) foram a chave para a sobrevivência de Rittenberg. "Meu Deus", pensou ele, "aí está a minha estratégia!" Ele atraiu os guardas da prisão para o seu círculo, desenvolvendo relacionamentos que o ajudariam a se adaptar ao confinamento. Convenceu os guardas a lhe fornecer livros e, eventualmente, uma vela, para que pudesse ler. Após seu primeiro ano, também decidiu dedicar-se a melhorar a própria mente – tornando-a mais científica, mais pura e mais dedicada ao socialismo. Ele acreditava que, se elevasse sua consciência, seus captores o entenderiam melhor. E quando, ao longo do tempo, os anos na escuridão começaram a lhe cobrar um preço intelectual e ele percebeu que seu raciocínio começava a falhar, ainda podia convocar os contos de fadas da infância, que lhe davam conforto com suas mensagens simples.

Em contraste, muitos dos companheiros de prisão de Rittenberg colocavam para fora toda a sua raiva ou se retraíam. "Eles tendiam a se desesperar. Não conseguiam suportar. E acho que o motivo era o fato de não compreenderem que a felicidade não é resultado das circunstâncias; é resultado da sua visão da vida."

O compromisso de Rittenberg com seus ideais continuou após sua libertação. A porta de sua cela abriu-se repentinamente em 1955, após cumprir seis anos de pena. Ele relatou: "Ali estava um representante do governo central me dizendo que eu tinha sido injustiçado, que o Estado estava me oferecendo um pedido formal de desculpas [...] e que fariam tudo o que fosse possível para reparar o erro." Quando seus captores lhe ofereceram dinheiro para começar uma nova vida nos Estados Unidos ou viajar pela Europa, Rittenberg recusou, optando por ficar na China e continuar seu trabalho para o Partido Comunista.

E mesmo depois de uma segunda prisão, que o colocou em confinamento solitário por 10 anos como retaliação por seu apoio à democracia durante a Revolução Cultural, Rittenberg não permitiu que seu espírito fosse quebrado. Em vez disso, usou o tempo na prisão como uma oportunidade de questionar seu sistema de crenças – em particular, seu compromisso com o marxismo e o presidente Mao. "Nesse sentido, a prisão me emancipou", afirmou ele.

Rittenberg estudou, leu, escreveu, pensou e aprendeu algo sobre si mesmo no processo: "Percebi que eu tinha um grande medo de ser um vira-casaca; um medo tão poderoso que me impedia até mesmo de analisar minhas suposições. Até questionar era um ato de traição. Depois que saí, a venda dos meus olhos caiu e eu entendi que a doutrina básica de chegar à democracia através da ditadura estava errada."

Além disso, Rittenberg saiu da prisão certo de que absolutamente nada em sua vida profissional poderia derrubá-lo e resolveu abrir um negócio com a esposa. A Rittenberg Associates é uma empresa de consultoria dedicada ao desenvolvimento de laços comerciais entre os Estados Unidos e a China. Rittenberg continuou tão comprometido com seus ideais – ou com sua visão da melhor maneira de chegar lá – quanto era na década de 1950, quando foi tão severamente testado.

Estar à altura de grandes expectativas

Felizmente, nem todas as percepções de cadinho são traumáticas. Na verdade, elas podem envolver uma experiência positiva, ainda que profundamente desafiadora, como ter um chefe ou mentor exigente. O juiz Nathaniel R. Jones, do Tribunal de Recursos da Sexta Circunscrição dos Estados Unidos, por exemplo, atribuiu muito de seu sucesso à sua interação com um esplêndido mentor. Esse mentor era J. Maynard Dickerson, um advogado de sucesso, primeiro procurador municipal negro dos Estados Unidos e editor de um jornal afro-americano local.

Dickerson influenciou Jones em muitos níveis. Por exemplo, ele levou o pupilo aos bastidores para testemunhar em primeira mão a grande luta pelos direitos civis da década de 1950, convidando-o a participar de conversas com ativistas como Thurgood Marshall, Walter White, Roy Wilkins e Robert C. Weaver. Jones disse: "Fiquei impressionado com o humor e a determinação deles de não deixarem o sistema defini-los." Sem dúvida, a experiência teve um peso nos muitos pareceres que o juiz Jones deu em relação aos direitos civis.

Dickerson foi, ao mesmo tempo, modelo de conduta e coach. Suas lições cobriram todos os aspectos do crescimento intelectual de Jones e sua maneira de se portar, inclusive o ensino do que hoje chamamos de inteligência emocional. Dickerson estabeleceu os mais altos padrões para Jones, especialmente na área de habilidades de comunicação – um aspecto que descobrimos ser essencial para a liderança. Ele revisou as primeiras tentativas de Jones de escrever uma coluna de esportes com uma intransigência respeitosa, esbanjando tinta vermelha, algo de que Jones se lembrou por anos. Mas Dickerson também se dava ao trabalho de explicar cada erro e por que sua correção era importante.

O mentor também esperava que o adolescente Jones falasse de maneira correta em todos os momentos e assobiava discretamente em sua direção quando ele cometia algum erro. Grandes expectativas são evidência de grande respeito e, enquanto aprendia todas as lições complexas, muitas vezes sutis, de como ter sucesso, Jones se sentia extremamente motivado pelo seu desejo de não decepcionar o homem que tanto admirava. Dickerson deu a Jones o tipo de aconselhamento intensivo equivalente a uma preparação para uma sucessão profissional e moral – e Jones de fato se tornou um instrumento para a profunda mudança social pela qual Dickerson lutou tão corajosamente. Jones encontrou um significado que mudou sua vida na atenção que lhe foi dada por Dickerson – uma atenção alimentada pela convicção de que ele também, embora fosse apenas um adolescente, tinha um papel vital a desempenhar na sociedade e um destino importante.

Outra história de um poderoso mentor vem de Michael Klein, um jovem que faturou milhões no setor imobiliário no sul da Califórnia ainda na adolescência, mas que perdeu tudo quando completou 20 anos e seguiu em frente, dando início a vários outros negócios. Seu mentor era seu avô, Max S. Klein, que criou um produto de pintura que foi febre nos Estados Unidos nas décadas de 1950 e 1960. Klein tinha apenas 4 ou 5 anos quando seu avô se ofereceu para compartilhar sua experiência nos negócios. Ao longo dos anos, o avô de Michael Klein ensinou-o a aprender com a mudança e a lidar com ela, e os dois falavam por telefone durante uma hora todos os dias até pouco tempo antes da morte de Max Klein.

Os fundamentos da liderança

Em nossas entrevistas, ouvimos muitas outras histórias de experiências de cadinho. Tomemos Jack Coleman, que foi reitor do Harverford College, na Pensilvânia. Ele nos contou sobre um dia, durante a Guerra do Vietnã, quando ouviu dizer que um grupo de estudantes estava planejando derrubar a bandeira americana e queimá-la e que os ex-membros do time de futebol americano da escola iriam fazer de tudo para garantir que não obtivessem sucesso. Aparentemente do nada, Coleman teve a ideia de impedir a violência sugerindo que os estudantes que estavam protestando tirassem a bandeira, a lavassem e a içassem de volta – um momento-cadinho que se transformou numa lembrança que até hoje emociona Coleman.

Há também o fundador da Common Cause, John W. Gardner, que morreu no início de 2002, aos 89 anos. Ele identificou sua árdua formação como fuzileiro naval durante a Segunda Guerra Mundial como o cadinho no qual suas habilidades de liderança emergiram. O arquiteto Frank Gehry falou sobre os preconceitos que experimentou como judeu na faculdade. Jeff Wilke, gerente-geral de uma grande empresa, nos contou sobre o dia em que soube que um funcionário havia sido morto em sua fábrica – uma experiência que lhe ensinou que liderança é muito mais do que apresentar números trimestrais.

Então, o que permitiu que essas pessoas não apenas lidassem com essas situações difíceis, mas também aprendessem com elas? Acreditamos que grandes líderes possuem quatro habilidades essenciais e ficamos surpresos ao saber que são as mesmas habilidades que permitem que uma pessoa encontre significado no que poderia ser uma experiência debilitante.

A primeira é a capacidade de envolver os outros em um significado compartilhado. Considere Sidney Harman, que mergulhou em um ambiente de trabalho caótico para mobilizar os funcionários em torno de uma abordagem totalmente nova de gestão. A segunda é ter uma voz diferenciada e convincente. Veja a capacidade de Jack Coleman de desarmar uma situação potencialmente violenta apenas com palavras. A terceira é ter integridade (incluindo um forte conjunto de valores). Aqui, apontamos novamente para Coleman, cujos valores prevaleceram mesmo durante o confronto emocionalmente difícil entre os manifestantes pacifistas e os irados (e fortes) ex-membros da equipe de futebol americano.

De longe, a habilidade mais importante das quatro é a que chamamos de capacidade adaptativa, que, em sua essência, significa criatividade aplicada – uma competência quase mágica de transcender a adversidade, com todos os esforços que ela exige, e ressurgir mais forte do que antes. É composta de duas qualidades primárias: a capacidade de compreender o contexto e a resistência.

A capacidade de compreender o contexto implica saber pesar uma série de fatores, variando de como grupos muito diferentes de pessoas interpretarão um gesto a ser capaz de colocar uma situação sob uma perspectiva mais ampla. Sem isso, os líderes ficam totalmente perdidos, pois não conseguem se conectar com seus liderados.

M. Douglas Ivester, que sucedeu Roberto Goizueta na Coca-Cola, exibiu uma lamentável incapacidade de compreender o contexto, durante apenas 28 meses no cargo. Por exemplo, ele rebaixou seu funcionário afro-americano de mais alto nível, mesmo quando a empresa estava perdendo uma ação coletiva aberta de 200 milhões de dólares por funcionários negros – e isso em Atlanta, cidade com uma poderosa maioria afrodescendente. Compare Ivester com Vernon Jordan. Jordan percebeu que o tempo de seu chefe havia acabado – não apenas no poder, mas a era que o formou. E, assim, ele foi capaz de ver além dos insultos e reconhecer a amargura de seu chefe pelo que ela realmente era: um ataque desesperado.

Resistência significa exatamente o que parece: a perseverança e a firmeza que permitem às pessoas passarem por circunstâncias devastadoras sem perder a esperança. Olhe para Michael Klein, que experimentou o fracasso sem se deixar derrotar. Ele se viu com um único ativo: uma pequena empresa de software que havia adquirido. Klein a transformou na Transoft Networks, adquirida pela Hewlett-Packard em 1999. Considere também Mickie Siebert, que usou seu senso de humor para reprimir conversas ofensivas. Ou a força de Sidney Rittenberg durante seu encarceramento. Ele se apoiou em suas memórias pessoais e sua força interior para emergir de seu longo período de prisão sem nenhuma amargura.

É a combinação de resistência e capacidade de compreender o contexto que, acima de tudo, permite que um indivíduo não apenas sobreviva a uma prova de fogo, mas aprenda com ela e saia mais forte, mais engajado e mais comprometido do que nunca. Esses atributos possibilitam aos líderes crescerem a partir de seus cadinhos, em vez de serem destruídos por eles – e encontrarem oportunidades onde os outros só encontram desespero. Essa é a essência da verdadeira liderança.

Publicado originalmente em setembro de 2002.

7

Liderança Nível 5

O triunfo da humildade e da determinação ferrenha
Jim Collins

EM 1971, UM HOMEM aparentemente comum chamado Darwin E. Smith foi nomeado diretor-executivo da Kimberly-Clark, uma empresa de papel cujas ações haviam caído 36% em relação ao mercado geral nos 20 anos anteriores. Smith, advogado interno da empresa, um homem calmo e gentil, não estava tão certo de que o conselho havia feito a melhor escolha – sentimento que foi reforçado quando um diretor o puxou de lado e o lembrou de que ele não possuía algumas das qualificações para o cargo. Mas ele assumiu como CEO e permaneceu na posição por 20 anos.

Naquele período, Smith comandou uma impressionante transformação na Kimberly-Clark, fazendo com que se tornasse a principal empresa de produtos de papel do mundo. Sob sua administração, ela derrotou suas rivais Scott Paper e Procter & Gamble. E, ao fazê-lo, gerou retornos cumulativos de ações 4,1 vezes maiores do que os do mercado geral, superando organizações respeitáveis como Hewlett-Packard, 3M, Coca-Cola e General Electric.

A reviravolta de Smith na Kimberly-Clark é um dos melhores exemplos do século XX de um líder que leva uma empresa de meramente boa a excelente. Ainda assim, poucas pessoas – nem mesmo ardorosos estudantes da história das empresas – já ouviram falar de Darwin Smith. Ele provavelmente teria gostado que fosse assim. Smith é um exemplo clássico de um líder Nível 5 – um indivíduo que mistura extrema humildade pessoal com intensa vontade profissional. De acordo com nosso estudo de cinco anos, os executivos que possuem essa combinação paradoxal de traços são catalisadores para o evento estatisticamente raro de transformar uma boa companhia em uma excelente empresa. (A pesquisa é descrita no quadro "Uma pergunta, cinco anos, 11 empresas" na página 128).

O "Nível 5" refere-se ao nível mais alto em uma hierarquia de competências executivas que identificamos durante nossa pesquisa. Líderes nos outros quatro níveis da hierarquia podem produzir altos níveis de sucesso, mas não o suficiente para levar as empresas da mediocridade à excelência sustentada (mais detalhes sobre esse conceito no quadro abaixo). Embora a

---

A hierarquia do Nível 5

O líder Nível 5 está no topo de uma hierarquia de competências e é, de acordo com nossa pesquisa, um requisito necessário para transformar uma boa organização em excelente. Mas o que vem antes dele? Quatro outras camadas, cada uma delas importante, mas nenhuma com o poder do Nível 5. Os indivíduos não precisam prosseguir sequencialmente através de cada nível da hierarquia para alcançar o topo, mas ser um líder Nível 5 completo requer as competências de todos os níveis mais baixos, mais as características especiais do Nível 5.

Nível 5
Executivo: Constrói grandeza duradoura por meio de uma combinação paradoxal de humildade pessoal e vontade profissional.

Nível 4
Líder eficaz: Catalisa a busca vigorosa por uma visão clara e convincente e o compromisso para com ela; estimula o grupo a alcançar altos padrões de desempenho.

Nível 3
Gestor competente: Organiza pessoas e recursos para a busca efetiva e eficiente de objetivos predeterminados.

Nível 2
Membro construtivo da equipe: Contribui para o alcance dos objetivos do grupo; trabalha eficazmente com outras pessoas em um ambiente de coletividade.

Nível 1
Indivíduo altamente capaz: Faz contribuições produtivas por meio de talento, conhecimentos, habilidades e bons hábitos de trabalho.

> ## Em resumo
>
> Das 1.435 empresas da *Fortune 500* que o renomado pesquisador da administração Jim Collins estudou, apenas 11 alcançaram e sustentaram a excelência – acumulando retornos das ações pelo menos três vezes maiores que os do índice geral da bolsa – durante 15 anos após um período de transição importante.
>
> O que essas 11 empresas tinham em comum? Todas contavam com um líder Nível 5 no comando.
>
> Líderes Nível 5 misturam a combinação paradoxal de **profunda humildade pessoal** com **intensa vontade profissional**. Essa rara conjunção também desafia nossas suposições sobre o que faz um grande líder.
>
> Celebridades como Jack Welch podem atrair atenção da mídia. Mas líderes modestos e gentis, como Darwin Smith, da Kimberly-Clark, impulsionam suas empresas para a excelência – e as mantêm lá.
>
> > *Exemplo:* Darwin Smith – CEO de 1971 a 1991 da Kimberly-Clark, fabricante de produtos de papel – sintetiza a liderança Nível 5. Tímido, desajeitado, evitando chamar a atenção, ele também mostrou vontade de ferro, redefinindo com determinação o principal negócio da empresa apesar do ceticismo de Wall Street. A outrora sem brilho Kimberly-Clark tornou-se líder mundial em seu setor, gerando retornos das ações 4,1 vezes maiores do que os do índice geral da bolsa.

liderança Nível 5 não seja o único requisito para transformar uma boa empresa em excelente – outros fatores incluem colocar as pessoas certas a bordo (e excluir as erradas) e criar uma cultura de disciplina –, nossa pesquisa mostra que ela é essencial. Transformações desse porte não acontecem sem líderes Nível 5 no comando.

Não é o que você espera

Nossa descoberta sobre a liderança Nível 5 é contraintuitiva. Na verdade, ela é contracultural. Em geral todos presumem que transformar empresas

Na prática

Humildade + vontade = Nível 5

Como os líderes Nível 5 manifestam humildade? Eles rotineiramente creditam o sucesso de suas empresas a outras pessoas, a fatores externos e à boa sorte. Quando os resultados são ruins, eles culpam a si mesmos. Também agem sem estardalhaço, com calma e determinação, confiando em padrões inspirados, e não em um carisma inspirador, para motivar.

Padrões inspirados demonstram a inabalável vontade dos líderes Nível 5. Totalmente intolerantes com a mediocridade, eles são estoicos em sua determinação de fazer o que for preciso para produzir grandes resultados, suspendendo todo o resto. E selecionam excelentes sucessores, querendo que suas empresas se tornem ainda mais bem-sucedidas no futuro.

É possível desenvolver a liderança Nível 5?

Os líderes Nível 5 estão no topo de uma hierarquia de outros quatro níveis de liderança mais comuns – e possuem as habilidades de todos eles. Por exemplo, os líderes Nível 4 catalisam uma busca vigorosa por uma visão clara e convincente e o compromisso para com ela. É possível passar do Nível 4 para o Nível 5? Talvez se você tiver a "semente" do Nível 5 dentro de você.

Líderes *sem* a semente tendem a ter egos monumentais que não podem subjugar a algo maior e mais longevo do que eles próprios, ou seja, suas empresas. Entretanto, para os líderes *com* a semente, as condições certas – como a autorreflexão ou um acontecimento profundamente transformador, como uma doença que ameaça a vida – podem estimular a semente a brotar.

Subindo ao Nível 5

Cultive as sementes praticando estas regras de líderes Nível 5, que podem levar sua empresa de boa a excelente:

> **Primeiro, quem**
> Cuide primeiro das pessoas; em segundo lugar, da estratégia. Exclua as pessoas erradas e coloque as certas a bordo – *depois* descubra para onde conduzi-las.
>
> **O paradoxo de Stockdale**
> Lide com os fatos brutais da sua realidade atual mantendo a fé absoluta de que você vai vencer.
>
> **Impulso sustentado**
> Continue empurrando a sua "roda" organizacional. Com um esforço consistente, o ímpeto aumenta até a roda atingir o ponto de arranque e sustentar o impulso.
>
> **O conceito do ouriço**
> Pense em sua empresa como três conjuntos em interseção: no que ela pode ser a melhor, como sua economia funciona melhor e o que acende as paixões de seu pessoal. Elimine *todo* o resto.

boas em excelentes exige líderes extraordinários – personalidades como Lee Iacocca, Al Dunlap, Jack Welch e Stanley Gault, que atraem a cobertura da mídia e se tornam celebridades.

Comparado a esses CEOs, Darwin Smith parece ter vindo de outro planeta. Tímido, despretensioso, até desajeitado, Smith evitava chamar a atenção. Quando um jornalista pediu que ele descrevesse seu estilo de administração, Smith apenas olhou de volta para o sujeito através de seus grossos óculos de aro preto. Ele estava usando roupas fora de moda, como um menino de fazenda vestindo seu primeiro terno barato. Finalmente, depois de um longo e desconfortável silêncio, ele disse: "Excêntrico." É desnecessário dizer que o *The Wall Street Journal* não publicou nenhuma matéria chamativa sobre Darwin Smith.

No entanto, quem considerasse Smith frágil ou dócil estaria seriamente enganado. Sua falta de pretensão era acompanhada de uma determinação feroz, até mesmo estoica, para com a vida. Smith cresceu em uma fazenda em Indiana e passou pela escola noturna na Universidade de Indiana, trabalhando no turno da manhã numa fabricante de equipamentos agrícolas. Um dia, ele perdeu um dedo no trabalho. A história conta que ele foi à aula naquela noite e voltou ao trabalho no dia seguinte. Por fim, esse pobre mas determinado garoto da fazenda foi admitido na Faculdade de Direito de Harvard.

Ele demonstrou a mesma vontade de ferro quando estava no comando da Kimberly-Clark. De fato, dois meses após Smith se tornar CEO, os médicos o diagnosticaram com um câncer de nariz e garganta e disseram que lhe restava menos de um ano de vida. Ele informou devidamente ao conselho de sua doença, mas disse que não tinha planos de morrer em breve. Smith manteve sua agenda de trabalho exigente enquanto viajava semanalmente de Wisconsin a Houston para a radioterapia. Ele viveu mais 25 anos, 20 deles como CEO.

A ferrenha determinação de Smith foi crucial para a reconstrução da Kimberly-Clark, especialmente quando ele tomou a decisão mais dramática da história da empresa: vender as fábricas.

Vamos à explicação. Logo depois que assumiu, Smith concluiu com sua equipe que a atividade tradicional central da empresa – o papel revestido – estava condenada à mediocridade. Sua rentabilidade era ruim e a concorrência, fraca. Mas, raciocinaram eles, se a Kimberly-Clark fosse empurrada para a guerra dos negócios de produtos de papel para o consumidor, um ambiente econômico melhor e os concorrentes de alto nível, como a Procter & Gamble, a forçariam ou a alcançar a grandeza ou a perecer.

E, assim como o general que queimou seus barcos ao chegar em solo inimigo, deixando às suas tropas as opções de vencer ou morrer, Smith anunciou que a Kimberly-Clark venderia suas fábricas. Todas as receitas seriam lançadas no negócio para o consumidor, com investimentos em marcas como fraldas Huggies e lenços de papel Kleenex. A mídia empresarial chamou o movimento de estúpido, e os analistas de Wall Street rebaixaram a ações. Mas Smith nunca vacilou. Vinte e cinco anos depois, a Kimberly-Clark era proprietária da Scott Paper e superava a Procter & Gamble em seis das oito categorias de produtos. Na aposentadoria, Smith refletiu sobre seu desempenho excepcional, dizendo simplesmente: "Eu nunca parei de tentar me qualificar para o trabalho."

Também não é o que nós esperávamos

Examinaremos em profundidade a liderança Nível 5, mas, primeiro, vamos definir um contexto importante para nossas descobertas. Não estávamos procurando o Nível 5 ou algo do tipo. Nossa pergunta original era: uma boa companhia pode se tornar uma empresa de excelência e, em caso afirmativo, como? De fato, dei instruções explícitas às equipes de pesquisa para minimizar o papel dos altos executivos em suas análises dessa questão, para que não caíssemos na ideia simplista e comum nos dias de hoje de "creditar o líder" ou "culpar o líder".

Mas o Nível 5 nos encontrou. No decorrer do estudo, as equipes de pesquisa ficavam dizendo: "Não podemos ignorar os executivos de alto nível nem se quisermos. Há algo consistentemente singular neles." Eu insistia, argumentando: "As empresas para efeito de comparação também tinham líderes. Então, o que há de diferente aqui?" O debate continuou. Finalmente, como sempre deve ser o caso, os dados venceram. Os executivos das empresas que progrediram de boas para excelentes e sustentaram esse patamar por 15 anos ou mais eram todos semelhantes em um ponto – um ponto notavelmente diferente dos executivos das outras empresas em nosso estudo. Não importava se a empresa estivesse em crise ou em estado estacionário, fosse de itens de consumo ou industrial, oferecesse serviços ou produtos. Não importava quando a transição ocorrera nem o tamanho da empresa. Todas as organizações de sucesso tinham um líder Nível 5 na época da transição.

Além disso, a ausência de liderança Nível 5 foi notada de maneira consistente entre as empresas para efeito de comparação. O ponto principal: o Nível 5 é um achado empírico, não ideológico. E é importante observar esse fato, uma vez que a descoberta do Nível 5 contradiz não apenas a sabedoria convencional, mas muito da teoria da administração até hoje. (Para mais informações sobre nossas constatações sobre transformações de boas a excelentes, leia o quadro "Nível 5 e outras coisas mais" na página 132.)

Uma pergunta, cinco anos, 11 empresas

A descoberta do Nível 5 deriva de um projeto de pesquisa que começou em 1996, quando minhas equipes de pesquisa e eu resolvemos responder a uma pergunta: uma boa empresa pode se tornar uma empresa de excelência e, em caso afirmativo, como? A maioria das empresas cresceu com excelentes pais – pessoas como George Merck, David Packard e Walt Disney –, que lhes incutiram grandeza desde o início. Mas e a maioria das empresas que acordam um dia e percebem que são boas, mas não excelentes?

Para chegar a uma conclusão, procuramos empresas que progrediram de um bom desempenho para um desempenho de excelência – e o sustentaram. Identificamos também empresas para fins de comparação que não conseguiram fazer essa mudança sustentada. Estudamos então o contraste entre os dois grupos, para descobrir variáveis comuns que distinguiam as que fizeram e sustentaram uma mudança das que poderiam tê-la feito, mas não o fizeram.

Mais precisamente, procuramos por um padrão específico: retornos de investimento em ações cumulativos no mesmo patamar do índice geral da bolsa de valores ou abaixo dele por 15 anos, pontuados por um período de transição, e depois retornos cumulativos pelo menos três vezes maiores que o mercado geral de ações nos 15 anos seguintes (veja o gráfico na página 130). Usamos dados do Centro de Pesquisa sobre Cotações de Títulos da Universidade de Chicago e ajustamos os desdobramentos de ações e todos os dividendos reinvestidos. A mudança tinha que ser diferente da do setor; se todo o setor mostrasse a mesma mudança, abandonaríamos a empresa. Começamos com 1.435 que apareceram na *Fortune 500* de 1965 a 1995; encontramos 11 exemplos de companhias que foram de boas a excelentes. Não se trata de uma amostra; esse é o número total que superou todos os nossos obstáculos e entrou no estudo.

Humildade + vontade = Nível 5

Líderes Nível 5 são um estudo sobre a dualidade: modestos e obstinados, tímidos e destemidos. Para entender esse conceito, considere Abraham Lincoln, que nunca deixou seu ego atrapalhar sua ambição de criar uma grande nação duradoura. O autor Henry Adams chamou-o de "uma figura quieta, pacífica e tímida". Mas aqueles que achavam que os modos sutis de Lincoln sinalizavam fraqueza estavam terrivelmente equivocados.

As selecionadas tiveram um retorno cumulativo médio 6,9 vezes maior do que o mercado geral de ações nos 15 anos após o ponto de transição. Para colocar isso em perspectiva, a General Electric liderada por Jack Welch superou o mercado geral de ações em 2,8:1 durante seu mandato de 1986 a 2000. Um dólar investido em um fundo mútuo de empresas que progrediram de boas a excelentes em 1965 cresceu para 470 dólares em 2000, em comparação com 56 dólares no mercado geral de ações. Esses números são notáveis, mais ainda pelo fato de terem vindo de companhias que anteriormente não eram dignas de nota.

Para cada empresa que serviu de exemplo, selecionamos a melhor comparação direta, baseada em semelhanças de negócios, dimensão, tempo de existência, clientes e desempenho que conduziram à transição. Também construímos um conjunto de seis comparações "não sustentadas" (companhias que mostraram uma mudança de curta duração, mas depois caíram) para abordar a questão da sustentabilidade. Para sermos cautelosos, escolhemos sempre empresas de comparação que estavam no mínimo em melhores condições do que as que mudaram de boas para excelentes nos anos imediatamente anteriores à transição.

Com 22 pesquisadores associados trabalhando em grupos de quatro a seis de cada vez, de 1996 a 2000, nosso estudo envolveu uma ampla gama de análises qualitativas e quantitativas. Na frente qualitativa, coletamos quase 6 mil artigos, conduzimos 87 entrevistas com executivos-chave, analisamos documentos internos de estratégia de empresas e selecionamos relatórios de analistas. Na frente quantitativa, executamos métricas financeiras, examinamos a remuneração dos executivos, comparamos os padrões de renovação de gestão, quantificamos as demissões e as reestruturações da companhia e calculamos o efeito de aquisições e desinvestimentos nas ações

Pode ser exagerado comparar os 11 CEOs Nível 5 de nossa pesquisa a Lincoln, mas eles mostraram o mesmo tipo de dualidade. Veja, por exemplo, Colman M. Mockler, CEO da Gillette de 1975 a 1991. Mockler, que enfrentou três tentativas de aquisição, era um homem reservado e compassivo, com modos gentis e quase aristocráticos. Apesar das batalhas épicas com compradores hostis – enfrentou Ronald Perelman duas vezes e a delas. Em seguida, sintetizamos os resultados para identificar os condutores das transformações de bom para excelente. Um deles era a liderança Nível 5 (os outros são descritos no quadro "Nível 5 e outras coisas mais" na página 132).

Como apenas 11 empresas se qualificaram como tendo passado de boas a excelentes, toda descoberta da pesquisa teve que atender a um rígido padrão antes de ser considerada significativa. Todos os componentes da estrutura final apareceram em todas as 11 empresas de boas a excelentes durante a era de transição, independentemente da atividade (do aço ao setor bancário), da década de transição (1950 a 1990), das circunstâncias (de caminhar lentamente até uma crise total) ou tamanho (de dezenas de milhões a dezenas de bilhões de dólares). Além disso, cada componente teve que aparecer em menos de 30% das empresas de comparação durante os anos relevantes. O Nível 5 despontou com facilidade na estrutura como um dos contrastes mais fortes e mais consistentes entre as empresas de boas a excelentes e as empresas de comparação.

Fonte: Copyright © 2005 Jim Collins. Todos os direitos reservados.

antiga Coniston Partners uma vez –, ele nunca perdeu seu estilo tímido e cortês. No auge da crise, mantinha o comportamento tranquilo de sempre, cuidando primeiro dos negócios em andamento antes de se voltar para a aquisição.

No entanto, aqueles que confundiram a modéstia exterior de Mockler com um sinal de fraqueza interior acabaram derrotados. Em uma disputa entre acionistas, Mockler e outros executivos seniores convocaram milhares de investidores, um por um, para ganhar seus votos. Mockler simplesmente não desistia. Ele escolheu lutar pela futura grandeza da Gillette, embora pudesse ter embolsado milhões vendendo suas ações.

Considere as consequências caso Mockler houvesse capitulado. Se um acionista tivesse aceitado o valor aumentado em 44% oferecido por Perelman e depois tivesse investido essas participações no mercado geral de ações por 10 anos, ele ainda teria tido um resultado 64% inferior ao de um acionista que permanecesse com Mockler e a Gillette.

Infelizmente, Mockler nunca teve a chance de aproveitar todos os frutos de seus esforços. Em janeiro de 1991, a Gillette recebeu uma cópia antecipada da *Forbes*. A capa trazia uma versão artística do publicamente tímido Mockler, de pé no topo de uma montanha, segurando um barbeador gigante acima da cabeça, em uma pose triunfante. Enquanto voltava à sua sala apenas alguns minutos depois de ver esse reconhecimento público de seus 16 anos de luta, Mockler caiu no chão e morreu de um ataque cardíaco.

Mesmo que soubesse que morreria no cargo, Mockler não teria mudado sua abordagem. Sua personalidade plácida ocultava uma intensidade interior, um desejo de fazer tudo da melhor maneira possível – não apenas pelo que receberia em troca, mas porque não podia se imaginar agindo de outra maneira. Mockler não entregaria a empresa nas mãos daqueles que a destruiriam, assim como Lincoln não arriscaria perder a chance de construir uma nação grandiosa.

Uma modéstia irresistível

A história de Mockler ilustra a modéstia típica dos líderes Nível 5. (Para um resumo das características do Nível 5, veja o quadro "Yin e yang do Nível 5" na página 134.) De fato, ao longo de nossas entrevistas com esses executivos, ficamos impressionados com a maneira como eles falavam sobre si mesmos – ou melhor, não falavam. Ao contrário, referiam-se sem parar à empresa e às contribuições de outros executivos, mas desconsideravam a análise sobre seu próprio papel. Quando pressionados a falar de si mesmos,

Nível 5 e outras coisas mais

A liderança Nível 5 é um fator essencial para uma empresa boa se tornar excelente, mas não é o único. Nossa pesquisa descobriu vários deles. E é o pacote combinado – Nível 5 mais esses outros propulsores – que leva à excelência. Existe uma relação simbiótica entre o Nível 5 e nossos demais achados: o Nível 5 permite a implementação das outras descobertas e a prática delas pode ajudá-lo a chegar a esse patamar. Já falamos sobre quem são os líderes do Nível 5; nossos outros achados descrevem o que eles fazem. Aqui está um breve resumo.

Primeiro, quem

Esperávamos que os líderes das empresas que foram de boas a excelentes começassem pela visão e pela estratégia. Em vez disso, eles cuidaram primeiro das pessoas, depois da estratégia. Colocaram os profissionais certos a bordo, afastaram os errados, levaram os certos para as posições certas e então decidiram em que direção conduzi-los.

O paradoxo de Stockdale

Essa descoberta foi nomeada em homenagem ao almirante americano James Stockdale, que sobreviveu sete anos em um campo de prisioneiros de guerra no Vietnã agarrando-se em duas crenças contraditórias:

Sua vida não poderia ser pior no momento e sua vida um dia seria melhor do que nunca. Como Stockdale, as pessoas nas empresas que progrediram de boas a excelentes em nossa pesquisa confrontavam os fatos mais brutais de sua realidade, mas, simultaneamente, conservavam a fé absoluta de que prevaleceriam no fim. E mantinham ambas as doutrinas – fé e fatos – ao mesmo tempo, o tempo todo.

Impulso sustentado

Uma transformação de bom a excelente não acontece da noite para o dia ou com um grande salto. Ao contrário, o processo parece empurrar o tempo todo uma roda gigantesca e pesada em uma direção. No início, empurrá-la faz a roda girar uma vez. Com um esforço consistente, ela gira duas, depois cinco, depois 10, criando um movimento crescente até que atinge o ponto de arranque e o impulso entra em ação. Nossas empresas de comparação nunca sustentaram o tipo de impulso que as empresas que passaram de boas a excelentes conseguiam; em vez disso, andavam de um lado para outro com programas radicais de mudança, movimentos reacionários e reestruturações.

O conceito do ouriço

Em um famoso ensaio, o filósofo e estudioso Isaiah Berlin descreveu duas abordagens do pensamento e da vida usando uma simples parábola: a raposa conhece um pouco sobre muitas coisas, mas o ouriço só conhece bem uma coisa importante. A raposa é complexa; o ouriço, simples. E o ouriço vence. Nossas pesquisas revelam que as inovações requerem uma compreensão simples, semelhante à de um ouriço, de três conjuntos em interseção: no que uma empresa pode ser a melhor do mundo, como sua economia funciona melhor e o que acende as paixões de seu pessoal. As inovações acontecem quando você adquire o conceito do ouriço e se torna sistemático e consistente com ele, eliminando praticamente qualquer coisa que não se encaixe nos três conjuntos.

Aceleradores tecnológicos

As empresas de boas a excelentes tinham uma relação paradoxal com a tecnologia. Por um lado, evitavam assiduamente fazer algo só porque os outros estavam fazendo em termos de tecnologia. Por outro, foram pioneiras na aplicação de tecnologias cuidadosamente selecionadas, fazendo investimentos ousados e perspicazes nas que estavam diretamente ligadas ao seu conceito do ouriço. Como turbocompressores, esses aceleradores de tecnologia criam uma explosão no impulso da roda.

Uma cultura de disciplina

Quando você analisa as transformações nas empresas que foram de boas a excelentes, elas exibem consistentemente três formas de disciplina: pessoas disciplinadas, pensamento disciplinado e ação disciplinada. Quando você tem pessoas disciplinadas, não precisa de hierarquia. Quando você tem um pensamento disciplinado, não precisa de burocracia. Quando você tem ação disciplinada, não precisa de controles excessivos. Quando combina uma cultura de disciplina com uma ética de empreendedorismo, obtém a alquimia mágica do ótimo desempenho.

diziam coisas do tipo: "Espero não estar soando como um figurão" ou "Não acho que posso me dar muito crédito pelo que aconteceu. Fomos abençoados com pessoas maravilhosas". Um líder Nível 5 chegou a afirmar: "Há muitas pessoas nessa empresa que poderiam fazer meu trabalho melhor do que eu."

Em contrapartida, considere o culto à celebridade de alguns CEOs. A Scott Paper, a empresa usada na comparação com a Kimberly-Clark, contratou Al Dunlap como CEO – um homem que contaria sobre seus feitos a quem quisesse escutar. Depois de 19 meses no topo da Scott Paper, Dunlap afirmou na *BusinessWeek*: "A Scott ficará nos anais da história empresarial americana com uma das mais bem-sucedidas e rápidas recuperações de todos os tempos. Ela empalidece quaisquer outras em comparação." Ele acumulou pessoalmente 100 milhões de dólares por 603 dias de trabalho na Scott Paper – cerca de 165 mil dólares por dia – em grande parte cortando a força de trabalho, reduzindo pela metade o orçamento do departamento de pesquisas e desenvolvimento e colocando a empresa em esteroides de crescimento em preparação para ser vendida. Depois de vender a empresa e embolsar seus milhões, Dunlap escreveu uma autobiografia em que se autoproclamou "o Rambo em terno risca de giz". É difícil imaginar Darwin Smith pensando "Ei, o Rambo me faz lembrar de mim mesmo", muito menos afirmando isso publicamente.

Yin e yang do Nível 5

Humildade pessoal

Demonstra uma profunda modéstia pessoal, evitando a adulação pública; nunca é arrogante.

Atua com determinação calma e tranquila; confia principalmente em padrões inspirados, e não em um carisma inspirador, para motivar.

A ambição é canalizada para a empresa, não para si mesmo; estabelece sucessores para uma grandeza ainda maior na próxima geração.

Olha no espelho, não pela janela, para dividir a responsabilidade por resultados ruins, jamais culpando outras pessoas, fatores externos ou má sorte.

Vontade profissional

Cria resultados espetaculares, um catalisador claro na transição de bom para excelente.

Demonstra uma resolução inabalável de fazer o que for necessário para produzir os melhores resultados no longo prazo, independentemente da dificuldade.

Define o padrão de construção de uma grande empresa duradoura; não se contenta com menos.

Olha pela janela, não no espelho, para distribuir crédito pelo sucesso da empresa – apontando outras pessoas, fatores externos e boa sorte.

É verdade que a história da Scott Paper é uma das mais dramáticas em nosso estudo, mas não é um caso isolado. Em mais de dois terços das empresas de comparação, notamos a presença de um ego gigantesco que contribuiu para a morte ou para a manutenção da mediocridade da companhia. Encontramos esse padrão particularmente forte nas empresas de comparação que não se sustentaram – as que mostraram uma elevação no desempenho sob um líder Nível 4 talentoso mas egocêntrico, para declinar nos anos posteriores.

Lee Iacocca, por exemplo, salvou a Chrysler da beira da catástrofe realizando uma das recuperações mais celebradas (merecidamente) da história empresarial dos Estados Unidos. As ações da montadora subiram 2,9 vezes mais do que o mercado geral na metade do seu mandato. Então Iacocca desviou sua atenção para transformar a si mesmo. Ele aparecia regularmente em programas de entrevistas como *The Today Show* e *Larry King Live*, estrelou mais de 80 comerciais, acalentou a ideia de concorrer à presidência dos Estados Unidos e promoveu sua autobiografia, que vendeu 7 milhões de exemplares em todo o mundo. As ações pessoais de Iacocca dispararam, mas as ações da Chrysler caíram 31% abaixo do mercado na segunda metade de seu mandato.

E, tendo acumulado tamanha fama e vantagens, Iacocca achou difícil abandonar o centro do palco. Quando finalmente se aposentou, exigiu que a diretoria continuasse a lhe fornecer um jatinho privativo e opções de compra de ações. Mais tarde, juntou forças com o renomado astro das aquisições Kirk Kerkorian para lançar uma oferta de aquisição hostil da Chrysler (que fracassou). Iacocca de fato tomou uma decisão final brilhante: escolheu um homem modesto mas determinado – talvez até um Nível 5 – como seu sucessor. Bob Eaton resgatou a Chrysler de sua segunda crise de quase morte em uma década e estabeleceu as bases para uma transição corporativa mais duradoura.

Uma determinação inabalável

Além da extrema humildade, os líderes Nível 5 também demonstram uma tremenda vontade profissional. Quando George Cain se tornou CEO da Abbott Laboratories, ela era uma empresa letárgica controlada por uma família e posicionada entre as piores da indústria farmacêutica, vivendo de sua galinha dos ovos de ouro, a eritromicina. Cain era um típico líder Nível 5 em sua falta de pretensão; não tinha o tipo de personalidade inspiradora que arrebataria a empresa. Mas contava com algo muito mais poderoso: padrões inspirados. Cain não suportava a mediocridade de nenhuma forma e era completamente intolerante com qualquer um que aceitasse a ideia de que bom é bom o suficiente. Nos 14 anos seguintes, impôs incansavelmente seu desejo pela excelência à Abbott Labs.

Entre as primeiras tarefas de Cain estava a de destruir uma das causas do desempenho mediano da Abbott: o nepotismo. Ao recompor sistematicamente a diretoria e a equipe executiva com as melhores pessoas que conseguiu encontrar, Cain deixou claro o que pensava. Laços familiares não importavam mais. Se você não pudesse se tornar o melhor executivo do setor dentro do seu leque de responsabilidade, estaria fora.

Essa reconstrução quase implacável poderia ser esperada de um estranho contratado para transformar a empresa, mas Cain estava lá havia 18 anos – e era parte da família, filho de um ex-presidente. As festas em família provavelmente foram tensas por alguns anos no clã dos Cain – "Desculpe por ter que demiti-lo. Quer outra fatia de peru?" –, mas, no fim, todos ficaram satisfeitos com o desempenho de suas ações. Cain pôs em movimento uma máquina lucrativa de crescimento. De sua transição em 1974 para 2000, a Abbott criou retornos para os acionistas que superaram o mercado geral em 4,5:1, batendo Merck e Pfizer.

Outro bom exemplo de liderança Nível 5 com determinação de ferro vem de Charles R. "Cork" Walgreen III, que transformou a antiquada Walgreens em uma empresa que superou o mercado de ações em 16:1 de sua transição em 1975 para 2000. Após anos de diálogo e debates com sua equipe executiva sobre o que fazer com as operações de serviços alimentícios da Walgreens, esse CEO sentiu que a equipe havia finalmente alcançado um divisor de águas: o futuro mais brilhante da empresa estava em farmácias de conveniência, não em serviços de alimentação. Dan Jorndt, que sucedeu Walgreen em 1988, descreve o que aconteceu em seguida:

> Cork anunciou em uma de nossas reuniões do comitê de planejamento: "Ok, agora vou estabelecer nossas metas. Estaremos fora do negócio de

restaurantes em cinco anos." Na época, tínhamos mais de 500 restaurantes. Dava para ter ouvido um alfinete cair no chão. Ele disse: "Quero que todos saibam que o tempo está passando." Seis meses depois, estávamos em nossa próxima reunião de planejamento e alguém mencionou apenas de passagem que só tínhamos cinco anos para sair do negócio de restaurantes. Cork não era um sujeito que costumava gritar. Ele meio que bateu na mesa e disse: "Ouçam bem, agora vocês têm quatro anos e meio. Eu disse que tinham cinco anos há seis meses. Agora, são só quatro anos e meio." No dia seguinte as coisas de fato começaram a engrenar para acabar com nosso negócio de restaurantes. Cork nunca vacilou.

Como Darwin Smith vendendo as fábricas da Kimberly-Clark, Cork Walgreen precisou de uma determinação estoica para tomar suas decisões. O serviço de alimentação não era a maior parte do negócio, embora acrescentasse números substanciais à margem de lucro. O problema era mais emocional do que financeiro. Afinal, a Walgreens inventara o milk-shake maltado, e o serviço de alimentação era uma longa tradição familiar que remontava ao avô de Cork. Além disso, alguns estabelecimentos de serviços de alimentação receberam o mesmo nome do CEO – por exemplo, uma cadeia de restaurantes chamada Corky's. Mas não importava; se Walgreen tivesse que fugir da tradição familiar para focar na arena em que a Walgreens poderia ser a melhor do mundo – farmácias de conveniência – e dar fim a tudo o que não produzisse grandes resultados, Cork faria isso.

Uma observação final e contundente sobre nossas descobertas: como os líderes Nível 5 não têm ambições para si mesmos, mas para suas empresas, eles habitualmente selecionam excelentes sucessores. Líderes Nível 5 querem ver suas empresas se tornarem ainda mais bem-sucedidas na geração seguinte e se sentem confortáveis com a ideia de que a maioria das pessoas nem mesmo saberá que as raízes desse sucesso remetem a eles. Como disse um CEO Nível 5: "Quero olhar da minha varanda, ver a empresa como uma das melhores do mundo e dizer: 'Eu trabalhava lá.'" Por outro lado, os líderes Nível 4 muitas vezes não conseguem estruturar a empresa de maneira que o sucesso seja duradouro. Afinal de contas, que melhor prova de sua grandeza pessoal do que ver o lugar se desfazer após a sua partida?

Em mais de três quartos das empresas de comparação, encontramos executivos que prepararam seus sucessores para o fracasso, escolheram sucessores fracos, ou ambos. Considere o caso da Rubbermaid, fabricante de utensílios domésticos que cresceu da obscuridade para se tornar uma das empresas mais admiradas segundo a revista *Fortune* – e, com a mesma rapidez, desintegrou-se de forma tão lamentável que teve que ser adquirida pela Newell.

O arquiteto dessa notável história foi um líder carismático e brilhante chamado Stanley C. Gault, cujo nome se tornou sinônimo, no final da década de 1980, do sucesso da Rubbermaid. Nos 312 artigos sobre a empresa coletados por nossa equipe de pesquisa, Gault aparece como um executivo egocêntrico e agressivo. Em um artigo, ele responde à acusação de ser um tirano com a afirmação: "Sim, mas eu sou um tirano sincero." Em outro, extraído diretamente de seus próprios comentários sobre a mudança de liderança, a palavra "eu" aparece 44 vezes, enquanto a palavra "nós" aparece 16 vezes. É claro que Gault tinha todos os motivos para se orgulhar de seu sucesso executivo: a Rubbermaid gerou 40 trimestres consecutivos de crescimento de lucros sob sua liderança – com certeza um desempenho impressionante e que merece respeito.

Mas Gault não deixou atrás de si uma empresa que seria excelente sem ele. Seu sucessor durou um ano no cargo e o próximo na fila se deparou com uma equipe de gestão tão superficial que ele precisou assumir temporariamente quatro cargos enquanto suava para identificar um novo executivo número dois. Os sucessores de Gault lutaram não apenas com um vazio administrativo, mas também com vazios estratégicos, que acabariam por deixar a empresa de joelhos.

É claro, você pode dizer, como fez um artigo da *Fortune*, que o fato de a Rubbermaid ter se desfeito depois de Gault prova sua grandeza como líder. Gault foi um grande líder Nível 4, talvez um dos melhores ao longo de 50 anos. Mas ele não foi um Nível 5, e essa é uma razão crucial pela qual a Rubbermaid progrediu de boa para excelente por um breve e brilhante momento e, em seguida, não demorou a passar de excelente a irrelevante.

A janela e o espelho

Como parte de nossa pesquisa, entrevistamos Alan L. Wurtzel, o líder Nível 5 responsável por transformar a Circuit City, uma empresa em ruínas, à beira da falência, em um dos varejistas de eletrônicos mais bem-sucedidos dos Estados Unidos. Nos 15 anos após sua data de transição em 1982, a Circuit City superou o mercado geral de ações em 18,5:1.

Pedimos a Wurtzel que listasse os cinco principais fatores na transformação de sua empresa, classificados por importância. Seu fator número um? Sorte. "Estávamos em um grande mercado, com o vento a favor", disse ele. Mas espere um minuto, protestamos, a Silo – sua empresa de comparação – estava no mesmo mercado, com o mesmo vento e tinha velas maiores. A conversa foi para a frente e para trás, com Wurtzel se recusando a levar muito crédito pela transição, preferindo atribuí-la em grande parte apenas a estar no lugar certo na hora certa. Mais tarde, quando lhe pedimos que falasse sobre os fatores que sustentariam uma transformação de bom para excelente, ele disse: "A primeira coisa que me vem à mente é sorte. Tive a sorte de encontrar o sucessor certo."

Sorte. Que estranho fator para citar. No entanto, os líderes Nível 5 que identificamos a invocaram com frequência. Perguntamos a um executivo da empresa siderúrgica Nucor por que ele tinha um histórico extraordinário de boas tomadas de decisões. Sua resposta: "Acho que tivemos sorte." Joseph F. Cullman III, o CEO Nível 5 da Philip Morris, recusou-se a levar crédito pelo sucesso de sua empresa, citando sua boa sorte de ter grandes colegas, sucessores e predecessores. Até mesmo o livro que ele escreveu sobre a própria carreira – a pedido de seus colegas e que ele nunca pretendeu distribuir amplamente fora da empresa – tinha o título incomum de *I'm a Lucky Guy* (Sou um cara de sorte).

No começo, ficamos intrigados com a ênfase que os líderes Nível 5 davam à boa sorte. Afinal, não há evidências de que as empresas que progrediram de boas para excelentes tenham sido agraciadas com mais sorte (ou mais azar) do que as empresas de comparação. Então começamos a notar um padrão interessante nos executivos das empresas de comparação: eles frequentemente culpavam o azar por seus problemas, lamentando as dificuldades do ambiente que enfrentavam.

Comparemos a Bethlehem Steel e a Nucor, por exemplo. Ambas as siderúrgicas operavam com produtos difíceis de diferenciar e enfrentavam o desafio competitivo do aço importado barato. Ambas pagavam salários significativamente mais altos do que a maioria de seus concorrentes estrangeiros. E, no entanto, os executivos das duas empresas mantinham visões completamente diferentes do mesmo ambiente.

O CEO da Bethlehem Steel resumiu os problemas da empresa em 1983 culpando as importações: "Nosso primeiro, segundo e terceiro problemas são as importações." Enquanto isso, Ken Iverson e sua equipe da Nucor viam as importações como uma bênção: "Temos sorte; o aço é pesado, e eles têm que transportá-lo por todo o oceano, nos dando uma enorme vantagem." De fato, Iverson viu que o primeiro, o segundo e o terceiro problemas enfrentados pela indústria siderúrgica dos Estados Unidos não estavam nas importações, mas na administração. Ele chegou ao ponto de falar publicamente contra a proteção do governo em relação às importações, dizendo a um atordoado grupo de executivos do aço, em 1977, que as verdadeiras dificuldades enfrentadas pelo setor residiam no fato de a administração não ter conseguido acompanhar o ritmo da tecnologia.

A ênfase na sorte acaba sendo parte de um padrão mais amplo, que passamos a chamar de "a janela e o espelho". Líderes Nível 5, inerentemente humildes, olham pela janela para distribuir crédito – até crédito indevido – a fatores fora de si mesmos. Se eles não conseguem encontrar uma pessoa específica ou um acontecimento para isso, creditam tudo à boa sorte. Ao mesmo tempo, eles olham no espelho para atribuir responsabilidades, nunca citando a má sorte ou fatores externos quando as coisas vão mal. Por outro lado, os executivos das empresas de comparação frequentemente olhavam pela janela em busca dos fatores a serem responsabilizados, mas recorriam ao espelho para se dar crédito quando tudo corria bem.

O engraçado do conceito de janela e espelho é que ele não reflete a realidade. Segundo nossa pesquisa, os líderes Nível 5 foram responsáveis pelas transformações de suas empresas. Só que eles nunca admitiriam isso. Não podemos entrar em suas mentes e avaliar se eles acreditavam profundamente no que viam pela janela e no espelho. Mas isso de fato não importa, porque agiam como se acreditassem, e com tanta consistência que isso gerou resultados excepcionais.

Nascido ou criado?

Há pouco tempo, compartilhei a descoberta do Nível 5 com um grupo de executivos seniores. Uma mulher que havia se tornado diretora-executiva de sua empresa levantou a mão. "Acredito no que você nos contou sobre a liderança Nível 5", disse ela, "mas estou incomodada porque sei que ainda não estou lá e talvez nunca esteja. Parte da razão pela qual consegui esse posto foi o meu ego forte. Você está me dizendo que eu não posso fazer a minha empresa alcançar excelência se eu não estiver no Nível 5?"

"Deixe-me voltar aos dados", respondi. "Das 1.435 empresas que apareceram na *Fortune 500* desde 1965, apenas 11 entraram em nosso estudo. Nessas 11, todas tinham líderes Nível 5 em posições-chave, incluindo o papel de CEO, no momento crucial da transição. Agora, para reiterar, não estamos dizendo que o Nível 5 é o único elemento necessário para a mudança de bom para excelente, mas parece ser essencial."

Ela ficou sentada quieta por um momento, e dava para adivinhar o que muitas pessoas na sala estavam pensando. Finalmente, ela levantou a mão outra vez e indagou: "É possível aprender a se tornar Nível 5?" Eu ainda não tenho a resposta para essa pergunta. Nossa pesquisa, francamente, não aprofundou a forma como os líderes chegam ao Nível 5, nem tentamos explicar ou codificar a natureza de suas vidas emocionais. Especulamos sobre a psicologia singular dos líderes Nível 5. Sua "culpa" estaria em desviar a própria ambição para algo diferente de si mesmos? Estariam eles sublimando seus egos por razões obscuras e complexas enraizadas em traumas de infância? Quem pode saber? E talvez mais importante: as raízes psicológicas da liderança Nível 5 são mais importantes do que as raízes do carisma ou da inteligência? A questão permanece: o Nível 5 pode ser desenvolvido?

Minha hipótese preliminar é que existem duas categorias de pessoas: aquelas que não têm a semente do Nível 5 dentro delas e aquelas que a têm. A primeira categoria consiste em pessoas que nunca poderiam, nem em um milhão de anos, submeter-se à situação de subjugar suas próprias necessidades à ambição de alcançar algo maior e mais duradouro do que elas mesmas. Para esses líderes, o trabalho sempre será, em primeiro lugar, o que eles alcançam – fama, fortuna, poder, adulação e assim por diante. Nunca será sobre o que eles constroem, criam e contribuem. A grande ironia é que a animosidade e a ambição pessoal que muitas vezes levam as pessoas a se tornarem líderes Nível 4 estão em desacordo com a humildade exigida para subir ao Nível 5.

Quando você combina essa ironia com o fato de que os conselhos diretores costumam operar sob a falsa crença de que um líder extraordinário e egocêntrico é necessário para tornar uma empresa excelente, é possível entender por que os líderes Nível 5 raramente aparecem no topo de nossas instituições. Continuamos colocando em posições de poder pessoas que não têm a semente para se tornarem líderes Nível 5, e essa é uma das principais razões pelas quais há tão poucas empresas que fazem uma mudança sustentável e comprovada de boas para excelentes.

A segunda categoria consiste em pessoas que poderiam evoluir para o Nível 5; a capacidade reside nelas, talvez enterrada, ignorada ou simplesmente latente. Sob as circunstâncias corretas – com autorreflexão, um mentor, pais amorosos, uma experiência de vida significativa ou outros fatores –, a semente pode começar a se desenvolver.

Alguns dos líderes Nível 5 em nosso estudo tiveram experiências significativas de vida que podem ter desencadeado o desenvolvimento da semente. Darwin Smith floresceu completamente como um Nível 5 depois de sua experiência de quase morte com o câncer. Joe Cullman foi afetado de maneira profunda por suas experiências na Segunda Guerra Mundial, sobretudo a mudança de ordens de última hora que o tiraram de um navio condenado, no qual certamente teria morrido; ele considerou os 60 anos de vida seguintes um grande presente. Uma forte crença ou conversão religiosas também podem nutrir a semente. Colman Mockler, por exemplo, converteu-se ao cristianismo evangélico ao obter seu MBA em Harvard e, mais tarde, de acordo com o livro *Cutting Edge* (Revolucionário), de Gordon McKibben, tornou-se o principal propulsor de um grupo de executivos de Boston que se encontrava com frequência no café da manhã para discutir a transferência de valores religiosos para a vida corporativa.

Gostaríamos muito de poder fornecer uma lista de etapas para se chegar ao Nível 5, mas não temos dados sólidos de pesquisa que embasem um passo a passo confiável. Nossa pesquisa expôs o Nível 5 como um componente-chave dentro da caixa-preta do que é preciso para transformar uma empresa boa em excelente. No entanto, dentro dessa caixa-preta, há outra:

o desenvolvimento interior de uma pessoa para a liderança Nível 5. Poderíamos especular sobre o que essa caixa interna poderia conter, mas seria basicamente isto: especulação.

Em suma, o Nível 5 é uma ideia muito satisfatória, verdadeira e poderosa, e, para fazer a mudança de bom para excelente, é muito provavelmente que seja uma ideia essencial. Mas fornecer "10 passos para a liderança Nível 5" banalizaria o conceito.

Meu melhor conselho, baseado nas pesquisas, é praticar as outras regras das empresas que progrediram de boas para excelentes. Já que encontramos uma relação simbiótica firme entre cada uma das outras descobertas e o Nível 5, suspeitamos que tentar conscientemente liderar usando as outras regras pode ajudá-lo a seguir na direção certa. Não há garantias de que isso transformará os executivos em verdadeiros líderes Nível 5, mas dá a eles um lugar tangível para começar, sobretudo se tiverem a semente dentro de si.

Não podemos dizer com certeza qual porcentagem de pessoas carrega essa semente, nem quantas delas podem cultivá-la o suficiente para se tornarem Nível 5. Mesmo nós da equipe de pesquisa que identificamos o Nível 5 não sabemos se conseguiremos evoluir até tal patamar. No entanto, todos nós que trabalhamos na descoberta fomos inspirados pela ideia de tentar avançar para o Nível 5.

Darwin Smith, Colman Mockler, Alan Wurtzel e os outros líderes Nível 5 sobre os quais aprendemos se tornaram modelos para nós. Quer consigamos ou não alcançar esse nível, vale a pena tentar.

Publicado originalmente em janeiro de 2001.

8

As sete transformações da liderança

David Rooke e William R. Torbert

A MAIORIA DOS ESPECIALISTAS EM PSICOLOGIA do desenvolvimento concorda que o que diferencia os líderes não é tanto a sua filosofia de liderança, sua personalidade ou seu estilo de gestão, mas a sua "lógica de ação" interna – como eles interpretam seu ambiente e reagem quando seu poder ou sua segurança são desafiados. No entanto, são relativamente poucos os líderes que tentam entender sua própria lógica de ação, e menos ainda os que exploram a possibilidade de alterá-la.

Mas todos deveriam fazer isso. Descobrimos que os líderes que mergulham em uma viagem de autoconhecimento e desenvolvimento pessoal podem transformar não apenas suas próprias potencialidades, mas também as de suas empresas.

Com base em nossa experiência de 25 anos de consultoria – em empresas como Deutsche Bank, Harvard Pilgrim Health Care, Hewlett-Packard, NSA, Trillium Asset Management, Aviva e Volvo –, sempre em estreita colaboração com a psicóloga Susanne Cook-Greuter, trabalhamos com milhares de executivos no desenvolvimento de suas habilidades de liderança. A boa notícia é que os líderes que se esforçam para entender sua própria lógica de ação podem melhorar sua capacidade de liderar. Para isso, é importante primeiro entender que tipo de líder você já é.

As sete lógicas de ação

Nossa pesquisa é baseada em uma ferramenta de conclusão de frases chamada Perfil de Desenvolvimento da Liderança. Por meio dela, os participantes são convidados a completar 36 frases que começam com construções do tipo "Um bom líder...", para as quais as respostas variam amplamente:

"... estala o chicote."

"... compreende que é importante alcançar um bom desempenho dos subordinados."

"... tenta conciliar forças conflitantes e assume a responsabilidade por suas decisões."

Depois que as frases são preenchidas, avaliadores altamente treinados traçam um quadro de como os participantes interpretam suas próprias ações e o mundo ao seu redor. Esses quadros mostram qual das sete lógicas de ação – Oportunista, Diplomata, Especialista, Realizador, Individualista, Estrategista ou Alquimista – representa o modo de pensar dominante de um líder naquele momento. É possível mudar de categoria à medida que suas habilidades crescem, portanto, fazer o teste do Perfil de Desenvolvimento da Liderança novamente vários anos depois pode revelar se a lógica de ação de um líder evoluiu.

Nos últimos 25 anos, nós e outros pesquisadores administramos a pesquisa de conclusão de frases a milhares de profissionais, cuja maioria tinha entre 25 e 55 anos, em centenas de organizações sem fins lucrativos, instituições governamentais e empresas americanas e europeias de diversos setores. O que descobrimos é que os níveis de desempenho corporativo e individual variam de acordo com a lógica de ação. Os três tipos de líderes associados a um desempenho corporativo abaixo da média (Oportunistas, Diplomatas e Especialistas) representavam 55% da nossa amostra. Eles se revelaram significativamente menos eficazes na implementação de

> **Em resumo**
>
> Toda empresa precisa de líderes transformadores – aqueles que conduzem mudanças que elevam a rentabilidade, expandem a participação de mercado e mudam as regras do jogo em seu setor. Mas poucos executivos entendem os pontos fortes singulares necessários para se tornarem esse tipo de líder. Como resultado, deixam passar a oportunidade de desenvolver esses atributos, e eles e suas empresas saem perdendo.
>
> Como evitar esse cenário? Reconheça que os grandes líderes são diferenciados não por sua personalidade ou filosofia, mas por sua **lógica de ação** – como interpretam o comportamento deles mesmos e dos outros e como mantêm o poder ou se protegem contra ameaças.
>
> Alguns líderes confiam em lógicas de ação que prejudicam o desempenho organizacional. Os Oportunistas, por exemplo, acreditam em ganhar a qualquer custo e muitas vezes exploram os outros para obter ganhos pessoais. Poucos os seguem por muito tempo. Outros tipos se mostram poderosos agentes de mudança. Em particular, os Estrategistas acreditam que todos os aspectos de sua organização estão abertos à discussão e à transformação. Sua lógica de ação permite que desafiem percepções que restringem seus negócios e que superem a resistência à mudança. Eles criam visões compartilhadas convincentes e lideram as iniciativas pragmáticas necessárias para realizar essas visões.
>
> Embora os Estrategistas sejam raros, é *possível* desenvolver os pontos fortes que os definem. Para isso, descubra sua lógica de ação e trabalhe para aperfeiçoá-la. Assim, você ajudará sua empresa a executar as mudanças necessárias para alcançar a excelência.

estratégias organizacionais do que os 30% da amostra classificada como Realizadores. Além disso, apenas os 15% restantes dos profissionais da amostra (Individualistas, Estrategistas e Alquimistas) mostraram uma capacidade consistente de inovar e transformar com sucesso suas organizações.

Para entender como os líderes se enquadram em categorias tão distintas de desempenho corporativo, vamos examinar mais detalhadamente cada estilo de liderança, começando pelo menos produtivo (e menos complexo).

O Oportunista

Nosso achado mais reconfortante foi que apenas 5% dos líderes de nossa amostra eram caracterizados por desconfiança, egocentrismo e manipulação. Chamamos esses líderes de Oportunistas, um título que reflete sua tendência de se concentrar em vitórias pessoais e ver o mundo e os outros como oportunidades a serem exploradas. A maneira como abordam o mundo exterior é em grande parte determinada por sua percepção de controle – em outras palavras, sua reação a um acontecimento dependerá principalmente do fato de poderem ou não direcionar o resultado. Eles tratam outras pessoas como objetos ou como concorrentes que também estão vendo apenas o próprio lado.

Os Oportunistas tendem a considerar seu comportamento legítimo na dinâmica de um mundo em que a filosofia é olho por olho, dente por dente. Eles rejeitam feedback, externalizam a culpa e retaliam duramente. É possível enxergar essa lógica de ação nos primeiros trabalhos de Larry Ellison (hoje CEO da Oracle). Ellison descreve seu estilo gerencial em seu início de carreira como "gestão pela ridicularização". "Você precisa ser bom em intimidação intelectual e retórica", disse ele uma vez a Matthew Symonds, do *The Economist*. "Eu desculpava meu comportamento dizendo a mim mesmo que estava apenas tendo 'uma discussão aberta e honesta'. O fato é que eu simplesmente não sabia agir de outra forma."

Poucos Oportunistas permanecem como gestores por muito tempo, a menos que mudem para lógicas de ação mais eficazes (como Ellison fez). O constante combate a incêndios, o estilo autoengrandecedor e a frequente quebra de regras é a antítese do tipo de líder com quem as pessoas querem trabalhar no longo prazo.

Se você já teve um chefe Oportunista, certamente se lembrará desse período como um momento difícil. Da mesma forma, os ambientes corporativos que incentivam o oportunismo raramente perduram, embora os Oportunistas costumem sobreviver mais do que deveriam porque proporcionam um ambiente estimulante no qual os executivos mais jovens, sobretudo, podem assumir riscos. Como disse um ex-funcionário sênior da Enron: "Antes da queda, aqueles últimos anos foram muito empolgantes. Sentíamos que era possível fazer qualquer coisa, mudar tudo, escrever

Na prática

Os sete tipos de lógica de ação

Tipo	Características	Forças	Fraquezas
Oportunista	*Vence a qualquer custo*. Egocêntrico; manipulador; "quem tem a força tem o direito".	Bom em emergências e na busca de oportunidade de vendas.	Poucas pessoas querem segui-los no longo prazo.
Diplomata	*Evita o conflito*. Quer pertencer ao grupo; obedece às normas do grupo; não quer arrumar problemas.	Age como "cola de suporte" nas equipes.	Não é capaz de fornecer feedback negativo ou tomar as decisões difíceis necessárias para melhorar o desempenho.
Especialista	*Lidera por meio da lógica e do conhecimento*. Usa dados concretos para conseguir consenso e apoio.	Bom colaborador individual.	Não tem inteligência emocional; carece de respeito por aqueles com menos expertise.
Realizador	*Alcança os objetivos estratégicos*. Promove o trabalho em equipe; concilia os deveres gerenciais e responde às demandas do mercado para bater as metas.	Adequado ao trabalho gerencial.	Inibe o pensamento fora da caixa.
Individualista	*Opera de maneiras não convencionais*. Ignora as regras que considera irrelevantes.	Eficaz em operações de risco e consultoria.	Irrita colegas e chefes, ignorando os principais processos e pessoas da organização.
Estrategista	*Gera transformações organizacionais e pessoais*. Altamente colaborativo; elabora visões com iniciativas pragmáticas e oportunas; desafia as hipóteses existentes.	Gera transformações a curto e longo prazo.	Nenhuma.
Alquimista	*Gera transformações sociais (por exemplo, Nelson Mandela)*. Reinventa organizações de formas historicamente significativas.	Induz mudanças na sociedade.	Nenhuma.

Mudando seu tipo de lógica de ação

Para mudar seu tipo de lógica de ação, experimente novos comportamentos interpessoais, crie novos tipos de relacionamento e aproveite as oportunidades de trabalho. Por exemplo:

Para avançar de...	Siga estes passos:
Especialista para Realizador	Concentre-se mais em entregar resultados do que em aprimorar seus conhecimentos: • Tome consciência das diferenças entre suas suposições e as dos outros. Por exemplo, pratique novas estratégias de conversação, como "Você pode estar certo, mas eu gostaria de entender o que o leva a acreditar nisso". • Participe de programas de treinamento em tópicos como delegação eficaz e liderança de equipes de alto desempenho.
Realizador para Individualista	Em vez de aceitar metas como dados a serem alcançados: • Reflita sobre o valor das próprias metas, com o objetivo de melhorar objetivos futuros. • Use o planejamento anual de desenvolvimento de liderança para definir criteriosamente as metas de maior impacto.
Individualista para Estrategista	Envolva-se no desenvolvimento entre pares: • Estabeleça uma mentoria mútua com membros de sua rede profissional (membros do conselho, gerentes de alto nível, líderes do setor) que possam desafiar suas suposições e práticas, bem como as de sua empresa e seu setor. *Exemplo:* O CEO de uma empresa de higiene dental previu a introdução de higiene bucal acessível nos países em desenvolvimento. Ele explorou a ideia com colegas em todo o país, propondo em seguida um empreendimento educacional e filantrópico que sua empresa concordou em financiar. Foi promovido a uma nova vice-presidência de empreendimentos internacionais.

nossas próprias regras. O ritmo era selvagem e todos nós apenas o seguíamos." É claro que os acionistas e pensionistas da Enron acabaram sentindo que estavam pagando caro demais por aquela aventura.

O Diplomata

O Diplomata analisa o mundo ao seu redor de uma forma mais favorável do que o Oportunista, mas essa lógica de ação também pode ter repercussões extremamente negativas se o líder for um gerente sênior. Servindo

Sete maneiras de liderar

Diferentes líderes exibem diferentes tipos de lógica de ação – maneiras pelas quais eles interpretam seu entorno e reagem quando seu poder ou sua segurança são desafiados. Em nossas pesquisas com milhares de líderes, observamos sete tipos de lógica de ação. Os menos eficazes na liderança organizacional são os Oportunistas e os Diplomatas; os mais eficazes são os Estrategistas e os Alquimistas. Conhecer sua própria lógica de ação pode ser o primeiro passo para desenvolver um estilo de liderança mais adequado. Se você se reconhece como um Individualista, por exemplo, pode trabalhar, por meio de medidas formais e informais, para desenvolver os pontos fortes e as características de um Estrategista.

Lógica de ação	Características	Forças	% de perfis da amostra com esta lógica de ação
Oportunista	Vence a qualquer custo. Egocêntrico; manipulador; "quem tem a força tem o direito".	Bom em emergências e na busca de oportunidade de vendas.	5%
Diplomata	Evita o conflito aberto. Quer pertencer ao grupo; obedece às normas do grupo; não quer arrumar problemas.	Bom como "cola social", de suporte no escritório; ajuda a unir as pessoas.	12%

ao grupo com lealdade, o Diplomata procura agradar aos colegas de status mais alto, evitando conflitos. Essa lógica de ação é focada em conquistar o controle do próprio comportamento – mais do que em obter controle de acontecimentos externos ou de outras pessoas. De acordo com a lógica de ação do Diplomata, um líder ganha aceitação e influência mais duradouras cooperando com as normas do grupo e desempenhando bem suas funções cotidianas.

Em uma função de apoio ou em um contexto de equipe, esse tipo de executivo tem muito a oferecer. Os Diplomatas fornecem uma "cola social" aos seus colegas e garantem que seja dada atenção às necessidades dos outros, o que provavelmente é o motivo pelo qual a maioria dos Diplomatas trabalha nos escalões mais juniores da administração, em cargos como supervisores de linha de frente, representantes de atendimento ao cliente

Especialista	Lidera por meio da lógica e do conhecimento. Procura uma eficiência racional.	Bom colaborador individual.	38%
Realizador	Alcança os objetivos estratégicos. Atinge os objetivos de maneira eficaz por meio de equipes; concilia os deveres gerenciais e as demandas do mercado para bater as metas.	Adequado ao trabalho gerencial.	30%
Individualista	Entremeia uma lógica pessoal competitiva e a lógica de ação da empresa. Cria estruturas singulares para resolver lacunas entre a estratégia e o desempenho.	Eficiente em operações de risco e consultoria.	10%
Estrategista	Gera transformações organizacionais e pessoais. Exerce o poder de promover indagações, vigilância e vulnerabilidade mútuas em curto e longo prazos.	Eficiente como líder transformador.	4%
Alquimista	Gera transformações sociais. Integra transformações materiais, espirituais e sociais.	Bom em liderar amplas transformações sociais.	1%

ou enfermeiros. De fato, pesquisas com 497 gerentes em diferentes setores mostraram que 80% dos Diplomatas estavam em níveis juniores. Por outro lado, 80% dos Estrategistas estavam em níveis seniores, sugerindo que os gestores que possuem lógicas de ação mais eficazes – como a do Estrategista – têm mais chances de serem promovidos.

Os Diplomatas são muito mais problemáticos nos altos cargos de liderança porque tentam ignorar conflitos. Eles tendem a ser excessivamente educados e amigáveis e acham impossível dar um feedback desafiador aos outros. Iniciar uma mudança, com seus embates inevitáveis, representa uma grave ameaça para o Diplomata, que se esquivará dela se for possível, até mesmo ao ponto de autodestruição.

Considere o Diplomata que se tornou CEO interino de uma organização depois que seu antecessor morreu repentinamente de um aneurisma.

Como o conselho se mostrou dividido na seleção de um sucessor permanente, pediu ao Diplomata que continuasse no cargo. Nosso Diplomata saboreou seu papel de destaque e era um orador disputado em eventos. Infelizmente, ele não gostou tanto assim dos requisitos mais conflituosos do trabalho. Fracassou, por exemplo, em substituir vários gestores seniores que tinham graves problemas de desempenho e estavam resistindo ao programa de mudanças que seu antecessor havia iniciado. Como as mudanças eram controversas, o Diplomata evitava reuniões e até planejava viagens de negócios para os horários em que a equipe sênior se encontrava. Os membros da equipe ficaram tão frustrados com a atitude do Diplomata que acabaram renunciando em massa. Ele "resolveu" essa crise agradecendo à equipe publicamente por sua contribuição e nomeando novos membros. Tempos depois, diante das perdas crescentes decorrentes dessa má gestão, o conselho decidiu devolver ao Diplomata o seu antigo cargo de vice-presidente.

O Especialista

A maior categoria de líderes é a dos Especialistas, que representam 38% de todos os profissionais da nossa amostra. Em contraste com os Oportunistas, que se concentram em tentar controlar o mundo ao seu redor, e os Diplomatas, que se dedicam a controlar o próprio comportamento, os Especialistas tentam exercer o controle aperfeiçoando seus conhecimentos, tanto em sua vida profissional quanto pessoal. O exercício do raciocínio irrefutável é extremamente importante para os Especialistas. Não é nenhuma surpresa que muitos contadores, analistas de investimento, pesquisadores de marketing, engenheiros de software e consultores operem a partir da lógica de ação do Especialista. Com segurança em seus conhecimentos, eles apresentam dados concretos e lógica em seus esforços para obter consenso e aceitação para suas propostas.

Os Especialistas são grandes colaboradores individuais por causa de sua busca por melhoria contínua, eficiência e perfeição. Como gestores, podem ser problemáticos, pois têm absoluta certeza de que têm razão. Quando os subordinados falam sobre um chefe do tipo "ou é do meu jeito ou não tem jeito", provavelmente estão falando sobre alguém operando a partir de uma lógica de ação do Especialista. Especialistas tendem a ver a colaboração como uma perda de tempo ("Nem todas as reuniões são uma perda de tempo – algumas são canceladas!") e costumam tratar com desprezo as opiniões de pessoas menos experientes do que eles mesmos. A inteligência emocional não é desejada nem apreciada. Como o CEO da Sun Microsystems, Scott McNealy, definiu: "Eu não lido com sentimentos; deixo isso para os cantores românticos."

Não é de surpreender, portanto, que, depois de implorar a ele, sem sucesso, que diminuísse o ritmo em face às crescentes perdas durante o desastre das empresas pontocom de 2001 e 2002, uma dezena de membros da equipe de gestão sênior de McNealy acabasse indo embora.

O Realizador

Para aqueles que esperam um dia trabalhar para um chefe que os desafie, apoie e crie uma atmosfera positiva na equipe e entre os departamentos, a boa notícia é que 30% dos gestores de nossa pesquisa se classificaram como Realizadores. Embora criem um ambiente de trabalho positivo e concentrem seus esforços em resultados, a desvantagem desses líderes é que seu estilo geralmente inibe o pensamento fora da caixa.

Os Realizadores possuem uma compreensão mais complexa e integrada do mundo do que os gestores que exibem as três lógicas de ação anteriores. Eles estão abertos ao feedback e percebem que muitos dos conflitos e ambiguidades da vida cotidiana se devem a diferenças de interpretação e formas de se relacionar. Sabem que a transformação ou a resolução criativa de conflitos requerem sensibilidade aos relacionamentos e a capacidade de influenciar os outros de maneira positiva.

Os Realizadores também podem liderar uma equipe de maneira confiável para implementar novas estratégias durante um período de um a três anos, equilibrando objetivos imediatos e de longo prazo. Um estudo com oftalmologistas em consultórios particulares mostrou que aqueles que pontuaram como Realizadores tiveram menor rotatividade de pessoal, delegaram mais responsabilidades e tiveram rendimentos pelo menos duas vezes maiores do que a receita bruta anual dos consultórios geridos pelos Especialistas.

Muitas vezes os Realizadores se veem em embates com os Especialistas. O subordinado Especialista, em particular, acha difícil lidar com o líder Realizador, porque não pode negar a realidade do sucesso desse líder, mesmo que se sinta superior a ele. Considere a Hewlett-Packard, onde os engenheiros de pesquisa tendem a pontuar como Especialistas e os gerentes de laboratório, como Realizadores. Em uma reunião de projetos, um gerente de laboratório – um decidido Realizador – bateu sua xícara de café na mesa e exclamou: "Eu *sei* que podemos incluir 18 recursos nisso, mas os clientes querem que a entrega seja feita em algum momento neste século, e os oito principais recursos serão suficientes!" "Que sujeito sem imaginação!", bufou um engenheiro, um Especialista. Mas esse tipo de conflito nem sempre é destrutivo. Na verdade, ele fornece grande parte do combustível que inflamou – e sustentou – a competitividade de muitas das corporações mais bem-sucedidas dos Estados Unidos.

O Individualista

A lógica de ação do Individualista reconhece que nem ela nem qualquer outra são "naturais"; todas são construções de si mesmo e do mundo. Essa ideia aparentemente abstrata permite que os 10% de líderes Individualistas contribuam com um valor singular para suas organizações; eles relativizam as personalidades e as formas de se relacionar e se comunicam bem com pessoas que têm outras lógicas de ação.

O que diferencia os Individualistas dos Realizadores é a consciência de um possível conflito entre seus princípios e suas ações, ou entre os valores da organização e a implementação desses valores. Esse conflito se torna fonte de tensão, de criatividade e de um crescente desejo por mais desenvolvimento.

Os Individualistas também tendem a ignorar as regras que consideram irrelevantes, o que muitas vezes os torna uma fonte de irritação tanto para os colegas quanto para os chefes. "Então, o que você acha?", perguntou um de nossos clientes enquanto estava debatendo se deveria despedir uma de suas melhores funcionárias, uma mulher que tinha sido classificada como Individualista. Sharon (nome fictício) fora incumbida de criar uma funcionalidade de serviço em outro país para fornecer suporte de TI para duas divisões que operavam lá. Ela formou uma equipe altamente coesa, ficou dentro do orçamento e entregou o projeto antes da data marcada.

O problema era que Sharon tinha a reputação de ser imprevisível. Embora demonstrasse grande sagacidade política quando se tratava de seus projetos individuais, ela irritava muitos na empresa como um todo por causa de suas formas únicas e não convencionais de operar. No fim, o CEO foi chamado (não pela primeira vez) para resolver um problema criado pelo fato de Sharon não reconhecer os principais processos organizacionais e as pessoas que não faziam parte de sua equipe.

Muitas das dinâmicas criadas por diferentes lógicas de ação são ilustradas por essa história e seu resultado. O CEO, cuja lógica de ação era a de um Realizador, não viu como desafiar Sharon a se desenvolver e deixar de criar tais problemas. Embora ambivalente em relação a ela, ele decidiu mantê-la porque ela estava cumprindo suas tarefas e porque a organização havia perdido recentemente vários gestores capazes e não convencionais.

Então Sharon ficou, mas só por um tempo. Acabou deixando a organização para montar uma consultoria de empresas no exterior. Quando examinarmos, na segunda metade deste artigo, de que forma ajudar os executivos a transformar suas lógicas de ação de liderança, voltaremos a essa história para ver como Sharon e o CEO poderiam ter transformado as deles.

O Estrategista

Os Estrategistas representam apenas 4% dos líderes. O que os distingue dos Individualistas é seu foco nas restrições e percepções organizacionais, algo que consideram discutíveis e transformáveis. Enquanto o Individualista domina a comunicação com colegas que têm diferentes lógicas de ação, o Estrategista domina o impacto organizacional de segunda ordem de ações e acordos.

O Estrategista também é adepto da criação de visões compartilhadas através de diferentes lógicas de ação – visões que estimulam tanto os interesses pessoais quanto as transformações organizacionais. De acordo com essa lógica de ação, a mudança organizacional e social é um processo contínuo de desenvolvimento que requer conscientização e muita atenção por parte da liderança.

Os Estrategistas encaram conflitos de maneira mais confortável do que aqueles com outras lógicas de ação e são melhores em lidar com a resistência instintiva das pessoas à mudança. Como resultado, são agentes de transformação altamente eficazes. Encontramos confirmação disso em nosso recente estudo de 10 CEOs em seis diferentes setores. Suas organizações tinham o objetivo declarado de se transformar e contrataram consultores para ajudar no processo. Cada CEO preencheu um Perfil de Desenvolvimento da Liderança, que mostrou que cinco deles eram Estrategistas e os outros cinco seguiam outras lógicas de ação. Os Estrategistas conseguiram gerar uma ou mais transformações organizacionais ao longo de um período de quatro anos; a lucratividade, a participação de mercado e a reputação de suas empresas aumentaram. Em contrapartida, apenas dois dos outros cinco CEOs conseguiram transformar suas organizações – mesmo com a ajuda de consultores que tinham, eles mesmos, o perfil de Estrategista.

Os Estrategistas são fascinados por três níveis distintos de interação social: relações pessoais, relações organizacionais e desenvolvimentos nacionais e internacionais. Considere Joan Bavaria, uma CEO que, em 1985, se classificou como Estrategista. Bavaria criou um dos primeiros fundos socialmente responsáveis, uma nova subdivisão do setor de investimentos, que no fim de 2001 geria mais de 3 trilhões de dólares em fundos. Em 1982, Bavaria fundou a Trillium Asset Management, uma empresa de propriedade dos funcionários, que ela ainda lidera. Também escreveu, com outros autores, os Princípios Ambientais da Coalizão para Economias Ambientalmente Responsáveis, que dezenas de grandes empresas assinaram. No fim da década de 1990, trabalhando com as Nações Unidas, a coalizão criou a Global Reporting Initiative, que apoia transparência e responsabilidade financeira, social e ambiental em todo o mundo.

Aqui vemos a lógica de ação do Estrategista em funcionamento. Bavaria viu um momento único para tornar o investimento ético um negócio viável e, em seguida, criou a Trillium para executar seu plano. Os Estrategistas em geral têm ideias de negócios socialmente conscientes que são realizadas de maneira bastante colaborativa. Eles procuram costurar visões idealistas com iniciativas pragmáticas e oportunas e ações éticas. Bavaria trabalhou além dos limites de sua própria organização para influenciar o setor de investimento socialmente responsável como um todo e depois tornou o desenvolvimento de padrões de responsabilidade social e ambiental uma iniciativa internacional, envolvendo as Nações Unidas. Muitos Realizadores usam sua influência para promover com sucesso as próprias empresas. O Estrategista trabalha para criar princípios e práticas éticas que vão além dos próprios interesses ou dos de sua organização.

O Alquimista

A última lógica de ação de liderança para a qual temos dados e experimentação é a do Alquimista. Nossos estudos sobre os poucos líderes que identificamos como Alquimistas sugerem que aquilo que os diferencia dos Estrategistas é sua capacidade de renovar ou mesmo de reinventar a si mesmos e suas organizações de maneiras historicamente significativas. Enquanto o Estrategista passa de um compromisso para outro, o Alquimista tem uma habilidade extraordinária para lidar simultaneamente com muitas situações em vários níveis. O Alquimista conversa com reis e plebeus. Ele pode lidar com prioridades imediatas, mas sem perder de vista metas de longo prazo.

Os Alquimistas constituem 1% da nossa amostra, o que indica como é raro encontrá-los nos negócios ou em qualquer outro lugar. Por meio de um extenso processo de busca, achamos seis Alquimistas dispostos a participar de um estudo detalhado de suas ações diárias. Embora seja um número muito pequeno, que não pode justificar estatisticamente uma generalização, é importante notar que todos os seis Alquimistas compartilhavam certas características.

Dia a dia, todos se viam envolvidos em múltiplas organizações e encontravam tempo para lidar com as questões levantadas por cada uma delas. No entanto, eles não viviam em uma corrida constante, nem dedicavam horas a uma única atividade. Os Alquimistas são tipicamente indivíduos carismáticos e muito conscientes, que seguem altos padrões morais. Eles se concentram de forma intensa na verdade. Talvez o mais importante, são capazes de capturar momentos únicos na história de suas organizações, criando símbolos e metáforas que falam aos corações e mentes das pessoas.

Em uma conservadora empresa de serviços financeiros do Reino Unido, um CEO recém-nomeado apareceu no trabalho usando roupas esportivas, em vez de seus elegantes ternos habituais, mas não disse nada a ninguém. As pessoas se perguntaram se isso era um novo código de vestimenta. Semanas depois, o CEO falou publicamente sobre sua roupa e a necessidade de ser anticonvencional e de se mover com maior agilidade e rapidez.

O exemplo mais aclamado de um Alquimista é Nelson Mandela. Embora nunca tenhamos desenhado um perfil formal de Mandela, ele exemplifica a lógica da ação Alquimista. Em 1995, Mandela simbolizou a unidade de uma nova África do Sul quando compareceu a uma partida da Copa do Mundo de Rúgbi que seria disputada pelos Springboks, a seleção da África do Sul. O rúgbi era o bastião da supremacia branca, mas Mandela foi assistir ao jogo. Ele caminhou até o campo usando a camisa dos Springboks, odiada pelos sul-africanos negros, ao mesmo tempo que fazia a saudação de punhos cerrados do Congresso Nacional Africano (CNA), apelando, quase impossivelmente, tanto aos negros quanto aos brancos sul-africanos.

Como disse Tokyo Sexwale, ativista do CNA e primeiro-ministro da província de Gauteng, na África do Sul: "Somente Mandela poderia usar a camisa do inimigo. Somente Mandela iria lá e se permitiria ser associado aos Springboks... Todos os anos nos subterrâneos, nas trincheiras, todos os anos de negação, abnegação, longe de casa, na prisão, valeram a pena. Ali estava tudo o que queríamos ver."

Evoluindo como líder

O mais notável e encorajador achado de nossa pesquisa é que os líderes podem se transformar de uma lógica de ação em outra. De fato, documentamos vários líderes que conseguiram com sucesso passar de Especialistas a Realizadores, de Realizadores a Individualistas e de Individualistas a Estrategistas.

Tomemos o caso de Jenny, uma de nossas clientes, que inicialmente se classificou como Especialista. Ela se desiludiu com seu papel no departamento de relações públicas da empresa e pediu demissão para, como ela mesma disse, decidir o que realmente queria fazer. Seis meses mais tarde, juntou-se a uma empresa diferente em um papel semelhante e, dois anos depois, refizemos o seu perfil, e ela ainda foi considerada Especialista. Sua decisão de se demitir da primeira empresa, tirar um período sabático e então se juntar à segunda empresa não havia feito diferença em sua lógica de ação. Àquela altura, Jenny resolveu se juntar a um grupo de colegas líderes comprometidos em examinar seus atuais padrões de liderança e experimentar novas formas de agir. Esse grupo favorecia a perspectiva dos Estrategistas (e o fundador do grupo foi classificado como um Alquimista), o que, no final, ajudou no desenvolvimento de Jenny. Ela aprendeu que seu hábito de assumir consistentemente uma posição crítica, que considerava "utilmente objetiva", a isolava e gerava desconfiança.

Como resultado do feedback do grupo de pares, ela iniciou uma série de experiências pequenas e particulares, como fazer perguntas em vez de criticar. Jenny percebeu que, em vez de identificar as falhas dos outros, precisava ser clara sobre como *ela* poderia contribuir e, ao fazê-lo, iniciou a mudança de Especialista para Realizadora. Espiritualmente, Jenny aprendeu que precisava de uma comunidade de investigação contínua no centro de sua vida e conseguiu prosseguir com suas reflexões nas reuniões dos quacres, que mais tarde apoiaram (e de fato sinalizaram) sua transição de Realizadora para Individualista.

Dois anos depois, Jenny deixou o segundo emprego e abriu a própria empresa, quando então começou a se formar como Estrategista. Essa foi uma mudança altamente incomum de três lógicas de ação em pouquíssimo tempo. Tivemos apenas dois outros casos em que um líder se transformou duas vezes em menos de quatro anos.

Como ilustra o caso de Jenny, há várias mudanças pessoais que podem apoiar a transformação da liderança. Jenny experimentou a perda de fé no sistema e sentimentos de tédio, irritabilidade, esgotamento, depressão e até raiva. Ela começou a se fazer perguntas existenciais. Mas outra indicação da prontidão de um líder para se transformar é uma crescente atração pelas qualidades que ele passa a intuir em pessoas com lógicas de ação mais eficazes. Jenny, como vimos, foi atraída e se beneficiou enormemente de seu grupo de colegas Estrategistas, bem como de um mentor que exibia uma lógica de ação Alquimista.

Essa busca por novas perspectivas muitas vezes se manifesta em transformações pessoais: o líder que está pronto para se transformar começa a desenvolver novos relacionamentos. Ele também explora novas práticas espirituais ou novas formas de encontrar equilíbrio e se expressar, como tocar um instrumento musical ou praticar tai chi chuan.

Eventos externos também podem acionar e apoiar uma transformação. Uma promoção, por exemplo, é capaz de dar ao líder a oportunidade de expandir seu leque de competências. Anteriormente, citamos a frustração dos engenheiros de pesquisa Especialistas da Hewlett-Packard com o produto e com a atitude em relação à entrega dos gerentes de laboratório, classificados como Realizadores. Dentro de um ano da promoção de um engenheiro a gerente de laboratório, um papel que exigia a coordenação de pessoas e a cooperação entre os departamentos, o ex-Especialista já estava se classificando no perfil de Realizador. Embora inicialmente tivesse sofrido duras críticas de seus antigos colegas, com seu novo conhecimento de Realizador ele estava mais focado nas necessidades dos clientes e tinha mais clareza sobre os cronogramas de entrega. Pela primeira vez, entendeu o embate entre os engenheiros, que tentavam aperfeiçoar a tecnologia, e os gerentes, que tentavam entregar dentro do orçamento e do prazo.

Mudanças nas práticas de trabalho e no ambiente de um gestor também podem facilitar a transformação. Em uma empresa que estudamos, os líderes passaram de Realizadores a Individualistas em parte por conta de simples mudanças organizacionais e de processo. Nas reuniões da alta gestão, por exemplo, outros executivos além do CEO tinham a chance de liderá-las; essas oportunidades, que foram apoiadas por um novo espírito de abertura, feedback e debate franco, promoveram um crescimento profissional entre muitos dos líderes da empresa.

Intervenções de desenvolvimento planejadas e estruturadas são outro meio de apoiar a transformação da liderança. Trabalhamos com uma empresa líder em exploração de petróleo e gás para desenvolver as competências de um grupo de futuros gestores do alto escalão. Estes foram classificados e depois entrevistados por dois consultores, que exploraram a lógica de ação de cada um e como ela o restringia e o habilitava a desempenhar seus papéis. Desafios foram discutidos, bem como uma visão do potencial do indivíduo e um possível plano de desenvolvimento. Depois do exercício, vários gestores, cujas capacidades Individualistas e Estrategistas não haviam sido totalmente compreendidas pela empresa, foram valorizados e se comprometeram de maneira diferente com seus papéis. Além disso, a própria definição de talento de liderança na organização foi reenquadrada para incluir as capacidades das lógicas de ação do Individualista e do Estrategista.

Agora que analisamos de maneira geral algumas das mudanças e intervenções que podem apoiar o desenvolvimento da liderança, vamos nos concentrar em certas especificidades sobre como as transformações mais comuns costumam acontecer.

De Especialista em Realizador

Essa transformação é a mais comumente observada e praticada entre profissionais de negócios e por quem trabalha com a formação de executivos e gestores. Nos últimos anos, os departamentos de treinamento das grandes empresas têm apoiado o desenvolvimento de Especialistas em Realizadores, executando programas com títulos como "Gestão por objetivos", "Delegação efetiva" e "Gerenciando pessoas para resultados". Esses programas normalmente enfatizam a obtenção de resultados por meio de estratégias flexíveis, e não por meio de determinado método usado de determinada maneira.

Líderes observadores e coaches executivos também podem formular exercícios bem estruturados e questões relacionadas ao trabalho cotidiano para levar os Especialistas a tomar consciência das diferentes suposições que eles e outros podem estar fazendo. Esses esforços podem ajudar os Especialistas a praticar novas estratégias de conversação, como dizer: "Você pode estar certo, mas eu gostaria de entender o que o leva a acreditar nisso." Além do mais, aqueles que desejam levar os Especialistas ao próximo nível devem recompensar as competências dos Realizadores, como a entrega pontual de resultados, a capacidade de gerenciar o desempenho e a habilidade de implementar prioridades estratégicas.

Dentro da educação empresarial, os programas de MBA tendem a encorajar o desenvolvimento dos Realizadores mais pragmáticos, frustrando os Especialistas perfeccionistas. As pesadas cargas de trabalho, o uso de estudos de casos multidisciplinares e ambíguos e os requisitos de trabalho em equipe promovem a lógica de ação dos Realizadores. Por outro lado, programas de mestrado, em particular disciplinas como finanças ou pesquisa de marketing, costumam reforçar a perspectiva dos Especialistas.

Ainda assim, a transição de Especialista para Realizador continua sendo um dos gargalos mais dolorosos na maioria das organizações. Todos nós já ouvimos o eterno lamento de engenheiros, advogados e outros profissionais cujo sucesso como Especialistas os sobrecarregou com deveres gerenciais apenas para distanciá-los do trabalho que amam. Seu desafio passa a ser atuar como Realizadores altamente eficazes que podem continuar usando seus conhecimentos profundos para ter sucesso como líderes e gestores.

De Realizador em Individualista

Embora organizações e cursos de administração tenham sido relativamente bem-sucedidos no desenvolvimento de líderes para a lógica de ação do Realizador, eles têm, com poucas exceções, um registro desanimador em reconhecer, apoiar e desenvolver *ativamente* líderes para as lógicas de ação Individualista e Estrategista, e ainda menos para a lógica do Alquimista. Isso não é nenhuma surpresa. Em muitas organizações, o Realizador, com sua motivação e foco no fim do jogo, é visto como a linha de chegada para o desenvolvimento.

O desenvolvimento de líderes para além da lógica de ação do Realizador requer uma abordagem muito diferente da necessária para provocar a transformação do Especialista em Realizador. As intervenções devem estimular a autoconsciência por parte do líder em evolução, bem como uma maior conscientização das outras visões de mundo. Tanto nos negócios quanto nos relacionamentos pessoais, falar e ouvir devem ser vivenciados não como formas necessárias e garantidas de comunicar ideias predeterminadas, mas como ações criativas intrinsecamente voltadas para o futuro.

Os Realizadores usam a investigação para determinar se eles (e as equipes e a organização a que pertencem) estão cumprindo suas metas e como podem alcançá-las de maneira mais efetiva. O Individualista em desenvolvimento, no entanto, começa a questionar e refletir sobre as metas em si – com o objetivo de melhorar objetivos futuros. Planos anuais de desenvolvimento que estabelecem novas metas, que são gerados por meio de conversas de sondagem e confiança, que são ativamente apoiados por um coaching executivo e que são cuidadosamente revisados no fim do ciclo podem ser potencializadores essenciais nesse momento. No entanto, poucos conselhos diretores e CEOs apreciam o valor desse investimento de tempo, que acaba sendo facilmente sacrificado em face de objetivos de curto prazo que parecem mais urgentes para líderes cujas lógicas de ação são menos desenvolvidas.

Voltemos ao caso de Sharon, a Individualista que descrevemos anteriormente, e seu CEO Realizador que não conseguia gerenciá-la. Como poderia um coach ou consultor ter ajudado o CEO a se sentir menos ameaçado por Sharon e mais capaz de apoiar seu desenvolvimento, sem deixar de estar aberto às próprias necessidades e ao próprio potencial? Uma maneira seria tentar a dramatização, pedindo ao CEO que interpretasse Sharon enquanto o coach ou consultor assumiria o papel do CEO. A troca de papéis poderia ter se desenrolado como se segue:

"Sharon, quero conversar com você sobre seu futuro aqui na empresa. Sua conclusão do projeto abaixo do orçamento e antes do prazo é mais um sinal de que você tem a iniciativa, a criatividade e a determinação para integrar a equipe sênior. Ao mesmo tempo, tive que resolver uma série de questões da sua alçada que não me cabiam. Eu gostaria que discutíssemos como você pode abordar futuros projetos de forma a eliminar esse incômodo e conquistar parceiros importantes para estarem ao seu lado. Então, poderemos conversar várias vezes ao longo do próximo ano quando você começar a aplicar quaisquer novos princípios que determinarmos. Isso lhe parece um bom uso do nosso tempo, ou você tem uma perspectiva diferente sobre o assunto?"

Observe que o consultor no papel do CEO oferece elogios claros, uma descrição direta de uma limitação, um caminho proposto para seguirem e uma investigação que capacita Sharon a reformular o dilema, se desejar. Assim, em vez de dar ao CEO uma orientação unidirecional sobre o que ele deve fazer, o coach encena um diálogo com ele, ilustrando um novo tipo de prática e permitindo que o CEO julgue se o relacionamento encenado é positivo. O ponto não é tanto ensinar ao CEO um novo repertório de conversação, mas deixá-lo mais à vontade com o modo como o Individualista vê e dá sentido ao mundo ao seu redor e descobrir que tipo de feedback pode motivá-lo a comprometer-se com o aprendizado. Esses experimentos específicos com novas maneiras de ouvir e falar podem gradualmente dissolver os medos associados ao aprendizado transformacional.

De Estrategista em diante

Os líderes que estão se movendo em direção às lógicas de ação do Estrategista e do Alquimista não estão mais visando, primariamente, a habilidades pessoais que os tornem mais eficazes dentro dos sistemas organizacionais existentes. Eles já dominaram muitas delas. Em vez disso, estão explorando as disciplinas e os compromissos envolvidos na criação de projetos, equipes, redes, alianças estratégicas e organizações inteiras com base na consulta colaborativa. É essa prática contínua de reenquadramento da investigação que faz com que eles e suas corporações sejam tão bem-sucedidos.

O caminho para as lógicas de ação do Estrategista e do Alquimista é qualitativamente diferente de outros processos de desenvolvimento de liderança. Para começar, Estrategistas e Alquimistas emergentes não estão mais buscando mentores para ajudá-los a aprimorar as habilidades existentes e guiá-los para redes influentes (embora possam querer orientação espiritual e ética dos mentores). Na verdade, eles procuram se envolver em uma orientação mútua com colegas que já fazem parte de suas redes (como membros do conselho, gestores do alto escalão ou líderes dentro de uma disciplina científica). O objetivo dessa orientação de nível sênior não é, em termos convencionais, aumentar as chances de sucesso, mas criar uma comunidade sustentável de pessoas capazes de desafiar as suposições e práticas do líder emergente e as de sua empresa, setor ou outras áreas de atividade.

Testemunhamos esse tipo de desenvolvimento entre os pares quando um cliente ficou preocupado que ele, sua empresa e o setor como um todo estivessem operando no nível do Realizador. Essa preocupação, é claro, era em si um sinal de sua prontidão para ir além dessa lógica. O cliente – um CEO de uma empresa de higiene dental – e sua empresa estavam entre os mais bem-sucedidos das subsidiárias da empresa-mãe. No entanto, ao perceber que ele e os que o rodeavam pareciam acomodados, optou por iniciar um projeto de pesquisa – sobre a introdução de higiene bucal acessível nos países em desenvolvimento – que estava decididamente fora da caixa para ele e para a corporação.

O CEO tomou essa decisão no melhor momento e aproveitou a oportunidade para se envolver em consultas colaborativas com colegas por todo o país. Tempos depois, propôs um empreendimento educacional e filantrópico, que a empresa-mãe financiou. O executivo foi promovido a uma nova vice-presidência de empreendimentos internacionais dentro da matriz – um papel que exerceu com um crescente senso de colaboração e um sentimento maior de responsabilidade social por sua empresa nos mercados emergentes.

A educação formal e os processos de desenvolvimento também podem orientar os indivíduos para uma lógica de ação Estrategista. Programas nos quais os participantes atuam como líderes e desafiam suas suposições convencionais sobre liderança e organização são muito eficazes. Eles podem ser de longo prazo (um ou dois anos) ou estruturados em torno de experiências intensas e repetidas que alimentam a consciência dos participantes momento a momento, sempre proporcionando um choque de dissonância que os estimula a reexaminar suas visões de mundo. Programas inovadores desse tipo podem ser encontrados em algumas universidades e consultorias em todo o mundo.

A Universidade Bath, no Reino Unido, oferece um mestrado de dois anos em responsabilidade e prática de negócios, em que os alunos trabalham juntos durante seis encontros de uma semana. Esses programas incluem atividades de aprendizado em pequenas equipes, escrita autobiográfica, psicodrama, experiências profundas na natureza e um projeto de negócios de um ano que envolve ação e reflexão. Curiosamente, muitas pessoas que participaram desses programas relatam que essas experiências tiveram um poder transformador semelhante ao de uma crise existencial, uma crise na carreira ou um novo casamento.

Equipes de liderança e culturas de liderança dentro das organizações

Até agora, nossa análise se concentrou nos estilos de liderança dos indivíduos. Mas descobrimos que nossas categorias de estilos de liderança também podem ser usadas para descrever equipes e organizações. Vamos falar brevemente sobre as lógicas de ação das equipes.

No longo prazo, as equipes mais eficientes são aquelas com uma cultura Estrategista, na qual o grupo vê os desafios de negócios como oportunidades de crescimento e aprendizado por parte dos indivíduos e da organização. Em uma das empresas com as quais trabalhamos, uma equipe de liderança decidiu convidar gestores de vários departamentos para participarem de novas equipes que iriam se debruçar sobre o tempo de comercialização de novos produtos no mercado. Considerando essa atividade uma distração arriscada, poucos gerentes se ofereceram como voluntários, com exceção de alguns Individualistas e Estrategistas iniciantes. No entanto, a gerência sênior forneceu apoio e feedback suficientes para garantir o sucesso inicial das equipes. Logo, os primeiros participantes foram promovidos e estavam liderando suas próprias equipes interdepartamentais. Os Realizadores da organização, vendo que outros estavam sendo promovidos, começaram a se voluntariar para essas equipes. Gradualmente, mais pessoas dentro da organização estavam experimentando a liderança compartilhada, testando suposições e práticas uns dos outros e lidando com desafios individuais que contribuíam para seu desenvolvimento como líderes.

Infelizmente, poucas empresas usam equipes dessa maneira. A maioria das equipes de gestão do alto escalão opera na lógica de ação dos Realizadores – preferem metas e prazos não ambíguos e trabalham com estratégias, táticas e planos claros, muitas vezes lutando contra cronogramas apertados. Eles prosperam em um clima de adversidade ("É nos momentos de fraqueza que os fortes emergem") e sentem grande prazer em unir esforços e cumprir suas tarefas. Em geral, os líderes da equipe e vários outros membros são Realizadores, vários são Especialistas e talvez um ou dois sejam Individualistas ou Estrategistas (que normalmente se sentem ignorados). Essas equipes de Realizadores muitas vezes não têm paciência suficiente para desacelerar e refletir, rejeitam questões sobre metas e suposições, considerando-as um "filosofar sem fim", e respondem com humor hostil a exercícios criativos, chamando-os de distrações "sem fundamento". Tais comportamentos acabam limitando o sucesso de uma equipe Realizadora.

A situação é pior em empresas grandes e maduras, onde as equipes de gestão sênior operam como Especialistas. Nelas, os vice-presidentes se veem como chefes e, suas "equipes", como uma formalidade para reportar informações. A vida em equipe é desprovida de esforços compartilhados para a solução de problemas, as tomadas de decisão ou as formulações de estratégias. Equipes do alto escalão limitadas pela lógica de ação do Diplomata são ainda menos funcionais. Elas são caracterizadas por fortes diferenças de status, normas indiscutíveis e cerimônias rituais cuidadosamente encenadas.

Equipes Individualistas, que têm maior probabilidade de serem encontradas em empresas criativas, consultorias e organizações sem fins lucrativos, são relativamente raras e muito diferentes das Realizadoras, Especialistas e Diplomatas. Em contraste com as equipes Realizadoras, elas podem ser fortemente reflexivas; de fato, um tempo excessivo pode ser gasto na revisão de metas, premissas e práticas de trabalho. Como as preocupações e sugestões individuais são muito importantes para essas equipes, a tomada de decisão rápida se mostra difícil.

No entanto, como acontece às pessoas individualmente, as equipes podem mudar seu estilo. Por exemplo, vimos CEOs Estrategistas ajudarem equipes seniores Individualistas a equilibrar a ação e a investigação e, assim, transformarem-se em equipes Estrategistas. Outro exemplo é uma equipe sênior de Realizadores em uma empresa de serviços financeiros com a qual trabalhamos, que estava emergindo de dois anos de cortes de custo durante uma desaceleração do setor. Para se adaptar a um mercado de serviços financeiros crescente e em constante mudança, a empresa precisava se tornar significativamente mais visionária e inovadora e aprender a engajar sua força de trabalho. Para liderar essa transformação, a equipe teve que começar por si mesma. Trabalhamos com ela para ajudar seus membros a entender as restrições da orientação do Realizador, o que exigiu várias intervenções ao longo do tempo. Começamos atuando para melhorar a maneira como a equipe discutia questões e treinando membros individuais, incluindo o CEO. À medida que a equipe evoluía, tornava-se aparente que sua composição precisava mudar: dois executivos seniores, que de início pareceram bem adequados ao grupo por causa de suas realizações, tiveram que ser substituídos quando ficou claro que não estavam dispostos a abraçar e experimentar a nova abordagem.

Durante essa reorientação, que durou pouco mais de dois anos, a equipe se tornou um grupo Individualista, com capacidades emergentes de Estrategista. O CEO, que tinha sido classificado como Realizador/Individualista, agora surgia como Estrategista, e a maioria dos outros membros da equipe mostrou um avanço no desenvolvimento da liderança. O impacto disso também foi sentido no sistema de crenças da equipe e da organização:

antes dividido, o grupo aprendeu a aceitar e integrar as diversas opiniões de seus membros. Pesquisas com funcionários relataram uma expansão do engajamento em toda a empresa. Pessoas de fora começaram a vê-la como uma empresa de vanguarda, o que significava que a organização estava mais capacitada a atrair os melhores talentos. No terceiro ano, tanto os lucros líquidos quanto a receita bruta estavam bem à frente dos concorrentes do setor.

A jornada de desenvolvimento do líder não é fácil. Algumas pessoas mudam pouco ao longo da vida; algumas mudam de modo substancial. Apesar do inegável papel crucial da genética, a natureza humana não é fixa. É quase certo que os que estão dispostos a trabalhar no desenvolvimento de si mesmos e se tornarem mais autoconscientes podem evoluir com o tempo para líderes verdadeiramente transformacionais. Poucos se tornarão Alquimistas, mas muitos terão o desejo e o potencial de se tornarem Individualistas e Estrategistas. Corporações que ajudam seus executivos e equipes de liderança a examinar suas lógicas de ação podem obter valiosas recompensas.

Publicado originalmente em abril de 2005.

9
Liderança autêntica

Bill George, Peter Sims, Andrew N. McLean e Diana Mayer

NOS ÚLTIMOS 50 ANOS, os teóricos da liderança realizaram mais de mil estudos na tentativa de determinar estilos, características ou traços de personalidade que definem os grandes líderes. Nenhum desses trabalhos produziu um perfil claro do líder ideal. Ainda bem. Se os estudiosos tivessem apontado um estilo-padrão de liderança, os indivíduos estariam sempre tentando imitá-lo. Eles se transformariam em personagens, não em pessoas, e os outros perceberiam o fingimento imediatamente.

Ninguém pode ser autêntico tentando imitar outra pessoa. Você aprende com as experiências dos outros, mas não há como ter sucesso quando tenta ser como eles. As pessoas confiam em você quando se mostra genuíno, não uma réplica. O CEO da Amgen, Kevin Sharer, que acumulou uma experiência inestimável como assistente de Jack Welch na década de 1980, viu o lado negativo do culto à personalidade da GE naqueles dias. "Todo mundo queria ser como Jack", explica ele. "A liderança tem muitas vozes. Você precisa ser quem você é, não tentar copiar alguém."

Nos últimos cinco anos, as pessoas desenvolveram uma profunda desconfiança dos líderes. É cada vez mais evidente que precisamos de um novo tipo de líder empresarial no século XXI. Em 2003, o livro de Bill George,

Liderança autêntica – Resgate os valores fundamentais e construa organizações duradouras, desafiou uma nova geração a liderar autenticamente. Líderes autênticos demonstram paixão por seus objetivos, praticam seus valores de forma consistente e lideram com seus corações e mentes. Eles estabelecem relacionamentos significativos de longo prazo e têm disciplina para obter resultados. Eles sabem quem são.

Muitos leitores de *Liderança autêntica*, inclusive vários CEOs, demonstraram um grande desejo de se tornarem líderes autênticos e quiseram saber como fazê-lo. Pensando nisso, nossa equipe de pesquisa se propôs a responder à pergunta: "Como é possível se tornar e permanecer um líder autêntico?" Entrevistamos 125 líderes para aprender como eles desenvolveram suas habilidades de liderança. Essas entrevistas constituem o maior estudo aprofundado já realizado sobre o tópico. Nossos entrevistados falaram aberta e honestamente sobre como enxergavam o próprio potencial e compartilharam histórias de vida, conflitos pessoais, fracassos e triunfos.

As pessoas com quem falamos tinham entre 23 e 93 anos, sendo que pelo menos 15 foram entrevistadas por década de nascimento. Elas foram escolhidas com base em suas reputações de autenticidade e eficácia como líderes, bem como em nosso conhecimento pessoal sobre elas. Também pedimos recomendações de outros líderes e acadêmicos. O grupo resultante incluiu mulheres e homens de diversas nacionalidades e contextos étnicos, religiosos e socioeconômicos. Metade deles era de CEOs e a outra metade era formada por uma série de líderes de organizações com e sem fins lucrativos, líderes na metade da carreira e jovens líderes começando suas jornadas.

Depois de entrevistar esses indivíduos, acreditamos ter uma compreensão do motivo pelo qual mais de mil estudos não produziram um perfil de líder ideal. Tendo analisado 3 mil páginas de transcrições, nossa equipe ficou surpresa ao ver que essas pessoas não identificaram quaisquer características, traços, habilidades ou estilos universais que levaram ao seu sucesso. Em vez disso, sua liderança emergia de suas histórias de vida. Consciente e inconscientemente, elas estavam sempre se testando por meio de experiências no mundo real e reformulando suas histórias de vida para entender quem realmente eram. Ao fazê-lo, descobriram o propósito de sua liderança e aprenderam que a autenticidade as tornava mais eficazes.

Esses achados são extremamente encorajadores: você não precisa nascer com as características ou os traços específicos de um líder. Não tem que esperar ser reconhecido pelos outros. Não tem necessidade de estar no topo da sua organização. Em vez disso, você pode descobrir seu potencial agora mesmo. Como disse uma das entrevistadas, CEO da Young & Rubicam, Ann Fudge: "Todos nós temos a centelha da liderança em nosso interior, seja nos negócios, no governo ou como voluntários em organizações sem fins lucrativos. O desafio é entender a nós mesmos bem o suficiente para descobrir onde podemos usar nossos dons de liderança para servir ao outro."

Para descobrir sua liderança autêntica é necessário empenhar-se em desenvolver a si mesmo. Como músicos e atletas, você deve dedicar uma vida inteira à realização de seu potencial. Muitos dos indivíduos que o CEO da Kroger, David Dillon, viu se tornarem bons líderes eram autodidatas. Dillon afirmou: "O conselho que dou aos funcionários de nossa empresa é não esperar que ela lhe entregue um plano de desenvolvimento. Você precisa assumir a responsabilidade por se desenvolver."

Nas páginas seguintes, partimos das lições extraídas de nossas entrevistas para descrever como indivíduos se tornam líderes autênticos. Primeiro e mais importante, eles moldam suas histórias de vida de maneiras que lhes permitem ver a si mesmos não como observadores passivos de sua realidade, mas como pessoas que podem desenvolver autoconsciência a partir das próprias experiências. Líderes autênticos agem de acordo com essa consciência praticando seus valores e princípios, por vezes correndo riscos substanciais para si próprios. Eles têm o cuidado de conciliar suas motivações de modo que sejam movidos por esses valores internos tanto quanto pelo desejo de recompensas externas ou reconhecimento. Os líderes autênticos também mantêm uma forte equipe de apoio ao seu redor, garantindo que seus membros tenham vidas integradas e equilibradas.

Aprendendo com a sua história de vida

A jornada para a liderança autêntica começa com a compreensão da sua história de vida. Sua história fornece o contexto para suas experiências e, por meio dela, você pode encontrar a inspiração para causar um impacto no mundo. Como o romancista John Barth escreveu certa vez: "A história da sua vida não é a sua vida. É a sua história." Em outras palavras, é a sua narrativa pessoal que importa, não os meros fatos que vivenciou. A sua narrativa de vida é como uma gravação exibida de maneira contínua em sua mente. Muitas e muitas vezes, você reprisa os acontecimentos e as interações pessoais que são importantes, tentando entendê-los e, assim, encontrando seu lugar no mundo.

Embora as histórias de vida dos líderes autênticos cubram um amplo espectro de experiências – inclusive o impacto positivo de pais, treinadores esportivos e mentores –, muitos relataram que sua motivação veio de uma situação difícil que tiveram que enfrentar. Eles descreveram os efeitos transformadores da perda de um emprego, de doenças, da morte de um amigo próximo ou de um parente e de sentimentos de exclusão, discriminação e rejeição por colegas. Entretanto, em vez de se enxergarem como vítimas, os líderes autênticos usaram essas experiências formadoras para dar um significado à própria vida. Eles reestruturaram esses acontecimentos de tal forma que se tornaram um impulso para superar grandes desafios e descobrir sua paixão pela liderança.

Vamos nos concentrar agora em um líder em particular, o presidente da Novartis, Daniel Vasella, cuja história de vida foi uma das mais árduas dentre todos os que entrevistamos. Ele superou os desafios mais extremos de sua juventude e alcançou o topo da indústria farmacêutica mundial, uma trajetória que ilustra os dissabores pelos quais muitos líderes passam em suas jornadas para a liderança autêntica.

Vasella nasceu em 1953, em Fribourg, na Suíça. De família modesta, teve a infância marcada por problemas de saúde, que criaram nele uma paixão pela medicina. Suas primeiras lembranças eram a de um hospital no qual foi admitido aos 4 anos, quando sofreu uma intoxicação alimentar. Com crises de asma aos 5 anos, ele foi enviado sozinho às montanhas na região leste da Suíça por dois verões. Ficar afastado dos pais por quatro meses foi especialmente difícil porque sua cuidadora sofria de alcoolismo e era indiferente às suas necessidades.

Aos 8 anos, Vasella teve tuberculose, seguida de meningite, e foi mandado a um sanatório, onde permaneceu por um ano. Sozinho e com saudade de casa, ele sofreu muito naquele período, pois seus pais raramente o visitavam. Ainda se lembra da dor e do medo que sentia quando as enfermeiras o seguravam durante as punções lombares, para que não se mexesse. Um dia, um novo médico chegou e se deu o trabalho de explicar a ele cada passo do procedimento. Vasella perguntou se poderia segurar a mão da enfermeira, em vez de ela segurá-lo. "O mais incrível foi que o procedimento não doeu", recorda Vasella. "Depois, o médico me perguntou: 'Como foi dessa vez?' Eu fui até ele e lhe dei um abraço. Esses gestos humanos de bondade, carinho e compaixão causaram uma forte impressão em mim e na pessoa que eu queria ser."

O tempo se passou e a vida de Vasella permanecia problemática. Quando tinha 10 anos, sua irmã faleceu, aos 18, depois de sofrer de câncer por dois anos. Três anos depois, o pai morreu durante uma cirurgia. Para sustentar a família, a mãe foi trabalhar em uma cidade distante e só voltava para casa uma vez a cada três semanas. Sozinho, ele e seus amigos faziam festas em que consumiam cerveja e se metiam em brigas. Isso durou três anos, até ele conhecer sua primeira namorada, cujo amor mudou sua vida.

Aos 20, Vasella começou a faculdade de medicina, na qual se formaria com honras. Durante esse período de estudos, ele buscou psicoterapia para se reconciliar com suas experiências da infância e adolescência e não se sentir como vítima. Por meio da análise, reformulou sua história de vida e percebeu que queria ajudar um número mais amplo de pessoas do que seria possível em uma prática individual no consultório. Após completar sua residência, ele se inscreveu para ser médico-chefe da Universidade de Zurique; entretanto, o comitê responsável o considerou jovem demais para a função.

Decepcionado, mas não surpreso, Vasella decidiu usar suas habilidades para aumentar seu impacto na medicina. Naquele tempo, ele tinha uma fascinação por finanças e negócios. Conversou com o chefe da divisão farmacêutica da Sandoz, que lhe ofereceu a oportunidade de se juntar à afiliada da empresa nos Estados Unidos. Em seus cinco anos no país, Vasella floresceu naquele ambiente estimulante, primeiro como representante de vendas, depois como gerente de produtos, avançando rapidamente através da organização de marketing da Sandoz.

Quando a Sandoz se uniu à Ciba-Geigy em 1996, Vasella, apesar de ainda muito jovem e de ter uma experiência limitada, foi nomeado CEO das duas empresas combinadas, agora chamada de Novartis. Ao assumir esse posto, Vasella desabrochou como líder. Ele enxergou a oportunidade de construir uma grande empresa mundial de saúde, que ajudaria as pessoas por meio de novos medicamentos que salvariam vidas, como o Gleevec, que se mostrou altamente eficiente para pacientes com leucemia mieloide crônica. Inspirado pelos médicos de sua juventude, ele construiu uma cultura inteiramente nova na empresa, centrada em compaixão, competência e competição. Esses movimentos estabeleceram a Novartis como uma gigante da indústria farmacêutica e Vasella como um líder generoso.

A experiência de Vasella é apenas uma entre as dezenas fornecidas por líderes autênticos, que tiraram sua inspiração diretamente de suas histórias de vida. Quando perguntados sobre o que lhes permitiu liderar tão bem, esses líderes sempre respondiam que encontraram suas forças por meio de experiências transformadoras, que os capacitaram a entender o propósito mais profundo de sua liderança.

Conhecendo seu verdadeiro eu

Quando pediram aos 75 membros do Conselho Consultivo da Faculdade de Administração da Universidade Stanford que identificassem qual era a competência mais importante a ser desenvolvida pelos líderes, a resposta foi quase unânime: autoconhecimento. No entanto, muitos líderes, especialmente os que estão em início de carreira, estão se esforçando tanto para se estabelecer no mundo que deixam pouco tempo para essa investigação de si mesmo. Eles se empenham em alcançar o sucesso de maneiras tangíveis reconhecidas no mundo exterior – dinheiro, fama, poder, status ou um aumento no preço das ações.

Muitas vezes, sua motivação permite que sejam profissionalmente bem-sucedidos por algum tempo, mas eles são incapazes de sustentar esse êxito. À medida que envelhecem, podem descobrir que falta algo em sua vida e percebem que estão impedindo a si mesmos de ser as pessoas que desejam ser. Conhecer o seu eu autêntico requer coragem e honestidade para abrir e examinar suas experiências. Ao fazê-lo, os líderes se tornam mais humanos e dispostos a serem vulneráveis.

De todos os líderes que entrevistamos, David Pottruck, ex-CEO da corretora Charles Schwab, teve uma das mais persistentes jornadas para alcançar o autoconhecimento. Tendo se destacado nas ligas de futebol americano no ensino médio, Pottruck se tornou o jogador mais valioso de sua equipe na Universidade da Pensilvânia. Depois de concluir o MBA na Wharton e de passar um período no Citigroup, ele se juntou à Charles Schwab como diretor de marketing, mudando de Nova York para São Francisco. Era extremamente dedicado ao trabalho e não conseguia entender por que seus novos colegas se ressentiam de suas horas extras e de sua agressividade em pressionar por resultados. "Eu achava que minhas realizações falariam por si mesmas", disse ele. "Nunca me ocorreu que o meu nível de energia iria intimidar e ofender outras pessoas, porque na minha cabeça eu estava tentando ajudar a empresa."

Pottruck ficou chocado quando seu chefe lhe disse: "Dave, seus colegas não confiam em você." Ele descreveu: "Esse feedback foi como uma facada no peito. Eu estava em negação, pois não me via como os outros me viam. Tornei-me um para-raios de conflitos, mas não tinha ideia de como eu parecia egoísta aos olhos das outras pessoas. Ainda assim, no fundo o feedback me soou verdadeiro." Pottruck percebeu que não poderia ter sucesso a menos que identificasse e superasse seus pontos cegos.

A negação pode ser o maior obstáculo que os líderes enfrentam para se tornarem autoconscientes. Todos eles têm egos a serem afagados, inseguranças a serem suavizadas, medos a serem dissipados. Os líderes autênticos percebem que devem estar dispostos a ouvir o feedback – especialmente o tipo que não desejam ouvir.

Foi somente após o segundo divórcio que Pottruck enfim reconheceu que ele ainda tinha grandes pontos cegos: "Depois que meu segundo casamento se desfez, achei que tinha um problema em escolher esposas." Então, trabalhou com um terapeuta que lhe disse algumas verdades difíceis: "A boa notícia é que você não tem um problema de seleção de esposas; a má notícia é que tem um problema de comportamento como marido." Pottruck então fez um esforço determinado para mudar. Como ele contou: "Eu era como aquele cara que só depois de três ataques cardíacos finalmente percebeu que precisava parar de fumar e perder peso."

Hoje em dia, Pottruck está feliz em seu novo casamento e ouve com atenção quando sua esposa lhe oferece um feedback construtivo. Ele reconhece que, às vezes, recai em velhos hábitos, particularmente em situações de alta tensão, mas agora desenvolveu maneiras de lidar com o estresse. "Eu tive bastante sucesso na vida para ter uma boa base de autoestima, então posso aceitar as críticas sem negá-las. Finalmente aprendi a tolerar meus fracassos e decepções e a não me martirizar o tempo todo."

Praticando seus valores e princípios

Os princípios que formam a base para a liderança autêntica são derivados de suas crenças e convicções, mas você não saberá quais são seus valores verdadeiros enquanto eles não forem testados sob pressão. É relativamente fácil elencá-los e viver de acordo com eles quando as coisas estão indo bem. Quando seu sucesso, sua carreira ou até mesmo sua vida estão em jogo, você aprende o que é mais importante, o que está disposto a sacrificar e quais concessões está disposto a fazer.

Princípios de liderança são valores traduzidos em ação. Ter uma base sólida de valores e testá-los em provas de fogo lhe permitirá desenvolver os princípios que você usará na liderança. Por exemplo, um valor como "preocupação com os outros" pode ser traduzido em um princípio de liderança como "criar um ambiente de trabalho em que as pessoas sejam respeitadas por suas contribuições, tenham segurança no emprego e possam atingir seu potencial".

Considere Jon Huntsman, fundador e presidente da Huntsman Corporation, fabricante de produtos químicos. Seus valores morais foram profundamente desafiados quando ele trabalhou para o governo Nixon em 1972, pouco antes do caso Watergate. Depois de um breve período no departamento de Saúde, Educação e Bem-Estar dos Estados Unidos, ele conseguiu um cargo sob o comando de H. R. Haldeman, o poderoso chefe de gabinete do presidente Nixon. Huntsman disse que achou a experiência de receber ordens de Haldeman muito confusa. "Eu não era preparado para receber ordens, independentemente de serem ou não ética ou moralmente corretas", explicou ele. "Tivemos alguns confrontos, já que muitas coisas que Haldeman queria fazer eram questionáveis. Uma atmosfera amoral permeava a Casa Branca."

Um dia, Haldeman chamou Huntsman para ajudá-lo a armar uma cilada para um congressista da Califórnia que se opunha a uma iniciativa da Casa Branca. O congressista era coproprietário de uma fábrica que supostamente empregava trabalhadores em situação ilegal. No intuito de coletar informações que pudessem constranger o congressista, Haldeman disse a Huntsman para conseguir que o gerente de uma fábrica de Huntsman colocasse alguns trabalhadores sem documentos na fábrica do congressista, em uma operação secreta.

"Há momentos em que reagimos rápido demais e não percebemos imediatamente o que é certo ou errado", recordou Huntsman. "Esse foi um daqueles momentos em que eu não refleti. Eu sabia instintivamente que estava errado, mas demorei alguns minutos para perceber isso. Valores que haviam me acompanhado desde a infância vieram à tona. Na metade da minha conversa com o gerente da fábrica, eu disse a ele: "Não vamos fazer isso. Eu não quero jogar esse jogo. Esqueça que liguei".

Huntsman disse a Haldeman que não usaria seus funcionários dessa maneira. "Eu estava dizendo não à segunda pessoa mais poderosa do país. Ele não gostava de reações desse tipo, pois as via como sinais de deslealdade. Eu poderia muito bem estar dizendo adeus ao meu posto. Que assim fosse. Saí depois de seis meses."

Conciliando suas motivações extrínsecas e intrínsecas

Como os líderes autênticos precisam sustentar altos níveis de motivação e manter sua vida em equilíbrio, é extremamente importante que eles entendam o que os impulsiona. As motivações podem ser de dois tipos: extrínsecas e intrínsecas. Embora relutem em admitir, muitos líderes são levados a medir seu sucesso por parâmetros do mundo exterior. Eles apreciam o reconhecimento e o status que vêm em forma de promoções e recompensas financeiras. As motivações intrínsecas, por outro lado, derivam do sentido que dão para a própria vida. Elas estão intimamente ligadas à trajetória de alguém e ao modo como ele a enxerga. Os exemplos incluem alcançar crescimento pessoal, ajudar outras pessoas a se desenvolverem, assumir causas sociais e fazer diferença no mundo. A chave é encontrar um equilíbrio entre seus desejos de validação externa e as motivações intrínsecas que proporcionam satisfação em seu trabalho.

Muitos entrevistados aconselharam os aspirantes a líderes a serem cautelosos e não se deixarem envolver pelas expectativas da sociedade, de seus

Seu desenvolvimento como líder autêntico

Enquanto lê este artigo, pense na base para o desenvolvimento da sua liderança e o caminho que você precisa seguir para se tornar um líder autêntico. Então, faça a si mesmo as seguintes perguntas:

1. **Que pessoas e experiências no início de sua vida tiveram o maior impacto sobre você?**
2. **Que ferramentas você usa para alcançar o autoconhecimento?** Qual é o seu verdadeiro eu? Quais são os momentos em que diz para si mesmo: "Esse é o meu verdadeiro eu"?
3. **Quais são seus valores mais profundos?** De onde eles vieram? Seus princípios mudaram significativamente desde a sua infância? Como eles justificam suas ações?
4. **O que o motiva extrinsecamente?** E quais são suas motivações intrínsecas? Como você concilia as motivações extrínsecas e intrínsecas em sua vida?
5. **Que tipo de equipe de apoio você tem?** Como sua equipe de apoio pode fazer de você um líder mais autêntico? De que modo deve diversificar sua equipe para ampliar sua perspectiva?
6. **Sua vida está integrada?** Você é capaz de ser a mesma pessoa em todos os aspectos de sua vida: pessoal, profissional, familiar e comunitário? Se não, o que o está impedindo?
7. **O que ser autêntico significa em sua vida?** Você é mais eficaz como líder quando se comporta de maneira autêntica? Já pagou um preço por sua autenticidade como líder? Valeu a pena?
8. **Que passos você pode dar hoje, amanhã e no próximo ano para desenvolver sua liderança autêntica?**

---

pares ou de sua família. Debra Dunn, que trabalhou no Vale do Silício durante décadas como executiva da Hewlett-Packard, reconheceu as constantes pressões de fontes externas: "O caminho da acumulação de bens materiais está claramente estabelecido. Você sabe como medi-lo. Se não seguir esse caminho, as pessoas vão achar que há algo errado com você. A única maneira de evitar ser apanhado pelo materialismo é entender onde você encontra felicidade e realização."

Afastar-se da validação externa das próprias realizações nem sempre é fácil. Líderes orientados para a conquista ficam tão acostumados a realizações sucessivas ao longo de seus primeiros anos que precisam de coragem para perseguir suas motivações intrínsecas. Mas, em algum momento, a maioria dos líderes reconhece que precisa abordar questões mais difíceis a fim de buscar um sucesso com mais significado. Alice Woodwark, da McKinsey, que aos 29 anos já alcançara um êxito notável, refletiu: "Minha versão de realização profissional era bastante ingênua, vinda de coisas que aprendi cedo na vida sobre elogios e valorização. Mas, se você está apenas correndo atrás de aplausos, não está caminhando na direção de algo significativo."

As motivações intrínsecas são congruentes com seus valores e são mais gratificantes do que as motivações extrínsecas. John Thain, CEO da Bolsa de Valores de Nova York, afirmou: "Sinto-me motivado por fazer um trabalho realmente bom em tudo o que realizo, mas prefiro multiplicar meu impacto na sociedade por meio de um grupo de pessoas." Ou como Ann Moore, presidente da *Time*, colocou: "Cheguei aqui há 25 anos apenas porque adorava revistas e o mundo editorial." Moore teve uma dezena de ofertas de emprego depois que terminou a faculdade de administração, mas aceitou o que pagava menos na *Time* por causa de sua paixão pelo setor.

Construindo sua equipe de apoio

Os líderes não podem ter sucesso sozinhos; até mesmo o executivo mais confiante precisa de apoio e aconselhamento. Sem relacionamentos fortes para fornecer outros pontos de vista, é muito fácil se perder pelo caminho.

Líderes autênticos constroem extraordinárias equipes de apoio para ajudá-los a permanecer no rumo certo. Essas equipes os aconselham em tempos de incerteza, os ajudam em meio às dificuldades e celebram com eles o sucesso. Nos seus piores dias, os líderes encontram conforto em estar com pessoas em quem podem confiar, diante de quem possam se mostrar abertos e vulneráveis. Eles apreciam os amigos que gostam deles por quem são, não pelo que são. Os líderes autênticos encontram em suas equipes de apoio validação, conselhos e perspectivas diversificadas, além de pedidos de correções de curso, quando necessárias.

Como você constrói sua equipe de apoio? A maioria dos líderes autênticos tem uma estrutura de apoio multifacetada, que inclui seus cônjuges ou companheiros, familiares, mentores, amigos e colegas. Eles formam suas redes ao longo do tempo, à medida que experiências, histórias compartilhadas e abertura com pessoas próximas a eles vão criando a confiança e a credibilidade de que precisam em tempos de provações e incertezas. Os líderes devem dar aos seus apoiadores tanto quanto recebem deles, de maneira que relacionamentos mutuamente benéficos possam se desenvolver.

Para começar é preciso ter pelo menos uma pessoa em sua vida com quem possa ser completamente franco, com todos os seus defeitos e virtudes, e ainda ser aceito de maneira incondicional. Muitas vezes, essa pessoa é a única que pode lhe dizer a mais honesta das verdades. A maioria dos líderes tem seus relacionamentos mais íntimos com seus cônjuges, embora alguns desenvolvam esses vínculos com outros membros da família, um amigo próximo ou um mentor confiável. Quando os líderes podem confiar em um apoio incondicional, eles ficam mais propensos a aceitar a si mesmos por quem realmente são.

Muitos relacionamentos crescem ao longo do tempo por meio da expressão de valores compartilhados e um propósito comum. Randy Komisar, da empresa de capital de risco Kleiner Perkins Caufield & Byers, afirma que seu casamento com Debra Dunn, da Hewlett-Packard, é duradouro porque está enraizado em valores semelhantes. "Debra e eu somos muito independentes, mas extremamente harmoniosos em termos de nossas aspirações pessoais, nossos valores e nossos princípios. Temos uma forte identificação em torno de questões como: 'Que legado estou deixando para o mundo?' É importante estar em sincronia com o que fazemos com nossas vidas."

Muitos líderes tiveram um mentor que mudou suas vidas. As melhores interações de mentoria são aquelas que estimulam o aprendizado mútuo, a exploração de valores semelhantes e o prazer compartilhado. Se o líder está apenas procurando uma pessoa que o ajude a dar um passo à frente, em vez de estar interessado também pela vida dela, a parceria não durará por muito tempo. O que sustenta uma conexão é a sua natureza bidirecional.

Grupos de apoio pessoal e profissional podem assumir muitas formas. Tad Piper, do banco de investimentos Piper Jaffray, participa de um grupo de Alcoólicos Anônimos. Ele observou: "Eles não são CEOs. São apenas um grupo de gente boa e trabalhadora que está tentando permanecer sóbria, levar uma vida decente e trabalhar umas com as outras para serem abertas, honestas e vulneráveis. Nós reforçamos o comportamento uns dos outros falando sobre nossa dependência química de forma disciplinada enquanto passamos pelas 12 etapas. Eu me sinto abençoado por estar cercado de indivíduos que estão pensando nesses problemas e realmente fazendo algo para solucioná-los, não apenas falando sobre eles."

As experiências de Bill George ecoam as de Piper: em 1974, ele se juntou a um grupo masculino que se formou depois de um retiro de fim de semana. Mais de 30 anos depois, o grupo ainda se reúne todas as manhãs de quarta-feira. Depois de um período de introdução, durante o qual trocam novidades sobre suas vidas e lidam com qualquer dificuldade especial que alguém possa estar enfrentando, um dos oito membros lidera uma discussão sobre um assunto que selecionou. Essas conversas são abertas, inquisidoras e, com frequência, profundas. A chave para o sucesso é que eles revelam suas verdadeiras crenças sem medo de julgamentos, críticas ou represálias. Todos os membros consideram o grupo um dos aspectos mais importantes de suas vidas, permitindo-lhes explicitar suas crenças, valores e compreensão de questões vitais, além de servir como uma fonte de feedback honesto quando mais precisam.

Integrando sua vida por meio do equilíbrio

Integrar a própria vida é um dos maiores desafios que um líder enfrenta. Para levar uma vida equilibrada, você precisa reunir todos os seus elementos constituintes – trabalho, família, comunidade e amigos – para que possa ser a mesma pessoa em cada ambiente. Pense em sua vida como uma casa, com um quarto para a vida pessoal, um escritório para a vida profissional, um ambiente mais aconchegante para reunir a família e uma sala de estar para receber os amigos. Você é capaz de derrubar as paredes entre esses cômodos e ser a mesma pessoa em cada um deles?

Como John Donahoe, presidente da eBay Marketplaces e ex-diretor mundial da Bain, sublinhou: ser autêntico significa manter um senso de si mesmo não importa onde estiver. Ele alertou: "O mundo pode moldá-lo se você deixar. Para ter uma noção de si mesmo enquanto conduz a vida, você deve fazer escolhas conscientes. Às vezes as escolhas são realmente difíceis e você comete muitos erros."

Líderes autênticos têm uma presença firme e segura. Eles não surgem como uma pessoa um dia e outra pessoa no outro. Integração exige disciplina, particularmente durante momentos de estresse, quando é fácil tornar-se reativo e voltar aos maus hábitos. Donahoe sente que a integração de sua vida lhe permitiu tornar-se um líder mais eficaz: "Não existe um nirvana, um estado supremo e definitivo", explicou ele. "A luta é constante, pois os dilemas não ficam mais fáceis à medida que se envelhece." Para líderes autênticos, vidas pessoais e profissionais não são um jogo de soma zero. Como Donahoe disse: "Hoje não tenho dúvidas de que meus filhos me fizeram um líder muito mais eficaz no trabalho. Ter uma vida pessoal sólida fez a diferença."

Liderar é um trabalho muito estressante. Não há como evitar a tensão quando você é responsável por pessoas, organizações, resultados e por gerenciar as constantes incertezas do ambiente. Quanto mais alto você chegar, maior será sua liberdade de controlar seu destino, porém também maior será o seu grau de estresse. A questão não é se você pode evitar o estresse, mas como administrá-lo para manter seu próprio senso de equilíbrio.

Os líderes autênticos estão sempre conscientes da importância de permanecerem estabilizados. Além de passarem tempo com suas famílias e seus amigos, eles fazem exercícios físicos, seguem práticas espirituais, prestam serviço comunitário e retornam aos lugares onde cresceram. Tudo isso é essencial para sua eficácia como líderes, permitindo-lhes sustentar sua autenticidade.

Capacitando pessoas a liderar

Agora que discutimos o processo de descobrir sua liderança autêntica, vamos ver como os líderes autênticos preparam as pessoas em suas organizações para alcançar resultados superiores no longo prazo, o que constitui o ponto principal de toda liderança.

Os líderes autênticos reconhecem que a liderança não diz respeito ao seu sucesso ou à formação de subordinados leais para segui-los. Eles sabem que a chave para uma organização bem-sucedida é ter líderes capacitados em todos os níveis, inclusive os que não são seus subordinados diretos. Eles não apenas inspiram os que os rodeiam, mas também capacitam esses indivíduos para assumirem seus papéis e liderar.

A reputação de construir relacionamentos e capacitar pessoas foi fundamental para a impressionante recuperação da Xerox na gestão da CEO Anne Mulcahy. Quando Mulcahy foi convidada a substituir seu predecessor, a Xerox tinha 18 bilhões em dívidas e todas as suas linhas de crédito estavam esgotadas. Com o preço da ação em queda livre, o moral andava sempre baixo. Para piorar a situação, a Comissão de Valores Mobiliários estava investigando as práticas de realização das receitas da empresa.

A nomeação de Mulcahy foi uma surpresa para todos – inclusive para ela mesma. Veterana da Xerox, havia trabalhado em vendas e na equipe corporativa por 25 anos, mas nunca em finanças, pesquisa e desenvolvimento ou fabricação. Como Mulcahy poderia lidar com essa crise sem ter nenhuma experiência na área financeira? Ela levou para o papel de CEO as relações que construíra ao longo de 25 anos, uma compreensão impecável da organização e, acima de tudo, sua credibilidade como líder autêntica. Todos sabiam que ela daria a vida pela Xerox, portanto estavam dispostos a lhe dar um voto de confiança.

Após sua nomeação, Mulcahy se reuniu pessoalmente com os 100 principais executivos da empresa para perguntar se eles permaneceriam ali apesar dos desafios futuros. "Eu sabia que havia pessoas que não me apoiavam", disse ela. "Então, confrontei algumas delas e disse: 'Isso é sobre a empresa.'" As duas primeiras pessoas com quem Mulcahy conversou, ambas responsáveis por grandes unidades operacionais, decidiram sair, mas as 98 restantes se comprometeram a ficar.

Durante toda a crise, o pessoal da Xerox foi capacitado por Mulcahy a avançar e liderar para restaurar a organização à sua antiga grandeza. No fim, sua liderança permitiu que a Xerox evitasse a falência ao pagar 10 bilhões de dólares em dívidas e recuperar o crescimento da receita e a lucratividade com uma combinação de redução de custos e novos produtos inovadores. Como resultado, o preço das ações triplicou.

Como Mulcahy, todos os líderes têm que entregar resultados financeiros. Ao criar um círculo virtuoso, no qual os números reforçam a eficácia de sua liderança, os líderes autênticos são capazes de sustentar esses resultados nos bons e maus momentos. Seu sucesso permite que atraiam pessoas talentosas e alinhem as atividades dos funcionários com objetivos compartilhados, enquanto capacitam os outros em sua equipe a liderar assumindo desafios maiores. De fato, resultados superiores durante um período prolongado são a marca definitiva de um líder autêntico. Pode ser possível gerar bons resultados de curto prazo sem ser autêntico, mas uma liderança autêntica é a única maneira que conhecemos de criar resultados sustentáveis de longo prazo.

Para líderes autênticos, há recompensas especiais. Nenhuma conquista individual pode igualar o prazer de liderar um grupo de pessoas para alcançar um objetivo valioso. Quando vocês cruzam juntos a linha de chegada, a dor e o sofrimento que pode ter experimentado desaparecem rapidamente. Eles são substituídos por uma profunda satisfação interior por ter capacitado os outros e, assim, ter feito do mundo um lugar melhor. Esses são o desafio e a realização da liderança autêntica.

Publicado originalmente em fevereiro de 2007.

10

Em defesa do líder incompleto

Deborah Ancona, Thomas W. Malone, Wanda J. Orlikowski e Peter M. Senge

NÓS ESPERAMOS DEMAIS DE NOSSOS LÍDERES. Achamos que grandes executivos devem ter a capacidade intelectual de dar sentido a questões incrivelmente complexas, os poderes imaginativos de pintar uma visão do futuro que gere entusiasmo em todos, o conhecimento operacional para traduzir a estratégia em planos concretos e as habilidades interpessoais para promover um comprometimento com projetos que podem custar os empregos das pessoas se falharem. Infelizmente, nenhum ser humano é capaz de atender a todos esses padrões de alto nível.

É hora de acabar com o mito do líder completo: o indivíduo no topo, que é infalível e sempre sabe tudo. De fato, quanto mais cedo os líderes pararem de tentar ser tudo para todas as pessoas, melhores serão as organizações que eles lideram. No mundo de hoje, o trabalho do executivo não é mais comandar e controlar, mas cultivar e coordenar as ações de outras pessoas em todos os níveis. Somente quando se virem como profissionais incompletos – com seus pontos fortes e fracos –, os líderes serão capazes de recorrer a outras pessoas para compensar as habilidades que não possuem.

As corporações vêm se tornando menos hierárquicas e mais colaborativas há décadas, à medida que a globalização e a crescente importância do trabalho do conhecimento passaram a exigir que a responsabilidade e a iniciativa fossem distribuídas mais amplamente. Além disso, agora é possível que grandes grupos de pessoas coordenem as próprias ações, não apenas levando muitas informações para alguns locais centralizados, mas também levando muitas informações para muitos lugares por meio de redes cada vez maiores dentro e fora da empresa. A própria complexidade e ambiguidade dos problemas nos torna mais humildes. Mais e mais decisões são tomadas no contexto de mercados globais e de forças financeiras, sociais, políticas, tecnológicas e ambientais que mudam depressa – e às vezes radicalmente. Todos os stakeholders ou partes interessadas, como ativistas, autoridades reguladoras e funcionários, têm reivindicações a fazer.

Nenhuma pessoa conseguiria dar conta de tudo. Mas o mito do líder completo (e com ele o medo de parecer incompetente) faz com que muitos executivos tentem fazer exatamente isso, esgotando-se e prejudicando suas organizações no processo. O líder incompleto, pelo contrário, sabe em que momento delegar: quando deixar os que conhecem o mercado local fazerem o planejamento publicitário ou quando permitir que a equipe de engenharia trabalhe com sua visão sobre as necessidades dos clientes. O líder incompleto também reconhece que a liderança existe em toda a hierarquia organizacional – onde quer que haja conhecimento especializado, visões, novas ideias e comprometimento.

Temos visto centenas de pessoas lutando sob o peso do mito do líder completo. Nos últimos seis anos, nosso trabalho no Centro de Liderança do MIT incluiu o estudo da liderança em muitas organizações e o ensino do tema para executivos seniores, gerentes intermediários e alunos de MBA. Em nossos programas práticos, analisamos vários relatos de mudanças organizacionais e observamos os líderes se esforçarem para combinar as iniciativas estratégicas do topo com ideias vibrantes vindas do restante da organização.

Todo esse trabalho nos levou a desenvolver um modelo de liderança distribuída. Essa estrutura, que sintetiza nossa própria pesquisa e abraça

> ## Em resumo
>
> Você já fingiu confiança para superiores ou subordinados? Já escondeu o fato de estar confuso com os últimos resultados da empresa ou surpreso com o último movimento feito por um concorrente? Se respondeu sim é porque acreditou no **mito do líder completo**: o ser perfeito que está no topo e sabe de tudo.
>
> É um mito sedutor. Mas, no mundo atual, em que os problemas estão cada vez mais complexos, nenhum ser humano é capaz de atender a esse padrão. Os líderes que tentam só conseguem exaurir a si mesmos, colocando em risco suas empresas.
>
> Ancona e os coautores deste artigo sugerem uma maneira melhor de liderar: aceitar que você é humano, com suas forças e fraquezas. Entenda as quatro competências de liderança de que todas as organizações precisam:
>
> - Dar sentido – interpretar os desenvolvimentos no ambiente de negócios.
> - Relacionar-se – construir relacionamentos de confiança.
> - Ter visão – comunicar uma imagem convincente do futuro.
> - Ter inventividade – conceber novas maneiras de fazer as coisas.
>
> Assim, identifique pessoas que possam fornecer as competências que lhe faltam e trabalhe com elas.
>
> Siga essa abordagem e você promoverá liderança por toda a organização, libertando o conhecimento, a visão e as novas ideias de que sua empresa necessita para alcançar novos patamares.

ideias de outros estudiosos do assunto, vê a liderança como um conjunto de quatro competências: *dar sentido* (compreender o contexto no qual uma empresa e seu pessoal operam), *relacionar-se* (construir relacionamentos internos e entre organizações), *ter visão* (criar uma imagem convincente do futuro) e *ter inventividade* (desenvolver novas formas de alcançar a visão).

Na prática

Líderes incompletos encontram outros profissionais em suas empresas que possam complementar suas forças e compensar suas fraquezas. Para fazer isso, entenda as quatro competências de que as organizações necessitam. Depois, faça um diagnóstico de suas forças em cada uma delas.

Competência	O que significa	Exemplo	Procure ajuda nessa competência se você...
Dar sentido	Entender constantemente as mudanças no ambiente de negócios e interpretar suas ramificações em seu setor e sua empresa.	Um CEO pergunta: "Como as novas tecnologias vão reformular nosso setor?", "Como a globalização dos mercados de trabalho afeta nossa estratégia de recrutamento?".	• Sente fortemente que está sempre certo. • É surpreendido com frequência por mudanças em sua empresa ou setor. • Fica ressentido quando as coisas mudam.
Relacionar-se	Construir relacionamentos de confiança, equilibrar a defesa de seus argumentos (explicando seus pontos de vista) com perguntas (ouvindo e entendendo os pontos de vista dos outros) e cultivar redes de apoio com confidentes.	Ex-CEO da Southwest Airlines, Herb Kelleher é excelente na construção de relacionamentos de confiança. Ele não tinha medo de dizer aos funcionários que os amava e reforçava esses laços emocionais com uma compensação equitativa e participação nos lucros.	• Culpa os demais por fracassos em projetos. • Sente que os outros estão sempre o deixando na mão ou que não são confiáveis. • Experimenta com frequência uma interação desagradável, frustrante ou questionadora com os outros.

Embora aqui simplificados, esses recursos abrangem as competências intelectuais e interpessoais, as racionais e as intuitivas, as conceituais e as inventivas, necessárias ao ambiente de negócios de hoje. Raras vezes – se é que acontece – alguém será igualmente hábil em todos os quatro domínios. Assim, os líderes incompletos diferem dos líderes incompetentes na medida em que entendem no que são bons e no que não são e fazem um bom julgamento sobre como podem trabalhar com os outros para melhorar seus pontos fortes e compensar suas limitações.

Ter visão	Criar imagens verossímeis e convincentes de um futuro desejado que as pessoas na organização queiram criar juntas.	Pierre Omidyar, fundador do eBay, teve a visão de uma nova maneira de fazer vendas a varejo em larga escala: uma comunidade on-line em que usuários assumem a responsabilidade pelo que acontece e têm igual acesso à informação.	• Pergunta-se muitas vezes: "Por que estamos fazendo isso?" ou "Isso realmente importa?". • Não se lembra da última vez que ficou animado com o seu trabalho. • Sente que está perdendo o sentido de um propósito mais amplo.
Ter inventividade	Criar maneiras diferentes de abordar tarefas ou de superar problemas aparentemente intransponíveis para transformar visões em realidade.	A CEO do eBay Meg Whitman ajudou a trazer a visão de Omidyar sobre vendas on-line para a vida real inventando maneiras de lidar com segurança, confiabilidade do fornecedor e diversificação do produto.	• Tem dificuldade em relacionar a visão da empresa com o que está fazendo hoje. • Observa lacunas entre as aspirações de sua empresa e a maneira como o trabalho é organizado. • Acha que as coisas tendem a ser sempre as mesmas.

Às vezes, os líderes precisam desenvolver as competências nas quais são mais fracos. Os exemplos ao longo deste artigo fornecem algumas sugestões de quando e como fazer isso. Outras vezes, no entanto, é mais importante para os líderes trabalharem com os outros para compensar suas fraquezas. Equipes e organizações – não apenas indivíduos – podem usar esse modelo para identificar seus pontos fortes e fracos e encontrar maneiras de equilibrar seus conjuntos de competências.

Dar sentido

O termo *sensemaking*, ou "atribuição de sentido", foi criado pelo psicólogo organizacional Karl Weick e significa precisamente dar sentido ao mundo à nossa volta. Os líderes estão constantemente tentando entender os contextos em que estão operando. Como as novas tecnologias transformarão o setor? Como as mudanças nas expectativas culturais mudarão o papel das empresas na sociedade? Como a globalização dos mercados de trabalho afeta os planos de recrutamento e expansão?

Weick comparou o processo de atribuição de sentido à cartografia. Aquilo que nós mapeamos depende de para onde olhamos, em que fatores escolhemos nos concentrar e quais aspectos do terreno decidimos representar. Como essas escolhas moldam o tipo de mapa que produzimos, nenhum mapa é perfeito. Portanto, dar sentido é mais que um ato de análise; é um ato de inventividade. (Veja o quadro "Envolva-se na atribuição de sentido" a seguir.)

A chave para os líderes é determinar qual seria um mapa útil de acordo com seus objetivos particulares e, em seguida, desenhar um que represente adequadamente a situação que a organização está enfrentando naquele momento. Executivos que são fortes nessa competência sabem capturar rapidamente as complexidades de seu ambiente e explicá-las para os outros em termos simples. Isso ajuda a garantir que todos estejam trabalhando a partir do mesmo mapa, o que torna muito mais fácil discutir e planejar a jornada que têm pela frente. Os líderes precisam ter a coragem de apresentar um mapa que destaque os recursos que eles acreditam ser cruciais, mesmo se o mapa não estiver de acordo com a perspectiva dominante.

Envolva-se na atribuição de sentido

1. Obtenha dados de várias fontes: clientes, fornecedores, funcionários, concorrentes, outros departamentos e investidores.
2. Envolva os outros em seu processo de dar sentido. Diga o que você acha que está vendo e consulte pessoas que têm perspectivas diferentes da sua.
3. Use as primeiras observações para moldar pequenos experimentos, a fim de testar suas conclusões. Procure novas maneiras de articular as alternativas e melhores maneiras de entendê-las.
4. Aplicar estruturas existentes não basta; em vez disso, esteja aberto a novas possibilidades. Tente não descrever o mundo de formas estereotipadas, como mocinhos × bandidos, vítimas × opressores ou marqueteiros × engenheiros.

Quando John Reed era CEO do Citibank, a empresa se viu em uma crise imobiliária. Na época, todos diziam que o Citibank precisaria registrar provisões para perdas num total de 2 bilhões de dólares, mas Reed não tinha tanta certeza. Ele queria um entendimento melhor da situação para mapear o problema, então, se reuniu com os reguladores federais, bem como seus gerentes, o conselho, potenciais investidores, economistas e especialistas em mercado imobiliário. Ele ficava perguntando: "O que estou deixando passar aqui?" Depois dessas reuniões, conseguiu ter uma compreensão muito mais profunda do problema e recalibrou as provisões para 5 bilhões – o que acabou sendo uma estimativa muito mais precisa. Mais tarde, quando chegou ao terceiro trimestre do programa de oito trimestres criado pelo banco para lidar com a crise, Reed percebeu que o progresso havia parado. Ele começou então a conversar com outros CEOs conhecidos por suas habilidades de gerenciamento de mudanças. Esse processo informal de *benchmarking* ou avaliação comparativa o levou a elaborar um novo desenho organizacional.

Ao longo da crise, as avaliações imobiliárias, as exigências dos investidores, as demandas do conselho e as expectativas da equipe gerencial foram mudando e precisaram ser constantemente reavaliadas. Bons líderes entendem que dar sentido é um processo contínuo; eles deixam o mapa emergir de um conjunto de observações, dados, experiências, conversas e análises. Em organizações saudáveis, esse tipo de construção de sentido acontece o tempo todo. As pessoas têm diálogos constantes sobre suas interpretações de mercados e realidades organizacionais.

Na IDEO, uma empresa de design de produtos, dar sentido é o primeiro passo para todas as equipes de projeto. Segundo o fundador David Kelley, os membros da equipe devem agir como antropólogos que estudam uma cultura estrangeira para entender o produto potencial de todos os pontos de vista. Quando se reúnem para discutir um novo design, as equipes da IDEO consideram múltiplas perspectivas, ou seja, criam múltiplos mapas para informar seu processo criativo.

Uma equipe da IDEO foi encarregada de preparar um projeto para uma sala de emergência de hospital. Para compreender melhor a experiência de uma das principais partes interessadas – o paciente –, os membros da equipe conectaram uma câmera à cabeça do paciente e capturaram sua experiência na sala de emergência. Resultado: quase 10 horas completas de filmagens do teto. A atribuição de sentido provocada por essa perspectiva levou a um redesenho do teto, tornando-o esteticamente mais agradável e capaz de exibir informações importantes para os pacientes.

Relacionar-se

Muitos executivos que tentam cultivar confiança, otimismo e consenso acabam colhendo raiva, descrença e conflito. Isso acontece porque eles têm dificuldade em se relacionar com os outros, especialmente aqueles que dão sentido ao mundo de um jeito diferente.

Imagens tradicionais de liderança não atribuem muito valor ao relacionamento. Segundo o pensamento geral, líderes perfeitos não precisam buscar conselhos de alguém fora de seu limitado círculo interno e sua função é emitir decretos, não se conectar no nível emocional. Os tempos mudaram, é claro, e, nessa era de redes de contatos, ser capaz de construir relacionamentos de confiança é uma exigência da liderança eficaz.

Três maneiras principais de fazer isso são *indagar*, *advogar* e *conectar*. Os conceitos de indagar e advogar advêm do trabalho dos especialistas em desenvolvimento organizacional Chris Argyris e Don Schon. Indagar significa ouvir com a intenção de entender genuinamente os pensamentos e sentimentos do falante. Aqui, o ouvinte suspende o julgamento e tenta compreender como e por que o interlocutor passou dos dados sobre suas experiências para determinadas interpretações e conclusões.

Advogar significa explicar o próprio ponto de vista. É o outro lado de indagar e é como os líderes deixam claro para os outros como eles chegaram a suas interpretações e conclusões. Bons líderes distinguem suas observações de suas opiniões e julgamentos e explicam seu raciocínio sem agredir ou se colocar na defensiva. Profissionais com fortes competências de relacionamento tendem a encontrar um equilíbrio saudável entre indagar e advogar: eles tentam entender de forma ativa as opiniões dos outros, mas são capazes de sustentar as próprias. (Veja o quadro "Construa relacionamentos" na página seguinte).

Vimos inúmeros relacionamentos serem prejudicados porque as pessoas enfatizavam desproporcionalmente o ato de advogar. Embora os gestores falem sobre a importância da compreensão mútua e do compromisso compartilhado com um curso de ação, muitas vezes seu verdadeiro foco está em vencer a discussão, não em fortalecer o vínculo. Pior ainda, em muitas organizações, o desequilíbrio vai tão longe que liderança é entendida como ver o seu ponto de vista prevalecer.

Relacionar-se com eficácia não significa evitar conflitos interpessoais. Argyris e Schon descobriram que manter a aparência de boa convivência e concordância é um dos hábitos defensivos mais comuns que limitam a efetividade da equipe. Um equilíbrio entre indagar e advogar é, em última instância, mostrar respeito, questionar opiniões, fazer perguntas difíceis e tomar uma posição.

Considere a Twynstra Gudde (TG), uma das maiores empresas de consultoria independentes da Holanda. Há alguns anos, o cargo de CEO foi substituído por uma equipe de quatro diretores, que compartilham as responsabilidades de liderança. Dada essa estrutura única, é vital que esses diretores se relacionem uns com os outros de forma eficaz. Eles adotaram regras simples, como a exigência de que cada líder dê a sua opinião sobre todas as questões, que as decisões sejam tomadas por votação e que cada diretor tenha poder de veto.

Obviamente, para o modelo de equipe sênior da TG funcionar, os membros devem ter a capacidade de dialogar uns com os outros. Eles praticam continuamente suas habilidades de indagar e advogar e, como qualquer um deles pode vetar uma decisão, todos devem explicar com clareza o seu raciocínio para convencer os outros do mérito de sua perspectiva. Não é fácil conseguir esse nível de respeito mútuo e confiança, mas, com o tempo, a disposição dos membros da equipe para criar conexões honestas foi alcançando grande êxito. Embora nem sempre cheguem a um consenso, eles são capazes de concordar com um curso de ação.

Construa relacionamentos

1. Dedique tempo para tentar entender os pontos de vista dos outros, ouvindo-os com a mente aberta e sem julgamento.
2. Incentive as pessoas a emitirem opiniões. Com o que elas se importam? Como interpretam o que está acontecendo? Por quê?
3. Antes de manifestar suas ideias, tente prever como os outros reagirão a elas e como você pode explicá--las melhor.
4. Ao expressar suas ideias, não comunique apenas suas conclusões; esclareça seu processo de raciocínio.
5. Avalie os pontos fortes de suas conexões atuais: quão bem você se relaciona com os outros quando recebe conselhos? Quando dá conselhos? Quando avalia problemas difíceis? Quando pede ajuda?

Desde que essa nova forma de liderança foi introduzida, a empresa prosperou: seus lucros dobraram e o nível de satisfação dos funcionários aumentou. Além disso, a estrutura de liderança da TG serviu de modelo de cooperação que se espalhou não apenas por toda a empresa, mas também para suas relações com os clientes.

Conectar, que é o terceiro aspecto de relacionar-se, envolve o cultivo de uma rede de confidentes que podem ajudar um líder a realizar uma ampla gama de metas. Líderes com essa capacidade têm muitas pessoas a que podem recorrer para ajudá-los a resolver problemas difíceis ou apoiá-los em suas iniciativas. Eles entendem que o tempo gasto construindo e mantendo essas conexões é um investimento em suas competências de liderança. Como ninguém tem todas as respostas nem conhece todas as perguntas a serem feitas, é crucial que os líderes possam contar com uma rede de pessoas capazes de preencher as lacunas.

Ter visão

Dar sentido e se relacionar podem ser chamados de competências de habilitação para a liderança. Elas ajudam a definir as condições que motivam e sustentam a mudança. As últimas duas competências de liderança – que chamamos de "ter visão" e "ter inventividade" – são criativas e orientadas para a ação: elas produzem o foco e a energia necessários para fazer a mudança acontecer.

Ter visão significa criar imagens atraentes do futuro. Enquanto a atribuição de sentido desenha um mapa do que é, a visão produz um mapa do que poderia ser e, mais importante, de como um líder quer que o futuro seja. É muito mais do que fixar uma declaração de visão na parede. De fato, uma visão compartilhada não é algo estático – é um processo contínuo. Assim como dar sentido, essa é uma competência dinâmica e colaborativa, um processo de articular o que os membros de uma organização desejam criar juntos.

Essencialmente, a visão dá às pessoas um sentido de valor ao próprio trabalho. Líderes qualificados nessa competência são capazes de fazer com que os indivíduos se sintam entusiasmados com a sua visão do futuro, ao mesmo tempo que convidam outros para ajudar a cristalizar essa imagem.

(Veja o quadro "Crie uma visão" a seguir.) Se eles percebem que os demais não estão se envolvendo ou acreditando na visão, sabem que aumentar o volume não basta. Então eles se engajam em um diálogo sobre a realidade que esperam produzir. Usam histórias e metáforas para pintar uma imagem vívida do que a visão realizará, mesmo que não tenham um plano abrangente para chegar lá. Compreendem que, se a visão for bastante crível e atraente, outras pessoas vão gerar ideias para desenvolvê-la.

No início da década de 1990, circulava a seguinte piada na África do Sul: tendo em conta os desafios assustadores do país, as pessoas tinham duas opções – uma prática e outra milagrosa. A prática era que todos rezassem para que uma legião de anjos descesse do céu e consertasse as coisas. A milagrosa era que as pessoas conversassem umas com as outras até encontrarem um caminho a seguir. No famoso discurso de F. W. de Klerk em 1990 – seu primeiro depois de assumir a Presidência –, ele pediu uma África do Sul não racista e sugeriu que a negociação era a única maneira de conseguir uma transição pacífica. Sua fala provocou um conjunto de mudanças que levaram à libertação de Nelson Mandela da prisão de Robben Island e ao retorno de vários líderes políticos que haviam sido expulsos do país.

Poucos líderes da África do Sul concordavam com qualquer coisa a respeito do futuro do país. Na melhor das hipóteses, era como um tiro no escuro esperar que um processo de planejamento de cenário convocado por um professor negro da Universidade de Western Cape e facilitado por um canadense branco da Royal Dutch Shell fosse capaz de trazer qualquer tipo de mudança. Mas eles, juntamente com os membros do Congresso Nacional Africano (CNA), o radical Congresso Pan-Africano (CPA) e a

Crie uma visão

1. Pratique a criação de uma visão em muitas arenas, inclusive em sua vida profissional, sua vida familiar e grupos comunitários. Pergunte a si mesmo: "O que eu desejo criar?"
2. Desenvolva uma visão sobre algo que o inspire. Seu entusiasmo vai motivar a si mesmo e aos outros. Ouça o que eles acham estimulante e importante.
3. Não espere que todos compartilhem de sua paixão. Esteja preparado para explicar por que as pessoas devem se importar com a sua visão e o que pode ser alcançado por meio dela. Se não entenderem, não aumente o volume simplesmente. Tente construir uma visão compartilhada.
4. Não se preocupe se você não souber como realizar a visão. Se ela for atraente e crível, outras pessoas vão descobrir muitas maneiras de torná-la real – e que você nunca teria imaginado por si mesmo.
5. Use imagens, metáforas e histórias para expressar situações complexas que possibilitem que as pessoas tomem atitudes.

comunidade empresarial branca, ficaram responsáveis por elaborar um novo caminho para a África do Sul.

Quando os membros da equipe se reuniram pela primeira vez, eles se concentraram em dar sentido de forma coletiva. Em seguida, suas discussões evoluíram para um processo de criar uma visão que durou um ano. No livro *Como resolver problemas complexos*, Adam Kahane, o facilitador, afirma que o grupo começou contando histórias de "revoluções de esquerda, revoltas de direita e utopias de livre mercado". Algum tempo depois, a liderança elaborou um conjunto de cenários que descrevia os muitos caminhos para o desastre e aquele que levaria a um desenvolvimento sustentável.

Eles usaram metáforas e imagens claras para expressar os vários caminhos em linguagem de fácil compreensão. Um cenário negativo, por exemplo, foi apelidado de "Avestruz": um governo branco não representativo enfia a cabeça na areia, tentando evitar um acordo negociado com a maioria negra. Outro cenário negativo foi chamado de "Ícaro": um governo negro constitucionalmente sem restrições chega ao poder com intenções nobres e embarca em uma grande e insustentável onda de gastos públicos que abala a economia. Esse cenário contradizia a crença popular de que o país era rico e podia simplesmente redistribuir a riqueza dos brancos para os negros. O cenário de Ícaro preparou o terreno para uma mudança fundamental (e controversa) no pensamento econômico do CNA e outros partidos de esquerda – uma mudança que levou o governo do CNA a uma "estrita e consistente disciplina fiscal", segundo Kahane.

O único cenário positivo do grupo envolvia o governo adotar um conjunto de políticas sustentáveis que colocariam o país em um caminho de crescimento inclusivo para reconstruir a economia com sucesso e estabelecer a democracia. Essa opção foi chamada de "Flamingo", invocando a imagem de lindos pássaros voando juntos.

O processo de criação de uma visão revelou um extraordinário senso coletivo de possibilidades na África do Sul. Em vez de falarem sobre o que outras pessoas deviam fazer para avançar alguma pauta, os líderes falaram sobre o que eles poderiam fazer para criar um futuro melhor para todos. Eles não tinham um plano pronto dessa implementação, mas, ao criarem uma visão crível, abriram caminho para outros se juntarem e ajudarem a tornar sua visão uma realidade.

Líderes que se destacam na criação de uma visão cumprem o que planejam; eles trabalham para encarnar os valores e ideias fundamentais contidos na visão. Darcy Winslow, diretora global de calçados femininos da Nike, é um bom exemplo. Uma veterana na empresa, Winslow ocupara anteriormente a posição de gerente-geral de oportunidades de negócios sustentáveis. Seu trabalho nesse papel refletia seus próprios valores essenciais, inclusive sua paixão pelo meio ambiente. "Nós percebemos que a saúde de nossos clientes e a nossa própria capacidade de competir eram inseparáveis do respeito ao meio ambiente", diz ela. Então, Winslow iniciou o conceito de design de produto ecologicamente inteligente. Sua equipe trabalhou na determinação da composição química e nos efeitos ambientais de todos os materiais e processos utilizados pela Nike. Visitaram fábricas na China e coletaram amostras de borracha, couro, náilon, poliéster e espumas. Isso levou Winslow e sua equipe a desenvolver uma lista de materiais "positivos" – aqueles que não eram prejudiciais ao meio ambiente –, que esperavam usar em mais produtos da Nike. "Sustentabilidade ambiental" já não era apenas uma expressão abstrata sobre uma declaração de visão; a equipe agora sentia uma necessidade de realizar a visão.

Ter inventividade

Mesmo a visão mais convincente perderá seu poder se flutuar, desconectada, acima da realidade cotidiana da vida organizacional. Para transformar uma visão do futuro na vida real de hoje, os líderes precisam conceber processos que lhe deem vida. Essa inventividade é o que move um negócio do mundo abstrato das ideias para o mundo concreto da implementação. Na verdade, inventar é semelhante a executar, mas o rótulo da inventividade enfatiza que esse processo geralmente requer criatividade para ajudar as pessoas a descobrir novas maneiras de trabalhar em conjunto.

Em geral, para realizar uma nova visão, as pessoas não podem continuar fazendo as mesmas coisas. Elas precisam conceber, projetar e colocar em prática novas formas de interagir e organizar. Alguns dos exemplos mais conhecidos de inovação organizacional em grande escala vêm da indústria automotiva: a concepção de Henry Ford da linha de montagem e o famoso sistema de produção integrada da Toyota.

Mais recentemente, Pierre Omidyar, fundador do eBay, inventou, por meio de sua empresa, uma nova forma de vender a varejo em larga escala. Sua visão era a de uma comunidade on-line, em que os usuários assumiam a responsabilidade pelo que acontecia. Em uma entrevista de 2001 para a *BusinessWeek Online*, Omidyar explicou: "Tive a ideia de criar um mercado eficiente com igualdade de condições, onde todos tivessem acesso igual à informação. Eu queria devolver o poder do mercado ao indivíduo, não apenas às grandes corporações. Essa foi a força motriz para a criação do eBay."

Assim, o eBay terceiriza a maioria das funções tradicionais do varejo – compra, entrega de pedidos e atendimento ao cliente, por exemplo – para vendedores independentes espalhados por todo o mundo. A empresa estima que mais de 430 mil pessoas tenham como principal forma de sustento as vendas feitas pelo eBay. Se esses indivíduos fossem funcionários da empresa, o eBay seria o segundo maior empregador privado dos Estados Unidos, depois do WalMart.

Os indivíduos que trabalham através do eBay são essencialmente proprietários de lojas independentes e, como tal, têm uma enorme autonomia para executar seu trabalho. Eles decidem o que vender, quando vender, como precificar e como anunciar. Atrelada a essa liberdade individual está a escala global. A infraestrutura do eBay permite que eles vendam seus produtos no mundo todo. O que torna a invenção do eBay tão radical é que ela representa um novo relacionamento entre uma organização e suas partes. Ao contrário da terceirização típica, o eBay não paga aos varejistas – eles pagam à empresa.

A inventividade não precisa ocorrer em uma escala tão gigantesca. Ela acontece cada vez que uma pessoa cria uma maneira de abordar uma tarefa ou descobre como superar um obstáculo anteriormente intransponível. No livro *Car Launch* (Lançamento automobilístico), George Roth e Art Kleiner descrevem uma equipe de desenvolvimento de produtos altamente eficiente na indústria automobilística que lutou para concluir seu projeto na data marcada. Eles perceberam que a origem de grande parte do problema era a estrutura organizacional não integrada do setor de desenvolvimento de produtos. Ainda que fosse uma equipe que trabalhava no mesmo local físico, colaborando uns com os outros frente a frente, todos dedicados a projetar um carro novo, seus membros estavam divididos de acordo com suas diferentes especialidades técnicas, experiências, terminologias e normas de trabalho.

Quando a equipe inventou um protótipo mecânico que complementava suas ferramentas de design geradas por computador, os membros do grupo acharam que isso favorecia uma nova maneira de colaborar. Múltiplos grupos dentro da equipe poderiam criar rapidamente modelos físicos de ideias de design para serem testados pelos vários engenheiros de diferentes especialidades da equipe. O desenvolvimento de um modelo físico "de corpo inteiro" do novo carro possibilitou aos engenheiros andar ao redor do protótipo, fornecendo um ponto focal central para as interações entre eles. Além disso, permitiu-lhes uma identificação mais fácil de questões multifuncionais, facilitando a solução mútua de problemas e a coordenação.

Em suma, os líderes devem ser capazes de inventar, e isso requer atenção aos detalhes e criatividade. (Veja o quadro "Cultive a inventividade" a seguir.)

Equilibrando as quatro competências

Dar sentido, relacionar-se, ter visão e ter inventividade são competências interdependentes. Sem atribuição de sentido, não há uma visão comum da realidade a partir da qual começar. Sem se relacionar, as pessoas trabalham isoladamente, ou pior, se esforçam por objetivos diferentes. Sem visão, não há direção compartilhada. E, sem inventividade, a visão permanece ilusória. No entanto, nenhum líder pode se destacar em todas as quatro competências em igual medida.

Normalmente, os líderes são fortes em uma ou duas delas. Por exemplo, o presidente da Intel, Andy Grove é a quintessência do homem que sabe dar sentido, possuindo o dom de reconhecer pontos estratégicos de inflexão que podem ser explorados como uma vantagem competitiva. Herb

---

Cultive a inventividade

1. Não presuma que a melhor maneira de fazer as coisas é aquela como as coisas sempre foram feitas.
2. Quando surgir uma nova tarefa ou um esforço de mudança, incentive formas criativas de executá-los.
3. Experimente diferentes maneiras de organizar o trabalho. Encontre métodos alternativos para agrupar e conectar pessoas.
4. Ao trabalhar para entender seu ambiente atual, pergunte-se: "Que outras opções são possíveis?"

Examinando suas competências de liderança

Poucas pessoas acordam de manhã e dizem "Eu não sei atribuir sentido às coisas" ou "Eu não sei me relacionar com os outros". Elas tendem a experimentar suas próprias fraquezas mais como falhas crônicas ou inexplicáveis da organização ou daqueles ao seu redor. As descrições a seguir ajudarão você a reconhecer oportunidades de desenvolver suas competências de liderança e identificar aberturas para trabalhar com os outros.

Sinais de fraqueza em atribuir sentido
1. Você sente fortemente que está quase sempre certo e os outros estão quase sempre errados.
2. Você acredita que seus pontos de vista descrevem a realidade da maneira correta, mas os dos outros não.
3. Você percebe que muitas vezes é surpreendido por mudanças em sua organização ou seu setor.
4. Quando as coisas mudam, você normalmente se sente ressentido: "Isso não deveria ser assim!"

Sinais de fraqueza em se relacionar
1. Você culpa outras pessoas por projetos fracassados.
2. Você sente que os outros o decepcionam o tempo todo, ou não estão à altura de suas expectativas.

Kelleher, o ex-CEO da Southwest Airlines, se destaca no relacionamento. Ele comentou no periódico *Leader to Leader* que "não temos medo de conversar com nosso pessoal com emoção. Não temos medo de dizer a eles 'nós amamos vocês'". Essa conexão emocional é acompanhada de uma compensação equitativa e participação nos lucros.

O CEO da Apple, Steve Jobs, era um visionário cujos sonhos ambiciosos e capacidade de persuasão catalisaram sucessos notáveis para Apple, Next e Pixar. Meg Whitman, CEO do eBay, ajudou a tornar realidade a visão de Pierre Omidyar de varejo on-line inventando maneiras de lidar com segurança, confiabilidade no fornecedor e diversificação de produtos.

3. Você percebe que muitas de suas interações no trabalho são desagradáveis, frustrantes ou acabam em discussão.
4. Você acha que muitas das pessoas com quem trabalha não são dignas de confiança.

Sinais de fraqueza na formação de uma visão
1. Você acredita que seu trabalho envolve gerenciar uma série interminável de crises.
2. Você sente como se estivesse apenas pulando de um lado para outro, sem um senso de propósito mais amplo.
3. Você frequentemente se pergunta "Por que estamos fazendo isso?" ou "Isso realmente importa?".
4. Você não se lembra da última vez que conversou entusiasmado com sua família ou com um amigo sobre o seu trabalho.

Sinais de fraqueza na inventividade
1. A visão da sua organização parece abstrata para você.
2. Você tem dificuldade em relacionar a visão de sua empresa com o que está fazendo hoje.
3. Você percebe falhas disfuncionais entre as aspirações de sua organização e a maneira como o trabalho está organizado.
4. Você acha que as coisas tendem a continuar sempre na mesma.

Depois de chegarem a um diagnóstico sobre suas próprias competências, identificando seu conjunto único de pontos fortes e fracos, os líderes devem buscar outros indivíduos que possam fornecer o que lhes falta. (Veja o quadro "Examinando suas competências de liderança", que começa na página anterior.) Líderes que escolhem apenas pessoas que espelham a si mesmos tendem a levar a empresa a se inclinar em uma direção, carecendo de uma ou mais capacidades essenciais necessárias para sobreviver em um mundo complexo e em constante mudança. Por isso é tão importante examinar toda a organização para se certificar de que ela também está adequadamente equilibrada. É responsabilidade do líder criar um ambiente que permite que as pessoas complementem as forças e compensem as fraquezas umas das outras. Dessa forma, a liderança é distribuída entre vários indivíduos por toda a organização.

Anos atrás, um de nós participou de uma reunião de três dias sobre liderança com 15 gestores de alto escalão de diferentes empresas. No fim, os participantes foram convidados a refletir sobre sua experiência como líderes. Um executivo, responsável por mais de 50 mil pessoas em sua divisão de uma empresa de manufatura, fez dois desenhos no bloco de um cavalete *flip chart*. A imagem à esquerda era o que ele projetava para o mundo exterior: um rosto grande e intimidador, levantando um gigantesco punho. A imagem à direita representava como ele se via: um pequeno rosto com os olhos arregalados, cabelos em pé e uma expressão de puro terror.

Acreditamos que a maioria dos líderes experimenta essa profunda dicotomia todos os dias, e trata-se de um fardo pesado. Quantas vezes você fingiu confiança para superiores ou subordinados quando, na verdade, se sentia inseguro? Já se sentiu confortável admitindo que estava confuso com os resultados mais recentes da empresa ou que foi pego de surpresa por um movimento do concorrente? Você já admitiu se sentir inadequado para lidar com os problemas complexos que sua empresa estava enfrentando? Qualquer um que possa se identificar com essas situações sabe em primeira mão como é estar preso no mito do líder completo – a pessoa no topo que não tem falhas.

É hora de acabar com esse mito, não só pelo bem de líderes frustrados, mas também pela saúde das organizações. Até os líderes mais talentosos precisam da contribuição e da liderança de outros profissionais, solicitadas de forma construtiva e aplicadas de maneira criativa. É hora de celebrar o líder incompleto – ou seja, o líder humano.

Publicado originalmente em fevereiro de 2007.

Autores

ANDREW N. MCLEAN é pesquisador associado na Harvard Business School.
BILL GEORGE é professor de práticas de gestão na Harvard Business School.
DANIEL GOLEMAN é codiretor do Consórcio para Pesquisa sobre Inteligência Emocional em Organizações, na Universidade Rutgers, em Nova Jersey.
DAVID ROOKE é diretor da Harthill Consulting, em Hewelsfield, Inglaterra.
DEBORAH ANCONA é professora de gestão na Sloan School of Management, do MIT.
DIANA MAYER é ex-executiva do Citigroup, em Nova York.
DONALD L. LAURIE é fundador e sócio-gerente da Oyster International, empresa de consultoria com sede em Boston.
GARETH JONES é membro do Centro para o Desenvolvimento da Gestão, na London Business School.
JIM COLLINS dirige um laboratório de pesquisa em gestão em Boulder, no Colorado.
JOHN P. KOTTER é professor emérito de liderança na Harvard Business School.
PETER F. DRUCKER foi escritor, professor e consultor. Seus 34 livros foram publicados em mais de 70 idiomas. Fundou a Peter F. Drucker Foundation for Nonprofit Management.
PETER M. SENGE é professor da Sloan School of Management, do MIT.
PETER SIMS criou a cadeira "Perspectivas de Liderança" na Stanford Graduate School of Business, na Califórnia.
ROBERT GOFFEE é professor de comportamento organizacional na London Business School.
ROBERT J. THOMAS é professor convidado de liderança na Fletcher School of Law and Diplomacy, na Universidade Tufts, em Massachusetts.
RONALD A. HEIFETZ é codiretor do Centro de Liderança Pública na Kennedy School of Government, na Universidade Harvard.

THOMAS W. MALONE é professor de gestão na Sloan School of Management, do MIT.

WANDA J. ORLIKOWSKI é professora de ciências da comunicação na Sloan School of Management, do MIT.

WARREN G. BENNIS foi professor na Universidade do Sul da Califórnia.

WILLIAM R. TORBERT é professor emérito de liderança na Carroll School of Management, no Boston College, em Massachusetts.

CONHEÇA OUTROS TÍTULOS DA
COLEÇÃO HARVARD 10 LEITURAS ESSENCIAIS

Desafios da gestão

Você irá beber na fonte e aprender com Michael Porter sobre vantagem competitiva, com Daniel Goleman sobre inteligência emocional, com Peter F. Drucker sobre como gerenciar a própria carreira, com Theodore Levitt sobre marketing e com Clayton M. Christensen sobre inovação disruptiva.

Este livro também vai lhe mostrar como:
- usar a inteligência emocional para melhorar seu desempenho
- avaliar seus pontos fortes e fracos para gerir sua carreira
- entender quem são seus clientes e descobrir o que desejam
- estimular a inovação em empresas tradicionais
- criar vantagem competitiva e distinguir sua empresa da concorrência
- criar um plano para realizar mudanças

Gerenciando pessoas

Este livro vai inspirar você a:
- adequar seu estilo de gestão à necessidade de seu pessoal
- motivar dando mais responsabilidade e não mais dinheiro
- ajudar os gestores e líderes de equipe de primeira viagem
- desenvolver confiança pedindo a opinião e a colaboração dos outros
- ensinar pessoas inteligentes a aprender com os próprios erros
- desenvolver equipes de alta performance
- gerenciar o seu chefe

Gerenciando a si mesmo

Você irá aprender a:
- renovar sua energia física e mental
- reduzir a dispersão e a agitação frenética
- espalhar energia positiva em sua organização
- recuperar-se de momentos difíceis
- conectar-se a seus valores profundos
- solicitar feedback honesto
- buscar o equilíbrio entre trabalho, família, comunidade e suas próprias necessidades
- delegar e desenvolver o espírito de iniciativa das pessoas

Para novos gerentes

Este livro vai inspirar você a:
- desenvolver sua inteligência emocional
- influenciar os colegas por meio da ciência da persuasão
- avaliar a equipe e elevar seu desempenho
- melhorar o relacionamento com colaboradores, chefes e pares
- fazer networking para alcançar metas profissionais e pessoais
- obter apoio dos superiores
- ver o quadro mais amplo ao tomar decisões
- ajudar a equipe a alcançar o equilíbrio entre trabalho e vida pessoal

CONHEÇA ALGUNS DESTAQUES DE NOSSO CATÁLOGO

- Augusto Cury: Você é insubstituível (2,8 milhões de livros vendidos), Nunca desista de seus sonhos (2,7 milhões de livros vendidos) e O médico da emoção
- Dale Carnegie: Como fazer amigos e influenciar pessoas (16 milhões de livros vendidos) e Como evitar preocupações e começar a viver
- Brené Brown: A coragem de ser imperfeito – Como aceitar a própria vulnerabilidade e vencer a vergonha (600 mil livros vendidos)
- T. Harv Eker: Os segredos da mente milionária (2 milhões de livros vendidos)
- Gustavo Cerbasi: Casais inteligentes enriquecem juntos (1,2 milhão de livros vendidos) e Como organizar sua vida financeira
- Greg McKeown: Essencialismo – A disciplinada busca por menos (400 mil livros vendidos) e Sem esforço – Torne mais fácil o que é mais importante
- Haemin Sunim: As coisas que você só vê quando desacelera (450 mil livros vendidos) e Amor pelas coisas imperfeitas
- Ana Claudia Quintana Arantes: A morte é um dia que vale a pena viver (400 mil livros vendidos) e Pra vida toda valer a pena viver
- Ichiro Kishimi e Fumitake Koga: A coragem de não agradar – Como se libertar da opinião dos outros (200 mil livros vendidos)
- Simon Sinek: Comece pelo porquê (200 mil livros vendidos) e O jogo infinito
- Robert B. Cialdini: As armas da persuasão (350 mil livros vendidos)
- Eckhart Tolle: O poder do agora (1,2 milhão de livros vendidos)
- Edith Eva Eger: A bailarina de Auschwitz (600 mil livros vendidos)
- Cristina Núñez Pereira e Rafael R. Valcárcel: Emocionário – Um guia lúdico para lidar com as emoções (800 mil livros vendidos)
- Nizan Guanaes e Arthur Guerra: Você aguenta ser feliz? – Como cuidar da saúde mental e física para ter qualidade de vida
- Suhas Kshirsagar: Mude seus horários, mude sua vida – Como usar o relógio biológico para perder peso, reduzir o estresse e ter mais saúde e energia

CONHEÇA OS TÍTULOS DA *HARVARD BUSINESS REVIEW*

10 LEITURAS ESSENCIAIS

Desafios da gestão
Gerenciando pessoas
Gerenciando a si mesmo
Para novos gerentes
Inteligência emocional
Desafios da liderança
Lições de estratégia
Gerenciando vendas
Força mental
Alto desempenho

UM GUIA ACIMA DA MÉDIA

Negociações eficazes
Apresentações convincentes
Como lidar com a política no trabalho
A arte de dar feedback
Faça o trabalho que precisa ser feito
A arte de escrever bem no trabalho
Como lidar com o trabalho flexível

SUA CARREIRA EM 20 MINUTOS

Conversas desafiadoras
Gestão do tempo
Reuniões objetivas
Feedbacks produtivos
Finanças para iniciantes
Produtividade no trabalho

COLEÇÃO INTELIGÊNCIA EMOCIONAL

Resiliência
Empatia
Mindfulness
Felicidade

sextante.com.br